U0936766

国家与文明

第三辑

主编 李禹阶 常云平

科学出版社
北京

内 容 简 介

从夏商周三代到秦汉大一统时期，是中国古代政治、经济、法律、礼仪制度等由发生、成长、革新再到定鼎的时期。本书正是以该时期中国古代文明和国家互动互促的发展历程为研究对象，对于中国古代文明社会形态、文明类型视角下的历史分期、先秦华夏民族的形成，以及在这个历史的动态过程中的一系列重要节点，如三星堆古蜀文明、新出简牍中表现的二十等爵制、秦汉之际的“汉人”与“海人”等问题进行了探索和研究，展现了中国古代的国家、族群、文化在矛盾、冲突、博弈中不断趋于一致的重要演进特征。

本书可供历史学、考古学、社会学及相关学科研究者参阅。

图书在版编目（CIP）数据

国家与文明. 第三辑 / 李禹阶，常云平主编. —北京：科学出版社，2023.6

ISBN 978-7-03-073344-3

Ⅰ. ①国… Ⅱ. ①李… ②常… Ⅲ. ①中国历史—古代史—文集 Ⅳ. ①K220.7-53

中国版本图书馆CIP数据核字（2022）第182342号

责任编辑：王　媛 / 责任校对：王晓茜
责任印制：张　伟 / 封面设计：黄华斌

联系电话：010-64011837
电子邮箱：yangjing@mail.sciencep.com

科学出版社 出版
北京东黄城根北街16号
邮政编码：100717
http://www.sciencep.com

北京虎彩文化传播有限公司 印刷

科学出版社发行　各地新华书店经销

*

2023年6月第　一　版　开本：787×1092　1/16
2023年6月第一次印刷　印张：21 3/4
字数：396 000

定价：168.00元

（如有印装质量问题，我社负责调换）

前　言

从中国文明起源及早期国家产生，到秦汉大一统帝国建立，这一演进过程一直是中国历史研究领域中的“显学”。正是在这个漫长的历史阶段，中国从史前早期国家逐渐进入到“邦国”“帝国”时代，华夏文明也由其初期的萌芽形态，渐渐成长、壮大为多元一体的、在世界上具有重要影响力的中华文明。在这个过程中，文明与国家的发展相互促进、紧密联系，同时充满曲折往复。这是因为文明与国家虽然属于不同的范畴，但是它们都有着共同的特征，即两者都与社会政治组织的建构紧密相关，都是在某种社会组织的机体上萌芽并成长的。从某种意义上说，最初的文明就是在原始社会复杂化进程中，通过其社会组织机体的孵化而生根、发芽直至成熟的。如果没有这种前国家时期的初期社会组织机体，文明嫩芽就很难萌芽、生长。而早期文明与国家由稚嫩向成熟的发展，也是一个史前政治体与社会“文明化”互动互促的演进过程。在这个过程中，国家促进社会的不断“文明化”，而文明也加速了国家政治机器的成熟。因此，在探讨国家职能和文明内涵的时候，我们需要看到，一方面，国家虽是阶级压迫的工具，但也存在着其天然的社会整合与资源控制功能，以及由此产生的公共职能机构及相对稳定的统一价值观。这种资源重构、秩序构建与安全保障正是一个社会“文明化”的重要条件。另一方面，社会复杂化进程催生的文明嫩芽破土而出，产生了丰富多彩的物质与精神文化的成就，这些物质与精神成果又反过来助推了早期中国各地域性国家的发展。所以，从中国文明起源和早期国家产生的路径看，既有着其孳生的多地域性、文化形态的多样性、社会发展的相异性，同时也有着在发展进程中的相互影响、相互融合、相互促进的要素。它不仅使得我国早期文明形态丰富多样，百花争艳；也使从虞舜、夏商周三代历经春秋战国，直到秦汉帝国的这一漫长时期，中国广袤地域内的各政治国家形态不断发生变化，从最初的“协和万邦”“万邦咸宁”，发展至战国 “七雄”，再到秦汉大一统帝国。所以，从古代中国的演变历程看，其不仅具有鲜明的区域性政治文化特点，也在历史的演进中不断由小到大，由“多”到“一”，从史前林立的“万邦”发展至秦汉的一统性帝国。

但是，在古代中国，这种文明与国家的演进并非一蹴而就，它有着复杂、艰难的演进历程。由大量文献与出土材料可以发现，从史前早期国家到秦汉大一统帝国，其间经历了一个曲折往复的过程。这个过程在不同地域的国家和不同区域的文化演进中，其规模可能有大有小，在发展速度、阶段上可能早迟不一。可是从本质上观察，它们都是在以大小不等的政治国家的力量对各个分散的区域社会及其文化进行渗透、整合，并以华夏文化为主体对不同族群、部族的文化进行交融汇通。尤其是从夏商周三代到秦汉时期，一方面是各区域文化的涓涓细流不断流入华夏文明的大江大河中，形成中华文明的滔滔巨流；另一方面，古代中国的政治、经济、法律、礼仪制度，也在这一漫长时期不断由发生、成长、革新再到定鼎。

所以，先秦、秦汉时期的历史演变，在中国历史发展中具有十分重要的地位，可以说，这一阶段的历史演进奠定了此后两千余年帝制时代政治、经济、文化、法律制度的基石。同时，这一阶段每一次的文化融汇与王朝变迁，又都是一次由“多”至“一”的以“诸夏”为标志的早期华夏民族与国家向统一民族、国家转化的枢纽期，构成华夏民族、文化与国家发展的新起点。它使统一的王朝国家和华夏民族在这种历史演进中不断发展、壮大，不断进入新的国家建构与民族认同的自觉形态。

但是，我们也应该看到，先秦、秦汉时期的国家构建、民族认同、社会整合的历程并不是直线式发展的。在这种构建、认同与整合中，必定会出现国家、族群、文化乃至地方社会的矛盾、冲突、博弈。正是在这种冲突、博弈中，国家、民族、文化在制度形式及认同方式上不断趋于一致，最终走向大一统的秦汉王朝。

正是由于中国早期国家产生与文明起源，一直到秦汉大一统帝国演进的复杂曲折的路径，才使这一段历史更具有其独特魅力，也使历史学者在对其探赜索隐中不断获得新的历史认知、启发与乐趣。事实上，如果我们能够更深入探索、研究这一段历史，将会使我们对民族、国家、文化演进历程的认知更加深化。正是本着这个宗旨，在 2020—2021 年，重庆师范大学同《中国社会科学》杂志社、中国殷商文化学会、《中国史研究动态》编辑部、四川大学历史文化学院等单位先后共同举办了“上古时代与青铜文明学术研讨会”“考古发现与夏商周三代文明学术研讨会”“先秦汉晋时期的社会结构与经济形态研讨会”，来对这些重要的问题进行探讨、研究。在这些会议上，与会专家、学者在所提交的论文中，从不同方面探讨、阐释了这一时期国家与文明演进中的诸多问题，推进了在该学术领域的研究。本辑《国家与文明》，正是围绕着先秦、秦汉时期中国国家、文明的演进历程，包括这一长时段的政治制度、民族融合及文化认同的相关问题研究而辑稿。在此，我们十分感谢各位作者热忱、无私的关心、支持，也感谢科学出版社编辑对该辑刊出版所付出的精力与心血。

编　者

2022 年 5 月

目　　录

先　秦　篇

秦 汉 篇

博士生论坛

先秦篇

三星堆：夏商时期的古蜀文明

王震中
中国社会科学院大学历史学院

四川广汉三星堆遗址 1986 年发掘 1 号、2 号器物坑时，就引起轰动，举世瞩目。2019 年以来，在 1 号、2 号器物坑附近，又发现六个器物坑，再次掀起三星堆文化热。这八个器物坑出土的各类精美器物向世人展现了中国上古时期独特而灿烂的古蜀文明。

一、三星堆的两组文化因素

由于三星堆文化呈现出非常鲜明的独特性，自 20 世纪 80 年代以来，学术界和社会上对三星堆文化的定位和属性的认识，可谓众说纷纭，莫衷一是，有古蜀国说、外星人说、境外西亚来源说，也有其他形形色色的说法。笔者的认识方法是，按照三星堆出土文物的特色，把三星堆文化分为两组因素：第一组是三星堆文化独有的文化因素，包括大型青铜立人像、眼球异常凸出的“凸眼青铜神像”（又称“铜人面具”）、眼形器、眼泡、爬龙柱形器、铜制的神殿和神坛模型、神树、金面罩青铜头像、大量的象牙等，这些器物在数量上是大量的，在地位上也是三星堆文化中占主体性的，是其他文化中看不到的；第二组是在中原和其他地区可以看到的器物，包括玉璋、玉戈、玉琮、玉璧、铜尊、铜罍、铜牌饰、陶盉、陶鬶等，其数量比例较少。第一组文化因素呈现出三星堆文化独特的个性，我们对三星堆文化族属属性的探讨也应主要从这一组文化因素出发。第二组文化因素呈现出三星堆与中原和其他地区之间的文化交往关系，尽管这种关系既有同时期的横向交往，亦有不同时期的纵向积淀。

二、三星堆与古蜀国的关系

从三星堆文化第一组因素中我们不难看出三星堆文化与中国上古古蜀国的关系。对此，在 20 世纪 90 年代，四川省社会科学院段渝研究员等学者已有初步研究；近来，旅居加拿大的华人邓宏海先生在加拿大华人报纸上发表有关文章，在总体上也属于这一类观点。我们说，三星堆文化第一组因素中最突出的、也是最不被世人所理解的就是青铜神像极尽夸张地向外凸出的眼球，笔者称之为青铜神像上的“纵目”（图 1）。青铜神像上的“纵目”难以被常识所理解，然而它恰恰是探讨三星堆文化族属的突破点。

图 1　三星堆出土的具有“纵目”的青铜神像

三星堆青铜神像的“纵目”，即用极其夸张的手法来表现眼珠向外凸出，这是特意强调青铜神像的神性所在——极目通天。从这一特点出发，我们可作两个方面的联系：①三星堆青铜神像的“纵目”与甲骨文、金文“蜀”字的关系；②三星堆青铜神像的“纵目”与汉代扬雄《蜀王本纪》，以及东晋常璩《华阳国志·蜀志》所记蜀王蚕从“其目纵”的关系。

“蜀”字，甲骨文写作“”“”，金文写作“”，均从目从虫。在甲骨文中有“蜀受年”卜辞，这是占卜蜀国年成丰收的记录，显示出商代晚期中原王朝与蜀国的关系。甲骨文、金文的“蜀”字从目从虫之“虫”，实即从龙。《说文解字》：“龙，鳞虫之长。”甲骨文、金文中也有“龙”字，写作“”（甲骨文）、“”（金文）。与甲骨文、金文的“蜀”字“从目从虫”相比，甲骨文、金文的“龙”字，从虫从辛，张着大口。甲骨文、金文“龙”头上的“辛”，实即表示的是龙头上的兽角，这是龙的神秘性的特意表示，正像甲骨文的“凤”也从辛，表示的是凤的冠，也是对凤的神秘性的一种表示。甲骨文、金文中的“蜀”字字形，强调的是“目”，是特写的“目”与龙形身体的结合。段渝曾指出三星堆 2 号坑出土的大型铜立人像（图 2）底座上刻铸的图画有“蜀”字，该图案以对称的手法，在双“目”字之下刻铸双“虫”（龙），是两个并列对偶的“蜀”字纹样（图 3），与甲骨文“蜀”字相一致。

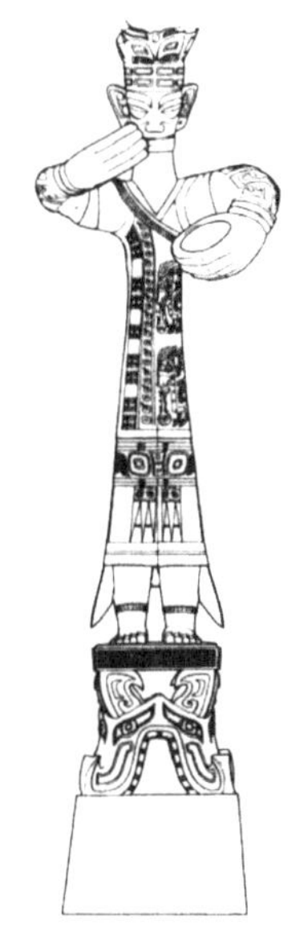

图 2 三星堆 2 号坑出土的大型铜立人像

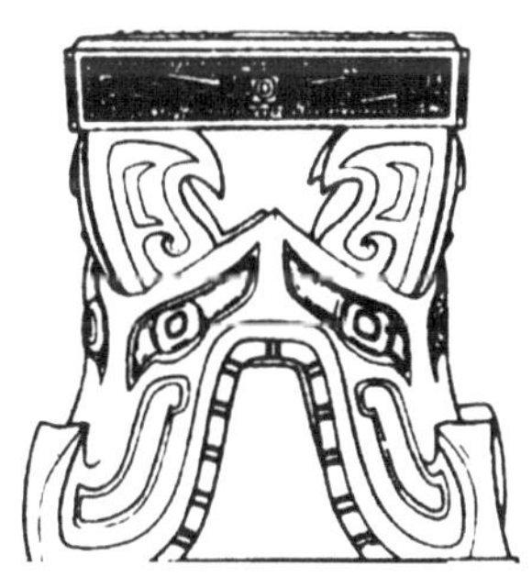

图 3 三星堆 2 号坑大型铜立人像底座上刻铸的“蜀”字纹样

由三星堆巨大的青铜神像的“纵目”（异常夸张凸出的眼珠）与甲骨文、金文“蜀”字亦强调“目”，以及三星堆 2 号坑出土的大型铜立人像底座上刻铸的“蜀”字图案花纹，我们说，三星堆文化从族属上讲是夏商时期的古蜀国文化。以往，研究甲骨文的学者中，有人认为甲骨文中的“蜀”可能不是四川的蜀国，因为四川蜀国距离中原太远，我们认为这是低估了上古先民交往的范围，从三星堆出土的属于中原王朝礼器的器物中，我们也可见二者之间的文化交流。

汉代扬雄《蜀王本纪》记载：“蜀王之先名蚕丛，后代名曰柏濩，后者名鱼凫。此三代各数百岁，皆神化不死。”晋代常璩《华阳国志·蜀志》记载：“蜀先称王，有蜀侯蚕丛，其目纵。”以前，我们对于蜀王“蚕丛，其目纵”是不理解的。但是自三星堆

1 号和 2 号器物坑被发现以后，那些眼球异常凸出的青铜神像的出土，一下子使我们联想到所谓“纵目”，原来就是用夸张的手法来表现眼球凸出，凸显其祖先神在这方面的神性。诚如邓宏海先生所言，“纵目”表现的就是“极目通天”。

在学术界有一种看法认为，《蜀王本纪》和《华阳国志》分别成书于汉代和晋代，时间较晚，不足为信。殊不知，据《汉书·扬雄传》，扬雄为蜀郡成都人，他“少而好学”“博览无所不见”，由此我们可以推知，扬雄撰写《蜀王本纪》所依据的应该既有蜀地流传的典籍文献，也有蜀地民间口耳相传的古史传说，也就是说《蜀王本纪》绝非向壁虚造。而常璩撰《华阳国志》以蜀王事编入蜀志，它本于蜀地蜀王事迹，所以与《蜀王本纪》配套，是研究上古古蜀国的重要资料，也是研究三星堆文化的重要参考。事实上，这是类似于王国维“二重证据法”的研究方法。王国维“二重证据法”说的是地上传世的文献资料与地下出土的文字资料的相互印证。三星堆出土的以“纵目”为特征的青铜神像（祖先神像）、甲骨文从目从虫的“蜀”字，以及“蜀受年”等卜辞、《蜀王本纪》和《华阳国志》所记蜀王蚕丛“其目纵”，这三者之间恰恰可以相互印证。由此从三星堆文化中的第一组因素可得知三星堆文化是夏商时期的古蜀文化。

在三星堆文化第一组因素中出有“金箔权杖”，有人据此认为三星堆文化与西亚两河流域等地似乎有关系。对此，笔者认为，虽说中国上古王权的象征是由钺来表现的，甚至“王”字的造型就与钺有关系，中原王朝不用“权杖”来表现王权，但是三星堆的“金箔权杖”上的花纹图案却由鱼、鸟、矢组成，以鱼鸟为主题，而《蜀王本纪》和《华阳国志》说古蜀国第三代蜀王“名鱼凫”，表现出以鱼鸟为图腾。所以，三星堆出土的“金箔权杖”，其指向性不是说它是外来文化，而是本地古蜀文化。

三、三星堆与中原及其他地区的关系

三星堆文化中的第二组因素对于三星堆而言属于外来文化因素：有的来自中原地区，也有的来自我国南方等地。第二组文化因素可以指示出两个方面的内涵：其一是三星堆文化的年代，其二是三星堆文化与中原和其他地区的关系。

关于三星堆文化的年代，对三星堆遗址特别是其器物坑出土的木炭标本进行碳十四测定所得到的数据，是其年代的决定性依据；把三星堆器物坑出土的器物与中原文化的同类器物加以比较，也是判断三星堆文化年代的重要依据。在三星堆各个器物坑出土的属于第二组因素的器物中，既有和商代殷墟文化同期的青铜礼器，也有和中原二里头文化（夏代晚期）同期的玉礼器、陶礼器等器物，例如三星堆 1 号和 2 号器物坑出土的玉璋（图 4）就与河南偃师二里头遗址的同类器物相同。

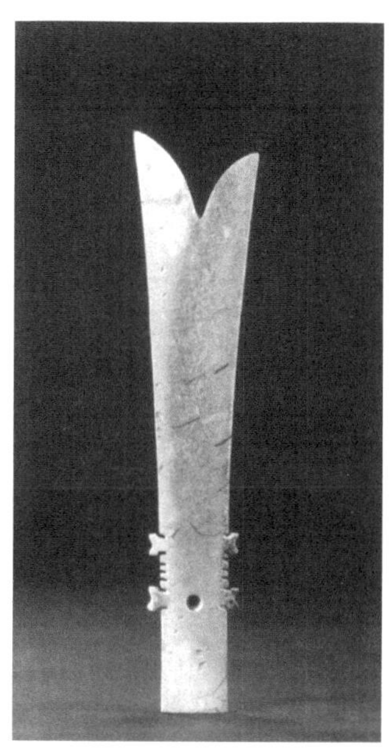

图 4 三星堆 2 号器物坑出土的玉璋

三星堆文化发现的八个器物坑，就每一个器物坑而言都是一次性埋藏的。在考古学上，如果一个单元内的器物属于不同时期时，决定该单元埋藏年代的是年代最晚的器物。所以，虽然三星堆八个器物坑的器物年代有的属于商代晚期、有的属于夏代，但器物坑的埋藏年代一定是商代晚期。八个器物坑中那些属于夏代的器物，如玉璋等礼器，属于三星堆王族守护的代代相传的传世礼器，它表明在夏代时三星堆人即与中原有文化上的交往，由交往而来的这些礼器一直保存到八个器物坑埋藏的年代，同商代时三星堆人自己铸造的青铜器等器物一并被埋藏在一起。

在第二组因素中，1 号器物坑出土的龙虎尊（图 5，图 6：d、f）反映了三星堆文化与同时期南方的虎方的文化交流。铜尊的造型和风格属于商文化，而铜尊上人与虎的组合题材则是虎方始祖诞生的图腾神话。与三星堆 1 号器物坑的龙虎尊完全相同的另一件龙虎尊出土于安徽阜南朱砦润河（图 6：c、e）。这种人虎组合题材，最典型的则是相传出土于湖南安化、现藏于日本京都泉屋博古馆（图 7，图 6：a）和现藏于法国巴黎塞努斯基博物馆（图 6：b）的所谓“虎食人卣”。人虎组合题材也出现在殷墟，例如殷墟妇好墓出土的铜钺（图 6：g）和司母戊铜鼎耳（图 6：h）上的纹样就是两只老虎的口中有一个人头。

图5　三星堆 1 号器物坑出土的龙虎尊

图6　商代各地出土青铜器上人虎组合纹样

图 7 日本京都泉屋博古馆藏“虎食人卣”铜器

对于这类题材的含义，以往一般的解释是老虎吃人，所以相传出土于湖南安化的这两件铜卣被取名为“虎食人卣”。可是，观察卣上的人形，虽说人头置于张开的虎口之下，但人的面部呈现的并不是恐惧或绝望，却显得祥和而平静，就整体而言，整个人形与虎处于相抱的态势，虎抱着人，人的双手搭在虎身上，依偎着虎，并不是猛虎撕裂、叼食人的样子。三星堆和安徽阜南出土的青铜尊上虎口下的人形，样子呈现为屈臂蹲踞的“蛙状”造型，也显得祥和安宁。司母戊铜鼎耳上和妇好墓青铜钺上是两只相向虎口中的人头。这些都只是表现出人与虎相结合、人在虎中，而并非表现为虎食人。笔者认为，这类题材中人与虎的关系，类似于中美洲奥尔梅克人中同类题材（图 8）所表现的人与图腾物之间的关系，即人虎共存、人在虎口中，表达的是该部族来源于虎，是一种与图腾崇拜相关联的部族祖先诞生神话。

图 8 中美洲奥尔梅克文化人与美洲豹组合题材

那么，为什么甲骨文中的南方的“虎方”，其祖先诞生神话的题材能够出现在四川广汉三星堆和河南安阳殷墟？笔者认为这是当时各地各部族的精神文化交流所致，即这类题材起源于虎方并在虎方之外得到传播。对于虎方而言，他们铸造出“虎食人卣”这样的人虎相拥的青铜器，表达的是他们部族的祖先来源于虎的祖先诞生神话；对于殷商王室来说，在商王武丁的王妃兼女将军妇好使用的铜钺上，以及司母戊鼎耳上铸造人虎结合的纹样，则是通过在宗教上认同虎方部族始祖诞生神话，以达到在军事上驾驭和控制虎方乃至与虎方有联盟的南方诸族；对于诸如三星堆等地的方国来说，则可以解释为虎方与他们有过密切的交往，商时蜀国对虎方的族神、对虎方来源于虎的部族始祖诞生神话是认同的，两地两个方国的统治阶层在精神领域有过很好的沟通。①

基于以上我们对三星堆文化族属的推定和三星堆文化与同时期各地各族的交往的阐述，即可对三星堆文化给予较为科学合理的定位——它是夏商时期的古蜀国文化。有了这样一个定位，我们对三星堆文化的宣传就会有一种自觉和自信，就可以完全排除“外星人说”和其他“外来说”。为此，笔者建议：①在三星堆博物馆展陈中，要点明或加强三星堆文化与夏商时期古蜀国之间的关系；②原有的展陈在开头部分将古埃及文明、西亚两河流域苏美尔文明与三星堆文明三者相并列，应修改为：在三星堆文明之上加上中原夏商王朝国家文明，即在西亚两河流域苏美尔文明与三星堆文明之间添加夏商王朝国家文明，明确表达出三星堆文明是夏商时期中华文明的蜀地文明，它既是独特的，亦是本土的。

① 王震中：《中国古代的国家起源与王权的形成》，北京：中国社会科学出版社，2013 年，第 499—501 页。

重论中国古代社会形态问题

沈长云
河北师范大学历史文化学院

关于中国古代社会形态，也就是对中国古代社会性质的认识，是一个学术界长期争议且至今未得解决的问题。笔者个人也曾对之发表过一些意见，认识与主流学者不太一致。笔者通过梳理过去在这个方面的一些基本看法，以就教于诸位同行，庶几使这个问题的讨论走向更加深入。

一、从春秋战国之际的社会变革谈起

笔者的梳理从春秋战国之际的变革谈起。这是因为这个话题既涉及战国以前的社会性质，也涉及战国及其以后的社会性质。谈论这场变革，等于把笔者所有关于中国古代社会性质的看法都摆到大家面前了。笔者尝论中国历史的发展，称中国历史上实际就只发生过两次重大的变革：一次在近代，即由传统中国向近代化的转型（这种转型至今仍在进行）；另一次发生在古代，即春秋战国之际的变革。昔日王夫之在他的《读通鉴论》中早就提出，战国时期是我国“古今一大变革之会”。20 世纪五六十年代中国古史分期讨论的三大派别，即所谓战国封建说、西周封建说、魏晋封建说，尽管在对于所谓中国奴隶社会与封建社会的分界线应当划在什么时候的问题上有着不同的认识，但都承认春秋战国之际中国社会确实出现过重大变化，其中以郭沫若为首的战国封建说更主张中国奴隶社会与封建社会的分界线应当划在春秋战国之际。也有少数人主张所谓秦封建说（如白寿彝、金景芳），这种主张的理由，大约主要是考虑到“秦法”“秦制”在秦以后历代王朝的表率作用。殊不知这“秦法”“秦制”有许多其实早在战国时期，就陆续在各国施行了。对于这一点，过去顾炎武说得最为清楚，他的《日知录》曾言及春秋与战国社会的礼俗及有关制度的巨大差异，认为这种种变化都出在春秋战国之际百数十年间，从而发出“不待始皇之并天下，而文武之道尽矣”的浩叹。①如大家熟悉的郡县制、中央集权的官僚体制、按乡里什伍对居民实行的编户制等等，这些为秦以后遵行的政治制度，都出现在战国。至于战国经济领域出现的新的事物，就更不待言了。总之，战国时期确实称得上是一个新时代的开始，春秋战国之际应当是我国古代社会的一大转折。

二、春秋以前的社会性质

笔者虽同意春秋战国之际是我国古代最重要变革发生的时期，但并不同意郭沫若所说的这场变革是封建制代替奴隶制。春秋以前的社会不能说成是奴隶制社会，战国及其以后的社会也难以说成是封建社会。

先说春秋及其以前的夏商周社会性质。

自 20 世纪 30 年代以来，直到中华人民共和国成立后的五六十年代，以郭沫若为首的我国占主流的老一辈马克思主义史学家，无不把我国的夏商周三代称作是奴隶社会。也有部分持西周封建论的学者把西周归入以后的封建社会，但仍坚持夏商两朝属于奴隶社会。二者皆强调中国有过一个奴隶制时代，理由是根据马克思主义的“五种社会形态说”，中国不能没有奴隶制社会。经过“文化大革命”以后的思想解放运动，到现在，多数人已基本放弃了这样一种主张。因为大家认识到，所谓“五种社会形态”依次更替的学说，在马克思、恩格斯那里，主要是针对西欧的历史发展而言的。马克思明确说：“把我关于西欧资本主义起源的历史概述彻底变成一般发展道路的历史哲学理论，一切民族，不管它们所处的历史环境如何，都注定要走这条道路……这样做，会给我过多的荣誉，同时也会给我过多的侮辱。”②其次，从实事求是的角度考察上古中国，也确实找不到一个奴隶社会。无论是文献资料还是考古材料都表明，在整个中国上古时期，作为当时物质生产的主要承担者，包括商代的“众人”及西周春秋的“庶人”，都不是奴隶。把这样的社会硬说成是奴隶社

① （清）顾炎武著，（清）黄汝成集释：《日知录集释》卷 13“周末风俗”条，上海：上海古籍出版社，1985 年，第 1005—1007 页。

② ［德］马克思：《给〈祖国纪事〉杂志编辑部的信》，《马克思恩格斯选集》第 3 卷，北京：人民出版社，1995 年，第339—342页。

会，是一种教条主义。

目前，中国史学界正在进行新一轮社会形态问题的讨论。现在的问题是，如果不用奴隶社会，到底用什么样的社会形态对春秋以前的社会进行界定更合适？

在马克思主义创始人使用的有关古代社会形态的术语中，除了奴隶社会之外，还有封建社会（农奴制社会）和亚细亚生产方式，那么，把夏商周三代说成是封建社会或建立在亚细亚生产方式上的社会是否合适呢？

随着奴隶社会说的式微，三代是封建社会的说法在学者中多了起来，但笔者以为这种说法同样也存在问题。至少，要把三代各种族组织中的贵族与平民的关系解释成封建主与农奴的关系，就面临着诸多理论上与史实上的困难。

所谓农奴，是指附着在封建领主土地上，具有对领主人身依附关系的，使用份地的小农。就商周时期的众人、庶人与贵族的关系来说，他们之间有同族之谊，很难说得上众人、庶人的人身为贵族所占有。过去学者援引斯大林的语录，认为农奴可以被买卖即是其人身被部分占有的证据，可是文献却找不到任何众人、庶人被买卖的例子。《诗经·大雅·灵台》描写庶民为文王修筑灵台的句子："庶民攻之，不日成之；经始勿亟，庶民子来"，称庶民为其宗主服役像儿子替父亲做事一样踊跃，这哪里有人身不自由的影子！文献记载商代众人和西周庶民的劳动，都是属于集体劳动的性质，非拥有份地的个体农奴可比。说到贵族对众人、庶民的剥削方式——"助"法，我们认为亦不必将它解释成劳役地租，而应是一种氏族贵族对族内下层平民的徭役剥削。这两者之间是有区别的。至于将三代各种族结构中的族长解释成封建领主，在理论上也是困难的。限于篇幅，这里就不具体谈了。

那么，把三代说成是建立在亚细亚生产方式上的社会有什么问题呢？我们认为，作为一种与西方所经历的奴隶制和封建制不同的东方社会形态，所谓亚细亚生产方式主要有以下一些内容：一是农村公社在社会的普遍存在，二是农村公社基础上矗立着专制主义政府，三是专制君主对全国土地的最高所有权，四是广大臣民是专制君主的"普遍奴隶"，五是专制主义国家通过地租与赋税相结合的方式对广大民众进行剥削。这些内容在三代是否都具备了呢？笔者以为很难。笔者曾经提出过我国战国时期已基本具备了亚细亚生产方式的特征，但在战国以前，这些特征似乎还未见成熟。最多只能说三代蕴含了某些亚细亚生产方式的因素，如建立在天下万邦基础之上的专制主义王权、众邦对王朝的无偿贡纳、王对"普天之下"国土和臣民的领有权，等等，但这些毕竟还构不成完整的亚细亚生产方式的图景。作为血缘组织的"邦"不是农村公社，"普天之下，莫非王土"并不意味着土地国有制，三代没有国家对民众普遍实行的授田制，"邦"下面的族众归邦君领有，尚未直接构成专制君主的“普遍奴隶”。总之，三代还不能说像战国以后社会那样具备了各项典型的亚细亚生产方式的特征。

经过反复思考，笔者倒想起了已故南开著名史学家雷海宗当年在古代社会形态问题上发表的看法。在他的有关著述中，笔者注意到他倡导过的“部民社会”的提法。他在《世界史分期与上古中古史中的一些问题》一文中阐述说：

> 中国历史上有“部民”一词，指的是半自由身分的人民。日本在由原始社会向阶级社会转化时，借用了中国这个名词，称呼当时日本社会中由氏族成员转变出来的一种半自由身分的人民。我们是否可以考虑称铜器时代为“部民社会”？当时绝大多数劳动人民在理论上仍为自由平等的氏族成员，实质上则只为半自由的人。我们姑且提出上面这样一个建议，希望将来能有更恰当的名称。①

查中国古代文献中的“部民”一词，确实是对由氏族社会向阶级社会转变过程中，或者是建立早期国家过程中众氏族部落基本成员的称呼。例如《魏书·神元帝纪》称北魏先世力微之时“德化大洽，诸旧部民，咸来归附”②。我国夏商周三代时期也是处于早期国家阶段，虽已建立了国家政权机构，但社会上各种族的组织（包括氏族或宗族、大家族）仍普遍尚存。现在学者一般称这个时期的大多数社会成员为“族众”，实际上，这“族众”就是部民。“部民社会”可以说概括了当时社会最普遍的人群结构的性质。那么，我们是否可以用“部民社会”来对三代的社会形态加以概括呢？笔者想，在目前没有找到更合适的对于三代社会性质的准确表述前，这个用语是可以考虑的，至少，比用上述几种称呼都要好一些。一则，“部民社会”一词反映了当时社会最广大的居民，或者说最主要的生产劳动的承担者的社会身份，这与把“奴隶社会”“农奴社会”用作社会发展阶段的性质是一致的。二则，“部民”的身份又与氏族公社时期自由平等的氏族公社成员区别开来，从而避免了把夏商周与原始社会混为一谈，使人们把对三代社会的理解限定在早期国家这个特定的时间范围内。再则，这个词虽然不见于马克思主义经典著作，但却见于我国古代文献，同时又有国外借用这个词汇来表达与中国三代同一社会发展阶段的先例。由此，使用“部民社会”这个词汇来描述三代社会性质是有一定道理的。

---

① 雷海宗：《世界史分期与上古中古史中的一些问题》，《历史教学》1957 年第 7 期，第 47 页。

② 《魏书》卷 1《神元帝纪》，北京：中华书局，1974 年，第 3 页。

三、战国非封建社会论

如上所述，现在许多先生都称战国是封建社会，或者说是地主制封建社会。但就笔者的理解而言，要把战国社会说成是封建社会，同样也是十分困难的。上面已经谈到夏商周及春秋时期非封建社会，战国时期也同样非封建社会。就现在人们提到的战国时期的政治经济制度而言，有哪一样可以说得上是封建社会形态的体现呢？我们看马克思、恩格斯在他们的著作里，总是着力强调封建社会的两个最基本的特征：一是封建的土地等级所有制，一是封建农奴制。前者即是人们常说的封建领主的采邑制。恩格斯说，采邑关系，即"分封土地以取得一定的人身服役和贡赋"，乃是"整个封建经济的基本关系"。[①]这种形态，拿中国先秦时期的政治经济制度与之相衡量，最多可以说西周时期的分封制与之有些表面上的相似，至于战国时期，列国都在废封建、立郡县，则连表面上的相似都不存在了，更谈不上是封建社会。至于后者，即封建农奴制度，更是封建主义条件下最本质的剥削关系的体现。当年马克思写作《科瓦列夫斯基〈公社土地占有制，其解体的原因、进程和结果〉一书摘要》，曾批评科瓦列夫斯基仅仅根据在印度看到的所谓"采邑制度"、"纳款授职"和"庇荫制度"，就认其为西欧意义下的封建主义，指出"科瓦列夫斯基忘记了印度没有农奴制，而农奴制是一个重要因素"[②]。那么，战国社会是否有农奴制呢？那大量存在的自耕小农是否可以说是农奴呢？对此，我们可以肯定地说，我国古代从事个体劳动的小农，无论他们处于自耕农地位，还是无地的佃农，都不是什么农奴。所谓农奴是指封建社会对封建领主具有人身依附关系的农业劳动者，农奴制则是封建领主通过自己的领地对农奴实行的人身占有。上举恩格斯《论封建制度的瓦解和民族国家的产生》一文就已明确谈到封建农奴与自耕农及佃农的区别[③]，我国古代小农只具有对专制主义国家的人身依附关系，与封建农奴对领主的人身依附关系完全不可相提并论。现在一些学者把中国中古时期通过土地兼并和土地买卖而产生的地主阶级说成是农奴主，把专制主义国家对自耕小农的人身占有说成是代表地主阶级对农民实行的超经济强制，这完全是一种主观主义的说辞。这种说辞，至少拿到战国时期就解释不通，因为战国时期根本就没有一个通过土地兼并和土地买卖形成的地主阶级！战国的土地都掌握在国家手里，国家实行授田

① 《马克思恩格斯全集》第21卷，北京：人民出版社，1965年，第453页。

② ［德］马克思：《科瓦列夫斯基〈公社土地占有制，其解体的原因、进程和结果〉一书摘要》，邹如山、世雄译校，北京：人民出版社，1965年，第69—70页。

③ 《马克思恩格斯全集》第21卷，第450、455页。

制，直接将土地分授给受其严格控制的编户小农，通过租赋合一的赋税征收方法直接对之进行超经济剥削。其时土地私有制尚未成型，土地买卖或土地兼并亦很少见。至于一些因受国君宠幸，或因立有军功、事功而获得赏田的官僚、贵族及其他社会人员，经考察，他们中除少数身份性贵族享有治土临民的特权（这种情形，只能归结为旧制度的残余）外，绝大多数都只是暂时享有部分国有土地上农户所交纳的税收而已，尚不好把他们说成是“地主”或“军功地主”，从而将其与封建制度联系起来。这些在文献中，特别是从近年出土的战国秦汉简牍资料中都是看得很清楚的，因而，要把这样的社会归结为封建社会，确实是很困难的。

四、战国及以后中国中古社会宜称作亚细亚生产方式的社会

战国以后的中国中古社会，其基本性质，应当都同于战国（见本文第一个标题），战国时期创立的各项政治经济制度，都基本为以后历朝历代所遵循。既然把战国时代归为封建社会不合适，那么，战国及以后的中国中古社会应当是一种什么性质的社会呢？

这里，我们不妨引述侯外庐对于中国上古、中古社会的认识。侯外庐公开声明，中国古代属于马克思所说的亚细亚生产方式的社会。他的《中国思想通史》第一章第一节的标题即是“中国古代社会及其亚细亚的特点”。他认为这种社会最基本的特征，是“氏族遗制保存在文明社会里”。具体说来，是这种社会有“两种氏族纽带约束着私有制的发展，不但土地是国有形态（公室贵族的国有以及世室贵族的‘书社’所有），生产者也是国有形态”。[①]鉴于当时史学界受苏联学术思想的影响而推行所谓“五种社会形态”说，侯外庐不得不将其所列中国古代社会也称作“奴隶制社会”，而将以后从秦汉到鸦片战争的中国中古时期称作“封建社会”。但他主张的“奴隶社会”“封建社会”同其他先生主张的“奴隶社会”“封建社会”是有很大差别的。他所说的中国奴隶制社会类似于我们上面所说的部民社会；他所说的中国封建社会，则像是典型的亚细亚社会。因为他强调的仍然是这个时期的土地国有制、生产者为国家所有（他称其为封建国家“占有”）、国家与政府的经济职能，以及社会上长期保存着的农村公社（即文献所称之“乡党”“里社”之类组织）等特征。这些特征与中国上古社会一脉相承，实在构不成“五种社会形态”中的任何一种，却与马克思、恩格斯描述的亚细亚社会形态十分类似。

① 侯外庐、赵纪彬、杜国庠：《中国思想通史》第1卷，北京：人民出版社，1957年，第10页。

侯先生将整个中国上古、中古社会都归纳为亚细亚生产方式的社会，应当说是很有见地的。他指出这两个时间段的中国社会都存有古代氏族组织的遗制，都实行土地国有制和国家对农业劳动者的人身占有，这些认识既实事求是，也与马克思、恩格斯有关东方社会的描述大致吻合。中国是亚细亚生产方式的故乡，马克思、恩格斯对此有明确的论述。中国没有经历过奴隶制社会，也没有经历过西欧那样的封建社会，这些也都是越来越清楚的事实。现在许多不赞成把中国中古社会说成是封建社会的学者，正竞相考虑给这段时间的社会形态冠以新名。或称这段时间为“宗法地主专制社会”，或称之为“王权支配社会”，或称之为“皇权专制社会”，或称之为“官僚社会”“选举社会”等等，不一而足。这些名称，想必都经过了学者的深思熟虑，并皆具有许多合理的成分，但是从更高更全面且立足更稳妥的理论角度看，笔者还是赞成把它归结为亚细亚生产方式的社会，原因是：第一，亚细亚生产方式的概念出自马克思主义，是马克思社会形态理论的组成部分，更是马克思亲自给出的古代东方包括古代中国社会形态的专门术语；第二，已经有侯外庐这样的思想史家及其他一些学者使用这个概念对中国古代社会性质进行总结；第三，它也能将上述学者给出的对中国中古社会称名的实际内涵包容进去；第四，也是最重要的，它符合中国古代社会的实际，如前举侯外庐参照亚细亚社会形态列出的中国古代社会的几项特征，或者如吴大琨、胡钟达、庞卓恒诸位先生结合中国古代社会列出的亚细亚生产方式的几个基本内涵，都符合中国古代社会的实际。遗憾的是，长期以来，我们一些号称是马克思主义捍卫者的先生们对马克思的亚细亚生产方式理论却不那么买账。依笔者看，这些先生多是没有走出苏联 20 世纪 30 年代开展的那场对于亚细亚生产方式理论的批判运动的阴影，那场由中国社会问题的讨论引起的批判运动后来传到了中国，对国内学术界的影响一直持续到20世纪八九十年代。

当然，我们也注意到有关亚细亚生产方式与中国古代社会实际的讨论所涉及的一些具体历史问题，如中国古代的土地所有制、中国古代村社制度、古代自耕农和佃农的身份等问题。这些问题，随着讨论的深入及新的地下出土资料的不断涌现，应当说是比过去更清楚了。例如战国时期各国实行的是国有土地性质的授田制，而非所谓封建地主的土地所有制，这一点依据大量出土的战国秦汉简牍资料可以得出，可以说是不用再怀疑的。20 世纪 70 年代，山东临沂出土大批竹简，其中的《守法》《守令》等十三篇更提到了战国时期齐国实行的爰田制。联系过去文献有关记载，可知这种对受田农民三年一次重新分配土地的制度是当时各国普遍行用的一种土地制度，是对国有土地制度的一种补充。持之与马克思、恩格斯有关著作相比较，可知这种把土地平均分配给个体家庭并定期重新分配的制度，仅仅是和农村公社的发展阶段相适应的。这些都十分有助于厘清战国社会的性质。抓住了战国社会的性质，就有助于说明整个中国中古时期的社会性质，因为战国是秦以后中国专制主义社会的开端，以后中国历朝历代实施的各项政治经济制度，都不过是战国社会各项制度的继承、发展和改进而已。

以上论述，均出于笔者个人的思考，不周之处必然很多，请学者不吝批评指正。

文明：定义、标志与标准

易建平
华南师范大学

中华文明起源研究使得考古学在今天成为显学，也的确，近几十年来，考古发掘工作在这一方面取得了巨大成就。“五千年的中华文明”，如今看到了有可能落实的实证学术基础。但是，困难与挑战也是巨大的。这首先在于，如何能够有效地解释良渚、石家河、宝墩古城、石峁、陶寺和二里头等新的考古发现。这要求我们在理论上有所突破。突破要从概念开始，从“文明”定义开始，然后根据定义，看看能否找到判断标准。正如王巍所说，“什么是文明？判断进入文明社会的标准是什么？这一问题至关重要，直接关系到判断中华大地各区域文明形成的时间以及中华文明历史究竟有多么悠久等一系列关键问题”[①]。为此，学者们一次次地进行了有益的探索。

一、“文明”与“国家”：定义问题

先从“文明”与“国家”的定义开始，对此我们曾经进行过多次讨论。[②]

在中国早期传统文献中，《尚书》《易经》虽见“文明”一词，其意却非今天所指，而仅仅是文采、光明等等意思。后来，其引申之义虽有文教昌明的含义[③]，但直接与原始社会对立，那是进入 20 世纪以后的事情。

---

① 王巍：《中华 5000 多年文明的考古实证》，《求是》2020 年第 2 期。

② 易建平：《从词源角度看“文明”与“国家”》，《历史研究》2010 年第 6 期；易建平：《关于国家定义的重新认识》，《历史研究》2014 年第 2 期；易建平：《再论“古代国家”、“早期国家”与“国家”——与王震中先生商榷》，《世界历史》2015 年第 6 期。

③ 黄兴涛：《晚清民初现代“文明”和“文化”概念的形成及其历史实践》，《近代史研究》2006 年第 6 期。

即便在西方，“civiliz（s）ation”这个词出现文化演进史上的“文明”发展阶段的意思，也是到 19 世纪古典进化论出现以后了。摩尔根等人系统地发展出现代“文明”理论。他们能够做到这一点，原因在于，自哥伦布发现美洲新大陆，西欧许多国家开始了大规模的殖民运动，现代意义上的全球化过程迅猛展开，西欧人及其殖民者接触到世界各地不同种类不同形态的文化，眼界大大扩展。作为殖民征服者，他们将被征服者的文化看作是“savagery”（蒙昧）和“barbarism”（野蛮），而将自己的文化置于那些“落后”民族之上，美之为“civiliz（s）ation”。现在流行于中国学术界的摩尔根蒙昧、野蛮与文明三大时代的划分[①]，其产生背景其实带有强烈的种族主义歧视成分。正是因为这一点，古典进化论受到博阿斯（Franz Boas，1858—1942）学派的抨击，以至于在美国沉寂了几十年。

“civiliz（s）ation”这个词的演化过程，我们曾经有过讨论，其大致可以概括为：“civis”（古拉丁文）→“civilis”（古拉丁文）→“civilizare”（中古拉丁文）→“civiliser”（法文）→“civilize”（英文）→“civiliz（s）ation”（法文、英文）。“civis”是名词，意思是“市民、公民或国民”（“citizen”），它对应于古希腊文的“Πολίτης”（politēs）。它有一个重要的派生词“civitas”（复数“civitates”），意思是“公民身份、公民权、公民集体、城市、城邦、国家”等，其古希腊文的对应词是“Πόλις”（polis）。

“Πόλις”（复数“Πόλεις”）的本义是“要塞”、“城堡”和“城”。它起源于公元前 8 世纪，也就是诗人荷马与赫西俄德（Ἡσίοδος）的时期。[②]当时，希腊城邦社会初建。随着城邦的发展，城、城市、城邦、公民这些概念也随之形成，“Πόλις”的含义相应地逐渐扩大。一方面它主要指城邦（city-state），另一方面“Πόλις”实际上又等同于拥有公民权的整个公民集体。修昔底德说过，城邦的名字不是来自于城邦本身，而是来自于城邦之公民集体。[③]这重意思在拉丁文“civitas”与“civis”之间关系上，看得更为清楚：前者正是来自于后者，“城，城邦”来自于“公民”。

作为“city-state”的“Πόλις”，空间结构上，通常都有一个城市，周围是乡村。但是，古典时期与雅典争霸的斯巴达却长期并无城市。斯巴达的主体就是几个村子组成的联合体。[④]因此，“Πόλις”的意思虽然始于城或城堡，继而发展为城市，继而发展为

① ［美］摩尔根：《古代社会》，杨东莼、马雍、马巨译，北京：商务印书馆，1977 年。

② “Polis(πό λις)”, M. Cary, et al ., eds., *The Oxford Classical Dictionary*, Oxford: Oxford University Press, 1949, p.709.

③ Thucydides 7.77.7. 上面所引是 *The Oxford Classical Dictionary* 一书的意译。参见 M.Cary, et al., eds., *The Oxford Classical Dictionary*，p.709. 关于此处的英译，又可参见如 Thucydides, *History of the Peloponnesian War*（Loeb Classical Library No. 169），IV, English Translation by C. F. Smith, Cambridge: Harvard University Press, 1928, pp.158-159.

④ 关于斯巴达，可以参见 Huxley, G. L., *Early Sparta* , London: Faber and Faber, 1962. Cartledge, P., *Sparta and Lakonia, A Regional History 1300-362 BC* , London: Routledge& Kegan Paul, 1979.

城邦，但城或城市并不成为城邦结构中最具决定性的因素；虽然，城邦一般都有城或城市。到了后来的罗马人时期，一个“civitas”（“Πόλις”）出现了拥有多于一个城市的情况。

最终，“Πόλις”或者“civitas”演化成为后代所称的广义的“国家”。这从“Πόλις”的一个派生词“Πολιτεία”（“Πολιτεία、πολίτευμα”，拉丁化对译为“politeía、políteuma”）可以看得更为明白。它是后来英文“polity”（国家、政体）这个词的源头。它们之间演化的过程大致是：“Πολιτεία”（古希腊文）→“politia”（古拉丁文）→“politie”（16世纪初期的法文）→“polity”（16世纪30年代的英文）。从亚里士多德的《政治学》中，“Πολιτεία”这个词的基本意思可以清楚地归纳出来，它可以用来指称任何一种政体。当然，有的时候它还特别用来指称混合政体，也即结合了寡头政体与民主政体优点的一种政体。

“Πολιτεία”另外一个政治上对应的拉丁词是“Respublica”，后者是英文“Republic”（共和国、国家［古语］）的源头。柏拉图的名著*Πολιτεία*，英文许多人译作 *The Republic*。“Republic”现在多解作“共和国”，由此，这造成了将“Πολιτεία”或者“Respublica”仅仅理解成“共和国”的错误。其实，在古罗马时代，无论共和时期的罗马国家，还是王政时期或者帝国时期的罗马国家，都可以使用这同一个“Respublica”来指称。这也其实就是说，与“Respublica”相对应的希腊文“Πολιτεία”的主要意思也并非专指某一政体。不仅仅前面提到的亚里士多德是这么使用的，柏拉图也一样。在*Πολιτεια*一书里，柏拉图是让哲学家做王的。我们知道，现代理解的共和国是与君主制国家相对立的一个概念。因此，柏拉图的*Πολιτεία*最准确的译法就是《论国家》（*The State*）。

另外需要提到的是，“civiliz（s）ation”这个词往前追溯，其实早在希腊罗马时期就已经沾染了与野蛮落后相对立的意思。古代的中国人有华夷之辨，这实际上相当于现在所说的“文明”与“野蛮”之辨。这种情况在古代是相当普遍的存在。这其实就是相对文明地区的居民以自己为原点的中心边缘之辨。希腊人、罗马人也一样，他们也一样认为，自己的社会比周围的其他族群更为发达，因而多将其称作“野蛮人”（“Βάρβαρος”“Barbarus”），也因此，“Πόλις”“Πολίτης”“Πολιτισμός”“civis”“civitas”等词逐渐沾附上了与落后野蛮相对立的转义。古典进化论者将“civiliz（s）ation”界定为原始（“蒙昧”和“野蛮”）社会之后更高的社会发展阶段，这说穿了，源头就在古代希腊人和罗马人那里。

总结一下。我们现在讨论的作为一个社会发展阶段的“civiliz（s）ation”，词源上追溯到底，就是古希腊文的“Πόλις”，词根是“Πολῐ-、πολε-”。这也就是说，词源上，“文明”即是“国家”，本义就是“国家”。无论是古典进化论者还是新进化论者，无论是摩尔根和恩格斯还是塞维斯和弗里德，实际上也都将“文明”看作是“国家”的同义词①，这应该就与“文明”其词可以溯源于“国家”这一事实本身不无关系。在这些经典作家那里，“文明”与“原始社会”对立，“国家”与“前国家社会”对立，两组词相同位置的词大多数时候都可以互换。当然，“civiliz（s）ation”这个词后来衍生的词义太多，容易引起歧义，因而，说“文明起源”，不如直接说“国家起源”，意思更为确定。塞维斯那部著名的讨论文明与国家起源的书，书名叫作 *Origins of Civilizations and the State*，“文明起源”和“国家起源”并列，而且，“文明起源”在前，实际内容探索的却主要是后者，这就是原因。②

既然这样，既然在与“原始社会”或者“前国家社会”对立的意义上，“文明”与“国家”同义，那么，我们接下来的问题就是，什么是“国家”。给出了“国家”的定义，实际上也就给出了“文明”的定义。

我们曾经讨论过摩尔根、恩格斯和韦伯等人在“国家”定义及标志等问题上的不尽合适之处，最后给出了自己的“国家”定义：

> 国家是一种独立自主的政治实体。在相对稳定的地域内，这个实体的政权掌控了武力合法使用权，以之来根本性地支撑其处理公共事务。国家政权对权力的掌控是一个动态变化的过程。在最低阶段，国家形成的标志是，其政权掌控了合法武力来根本性地支撑其处理涉及全社会的主要公共事务。但是，这个时期仍旧存在着其他的组织或（和）个人未经国家政权授权分享武力合法使用权的情况。在最高阶段，国家政权垄断了武力合法使用权，成为其唯一来源。③

① ［美］摩尔根：《古代社会》，杨东莼、马雍、马巨译，北京：商务印书馆，1977 年；［德］恩格斯：《家庭、私有制和国家的起源》，《马克思恩格斯选集》第 4 卷，北京：人民出版社，2012 年，第 123—195 页；Service, E. R., *Origins of the State and Civilization: The Process of Cultural Evolution*, New York: W. W. Norton & Company, 1975. Fried, M. H., *The Evolution of Political Society: An Essay in Political Anthropology*, New York: Random House, 1967.

② Service, E. R., *Origins of the State and Civilization: The Process of Cultural Evolution*, New York: W. W. Norton & Company, 1975.

③ 易建平：《关于国家定义的重新认识》，《历史研究》2014 年第 2 期；易建平：《再论“古代国家”、“早期国家”与“国家”——与王震中先生商榷》，《世界历史》2015 年第 6 期。此处略有改动。

二、“文明起源”：识别原则、标志和标准

“文明”就是“国家”，“国家”的本质特征是，“政权掌控了武力合法使用权，以之来根本性地支撑其处理公共事务”。正是在这一点上，“国家”与“前国家社会”、“文明”与“原始社会”，可以明确地从本质上区分开来。也只有在这个意义上，也即在与“前国家社会”或者“原始社会”对立的意义上，我们所说“国家起源”或者“文明起源”才拥有不同寻常的价值。而正是立足于这一价值去考虑，我们才能够说，人类社会进入了全新的发展阶段。

因此，笔者认为，研究文明起源，也就是研究国家起源，其核心在于，研究社会公共事务管理方式根本性质的变化，也就是探究一种与原始社会或者前国家社会本质不一样的管理方式的变化。在原始社会或者前国家社会，公共事务的管理，其根本支撑是一种非暴力的非强制性的方式。在文明社会或者国家社会，这一支撑就转变成了暴力的强制性的方式了。这两者之间具有本质上的不同。只有这种变化发生了，我们才称其为“文明”或者“国家”起源了。故而，“文明起源”，不是文字起源，不是青铜器起源，不是城市等等“要素”的起源。文字、金属和城市之类出现了，反映的只是人类社会生存技术和群居形态的发展变化，这与一个社会公共事务管理方式的根本变化并不呈现正相关。凉山彝族早就使用文字了，后来还进入了铁器时代，进入了热兵器时代，但在20世纪50年代之前，它仍然处于前国家社会发展阶段。[①]前面提到的斯巴达，没有城市，公元前 2 世纪之前，也未筑城，但它仍然是古代希腊的一个典型的城邦也即所谓城市国家。

“三要素”曾经是国内外学术界广泛使用的检验“文明”的标准。由于缺乏普遍性，难以经受人类历史实际发展过程材料的检验，学者们对其批评甚多。[②]最近王巍放

① 刘尧汉：《彝族社会历史调查研究文集》，北京：民族出版社，1980 年；《凉山彝族奴隶社会》编写组编：《凉山彝族奴隶社会》，北京：人民出版社，1982 年；周自强：《凉山彝族奴隶制研究》，北京：人民出版社，1983 年；胡庆钧：《凉山彝族奴隶制社会形态》，北京：中国社会科学出版社，1985 年；四川省编写组：《四川省凉山彝族社会调查资料选辑》，成都：四川省社会科学院出版社，1987 年；何耀华：《论凉山彝族的家支制度》，中国西南民族研究学会编：《西南民族研究（彝族研究专辑）》，成都：四川民族出版社，1987 年，第 119—142 页；杨怀英主编：《凉山彝族奴隶社会法律制度研究》，成都：四川民族出版社，1994 年。

② 童恩正：《有关文明起源的几个问题——与安志敏先生商榷》，《考古》1989 年第 1 期；王震中：《中国文明起源的比较研究》，西安：陕西人民出版社，1994 年，第 1—2 页；易建平：《中国文明与国家起源研究是一个需要国际学术大背景的课题》，《中国社会科学院古代文明研究中心通讯》2001 年第 2 期；王震中：《中国文明起源研究的现状与思考》，陕西省文物局、陕西省考古研究所、西安半坡博物馆编：《中国史前考古学研究——祝贺石兴邦先生考古半世纪暨八秩华诞文集》，西安：三秦出版社，2003 年，第 444—469 页；王震中：《中国文明与国家起源研究中的理论探索》，《中国社会科学院研究生院学报》2011 年第 3 期；王巍、曹峻、周广明：《执著信念不懈登攀——王巍先生访谈录》，《南方文物》2015 年第 1 期；王巍：《中华 5000 多年文明的考古实证》，《求是》2020 年第 2 期。

弃了“三要素”，提出了新的主张：“文明”的“核心要义是国家的产生”，“王权”是“国家”产生的标志，“大型公共设施”和高等级的建筑（宫殿、墓葬）等是识别“王权”及其所代表“国家”出现的标志。①我们应该承认，比起“三要素”来，这具有更为广泛的适用性。但是，王巍并未给“文明”与“国家”定义；其主张各个部分之间，缺乏严格的逻辑关系；验之于历史发展实际，其标志与标准也依旧多有严重不合之处。关于此，我们将另文讨论。

我们前面溯源了“Civiliz（s）ation”一词，发现它与“国家”同源；而且，经典作家们也多将这两个概念认定为同一个（或者基本上同一个）；因而，我们有着充分理由认为，定义了“国家”，也就是定义了“文明”。我们还发现，“文明”并不一定起源于“王权”国家；实际上，人类历史上最早的国家组织形态是非“王权”的城邦——苏美尔的神庙城市国家。②在这些发现的基础之上，我们提出来，“文明”起源也即“国家”起源在史前考古遗存中的以下识别原则、标志和标准：

（1）“文明”就是“国家”。因而，“文明起源”就是“国家起源”。

（2）“国家”出现的根本标志是，一个社会公共事务的管理，其根本性的支撑是强制性的合法暴力。

（3）在史前研究当中，找到“国家”，关键在于，找到这个社会以强制性的合法暴力来根本性地支撑其进行公共事务管理的特殊机构存在过的证据。

（4）这在史前研究当中极难做到。要承认学术力量的限制，承认我们对史前“文明”或者“国家”起源识别能力的限制。

（5）“宫殿”“大墓”及与“王”相关的礼器（如果准确识别出来的话）等，可以作为“国家”出现的一种特殊类型的识别标志。

（6）在上古社会，许多情况下祭政是合一的，大型祭祀建筑完全可以作为“国家”出现的另外一种特殊的参考识别标志。这用来检验人类最早的国家——苏美尔城邦产生时最为有用。当时只有神庙，没有“王宫”。当然，在人类历史上，祭祀建筑甚

① 王巍：《中华 5000 多年文明的考古实证》，《求是》2020 年第 2 期；王巍：《更好认识源远流长博大精深的中华文明》，《红旗文稿》2020 年第 23 期。

② Kramer, S. N., *The Sumerians: Their History, Culture, and Character,* Chicago:University of Chicago Press, 1963. Adams, R. McC., *The Evolution of Urban Society:Early Mesopotamia and Pre-Hispanic Mexico*, Chicago: Aldine Publishing Company, 1966. Crawford, H., *Sumer and the Sumerians*, Cambridge: Cambridge University Press, 1991. Diakonoff, I. M., "The City-States of Sumer," in I. M. Diakonoff, ed., *Early Antiquity*, English translation by A. Kirjanov, Chicago and London: The University of Chicago Press, 1991, pp.67-83.

至大型祭祀建筑很早就有了，不能单独以其作为“国家”产生的证据。[①]

（7）没有发现大型“宫殿”或者（和）“神庙”，不一定“国家”就没有产生。比如，在印度哈拉帕文明中，有规划良好的城市，如哈拉帕（Harappa）与摩亨佐·达罗（Moenjo-daro），但在那些地方既没有发现“宫殿”“王墓”及与“王权”相关的其他之物，也没有发现大型“神庙”，学者却认为，它们可能是“早期国家”。[②]

（8）大型聚落包括城市但不限于城市的大型公共建筑及公共空间遗存，如卫城，如仓库，如市场，与其他证据一起，也有可能可以用作“国家”管理机构存在过的一种证据。

（9）“国家”是在一个社会人口达到一定规模之后导致社会管理复杂化的结果。人类学家有的将国家产生的最低人口规模定在5000人。人类历史上，比这小的国家也有过。我们可以将这看作是一个“文明”产生的大致的基础人口数字。“有土有人，斯成一邑（国、邦）”[③]，人口是“国家”产生的最为基础也最为重要的因素。我们需要在这方面去下更大力气，看看可否找到作为“国家”产生基础的更具有普遍适用性的人口总量与密度的数字。

（10）社会管理复杂化而最终导致“文明化”的动因，不仅仅可能是因为人口规模的扩大，更有可能是因为人口结构的多元化而导致的复杂化。通观人类早期历史，后者可能更是一个值得关注的现象。这也就是说，聚落内部族群，聚落群之间族群，他们之间的多元化最终导致的等级分化甚至阶级分化，更为值得关注。

---

① 比如，9000年到12000年前的哥贝克力巨型神庙，就是由前陶时代的游猎采集者手持粗糙的石器工具建造的。他们刚刚进入新石器时代，不会制造陶器，更没有农业。他们的社会结构还处于一种简单的平等发展阶段。但是，就单体建筑所产生的视觉冲击而言，其工程之浩大，石雕之精美，我们迄今为止在中国发现的认为文明与国家可能已经起源甚至形成的遗址，比如牛河梁、凌家滩、良渚、石家河、石峁、陶寺与二里头，恐怕都无法与其比较。关于该神庙的一些材料与讨论，参见 Schmidt, K., “Göbekli Tepe, Southeastern Turkey:A Preliminary Report on the 1995-1999 Excavations,” *Paléorient* , Vol. 26, No. 1(2000), pp.45-54. Zick, M., “Der Steinzeit-Temple von Göbekli-Tepe,” *Archäologie in Deutschland*, No. 5 (September-October 2002), pp.64-66. Scham, S., “The World's First Temple,” *Archaeology* , Vol. 61, No. 6 (November/December 2008), pp.22-27. Schmidt, K., “Göbekli Tepe-eine apokalyptische Bilderwelt aus der Steinzeit,”*Antike Welt* , Vol. 40, No. 4 (2009), pp.45-52. Gresky J., J. Haelm, and L. Clare, “Modified Human Crania from Göbekli Tepe Provide Evidence for a New Form of Neolithic Skull Cult,” *Science Advances* , Vol.3, E1700564 (2017).

② 关于哈拉帕文明，可以参见 Possehl, G. L., ed., *Harappan Civilization: A Contemporary Perspective*, New Delhi:Oxford & IBH Publishers, 1993. McIntosh，Jane R., *The Ancient Indus Valley: New Perspectives*, ABC-CLIO, LLC, 2007. Abraham, Sh. A., P. Gullapalli, T. P. Raczek, and U. Z. Rizvi, eds., *Connections and Complexity: New Approaches to the Archaeology of South Asia*, Walnut Creek: Left Coast Press, 2013. Ratnagar, Sh., *Harappan Archaeology: Early State Perspectives*, Delhi: Primus Books, 2016.

③ 叶玉森语。转引自于省吾主编：《甲骨文字诂林·邑部》，北京：中华书局，1996年，第343页。其实，“土”并不一定是现代意义上的固定“疆土”；“土”更没有“人”重要。参考前面修昔底德论“Πόλις”。

（11）这种人口结构本身的多元化在考古遗存中可能表现为：城乡结构的不同、城市空间布局的不同（包括内外城的不同）、中心聚落与非中心聚落的不同、中心本身大小的不同。

（12）上面提到的几种重要因素，应该综合起来考虑，才有可能成为“国家”起源的有效证据。

最后需要强调的是，由于“国家政权对权力的掌控是一个动态变化的过程”，我们所说“文明”或者“国家”起源，乃是最低发展阶段“国家”的起源，人类学家普遍称其为“早期国家”，它一方面拥有了“国家”的本质性质，另一方面与现代形态的国家相较又表现出了权力的多中心特征。对此，我们也有过阐释：

> 早期国家。最高的领导者，与名义上实质上其下的部分领导者，都实质性地独立掌握了一部分“武力合法使用权”。处理涉及全社会主要公共事务的以“武力合法使用权”为根本支撑的权力，主要掌握在最高的领导者手中。这个时期，仍旧会出现其他的组织甚至个人，在这一领导者之外，独立处理涉及全社会主要公共事务的情况。国家与社会对此非但并无明确禁制，很多材料表明，有的时候甚至对此进行鼓励。在涉及小团体（指小于整个社会的那些或大或小的团体）内部公共事务时候，主要由小团体内部的领导者负责处理。在涉及小团体内部成员时候，全社会最高的领导者之外，小团体内部的领导者，甚至于其他的组织以至于个人，仍旧掌握有刑事处罚权。国家与社会对此视为当然。[①]

这表现在史前考古遗存中，可能会让我们发现大小不等中心并存的现象。

① 易建平：《关于国家定义的重新认识》，《历史研究》2014年第2期。此处稍有修订。

早期中国、埃及的环境限制、神祇崇拜与文明特质

李禹阶
重庆师范大学历史与社会学院

早期中国文明作为世界古老文明之一，在宗教信仰、神祇崇拜与社会组织等方面与古代的埃及、两河流域、印度等文明都有极大殊异。这种差异导致中国早期历史演进路径与世界其他文明的历史进程呈现出不同的形式。本文通过对早期中国与埃及文明的不同特征加以比较研究，更清楚地认识早期中国文明发展道路及社会组织的独特性。

一、自然神崇拜是早期人类社会的共同特征

国家是文明诸要素发展到一定阶段的结果，而宗教信仰则与一个国家或民族的区域环境与社会发展紧密相关。从某种程度上说，人类对自然及自身的认识起源于神话和原始信仰。而人类这种原始宗教信仰，最初源于自然崇拜及万物有灵观念。可以说，自然神崇拜是早期人类社会精神活动的共同特征。在自然神崇拜中，太阳神崇拜是一种普遍的神祇信仰。在大多数古老文明中，太阳神都是原始宗教中的显赫神祇，并且在其神祇崇拜中几乎都可以追溯到太阳神崇拜的神话。从早期中国、埃及的原始宗教与神祇崇拜来看，太阳神崇拜与太阳神话也都是宗教与神话的中心。

古埃及是一个多神崇拜的民族，但是太阳神崇拜则在埃及早期宗教中占有十分重要的地位。早在古王国时期，太阳神崇拜就十分盛行，太阳神“拉”作为国家主神被崇拜，最初的金字塔则是太阳神崇拜的一种隐喻体现。第五王朝时期，法老开始大量建造太阳神庙，并给予神庙祭司大量的赠予和前所未有的支持。在古埃及人看来，日

神“拉”白天乘日舟、晚上换乘夜舟在太空之中循环往复，其天文现象的表现就是太阳的昼夜运行及历法的流转。

同样的观念在史前中国也广泛存在。从考古学上观察，太阳崇拜在史前中国各地已普遍存在。早在距今7000多年前的城背溪文化时期，在三峡地区便出现有太阳神石刻、太阳形红陶盆等，这是我国目前发现的最早的太阳神崇拜现象。例如1999年，湖北秭归东门头遗址发掘出城背溪文化时期的太阳神石刻。太阳神石刻为一直立的男性人形神像，其头顶凿刻有一个光芒四射的太阳，腹部两侧各凿制两个象征星辰的圆形球体。神像头部有一直线，指向头顶的太阳，把太阳与该神像直接联系起来。这件体现“宗教思想”“神话的人”的作品，应是我国时代最早的“太阳神”。此外，还出土一件施加红陶衣、花瓣状口沿的红陶盆，这件通体红色口沿向周围平折、呈放射形、光芒状的陶盆，是一件特意仿做的太阳形红陶盆。[①]在稍后的新石器时代遗存中也发现不少太阳崇拜遗迹，并且在太阳崇拜的文化形态上逐渐发生变化。其最典型的就是“太阳轮”的出现，以及太阳纹在日用陶器中的涌现。在重庆巫山县大溪遗址中，出土了我国最早的太阳轮。该标本为黑色玉质原料，以中轴点向外辐射三道辐条，中轴点穿凿有小圆孔，在插入轴状物后，圆轮便可以旋转。[②]在长江中上游的大溪文化中，除新出现的太阳轮外，在有些实用器物表面（陶罐为主），还常见装饰有戳印的太阳纹，如重庆忠县哨棚嘴遗址、湖北宜昌中堡岛遗址等均发现有这种装饰。

在我国东部及东南地区的史前原始文化中，也发现时日绵长的太阳神祇崇拜。例如在河姆渡文化发现的“双鸟负日”图案，有学者研究，其是河姆渡氏族集团的复合图腾。而发展到良渚文化时，“双鸟负日”的“日”已被神话为阳鸟——太阳神。在良渚文化发现的著名的神徽，就是双鸟共负太阳神的复合图腾，也是“三皇”之“皇”的初文。[③]大汶口文化传说为东方的少昊文化。大汶口文化的族徽也与“飞鸟负日”的复合图腾相关。因此，在人类早期的原始宗教信仰中，太阳神崇拜是一种普遍的现象。

太阳神崇拜的产生，应该追溯到史前的原始农业起源。史前时期对天文、气象的观察、预测是先民们最重要的事务，攸关农业收成。日出日落即是一天的开始和结束，也与雨雪雾暴等自然天象密切相关。所以，在史前先民最易察觉和反应的有关天文的认识内容中，容易观测的就是太阳犹如旋转之圆轮，东升、西落，朝夕运转。而在长期的观象测日中，太阳神崇拜观念便自然产生出来。久而久之，人们便创作出如

① 武仙竹、马江波：《三峡地区太阳崇拜文化的源流与传播》，《四川文物》2019年第2期。

② 重庆市文物考古所、重庆文化遗产保护中心：《重庆文物考古十年》，重庆：重庆出版社，2010年，第52页。

③ 李修松：《上古时期中国东南地区的太阳崇拜》，《历史研究》2002年第2期。

太阳似可旋转的圆轮，以之为法器或崇拜物。[①]所以，在以原始农业为主要生产方式的史前埃及与中国，以太阳崇拜为主要的神祇崇拜对象是与其生产、生活方式密切相关的。这也是太阳神崇拜在各古老文明中普遍存在的重要原因。

二、“大流域”与“小流域”：环境限制与社会特征

早期的人类文明大多与大河流域紧紧相连，由此形成所谓的“大河文明”，中国与埃及亦是如此。古埃及文明对尼罗河有着极大依赖性，可以说尼罗河就是古埃及文明的母亲河与生命之源。尼罗河之所以对古老的埃及文明如此重要，是因为它每年的定期泛滥，在干旱的撒哈拉沙漠环境下，不仅为埃及农业带来赖以生存的水源，更重要的是随泛滥冲积而来的水质中的腐生植物，通过不断沉积而变成沃土，这是一方面；另一方面，生活在尼罗河沿岸的埃及居民在社会生活与组织形式上却形成了“大河文明”所独有的公共管理体系与政治、宗教体制。即随着人口的增长、生存资源的紧缺，人们为了提高农业生产率，需要打通分散、零星的围绕尼罗河的灌溉沟渠，建设更广阔的灌溉设施，形成有规模的灌溉网络来防治洪水、分配水源，提高灌溉效率。沿尼罗河流域两岸宽约10—20公里左右平坦、肥沃的沉积土壤，正好适应了这种公共管理的需求。它使沿尼罗河两岸庞大的灌溉系统建立起来，其结果则既使各地域间的政治、社会关系变得日益紧密，形成以一个个城市为中心，聚集周边村庄的具有行政公共管理意义的小国（或“州”）即“诺姆”，也使各诺姆有着自己信仰的主神及相应的有利于公共管理的行政机构。早期的埃及约有40多个诺姆。这些诺姆零星分布在尼罗河流域周围地域，各自发展，并且有着各自的地方性神祇。这些地方性神祇基本上是自然神祇。例如在早期埃及人的观念中，赫尔莫波利斯八神系中的八位神祇就是在创世之时从原始海洋中诞生出现的自然神祇，它们常常以青蛙和蛇的动物形象出现。而当定居农业社会使人口数量不断突破土地承受力时，各诺姆在生存压力下有了更加紧密的联系。尤其是当庞大的尼罗河灌溉渠道在古埃及经济中起着越来越重要的作用时，修建、维护一个庞大的灌溉系统就不是一个或几个诺姆可以完成的任务了。于是，要求一个统一并有强大动员能力的国家组织就成为必然的事了。所以，兼并战争就成为国家产生的动力。大约公元前3100年，传说中的埃及国王美尼斯统一了上、下埃及，建立第一王朝，定都孟斐斯（今开罗西郊），古埃及从此开始了统一王朝时期。

---

① 冯时：《中国天文考古学》，北京：中国社会科学出版社，2007年，第64页。

因此，尼罗河不仅是古埃及人民的"生命之源"，也恩赐了古埃及独特的社会组织与公共管理体系，它使古埃及在生产工具相对落后的时代就早早建立了遍及整个尼罗河流域周边地域的统一国家。

在史前中国大地上却是另一种情形。生活在黄河流域、长江流域及北方地区的原始农业聚落，大都分布在各大河支流、小河流域或湖泊周边即"小流域"的二级阶地上。这种沿河阶地零星散布的血缘聚落，主要依靠阶地土壤、河流水源及相对平坦的地势而过着原始农业生活。从考古材料来看，这种"小流域"上分布的原始聚落或聚落群，大都分布在半径大约 20 公里的区域内，形成一个个独立的农业生产单位。它们很少与其他支流、小河、湖畔阶地上的聚落发生生产生活上的交往，并长期保存着凝聚聚落先民的血缘纽带。早在旧石器晚期，就发现了诸如河北阳原泥河湾那样的散布在这种"小流域"上的多处聚落遗存。这种情况一直延续到新石器时代的中晚期，逐渐形成了一种自给自足的原始农业生产方式及血缘性社会组织。

这种由支流、小河流域构成的狭窄而弯曲的阶地地势，导致各个聚落的分散性特征。它使当时的聚落先民既不能在这些阶地上建设起连接沿河周边聚落的成规模的灌溉系统，也使先民缺乏建立规模性排灌系统的愿望。它导致各聚落的原始农业根本上是一种"靠天吃饭"、自给自足的生产方式。相反，随着稳定的农业生活而导致人口增加，狭窄阶地必将出现土地资源的缺乏，于是争夺土地及生活资源的冲突就会不断发生。因此，史前的先民聚落或聚落群往往筑垒、挖壕自守，形成大量的有着防卫设施的环壕聚落。在史前中国各区域文化中，我们都会发现这种具有向心式布局的环壕聚落或聚落群。例如早在距今 8000—7000 年，北方内蒙古的兴隆洼文化遗址，长江中游彭头山文化的八十垱遗址就出现了具有环壕设施的聚落。在距今 6000 年左右，我国中部地区与北方地区的环壕聚落大量增加。尤其在我国黄河流域与长江流域及各支流、湖泊的阶地、冈阜上，都能发现诸多这种花费巨大、具有防御作用的环壕聚落或聚落群。这种环壕聚落往往以血缘为纽带而建构起社会组织，并有着强烈内聚性与向心力。而随着时日绵延，其往往在一个个小流域中逐渐形成级差形态的聚落群或群团。例如中原仰韶文化中晚期，就出现了许多较典型的成组聚落群与区域性聚落群。这些聚落群多分布于河流、河谷两岸阶地上，其内部的各单体聚落间距离较近，并呈现聚合之态。有学者通过研究在颍河上游、伊河及洛河流域等分布着的大大小小聚落群、组后，认为这些"组聚落的分布范围多是在半径 20 公里的区域内……这是分布范围上的特点。若组聚落代表的是一个相对独立的政治群体或集团，那么此半径 20 公里的区域可谓该政治群体的势力范围，或是该政治群体政治中心控制力、组织力的范围”[①]。而其他地区发现的诸多聚落及聚落群，其聚落内的规划、布局不仅有着内聚功能的各项设施（包括从建筑、葬俗等反映出的物质遗留形态），并且大多单体聚落内采取了向心、内聚的格局，这种布局既有利于凝聚、团结血缘性氏族、部落成员，而且亦导致了聚落先民的原始宗教信仰与神祇崇拜向血缘性的内聚式方向发展。

所以，由于阶地环境的限制，史前中国的聚落先民主要是以聚落为单位而从事原始农业的生产活动，并不需要跨聚落的大规模的灌溉网络与公共管理系统的建设。而随着时日迁延，史前中国各区域不断出现成规模的以聚落群、聚落群团为单位的组合。这种组合不是来自于生产的内在需求，而是在当时不断发生的水旱灾害和部族冲突等生存压力下，出于安全需要的外在应力需求。

从聚落遗址的分布看，我们注意到史前聚落聚合的一个普遍现象，即大都是在同一“小流域”的河流阶地相邻位置成团组合，并由这种组合形成了一种级差式的聚落群团。这些级差聚落群往往由处于核心地位的大聚落与其他中小聚落组成，并按照面积大小、功能划分而形成不同的聚落等级。从考古材料看，这种级差聚落群基本上是按照聚落的实力大小来组合的。随着时间的流逝，这种级差聚落群团内部的差别愈益显著。例如甘肃秦安大地湾遗址第四期聚落主体部分面积达 50 万平方米，河南灵宝西坡村遗址现存面积约 40 万平方米，山东泰安大汶口遗址达 80 多万平方米，湖北京山屈家岭遗址达 50 多万平方米。这种现象的出现，是因为生活在同一地域的氏族、部落，随着人口的增长，土地资源的紧缺，为了避免相邻聚落的相互袭扰，以及共同应对单体聚落所不能抵御的天灾人祸等，基于共同利益需要而加以联合。但是这种联合并不是平等的，而是根据其氏族、部落的实力强弱来划分等级层次的高低。实力强大的聚落往往成为联盟的领导者，弱小聚落为了求得邻近强势聚落的庇护，会主动通过输入一定数量的财物与劳役，来交换其庇护权。这种情况延续下去，就会形成更大的以血缘聚落为基础的政治体即级差型聚落群团。这种政治体既是一种自愿性的聚合，也是人类最原始、朴素，且成本最低的政治社会组织。

这种庇护型政治共同体，并没有打破聚落血缘纽带，而是各个血缘性聚落组织基于安全需要的叠加、组合，它所形成的是一种血缘性氏族、部落为基础的社会结构，并且以原始宗教及祖先崇拜为其团聚、连接的精神信仰。王震中先生认为，“中国的史前中心聚落形态，在某种意义上也可称为原始宗邑形态，其中的‘家族—宗族’结构是一项重要特征”。并认为史前中国的“国家”结构亦是一种“复合型国家结构”，即由各个血缘性的“庶邦”“邦国”而组织起来，形成复合式的层级政治体组织。[②]笔者

① 高江涛：《中原地区文明化进程的考古学研究》，北京：社会科学文献出版社，2009年，第172—173页。

② 王震中：《中心聚落形态、原始宗邑与酋邦社会的整合研究》，《中原文化研究》2014年第4期。

认为这种观点是符合早期中国的社会性质的。正因为如此，这种“古城”“古国”与古代埃及、两河流域，以及古代希腊、罗马的“城邦”或“国家”形态有着重要的区别。在古代埃及、两河流域，以及希腊、罗马文明中，城市不仅是政治军事中心，也是商业、贸易、物流、文化、艺术的交流中心。但是史前中国的这些“古城”“古国”，主要是以血缘组织为基础的一种社会组织结构，是在王权与神权的统领下的一种多层次、复合型的政治实体，它使这种社会组织对内仍然保持着内凝性、封闭性特点，对外则形成一种防御天灾人祸的政治性外壳。这表现在这些社会组织，一方面它们会随着聚落、“庶邦”、“邦国”的实力强弱而转化其核心地位；另一方面，聚落内稳固的血缘关系，则构成内部依靠血缘亲疏远近划分社会身份的尊卑贵贱的传统。

所以，这种政治共同体具有强烈的内凝化特质。从距今6000年以后的聚落遗址来看，它们不仅在聚落面积及内部的功能区域划分上存在着不同程度的差异，也在其内部布局中呈现出强烈的内凝性，即：①防御性，即用壕沟、土围或者自然的山体、地理形势，使整个聚落成为一封闭的利于防御的区域；②向心性，聚落遗址中的居民住房大都围绕中心广场或具有公共职能的“大房子”；③内聚性，一些较大的聚落群、团（包括“古城”“古国”）都是由多个有一定联系的单体聚落或聚落群集聚组合而成，表现出明显的内聚倾向。在史前中国社会，这种聚落组织的内聚形态不仅延续时间长，而且规模大。例如距今6000多年的关中渭河流域的半坡、姜寨等仰韶文化单体聚落，距今4500年左右的湖南澧县鸡叫城聚落群，洛阳盆地浏涧河、沙沟流域聚落群，山东聊城茌平聚落群等，以至其后的山西临汾盆地陶寺聚落集团、陕西神木石峁遗址，都发现了这种以聚落群或聚落集团为单位聚集、居住的特征。在商代安阳殷墟中居住在都城范围内的居民，也被发现都是以血缘组织和聚落群为单位的成员。这些成员按照自己所属的居民组织的血缘亲疏划分贵贱等级，并按照这种等级确定其在都城内外的空间居住位置。[①]包括殷墟中从事手工业者，也按照其族属而聚集居住，形成从事各个专门的手工业行业的“世工世族”。它充分表现出史前中国的社会组织在发展的时空链条上，呈现出一条线型的聚落组织不断强化、内聚的趋势。

因此，与世界其他古老文明不同，史前中国没有出现以大规模灌溉系统或以商业、贸易等为基础的公共管理行政体系，以及由此而形成的像埃及、两河流域，或古代希腊、罗马那样的早期国家或“城邦”。这种情况说明，在阐释“东方亚细亚生产方式”的内涵时，我们不能机械地将“大河文明”及由此形成的公共管理的行政需求作为史前中国社会发展的动力机制。虽然同样是处于“大河流域”，但由于“大流域”与

① 郑若葵：《殷墟“大邑商”族邑布局初探》，《中原文物》1995年第3期。

“小流域”的生态环境差异，埃及和中国形成各自不同的社会特质与历史进程。它说明即使是在“东方亚细亚生产方式”中，仍然具有多个不同的发展模式。

三、史前中国的祖先神崇拜及其特征

从世界范围来看，尊崇血缘与祖先崇拜亦是人类文明初期原始时代思想意识的一种普遍现象，但是像史前中国这样长时段、大规模却极为少见。例如在古代埃及，由于尼罗河灌溉网络的建设及公共管理需要，一个个具有地缘政治属性的“诺姆”很快连接起来，形成世界文明中最早的大一统国家。而其宗教崇拜的主体则是超血缘的自然神祇及多神崇拜。埃及人对于太阳神的崇拜，一直贯穿到古代埃及的早期国家中。从古王国第二王朝开始，太阳神“拉”就对王国政治影响甚大。“在这里我们看到了王名与赫利奥波里斯太阳神名相结合的最早的例子，反映了这个时代对太阳神的崇拜。拉涅布之所以把太阳神拉的名字纳入自己的名字中，也许是为了取得权力的合法地位。”[①]第五王朝及以后，古埃及的太阳神崇拜确立起来，当时的统治者不仅修建了许多太阳神庙建筑，也将大量的土地和祭品赠给拉神和赫利奥波里斯诸神灵。而且在法老法号中，太阳神与王名的结合成为一个定例。其后的王朝中，太阳神拉成为国家主神，太阳神的崇拜成为一种传统贯穿于古王国时期，甚至影响到以后的各个历史时期。由于神权政治传统对众神的强调使埃及民族形成对神祇的极度尊崇与信仰，它使人的神性减弱，神的神性增强。尤其是随着新王国时期法老对神灵崇拜的强化，以祭祀神灵为主要职责的神庙和祭司权力的膨胀，并逐渐对王权构成威胁，以致引发了以对抗阿蒙神信仰和阿蒙祭司群体为直接目的的埃赫那吞改革。因此，在古代埃及，神权与王权常常处于博弈中，而神权往往成为决定王权强弱的力量。

在史前中国，由于“小流域”的环境特点，它使分散在各流域阶地的先民聚落处于相对封闭的环境中。这种生存环境，一方面使聚落的内聚与团结成为对抗外力的应力需求；另一方面也使神祇崇拜逐渐凝聚、集中在氏族、部落内的血缘性先祖崇拜中。特别是在“靠天吃饭”的原始农业中，氏族、部落的长辈往往又以经验丰富的观天测象、占卜吉凶的巫的形象出现，更给氏族先祖披上神秘的外衣，获得后人的尊崇。这种情形反映在史前宗教中，则是早期的原始泛灵禁忌、多神崇拜渐次改变其属性，发展成以血缘纽带为基础、以祖先崇拜为中心的多重神统观念。这些神统观念包括对超自然的自然山川神的泛灵崇拜，对超血缘的氏族、部落的祖先神的权威崇拜，

① 刘文鹏：《古代埃及史》，北京：商务印书馆，2000年，第111页。

对日益发展的世俗公共职能的神化与敬畏等方面。但是在这多重神统观念中，祖先神崇拜则构成史前宗教的核心理念。

史前中国对自然山川神祭祀的内容甚多，但是对祖先神灵崇拜，却是史前中国各区域文化中较普遍的祭祀方式。在大河周边的“小流域”环境限制下，以血缘为基础的封闭性、小规模的聚落或聚落群，在宗教信仰上往往具有强烈的现实性与世俗性。例如裴李岗文化墓地的墓葬排列整齐，应该是为分辨长幼亲疏，表明当时已有族葬或“族墓”的习俗。同时，墓葬中的死者装殓齐整，随葬物品，可能已实行了体现对死者的尊崇的墓祭。这种情况表现出血缘纽带的重要性，以及其时祖先崇拜的社会基础。其后，祖先神崇拜逐渐成为聚落先民的尊崇核心，并作为氏族、部落的主神来加以崇拜。这是因为以血缘纽带为基础的聚落社会在内聚化影响下，会将原始宗教的信仰主体及主神崇拜转移到与现实关系密切的祖先神崇拜中来，使血缘性聚落组织的内聚化更具有宗教合法性。这使地方性的公共自然神祇不容易生长起来。这种祖先崇拜所带来的直接功能，便是当时的先民们大都有着鲜明的血缘组织维护意识。这种维护意识的中心便是对聚落首领的敬畏、服从，从而形成了神化先王、先祖的宗教意识。而对“天”的尊崇成为陪衬人王的本体性外在形式。它也使史前先民十分注重对氏族、部落显贵的厚葬。例如距今 5000 多年前的红山文化牛河梁遗址，包括了方圆数十里的“坛、庙、冢”，气势恢宏，是祭天及礼祭那些手握神权、政权与族权的上层人物的。这些人显然是该聚落群团里核心聚落的先祖。以这种规模巨大的祭坛、祭庙等物质形式进行礼祭，明显包含着先民希望这些权贵人物在天之灵护佑的宗教意义。在凌家滩遗址、良渚文化遗址、屈家岭—石家河文化遗址中，我们都能发现那些手握族权、神权、政权的显贵的规模庞大、随葬品精美的墓葬。它说明史前中国的原始宗教信仰有着自己的鲜明特征。

正是这种“天”“帝”和人王、人祖的相互交织，使氏族、部落的祖先神始终是神祇崇拜与祭祀的清晰的核心主体神祇，而“天”的形象、功能却往往模糊不清。它所产生的现实功能是：一方面通过祖先神祇有效加强了血缘聚落体的组织整合，使之更加有效应对外来的生存压力；另一方面使聚落内公共权力及等级差异有着宗教性质的合法性。而“天”则仅仅承担着对祖先神本体保障的信仰作用。所以，史前中国祖先崇拜的盛行及其相关礼仪的繁缛化，其本质正是当时聚落组织内聚化的宗教文化的反映。

在史前中国的原始宗教信仰中，祖先神是整个社会组织中具有最高神格意义的主神。尤其在社会分层日益剧烈的时代，这种族神兼“帝”（王）神的超越性亦不断升华，形成超凌于各聚落群、团多神图腾崇拜的区域神祇或与上天同格的天神、“上帝”。例如“禘”是一种对祖先神的郊祭仪式，卜辞里禘写为帝，象束柴燎祭天神之形，《礼记・丧服小记》有“王者禘其祖之所自出”。在辽河流域红山文化遗址中，有用石构成的圆形祭祀建筑。现在的北京仍然保留有帝王祭祀天、地的天坛、地坛等，当为其宗教形式的孑遗。

同时，祖先神祇往往承载着远古时代以传说、神话、口碑等各种历史记忆及“英雄”传承的口传历史。聚落酋长生时是掌握大权的首领，死后又成为在冥冥上天保佑下民的神祇。而史前先民的古朴、互渗的思维方式又把许多自然神异附加在他们身上，将他们升华为无所不能的神祇，成为世代祭祀对象。《国语・鲁语》：“故有虞氏禘黄帝而祖颛顼，郊尧而宗舜。夏后氏禘黄帝而祖颛顼，郊鲧而宗禹。商人禘舜而祖契，郊冥而宗汤。周人禘喾而郊稷，祖文王而宗武王。”[①]同时，史前祖先神还没有后代那么强烈的分层色彩，先民们对祖先神祇的颂扬，也包括了对这些祖先神祇的贡献及对公共职能的妥善运用的称颂。所以，“夫圣王之制祀也，法施于民则祀之，以死勤事则祀之，以劳定国则祀之，能御大灾则祀之，能捍大患则祀之。非是族也，不在祀典……皆有功烈于民者也！”[②]由此看出先王祀典的认定，是以远古时代传说、神话、口碑等各种“英雄”传承的口传历史为依据的。

史前中国的祖先神崇拜是凝聚先民共同精神信仰的重要手段。随着史前社会的发展，血缘与地缘的交叉使各聚落更需通过“祭祖”“祭天”的宗教信念而建构一种以神人之伦为基础的权力关系，由此保持其强烈的血缘性的内聚形态。例如在陶寺墓地三区中部，五座随葬鼍鼓、特磬的大型墓集中在一片，同时出土许多重型礼器，而死者似乎是同一权贵家族中的几辈人。它说明其时先民对先王先祖的尊崇，已经达到一种敬畏瞻望的宗教信仰的高度。久而久之，这种精神信仰与价值观念就形成了中国古老宗法关系的思想基础。先秦经籍的一个重要特点，就是在颂扬先王、先祖人格、品行的同时，将这种品格作为各级首领的行为准则及制度约束。《尚书・虞书・尧典》“克明俊德，以亲九族。九族既睦，平章百姓。百姓昭明，协和万邦”，正是体现了先民对宗族首领（宗子）的人格品位的要求。

祖先神崇拜亦加强了部落公共权力的神化。由于祖先神既是最高的族神，又是一种超自然力量，故先王、先祖的神化也使聚落社会的公共权力披上了神秘图腾的外衣。史载黄帝、炎帝、太皞、少皞时代都出现了以图腾如云、鸟等纪世名官的现象。《史记・历书》亦曰：“有天地神祇物类之官，是谓五官。”正是以图腾名官，使祖先神及氏族、部落的公共权力成为神化与禁忌的偶像，为它的蜕变创造了宗教神权的依据。

---

① 徐元诰撰，王树民、沈长云点校：《国语集解》，北京：中华书局，2002 年，第 159—160 页。

② 徐元诰撰，王树民、沈长云点校：《国语集解》，第 154—155 页。

因此，祖先神崇拜是聚落形态内聚化的观念性产物，它又反过来加强了聚落组织的内聚化演进。这种相互促进的合力，使祖先崇拜成为中国史前宗教的核心观念并长期保持下来。

四、史前中国的神权、礼制与文明特质

在古代埃及人的神祇体系中，流传着奥西里斯的复活神话。这种复活神话既体现了埃及农业文明和早期农业之神的特点，而荷露斯与塞特神的斗争也表现了古埃及文明中王权的起源。所以，在古代埃及的神权政治体系中，王权始终以神权意识神化自身，并强调着自身的神性和神学的角色。在新王国时期，当阿蒙神崇拜兴起之后，国家的主神阿蒙结合了传统的太阳神，出现了阿蒙—拉的崇拜形式，显示了古王国时期太阳神崇拜的持续影响。由于王权对神灵崇拜的强化，以祭祀神灵为主要职责的神庙和祭司权力的膨胀，使王权与神权之间的博弈关系出现了微妙变化，法老具有的神性权威受到了挑战。尤其在埃赫那吞改革失败之后，阿蒙—拉开始成为宇宙的、超验的国家神祇，以前法老作为众神代理人的间接神学模式开始转变为直接的神学模式，众神不再需要代理，而是直接听诉于每个个体的人对神的祈求。因此，古埃及神权的力量始终影响着王国政治，并且与王权处于相互利用又相互博弈的状态。

与古埃及不同，在内聚化的社会形态下，中国史前宗教，虽然也祭祀自然万物尤其是最高的“天”，但却一直以统治部族的先王先公作为核心的礼祭对象，并形成具有中国特点的社会意识。这种社会意识具有以下特点：

（1）在神权与王权的关系上，由祖先神崇拜形成的神权的世俗性、现实性与功利性特点，使神权服务于王权，“天”仅仅是“王者”的形而上本体保障。在先民看来，在对自然山川神祭祀中，“天”是自然界的最高存在形式。但是与祖先神的法力相比，“天”显然更逊一筹。例如当时人祭祀祖先神、“天”与自然山川神祀，往往是以祖先神为祭祀的主神及中心，而“天”及自然山川神仅仅是一种形而上本体保障的陪衬性祭祀礼仪。长此以往，早期中国大地上最高的“天”“帝”的功能、面目往往是模糊不清的，而逝去的统治部族在天先王先公的立言、遗训、告诫起着更加重要的作用，如《尚书・盘庚》清楚表明了殷代先王先祖所具有的告诫、惩罚功能。“古我先后，既劳乃祖乃父，汝共作我畜民。汝有戕，则在乃心。我先后绥乃祖乃父，乃祖乃父乃断弃

汝，不救乃死。”[①]盘庚之语表明彼岸世界殷代先公先王对人间的威权。在商代祭祀中也常常表现了这种神祇崇拜的世俗化特征。从甲骨卜辞中可看出，商代祭祀的对象往往是现实商王的先公先祖。据晁福林先生研究，殷王朝从上甲至帝辛共三十七王，大部分都有受到隆重祭祀的卜辞记载。例如，“迄今所见关于祭祀上甲的有一千一百多条卜辞，祭祀成汤的有八百多条，祭祀祖乙的有九百多条，祭祀武丁的有六百多条。在全部卜辞里，确认为祭祀祖先的卜辞共有一万五千多条。另外，还有一些卜辞虽无明言，但从内容、辞例等方面分析亦可断定为祭祀先祖者……总之，从卜辞数量看，祖先祭祀方面的辞例超过其它任何一类辞例的数量。这是殷人重视祖先崇拜的有力证据”[②]。所以祖先神才是殷人祈祷的主要对象。对于自然界最高的“帝”“天”的祭祀，却往往具有象征性。例如殷代祭典中的祭祀种类、祭品多寡、祭祀次数等方面，帝和祖先神相比望尘莫及。所以，殷代神权最重视以列祖列宗、先妣先母为主的祖先神崇拜。“过去那种以‘帝’为殷代最高神的传统认识，是错误地估价了它在殷人心目中的实际地位。帝只是殷代诸神之一，而不是诸神之长。居于殷代神权崇拜显赫地位的是殷人的祖先神，而帝则不过是小心翼翼地偏坐于神灵殿堂的一隅而已。”[③]

因此，史前的祖先神崇拜，由于祖先神祇终究是地上人间的先祖，所以它始终停留在世俗的血缘感性认知的范围内，服务于人间社会的形而下的现实需求。同时，由于祖先神配享或直接与最高的昊天神灵结合，这既导致“帝”“神”的崇高是一种基于感性认知范围的、服务于社会整合的崇高，人们对它的敬畏瞻望，只是求得它在天神灵的冥冥福佑；又使这种基于血缘性的宗教感情的浓缩，势必遏制原始宗教向超功利、形而上的宇宙、自然的统一神祇发展的途径。它使得神权成为王权的扈从，而不能形成像世界上其他大多数文明一样的以宇宙、自然神祇为主神的宗教传统。

（2）宗庙、王陵及玉、青铜等礼仪重器成为早期中国神权、王权的独特而神圣的标志物，也是我们认识早期中国文明特质的物化形式。中国早期文明发展中，由于聚落社会缺乏内在的生产方式上的公共管理需求，所以统治者对生产、商业并没有多少兴趣，而大型城垣、宗庙、王陵及玉、青铜等祭祀礼器却在早期中国的各个发展阶段中成为重要标志。从考古材料中，我们可以看到的一个重要现象是，具有意识形态性质的神权及其标志物成为统治者最为看重的权力砝码。它具体表现在宫殿宗庙、王陵，及玉、青铜器如琮、钺、璧的祭祀礼器，三代的鼎、钟等礼仪性“重器”上，并由此形成

① （汉）孔安国传，（唐）孔颖达疏，李学勤主编：《十三经注疏·尚书正义》，北京：北京大学出版社，1999 年，第 239 页。

② 晁福林：《论殷代神权》，《中国社会科学》1990 年第 1 期，第 100 页。

③ 晁福林：《论殷代神权》，《中国社会科学》1990 年第 1 期，第 99 页。

统治者对于宫殿、宗庙、王陵及琮、璧、钺等和鼎、钟等礼仪性“重器”的爱好，以及由此产生的垄断、强占这种礼器原料资源的野心。从考古材料看，在距今 5000 年左右的辽河流域红山文化，安徽含山凌家滩文化以及太湖、钱塘江流域的良渚文化等遗址中，都不断发现大型宗教祭祀遗址及大量的精美玉制随葬品。在红山文化祭祀中有着“唯玉为葬”的传统。“玉器作为积石冢墓葬主要甚至唯一的随葬品，也是祭祀址中与人的关系最近的物品。它们的功能应主要与通神有关。”①凌家滩遗址的整个墓葬群中，排在第一排的显然是掌握军权、神权、族权的权贵人物墓地。这些墓葬随葬有重玉礼器如玉龟、玉版、玉钺、玉斧、玉玦、玉璜、人头冠形器件等。在良渚文化反山墓地中，出土大量成组成件的璧、琮、钺，以及璜、镯、三叉形冠饰、龟、蝉等玉制礼器、饰品等。其中最显赫的 M12 大墓，发现随葬玉礼器、饰品达 647 件，包括大玉琮、大玉钺、镶嵌玉件的彩绘漆盘和漆杯、完整的神人兽面“神徽”等。这种情况一直延续到陶寺文化遗址、石峁遗址，以及二里头等遗址中。它说明在史前中国人宗教信仰系统与发达的祭祀礼仪中，将王权与神权相结合的礼器系列看成是最重要的权力表现形式，从而形成以玉、青铜等礼器类物品作为王权与神权象征的文化传统。

因此，在早期中国已经具备一定文明程度的聚落群团或“古城”“古国”，我们并没有发现文字、青铜器等一类过去学界普遍认为是文明象征的标志物，而大量展现的却是代表神权、王权、军权的宗庙、王陵，以及玉、石、骨制礼器等这些具有文明内涵的物化性精神制品。它雄辩地证明中国早期文明发展道路有着自己的特质。从传世文献看，三代政治与文化，也是继续了这种特质的“大传统”，似乎这些神权象征物便是“正统”的标志，它们掌握在谁之手，谁便具有了“天道”护佑王权的神圣的意义。例如，《左传・宣公三年》曰：“昔夏之方有德也，远方图物，贡金九牧，铸鼎象物，百物而为之备，使民知神、奸……用能协于上下，以承天休。桀有昏德，鼎迁于商，载祀六百。商纣暴虐，鼎迁于周。德之休明，虽小，重也。”②正是说明了铸鼎象物，使民知神奸，以承天休的重要性。

这种情况使早期中国的统治者并不太注重农业生产方式及其工具的改进，而是把大量精力用在玉、石或青铜礼器的制作上。它使大量甚为珍贵的精美玉、青铜资源及其制作、铸造技术，用于祭祀、礼仪、军事、外交等政治、宗教的用途中，而非在发展农业、手工业等生产性技术上。这是因为在“小流域”、内聚化、血缘性的聚落组织中，生产工具及方式的改良还缺乏条件并处于次要地位，而氏族、部落的凝聚及突出统治者的神权、王权才是其中心意蕴。所以文明认知早期中国文明，绝不能简单模仿

① 辽宁省文物考古研究所编著：《牛河梁——红山文化遗址发掘报告》，北京：文物出版社，2012年，第482页。

② 杨伯峻编著：《春秋左传注》，北京：中华书局，1990 年，第 669—671 页。

其他世界古老文明的发展模式，而应该根据中国自己的文明特质而获得对中国特色、中国模式的独立性见解。

（3）导致早期中国文明交流、发展的商贸、物流往往是以高档的，具有神权与王权象征意义的奢侈品为主，由此形成远距离的、具有神圣意味的文化交流。在早期中国，生产、生活用品的交流、融合固然是在不断进行，但是从目前的考古发现可以看到，史前社会的商品交换往往是远距离的，如玉器、青铜器等礼制器物或佩戴饰品的交换，而生产资料与普通生活用品的商业贸易却相对缺乏。目前大量的考古材料可以证明，史前的文化交流，许多是社会上层在象征神权、军权、礼制及奢侈品的远距离文化交流。在凌家滩遗址、良渚文化、仰韶文化、屈家岭—石家河文化等遗址中，我们都可以看到这种远距离交流的礼仪性用器，它使许多代表神权、礼制的标志物或统治者需要的奢侈品通行到各个地区，并和当地的相同物品加以融合互变。这种交往加强了各区域的信息交流，但是它本质上是以祖先神崇拜为核心的，以血缘区分贵贱贫富等级的一种神权（包括军权）标志物和统治者所需奢侈品的交换。它也具有一个客观的结果，使各区域文化的分散状态逐渐被打破，即："第一，交流的内容包括密不示人的、只有社会上层才能掌握的神秘知识……；第二，对于社会上层来说，跋山涉水、经历不同自然地理和人文环境的长距离旅行本身就是值得夸耀的、本地一般民众难以完成的英雄壮举，是提高自己威望的最佳方式。参与交流的社会上层应该积累了关于可以交流的自然地理和人文地理范围的丰富知识。"①

（4）这种文明特质反映在社会意识及制度中，则表现为社会组织在内聚化过程所形成的族类团结、和睦意识及"尊""亲"的礼仪制度。由于血缘性聚落的长期存在，它使"亲""尊"成为聚落内的一种既定规则，使血缘与等级、长幼与尊卑相互混淆。聚落里的族长、长者往往又是聚落首领。这种情况导致先民政治意识上的三个特点：其一是民众对掌握神权符瑞的政治首领的认同。这种认同的特征即是对氏族、部落首领的服从与崇敬。史前墓葬中所发现的具有宗教、符瑞意义的大量精美随葬品，充分显示了民众对其祖先神明的顶礼膜拜。而祖先神的神灵崇拜则演化为神界与世俗的一体化，使世俗王者成为部族集团或早期国家"圣明天子"与代天立言的角色。它直接导致了王权的威势化、集中化趋势。其二是要求政治首领具有"尊""亲""和睦"族众的特征，有着崇高的人格魅力。例如传世文献对虞夏时代首领人格的称颂，如《尚书·虞书·尧典》中的"允恭克让，光被四表，格于上下"；《尚书·虞书·大禹谟》中的"野无遗贤，万邦咸宁。稽于众，舍己从人"等，就反映了古人对政治领

① 李新伟：《共识的中国、理想的中国和现实的中国——苏秉琦"中国"形成理论的新思考》，《南方文物》2020年第4期，第4页。

袖的期望。而虞夏时代通达天地的帝、王，最重要的角色与品德，往往是通过超越与世俗的结合，达到社会整合与秩序建构的“万邦咸宁”的目的。其三是通过祖先神崇拜，强化对以血缘亲疏为基准的差序有别的政治规则的信仰。在部落、部族内外的等级差序中，依血缘亲疏而形成的差序有别的“礼”及其法则成为三代主要的社会规则。这种规则导致社会组织的家族化、血缘化、层级化，并形成以“礼”为主的贵贱等级与差序有别的社会。例如古代文献所记载的虞舜时代已有的祭祀、朝觐、宾主、丧葬、军礼、贡巡等多种礼仪形式，便是这种礼仪制度的表现。至西周时代，这些礼仪制度成为人们社会生活的日常伦理规则。正如《礼记·曲礼》所谓：“夫礼者，所以定亲疏，决嫌疑，别同异，明是非也。”

（5）形成早期中国文明的“人”的神格化特征。在祖先神崇拜中，由于祭祀主神大都是世俗化人王的先公先祖，就不可避免地形成神界最高的“帝”及左右扈从，均是显贵宗族、家族先公先祖的人之神格化。它形成了各级血缘性氏族、家族的“各祀其宗”“家自为祭”的等级化、血缘化、宗教化的文化传统。这种情形除了使民间宗教泛化外，还凸显了地上世俗王权及其宗室垄断最高神权的威力。它使世俗王权在对主神祭祀的垄断中切断自然界诸神向统一、超越的天地主神上升的道路，也使早期的“礼”过早凸显出来，并具有强烈的宗教信仰色彩。正如《大戴礼记·礼三本》记载，“礼有三本：天地者，性之本也；先祖者，类之本也；君师者，治之本也”[①]。礼之功能既包括形而上之祭祀天地的本体论内容，也包括了形而下之治理国家的价值、信仰。在这里，具有本体保障的超世俗的宗教价值观与宗教情感贯穿于“礼”的各项活动中，构成社会生活的种种要务。所以，史前中国的祖先神崇拜与其他古老文明中让自然神祇人格化的进程相反，它走的是一种“人”（先公先王）的神格化路径。它使早期中国的神权具有封闭性、等级性、世俗性特征。其结果是使王权作为最高神祇的天赋代言人，享有天然的神授优势。不论是商代的“帝”还是其后的“天”之子，都是这种“人”的神化表现。而当这种政治共同体的统治范围不断扩大时，这种族神兼“帝”（王）神的超越性亦不断升华，形成超凌于各部族多神图腾崇拜的、与上天同格的天神、“上帝”，并以“帝”“天”神祇信仰的方式来维持现实世俗社会的人伦秩序。所以，不论在早期中国或埃及，信仰与秩序有着密切关系，宗教信仰来源于政治社会人伦秩序的需求，又转化而成维护这种人伦秩序的精神力量。

正是这种祖先神崇拜传统，进一步强化、凝固了聚落内族众的血缘联系及族类意识，使血缘关系与族类意识发展为一种政治意识，在古代中国长盛不衰。而先王、先

① （清）王聘珍撰，王文锦点校：《大戴礼记解诂》，北京：中华书局，1983年，第17页。

祖的神灵在人们的信仰与尊崇中，也成为凝聚早期社会组织的精神力量，并担负着氏族、部落在组织整合、秩序控制方面的功能。同时，也形成血缘性、内聚化、封闭性、情感性的宗法性社会组织。在这种社会组织中，往往阶级分层与血缘长幼混淆不清。这种情形对古代中国影响甚巨。从《诗经》《尚书》等经籍可以看出，西周时期，这种具有强烈的宗教性、聚合性、制度性、情感性特点的祖先尊崇意识仍保留下来。它通过“亲亲”的血缘亲情，凝聚着宗族内上下等级的族众，并以“尊尊”或法权形式来维持这种宗法等级架构。这种先祖信仰及宗法祭仪使古代中国社会有着自己的文化特质，也使中国古代文明演进有着独特的发展路径。

综上所述，可以知道，史前中国由于“小流域”的生态环境限制，许多区域的原始农业生产方式不适宜进行规模化的公共管理，使其具有内聚化特点。即使其后发展的规模较大的以地域相结合的政治体组织，由于聚落自给自足的本质特性使成规模的公共行政管理仍然没有成为流淌于社会基层组织的血液，而深入到早期国家基层社会的底层，由此使早期村社仍然保持了自己的血缘性宗法传统。这种情形使得早期中国社会的民众，始终将其关注点聚焦在氏族、部落内部的血缘亲疏、团结和睦上，也使其神祇崇拜集中在有利于聚落内聚性、血缘性的具有世俗意义的祖先崇拜上。它使祖先神崇拜不仅没有随着社会发展而减弱，反而愈益显出强化之势，并不断传承、延续下来。所以，早期中国的生态环境、社会组织、宗教神祇崇拜相互联系，形成中国文明独特的历史演进道路。

数术之树常青

——谈数术与数字、巫术、禁忌及宗教的关系

刘昭瑞

中山大学人类学系

在中国社会，数术从来就没有离开过人们的日常生活，它既为上层社会所接受，也是普通人日常之所需。类似性质的知识体系在海外一样流行，中文“数术”一词对应于英语中的两个词汇，即古老的 occult 和 1810 年开始出现的 occultism①，前者偏重于行为，后者偏重于行为背后的宗教的、哲学的意义。尽管学术界对数术知识体系在研究中国古代思想史、科技史、生活史中的作用日益重视，但数术知识体系本身仍然还存在着若干需要进一步讨论的基本问题。②

一、数术与数字

数术在中国社会从来就是一个独立的知识体系。“数”指数字，“术”指对数字的认识及对数字本身赋予一定思想意义后的处理技巧，这是“数术”一词的原始意义。③几乎所有的早期文明都证实，人类对数字的发明与运用出现于文字之前。古代社会能够运用数字的人，自然是当时的知识精英，当数字运用于解释自然现象，又进而去解

① 参见瞿海源：《术数流行与社会变迁》，见“宗教、灵异、科学与社会”研讨会论文集，台北：“中央研究院”社会学研究所筹备处，1997 年，又刊载于《台湾社会学刊》1999 年第 22 期。

② 笔者曾有《数术三论》一文，讨论了数术作为一种知识体系的内涵，并回顾了海内外学术界数术的研究等，后易名为《数术及其研究述略》，收入《考古发现与早期道教研究》（北京：文物出版社，2007 年）一书。

③ 数术还有其他名称，比较常见的有术数、方术、方伎等，“术数”与“数术”无别，但称为“方术”“方伎”时，则包括早期的医疗技术等。自《晋书》始，又或称为“艺术”。古代的数学书也称数术，如《数术记遗》，相传为汉末徐岳所撰，亦有数学史家认为是北周甄鸾著，本文所讨论的“数术”，不包含此一内容。

释社会现象时，就产生了古代“科学”的主要内涵之一，即数术，人们也称之为“前科学”甚至“伪科学”。事实上，古代中国科学的大部分知识被涵括在了数术知识体系之中，翻开李约瑟《中国科学技术史》就可以知道，其现代科学分类框架下的各个科学门类的写作，几乎都离不开数术知识体系中的资料。

数字的神秘性古已有之，单数如一、三、五、八、九等，再发展到后来的复数，如十二、三十五、六十四、八十一，等等，无不具有神秘主义色彩，数术知识体系的最核心部分，就是对数字的运用及其特定的解释，所以有学者认为：“阴阳五行说是来源于占卜方法的数字化。‘数术’称为数术者以此。”①数字占卜是迄今所知所有占卜术的最早形态之一，也是数术知识体系的核心。人们根据考古发现及民族志材料的研究证明，至少在甲骨文时代，“数占”已经成熟②，以“数占”为基础而形成的“易占”，其基本原理就是对数字的“操弄”。

不仅数占系统，在数术知识体系中占据重要地位的择日类数术的起源也非常早，有文字记录的时代，可以追溯到甲骨文时期，例如一般被认为属武乙时期的甲骨文中的“又日”，就是“复日”。③而如“复日”这类择日类数术一旦形成即被固定下来，其见于出土的汉代简牍中④，也见于历代的数术书及少数民族地区的古文献中，同时也被记录进入当代仍然流行于民间的各地所出的通书中，并在某些地区（如中原诸省、贵州、台湾等）一直活态地存在于人们的日常生活之中⑤，尽管有一定的变化，但其基本规则一直得以保留。如“复日”这类的例子，在择日类数术中还有许多，充分体现了数术知识体系的超稳定特性。

随着社会向前推进，自然现象和社会现象的分类愈加精细，用以解释自然现象和社会现象的数术知识系统已难以为一般人所掌握和运用，这时就产生了“专家”，这些“专家”是该知识体系的进一步解释者或阐发者。

英国数学家托马斯·克伦普（Thomas Crump）有《数字人类学》⑥一书，从人类

---

① 李零：《从占卜方法的数字化看阴阳五行说的起源》，《中国方术续考》，北京：中华书局，2006年，第72页。

② 自张政烺《试释周初青铜器铭文中的易卦》（《考古学报》1980年第4期）、《殷墟甲骨文中所见的一种筮卦》（《文史》第24辑，北京：中华书局，1985年）等文以来，学术界多有后续研究，这一认识也基本已为人们所接受。

③ 曹定云、刘一曼：《殷人卜葬与避“复日”——〈库方〉985+1106辞义辩正》，王宇信、宋镇豪、孟宪武主编：《2004年安阳殷商文明国际学术研讨会论文集》，北京：社会科学文献出版社，2004年，第294—298页。关于殷商时期的择日与占卜，还可以参见连劭名：《商代的日书与卜日》，《故宫博物院院刊》2001年第3期。

④ 如居延汉简、江苏连云港汉简等，参见黄一农：《从尹湾汉墓简牍看中国社会的择日传统》，《“中央研究院”历史语言研究所集刊》第70本3分，1999年，第603页。

⑤ 参见胡天成主编《民间祭礼与仪式戏剧》一书的相关部分，贵阳：贵州民族出版社，1999年。“复日”，在后世数术书中衍生出“天地重复日”“重丧”等，即触犯特定的忌讳则家中会连续死人。

⑥ ［英］托马斯·克伦普：《数字人类学》，郑元者译，北京：中央编译出版社，2007年。

创造和使用数字的角度，提出了文化的三种普世性分类，他所提出的第二种文化，即类似本文讨论的数术类知识体系，他说："其数字技能（在算术上更为发达）被公认为是专家们的特权，他们通常也都是识字的。然而，这些文化与提高新的数字技巧或开拓知识的新领域无关：这样的文化在这种意义上是前科学的，即使它们所处理的算术知识在历史上可能是科学发展的产物。"[①]虽然他建立在进化论基础之上的这一文化分类理论并不一定适合中国的场景，但他对以"数字"为中心而产生的这一文化现象的定义，则适合于观察数术知识体系在中国古代社会的地位和作用。

二、数术与巫术

在中国的场景下，数术知识体系一向为官方和民间所共用，站在它背后的，是中国传统的宇宙观[②]，卜官、星官乃至史官等所供职的太史局、浑天监、司天监、钦天监一类机构，更是历代中央王朝统治机器的重要组成部分，因此，数术在中国向来具有合法性。与数术最为接近的是巫术，而且人们常会将两者不加区别地等同起来。实际上，即使在古代社会，两者之间的区别也大于相似，其具体而微的区别大致可以从下述几个方面来认识。

1. 存在状态与传承方式之别

数术是一个可以清晰界定的知识体系，并且自《汉书·艺文志》以来，数术即有明确的分类系统并可区别于其他知识体系，尽管它在两汉时期当包含有医疗知识时又被称为方术或方伎。但巫术却不能给予有效界定，因为巫术通常是建基于各类信仰之上的意念、行为、道具等的混合体，这是巫术不能被视为一个可以清晰界定的知识体系的根本原因，也是巫术与数术存在状态的主要区别。

就传承方式之别而言，数术知识体系以文本为载体，讲究文本的传承；而巫术则更多地是以动作、道具为主体的程序化仪式的方式传承，靠的是经验和对仪式的熟悉程度及口耳相传、身形模仿。由于数术知识体系的文本化并具有一定的高壁垒，使得数术的操作者必须具有一定的文化水准；而巫术的传承更多地是靠模仿。在中国的场景下，数术具有哲学的背景，巫术则缺乏。历史上某些类别的数术及巫术都常被统治者出于各种原因禁止在民间传习，但禁止的目的，是为了显示统治者对其的垄断性和

① ［英］托马斯·克伦普：《数字人类学》，郑元者译，第35页。

② 参见［法］马克（Marc KALINOWSKI）：《占卜、科学与宗教》，李国强译，《法国汉学》第6辑（科技史专号），北京：中华书局，2002年，第379页。

这一垄断的正当性，并非禁止数术本身，并且重点禁止的是天文历法类知识，与巫术常被视为“淫祀”而遭取缔不同。

就传承人的心智之别而言，数术是具有理性色彩的，以古老的甲骨卜辞为例，其程序严格地分为四步，即前、命、占、验[①]，“前”是提出问题的时间；“命”是要求“神物”[②]回答的问题；“占”是“神物”对问题的判断过程及其显现[③]，而操作者则根据经验或文本知识对其作出解释和表述；“验”是对“神物”及占卜的操作者所作判断和解释的事后验证，并且可能是相隔一段时间后补刻上去的。张光直曾将商代社会视为萨满的时代，那时商王就是最大的萨满[④]，因为商王（例如武丁）直接参与占卜过程并对占卜结果作出判断。就甲骨卜辞的整个过程而言，其占验过程显然是理性的并且是有序的；而场景化的巫术则相对感性和狂热，巫师依靠动作、舞蹈来调动情绪，有时甚至需借助含有兴奋剂的药物乃至酒精类制品进入状态。

2. 操作方式与解释方法之别

无论是历史上，还是今天，就数术知识的主要种类与操作者的关系而言，择日是对时间的认知和操作，星占是对天体运行的认知和操作，相术是对人体的认知和操作，数占是对数字的认知和操作，式占是对被浓缩了的或简化了的宇宙的操作，风水是对自然环境的认知和操作，数术的结果往往靠的是逻辑推理。巫术则往往是结果与目的的前置，结果的得出靠的是行为，并需营造出仪式空间，过程中还可能有意念控制的 面，数术则与之有别。

在对结果的解释方法上，巫术的仪式过程也就是对结果的达致与解释过程，毋需对结果另作文字表述；其结果的实现靠环境来烘托、靠动作来完成。数术的解说者则需要对达致结果的过程及结果本身进行解释，并且其解释往往是隐喻的、哲学式的，其目的的实现需要文字及语言来表述，其解释与验证需要文本作依托。

一如我们曾经讨论过的[⑤]，历史经验已经为数术操作者们所能提供的各种服务预设了模糊答案，高明从业者的高明之处在于，他们能迅速而周全地找出答案，并借助一定的语言技巧去说服咨询者接受它。这种操作可以分为顺向性操作和逆向性操作，绝大多数情况下，数术操作者在为他人提供咨询服务时都属于顺向性操作，根据的是前

---

① 前、命、占、验，甲骨学中通常称为前辞（或序辞）、命辞、占辞（或果辞）、验辞。

② 即占卜工具——龟的腹甲或牛的肩胛骨等。

③ 所显现的即兆璺，也就是甲骨经钻凿及灼热后所产生的裂痕的走向及其长短。

④ 张光直：《商代的巫与巫术》，见《中国青铜时代（增订本）》，北京：生活·读书·新知三联书店，1999 年，第 252—280 页；又见其《连续与破裂：一个文明起源新说的草稿》，《九州学刊》1986 年第 1 卷第 1 期，第 4—5 页。

⑤ 刘昭瑞、李铭建：《乡村社会的一个边缘群体：三僚村的地理师》，《文化遗产》2013 年第 3 期。

辈们积累下来的经验，也就是生活在当代社会的数术操作者们口中的“例子”、“口诀”或“公式”。其结果按照数术背后的一般思维模式及其逻辑演进进程而得出，数术操作者给予其进一步的阐释，并力图在文本或生活实践中使之能够得到旁证。逆向的操作，则是指操作者抛开已有的传统文本而另辟新解，以达到操作者的预设目的。历史上发生的极端逆向操作的事例并不鲜见，有些事例甚至改变了一个王朝的政治走向或一项军事行动的成败。[①]

3. 功能之别

一般来说，数术的功能大多指向未来并带有预测性，如星占类、风水类，但又常常与人们的日常生活相关，如择日类；巫术解决的问题则大多是当下的。在时间上，数术是可以追溯的，巫术则往往无须向上追溯。两者的功能之别，从空间分布上最易看出，即数术往往是超族群或民族的，甚至是超出现代国界的；而巫术则往往有这方面的局限，它的区域性和服务于特定人群的特征是显而易见的。

在彝族、纳西族、水族、布依族、瑶族、藏族等民族的传统文献中，具有汉民族文化特征的数术类文献占有相当部分，即使在敦煌文书中，也有数量不少的虽然是用民族文字书写但却来自于汉地的数术类文献。最早操纵这类知识的人，往往也是各民族的权力与财富的占有者，甚至是这类知识的引进者、改造者和创新者，并用来证明和强调某一政权或某一群体甚至某一个人在某一空间存在和延续的合理性。在东亚汉字文化圈，同样流传有转写为不同文字并经改造过的具有汉民族文化特征的数术类文献，如日本、朝鲜半岛、越南等。

三、数术与禁忌及宗教

毫无疑问，数术的出现和禁忌有关，人类学关于部落社会的调查表明，禁忌可以出现在无文字的时代。在一个相对稳定的群体中，某一禁忌的形成，源于人们对某一重要事件的群体记忆，并且通常可能是痛苦的记忆，再经抽象、化约，得到群体的世世遵守并赋以信仰特性。在中国的场景下，形诸文字并被归类汇入到特定的知识范畴，从而形成数术知识体系，是很自然的事。

数术可以视为一个超稳定的信仰表达体系，所表达的就是历史上业已形成的各

① 这里所说的逆向的操作，主要是指对天文现象的虚拟，并提出带有一定诱导性的解释，参见黄一农：《社会天文学史十讲》，上海：复旦大学出版社，2004年，第1—92页。

种禁忌信仰，而对自然事物、社会现象的精细化分类则是各类禁忌得以产生和存在的基础。

以古代的天文学为例，顾炎武讲过一段非常著名的话："三代以上，人人皆知天文。'七月流火'，农夫之辞也。'三星在天'，妇人之语也。'月离于毕'，戍卒之作也。'龙尾伏晨'，儿童之谣也。后世文人学士，有问之而茫然不知者矣。"[①]他认为，时人已不大理解的星象学知识，在古代社会不过是一些与人们生活起居相关的常识。这类常识通常会以"启示"的方式作用于人们的日常行为，也包括商贸、旅行、军事等活动。《隋书・经籍志》所谓"天文者，所以察星辰之变，而参于政者也"，是将先秦以来的天文学知识纳入到国家体制下并将其直接对应于王朝盛衰后产生的认识。星象所预警的或"启示"的，就是人们需要遵守的禁忌。

部落社会对自然界事物的分类及定名，某些方面比科学昌明的现代还要细致和复杂，这类事例在人类学经典著作中可以找到不少。[②]在中国，《说文解字》一书中保留的若干"死文字"即是这方面的孑遗[③]，《诗经》中也可以见到类似的例子[④]。那么，这也就可以解释为什么传世数术书及考古发现的如秦、汉《日书》中所记载的各类禁忌，烦琐到令人难以置信的地步。

数术说到底，就是以往人们生活经验及教训的记录，并且还将会以层累叠加的方式继续沉积并作用于人们的日常生活之中。

先有禁忌，然后有反禁忌，数术中"不宜"与"宜"的关系，就是禁忌与反禁忌的关系。《荀子・正名》所谓"约定俗成谓之宜"，数术知识体系中的"宜"与"不宜"，同样都是约定俗成的结果，"宜"是对"不宜"的补救，换句话说，也就是"反禁忌"对"禁忌"的补救，否则"民无所措手足"，如《老子》第五十七章所说："天下多忌讳，而民弥贫。"班固《汉书・艺文志》论阴阳家之流弊时也说："及拘者为之，则牵于禁忌，泥于小数，舍人事而任鬼神。"禁忌与反禁忌的变通使用，正是古人智慧的体现。

现在所能见到的数术知识体系，实质上就是古代延续下来的并不断层累叠加的各类禁忌信仰的集合体。也可以这么说，数术是禁忌信仰在操作上的表达，而宗教则是

① （清）顾炎武著，（清）黄汝成集释，栾保群、吕宗力校点：《日知录集释》卷 30"天文"条，上海：上海古籍出版社，2006 年，第 1673 页。

② 参见［法］列维-布留尔：《原始思维》，丁由译，北京：商务印书馆，1985 年，第 163—167 页；又［法］列维-斯特劳斯：《野性的思维》，李幼蒸译，北京：商务印书馆，1987 年，第 11 页。

③ 如《说文解字》"马"部下关于马的不同年龄的专用字。

④ 如《诗经・秦风・蒹葭》及毛苌疏，以蒹、葭、芦、苇四字代表"芦苇"这一植物的不同生长阶段，但今天则统一呼之为"芦苇"。类似的例子还可以举出一些，均与《原始思维》《野性的思维》二书中的有关记述有相同之处。

禁忌在情感和观念上的表达，二者同出于一源。这也是数术和宗教不可避免地发生联系的原因。

按照宗教学的一般理论，所谓制度化宗教，具有几大要素，即社团、经典、固定场所、最高神（或宗教创始人）。即使以这一相对严格的标准来衡量，古代社会的数术知识体系及其操作者的活动也大体吻合上述特征：他们有自己的派别，不同的派别则形成不同的社团[①]；他们有着大致相同的经典，但对这些经典有理解上的差异并常常引起相互之间的辩难。关于这一知识体系的最高范畴或者说是最高神，则值得作进一步推测。

古代有太一，最早应为大一，也称为太乙、泰乙、天一、天乙等。太一也是北极星的别称，见于《史记·天官书》。太一究竟起源于什么时代还不清楚，文献中最早可以追溯到战国时期。关于太一的文字，最著名的当然是1993年出土于湖北荆门郭店村一号楚墓中的名为《太一生水》的一篇文字，时代为战国中期偏晚。迄今国内外学者对该篇文字的研究著述已不下百种，学术界普遍认为，这是一篇有关宇宙生成论的重要先秦典籍。该篇文字的作者认为，太一是宇宙生成的本源，这一认识有别于气宇宙生成论，表述的是水宇宙生成论。[②]它的出现，颠覆了许多传统认识，由此人们认为，古代中国的阴阳数术家的理论价值需要重新评估。太一“在先秦时代就已经是一种兼有星、神和终极物三重含义的概念”[③]，其由物象符号转化为抽象概念，又转化为神格并具有人的形象，据已知的图像资料看，至少在汉代初年已经完成。1973年长沙马王堆三号汉墓出土帛画上部正中一人物，旁题有文字，名之为大一，也就是太一，研究者认为该图表现的是太一辟兵的场景。

汉代以来的文献中，太一几乎出现在数术知识体系中的所有类别，至今民间社会流行的各种通书中，太一神及其神性表现仍是必不可少的内容，包括笔者曾考察过的至今仍广泛流行于中国南部乡村地区的粤东“通书罗”人所编印的罗家通书。1977年春，安徽阜阳双古堆西汉汝阴侯墓出土一件汉代的木制占盘[④]，与今日所见罗盘的构造大体相似，其地盘背面有“七年辛酉日中冬至”文字一行，人们据以推测占盘制作的年代当为汉文帝七年，即公元前 173 年。这是迄今所见最为完整的早期“罗盘”之

① 如《史记·日者列传》褚少孙“补论”中提及汉武帝时期的数术流派，有五行家、堪舆家、建除家、丛辰家、历家、天人家、太一家等。

② 陈丽桂：《近三十年出土儒道古佚文献在中国思想史上的意义与贡献》，《庆祝陈满铭教授七十荣退纪念论文集》，2005年，后收入作者《近四十年出土简帛文献思想研究》一书，北京：中华书局，2015年。

③ 李零：《“太一”崇拜的考古研究》，《中国方术续考》，北京：东方出版社，2000年，第237页。

④ 王襄天、韩自强：《阜阳双古堆西汉汝阴侯墓发掘简报》，《文物》1978年第8期。

一。经研究者与《灵枢经·九宫八风篇》[①]等的比较，认为应名之为“太一行九宫占盘”[②]，也就是历史上著名的“太一式”。

文献记载，从西汉武帝开始，朝廷即专设有太一祠，以祀其神，见《汉书·郊祀志》。至晋、唐王朝莫不如此，而“宋朝尤重太一之祠，以太一飞在九宫，每四十余年而一徙，所临之地则兵疫不兴，水旱不作”[③]。并且自唐、宋以来，道教因之塑造出太乙救苦天尊，并出现了一大批有关的道经，金代则有萧抱珍所创道教教派太一教的兴起，当然，太一教之“太一”，并不是原始意义上的太一。[④]

种种迹象表明，太一是数术知识体系中的最高范畴，在数术信仰临近“宗教”形态时，太一成了最高神，太一祠则是数术家们奉祀太一的专门场所。宋代以后，数术操作者信奉的始祖逐渐转变为杨救贫[⑤]，并将其神格化，建祠塑像以岁时奉祀[⑥]，《周易》则在一定程度上固化为数术的最高经典。

但数术终究没有发展成为一个成熟的宗教形态，概言之，其原因主要与下述因素有关：第一，历史上，数术知识体系中始终没有形成能指导个人灵修生活的某种形而上的理论；第二，数术本身的世俗化，使其成为人们日常生活的一部分，在操作者手中，它更多的是一种职业技能；第三，数术知识体系中的某些重要部分，例如天文历法类，历史上常被统治者禁止在民间流行。[⑦]

尽管数术未能进化为现代通常意义上的宗教形态，但它同其他知识体系一样，一直在形塑着中国人的思想与行为，并且在汉代以后为诸多宗教体系利用，如道教乃至早期的佛教[⑧]，特别是明、清以来以结社形式而活跃的组织化民间秘密教派。

---

① 《灵枢经》又名《针经》，《黄帝内经》之一部分。

② 蔡运章：《论洛书的真伪及其产生年代——从西汉汝阴侯墓出土太一行九宫占盘谈起》，洛阳市历史学会、洛阳市海外联谊会：《河洛文化论丛》第1辑，开封：河南大学出版社，1990年，第119—139页；孙基然：《西汉汝阴侯墓所出太一九宫式盘相关问题的研究》，《考古》2009年第6期；杜锋、张显成：《西汉九宫式盘与〈灵枢·九宫八风〉太一日游章研究》，《考古学报》2017年第4期。

③ （清）顾炎武著，（清）黄汝成集释，栾保群、吕宗力校点：《日知录集释》卷30，第1706页。

④ 陈垣：《南宋初河北新道教考》，北京：中华书局，1962年；胡其德：《金代太一教兴起的背景分析》，陈鼓应主编：《道家文化研究》第16辑，北京：生活·读书·新知三联书店，1999年，第339—366页。

⑤ 即杨筠松。根据可靠的历史文献，在南宋藏书家陈振孙的《直斋书录解题》一书中才出现“杨筠松，名益，号救贫”这一记载，《宋史·艺文志》仅称为“杨救贫”。民间传说中，杨筠松是唐代窦州人（窦州，一说即今广东省信宜市，当地至今仍保留有不少关于杨筠松的传说），曾在皇家天文机构中任职，遭黄巢之乱而携宫廷秘籍流落民间。当然，这一传说常被官方斥为“妖妄不经”，如《四库全书总目提要》所言。

⑥ 如江西兴国市三僚村的曾、廖两姓所建的“杨公祠”。

⑦ 这种例子颇多，参见黄一农《社会天文学史十讲》一书第83页所举的例子。

⑧ 考察早期佛教史上的一些著名人物，如鸠摩罗什（《高僧传》卷2）、佛图澄（《高僧传》卷9、《晋书·佛图澄传》）等，均善于操作数术体系中的某些类别，当然，其中也不乏域外的类似知识。

四、数术及其操作者背后的思维模式

在中国社会，数术知识体系以其几千年来的延续存在并以不断层累叠加的方式，普遍作用于社会各阶层人们的日常生活及其背后的思想逻辑，无处不在，无时不有。

关联思维（correlative thinking）曾是人类思维的一种普遍形式，具有分析思维所不可替代的作用，在中国的场景下，阴阳五行理论就是建立在关联思维上的一种“前科学”思想；公元 300 年以前，阴阳五行说主要是在天文学家、乐师、方士和贞人中间流行，此后才被哲学家所用。[①]具有中国特征的关联性思维方式，在 19 世纪末西方传教士的著作中，以“类推”（category）和“类推感应”（categories correspondence）出现，且为西方学界普遍接受，他们用它来表达中国人思维所具有的强烈类比性特征；关联思维这一提法，一般认为是来源于 20 世纪早期的法国汉学研究。[②]

数术从业者的思维模式显然是建立在阴阳五行循环论这一整体观基础上的关联思维，但有一个前提，即他们对事物的观察与解释是建立在经验基础上的关联思维。这一思维方式有下述特征：第一，任何事物都处于一定秩序之下，其所处的位置都是预设的，数术操作者则在此一秩序下判断一事物与他事物之间相互关联的因果关系；第二，任何事物都是可以用经验去解释和印证的，因此，数术从业者的思维模式带有超时空特征，包括时间上的跨越、自然现象上的空间跨越，乃至自然现象作用于人事现象时的超界域跨越；第三，虽然事物已被预定了秩序，但当一事物与他事物发生关系时，主体与客体之间的关系又是可以被操作和被改变的。数术操作者的思维方式，无疑体现了关联思维的典型特征。

五、结语：数术的定义

数术是一株常青的知识之树，本文讨论了“数术”之所以为“数术”的诸多基本问题，有利于进一步认识数术知识体系在古代思想史、科技史乃至中国人的日常生活史中的作用。

---

① ［英］葛瑞汉（A. C. Graham）：《阴阳与关联思维的本质》，艾兰、汪涛、范毓周主编：《中国古代思维模式与阴阳五行说探源》，南京：江苏古籍出版社，1998 年，第 1—57 页。

② 相关综述参见孙邦金《存有的连续与中国古代的关联性思维》一文，见香港人文哲学会网页 http://www.arts.cuhk.edu.hk/hkshp.

数术迄今尚没有一个抽象定义，结合以上所论，从数术的功能及操作方式的角度，可对数术作如下定义：以经验知识为前提，在阴阳五行整体观视角下，判断事物之间的关联性及其吉凶宜忌。这一定义，既强调了数术知识体系以阴阳五行为主体的整体观思想，也包括该知识体系的操作者对既往经验的运用及其思维特征，同时也指出了该知识体系的功能。

早期文明时代形成标志的再认识*

彭邦本
四川大学历史文化学院

中国文明是举世公认的古老文明之一，但其究竟形成于何时，在海内外学界迄今见仁见智，争论热烈，难于定论。重要原因之一，就是对早期文明时代形成的标志问题，长期以来理解和取舍不一，分歧很大，导致对史料、史实的解读众说纷纭，进而影响到对中国早期文明进程的认识和判别。因此需要在历史唯物主义基本原理和学界既有成果的基础上，兼采历史学、考古学和人类学等多学科理论、方法，进行理论创新，并综合传世文献、出土文献、考古学和民族史志资料，对中国早期文明进程作进一步深入研究，以期在文明时代标志这一重要问题上取得应有的共识。

一、简略的回顾

现代学术意义的中国早期文明探索，可以追溯到 20 世纪 20 年代古史辨学派引发的中国古史大讨论，时至今日已经走过了曲折发展的百年历程。其间由于史学界几代学者坚持实证研究，中国考古学的诞生和异军突起，以及人类学、民族学等众多相关学科学者的加盟，多学科的合力艰苦探索，取得了丰硕的成果。新时期以来，中国早期文明研究进一步走向纵深，特别是在“夏商周断代工程”“中华文明探源工程”的相继推动下，“古史传说和有关夏商时期的文献”“上古时期的礼制”“考古学文化谱系年代”“聚落形态所反映的社会结构”“早期金属冶铸技术”“文字与刻符”“上古天象与

* 基金项目：中国历史研究院《(新编）中国通史》专项研究“早期文明标志与五帝时期君主世袭制研究”、国家社会科学基金中国历史研究院重大历史问题研究专项 2021 年度重大招标项目“中华文明起源与先秦君主政体演进研究”（LSYZD21007）。

历法”“中外古代文明起源的比较”等诸多重要问题领域的研究，得到了全面推进深化。探源工程把距今5800—5300年的这段时期，确定为中华文明形成的关键阶段，既合乎逻辑，也大致合乎各方面学术资料初步揭示的中国早期文明进程的历史实际。学界对浙江良渚遗址、陕西石峁遗址、山西陶寺遗址和河南二里头遗址等代表性遗址进行集中研究，特别是经过科学的年代测定和综合研究，将规模巨大的良渚古城遗址的年代上溯及5300年前，基本确定了中国早期文明初步形成的年代。近年，河南也发现了距今5300年左右的双槐树遗址，并被命名为“河洛古国”，有助于更进一步明确中国早期文明起源形成的时空坐标。

总的来说，中国早期文明研究主要围绕如下几个问题展开：文明起源和形成的标志有哪些？什么是早期国家？早期国家起源于何时？国家起源的动力和路径是什么？有哪些考古学证据？是三因素、四因素，还是应该超越这些具体因素？与此同时，学术界关注的重点对象，主要有以下几个方面：一是文明与国家起源形成的理论模式与发展路径问题；二是文明和国家起源的物质技术基础，如生产力、青铜器、大型建筑、城址等；三是社会分层，如阶级分化、等级制度等；四是文化、宗教，如早期文字、宗教设施和礼制器具等。以上持续的研讨，一方面成就巨大，为进一步深入研究奠定了深厚的基础；另一方面也伴随着一定的不足。

主要的不足之处，一是在愈来愈热烈的考古学新发现、新材料探讨中，或多或少存在对文献互证作用的不够重视以致轻忽，这其实不是时至今日才有的问题。在关于早期文明起源和形成时期的各类资料中，文字记载虽然以传说甚至零散的传说记载为形式，且其现存最早文本通常都晚于其内容反映的年代，但其不仅往往已经被大量的实证研究证明蕴含有真实的史实素地，而且约定俗成，所指明确，这就有利于避免对非文字资料的误解或随意推测。因此，传世文献记载和出土材料的互证，即使并非早期文明研究中的不二法门，也仍然是非常有效的研究路径之一。

二是对早期文明的物质技术层面探讨多，而对更能反映文明时代社会本质的制度层面的探索重视不够。值得注意的是，近年来一些学者结合欧美人类学的酋邦理论进行分析研究，涉及组织制度层面，固然开卷有益，有一定新意，但也有学者批评其水土不服，并不适用于中国早期文明研究。同时，根据这一理论，酋邦本属于史前社会，因而从其理论中自然不能直接产生或提取早期文明社会的标志。

相比较而言，在以上两个不足中，第一个不足近年来已有所改观，反映了学术研究的进步；而第二个不足之处，至今似乎还没有引起应有的关注。

对于早期国家的制度关注不够，包括对文献记载和考古资料所反映的文明起源阶段制度探讨得不够深入精细，不仅不利于早期文明研究的深化，而且难以从中提取早期文明形成的标志。因为包括华夏文明或曰华夏早期国家在内的任何早期文明，都是作为制度建构于一定区域的族群社会基础之上的，没有行之有效的制度，文明或曰早期国家就无以成型，无法稳定持续地向前发展。而任何一种文明，其最根本、最重要和最鲜明的标志，就在于其制度之中。因而从总体上看，由于对早期文明制度层面的研究不足，必然导致从已有的探讨中提取出来的早期文明标志或曰标识，往往普适性或可操作性不足，不能满足作为早期文明形成标志的充分必要性要求。[①]

综上所述，从制度中提取早期国家或曰早期文明社会的标志，就成了研究工作中首先需要思考和回答的问题。

二、君主世袭制——早期文明时代标志

探讨早期文明或曰文明时代形成的标志，首先需要对文明本身有一个明确的定义。一般而言，文明是人类社会历史发展的高级阶段，但需要明确高级到什么程度或曰什么社会发展水平。因而此种历史阶段的划分，一定要有明确的时代和社会标志。对此，我国学界多认同恩格斯在《家庭、私有制和国家的起源》（以下简称《起源》）一书中提出的著名观点："国家是文明社会的概括。"[②]此说简明扼要地揭示了国家与文明的本质关联。也就是说，文明可以简明地定义为国家出现以后的社会。从字面和逻辑上讲，早期文明和早期国家是两个范畴，但都是对同一个研究对象的界定性概括或描述，形式上并列，根本上同质，具体涵义上则各有偏重。前者侧重其社会性质及其形态，后者侧重其特定的社会组织及其制度。两者相互依存，通常说来，前者是由后者决定的，但后者是前者的根本特质。所以恩格斯说："国家是文明社会的概括。"易言之，从这个意义上讲，确认早期文明社会是否已经形成，可以合乎逻辑地转化为确认国家是否已经形成这一问题。不过，从史学研究，尤其是历史发展本身的复杂过程看，国家尤其早期国家本身又是一个需要透过纷繁历史表象加以分析确认的对象，因而它并不能直接构成自身形成的标志，须要由构成国家组织必不可少的本质或特征性要素（成分）来揭示和标志。因此，恩格斯在揭示了国家与文明社会的本质关联后，又进而揭示："国家和旧的氏族组织不同的地方，第一点就是它按地区来划分它的国民"；"第二个不同点，是公共权力的设立。"[③]换句话说，早期文明或早期国家形成的

① 王震中：《改革开放四十余年中国文明和国家起源研究》，《史学月刊》2020 年第 9 期，第 113—126 页。

② 《马克思恩格斯选集》第 4 卷，北京：人民出版社，1995 年，第 176 页。

③ 《马克思恩格斯选集》第 4 卷，第 170—171 页。

标志即是：第一，地缘联系取代了血缘联系；第二，公共权力机构亦即国家领导或曰管理机构的设立。

但正是这两个“不同点”亦即国家或曰文明社会形成的标志，在结合中国上古社会史实时遇到了若干一时难以解决的棘手问题。按照恩格斯举出的例子，构成文明时代“公共权力的”“不仅有武装的人，而且还有物质的附属物，如监狱和各种强制设施”，以及法律和对付公民的“宪兵”；等等。不仅如此，恩格斯还特别指出：“这种公共权力已经不再直接就是自己组织为武装力量的居民了。”[①]这与先秦时期的情形存在一定差异。与此同时，更明显的差异在于，在很多学者看来，先秦直到西周春秋时期，文献等各方面资料充分反映，其时社会甚至国家仍然长期受到血缘纽带的束缚，而在《起源》描述的早期国家中“这种束缚早已不复存在”。

为了化解疑难，科学地解释和揭示我国早期文明起源、形成的史实，许多学者坚持历史唯物主义基本原理，进行了持续深入的研究，提出了许多有益的新见。早期文明探索，是考古学、历史学、人类学等多学科聚焦的大课题。作为内涵极为丰富、外延多元多样的学术范畴，历史上的文明都大体可分为物质技术、制度组织和精神哲理几个层面，因而各学科都可以从中找到与自身切合的着眼着手之处进行研究，进而从中提取文明的因素，探讨文明起源、形成的标志。因而一个时期以来，学者或悉心追踪考古出土的金属器、文字符号、古城邑、大型礼仪建筑，或努力探索新石器时代晚期以来的聚落形态及其等级结构，或仔细辨认早期社会墓葬中反映文明要素的社会细胞——一夫一妻个体婚姻家庭的男女合葬墓，或密切关注酋邦社会的复杂化进程，或聚焦于琳琅满目的玉石礼器特别是其精美器形纹饰及其精神信仰内涵，或从各种资料中分析父系祖先崇拜的迹象，或分析尧舜禹禅让传说蕴涵的早期文明因素……如此等等，均从不同层面和角度积极促进了研究的深化和发展。这些探索不仅合乎逻辑，而且得到出土材料及其研究一定程度的印证。举例来说，考古揭示，在早期文明起源形成的演变时期，金属器、近乎文字的符号和众多古城陆续出现，标志着文明的因素在社会生活中日益发生发展。金属器较石、木、骨器性能、效率的空前提高，揭示了人类在认识物质世界、掌控工具材料和自然力方面的重大时代进步。一些可能是早期文字的符号陆续发明，可能预示着脑力、体力劳动分工的发生、发展乃至深化。而那些由高大的夯土墙垣和深掘的堑壕加以防卫的古城，不仅标志着大型公共工程的进步、社会矛盾的发展激化和战争的频繁，而且需要大量的劳动力进行长时间的大规模工程方能建成，反映了社会组织的复杂化，而掌控着如此巨量人力物力的权威人物与组

① 《马克思恩格斯选集》第4卷，第171页。

织，正在演变为文明时代的帝王和国家机器。当禹启父子推翻“禅让”，建立君主世袭制时，似乎就标志着上述演变过程的终结和古代国家的正式形成。

以上探索推进了早期文明研究的深化，同时也进一步加剧了对早期国家或曰早期文明社会形成标志问题更加见仁见智的局面。尤其需要指出的是，正如一些学者所言，以上所提出的诸种标志或标准，虽能揭示文明尤其文明因素的起源，但往往并非文明形成的充分必要条件，因而无法确证或标志早期文明的形成。

对此，笔者认为，“文明”是与社会形态、国家形态相关的历史范畴，涵括物质、制度和精神三大方面或层面，固然从诸方面或层面都有迹可循，但更应着重从制度层面去探讨其形成标志。为此有必要先回到“国家是文明社会的概括”这一经典概括，重新深化对其形成的两大标志的认识。对于“按地区来划分国民”和“公共权力的设立”这两条标志或标准，结合中国早期文明的实际，笔者认为应该重新表述为：

（1）地域联系超越（而不是取代）血缘纽带；

（2）特殊的公共权力机构的设立。

其中第一条的修订基于上古中国长期存在的血缘纽带，因而其必要性今天看来似乎已显而易见。与雅典国家建立在地缘关系全面取代氏族血缘纽带的基础上迥然相异，历史表象显示的夏商周三代国家的社会基础主要仍然是父系血缘组织，并于西周春秋时期随着宗法分封制度在天下的普遍推行达到登峰造极的境地：王朝—国—家三级政权都同时披上了宗法血缘外衣。当时，不仅君主同时兼为君统、宗统之首，血统与政统合一，卿大夫之“家”这一级政权更直接以血缘组织的名义登上了政治历史舞台，而各级宗族亦俨然成为政治、军事和经济合一的正式社会实体。显然，周代宗法血缘并非仅仅是原始残余，更是周代文明这一空前巨大的共同体赖以存续的黏合剂，是文明的发展演进所致，赋予了周代文明某种特质、形态。正是因为有如此坚韧厚重的宗法血缘纽带，所以许多学者认为，国家形成标志中“按地区来划分国民”这一条不适用于夏商周三代。

不过，这一看法虽有其一面之“强势”根据，但也存在相应的片面性。审查周代社会历史，不难发现宗法血缘贯穿社会的同时，地域联系不仅与宗法血缘纽带交织并存，而且已于一定程度从政治形式上外在地超越了后者。周天子分封、褒封的“天下万邦”中，不仅封君姓氏多元，血缘多源，而且王朝及其领导的“天下”，从政治上直接超越和凌驾于为数众多的族邦，形成了最大规模的地域政治共同体，尊尊源于但已高于亲亲，体现了鲜明的文明特质。[①]因此，我们认为，先秦国家建立的标志之一，就

① 而按“天子建国”原则由周王陆续所封之国，也都无一例外地纷纷突破了公族血缘的狭隘藩篱，在姓氏血缘上形成多元并存的国、家格局。

是在地缘、血缘纽带并存的时代背景下，地域或地缘联系虽然未能如雅典国家那样完全取代血缘纽带，但已经在一定程度上超越或高于血缘联系，居于主导地位，体现了时代、社会的文明性质。

第二条基于《起源》自身的提法。恩格斯在说明国家与氏族的“第二个不同点，是公共权力的设立”之后，马上就明确地称之为“特殊的公共权力”，并且指出：“这个特殊的公共权力之所以需要，是因为自从社会分裂为阶级以后，居民的自动的武装组织已经成为不可能了。”[①]然而从传世文献和卜辞金文等出土资料揭示的商周时代的情形看，军队的组建仍然基于亲族组织，甚至带有军队组织、社会组织和国人亲族组织一体化的特点。因此，上述“特殊的公共权力”，笔者认为主要不是军队、监狱或法律等暴力镇压机器或手段，而应是早期国家基本通行的政治上层建筑——君权及其制度，特别是古代世界普遍盛行的君主世袭制。这是古代文明最重要也最醒目的制度性标志。在中国古代，历来盛称大禹开启的“父传子，家天下”的“天子”亦即帝王世袭制，标志着君主世袭制亦即华夏文明的全面形成，可谓历史上的典型个案。

需要指出的是，之所以说君主制尤其君主世袭制是古代文明或曰早期国家最重要、最醒目的标志，是因为它作为刚性的制度安排，是古代社会形态中的政治形态，或曰国家结构形态中的上层建筑，位于社会金字塔的顶部，不仅最为引人注目，而且居高临下地决定了社会的君主世袭制国家性质，因而也最适合成为古代文明或曰早期国家形成的标志。从现已掌握的先秦历史实际看，君主世袭制一旦建立，居民的地缘联系通常也已经开始超越血缘联系，尤其是成为大范围划分、组织居民的首要政治手段。

同样需要指出的是，君主世袭制不仅是先秦国家建立的首要和突出标志，而且亦可适用于对古代其他国家文明起源、形成的考察，在世界范围内具有相当的普遍性。因为人或人群作为类概念，总是共性和个性的统一体，是基于一定共性的规律性客观存在。无论从逻辑抑或历史实际看，由于人类社会存在共性，世界各地不同区域、族群的文明也应该具有一定的规律性，因而文明的标志也应该具有一定的普适性或曰普遍性，这也正是人类早期国家或曰早期文明以君主世袭制为主流模式的原因。

---

① 《马克思恩格斯选集》第 4 卷，第 171 页。

先秦汉晋社会形态略论

叶文宪
苏州科技大学

一、社会结构概说

社会是人的共同体。早期的人类社会结构极其简单，大概就像其他哺乳类或灵长类动物的群体那样，只有按血缘关系组成的群体——氏族与部落。随着时代的发展与人口的增长，社会的结构变得越来越复杂，于是出现了国家。国家是社会的组织形式，并不是社会本身；国家与社会是两个不同的概念，但是常常被混为一谈。国家的结构叫国体，国体只有复合制与单一制两种不同的形态，而社会的结构，我们曾经认为建立国家以后就只有一种——都是由阶级构成的。

阶级是根据财产多寡划分的社会层次，但并不是唯一的社会层次；财产是划分阶级的依据，但并不是划分社会层次的唯一依据。在动物群体内就存在着由性别与体力决定的不同层次，这在狼群与猴群中表现得特别明显。在人类社会中也存在着根据性别、年龄、辈分、体力、智力等因素划分的层次，即所谓的“自然分工”。不同层次的人们并不是始终在你争我斗，更多的是相互合作、和谐共处。社会的层次不仅可以根据财产来划分，还可以根据职业、信仰、身份、地位、民族、种族、血统甚至居住地等各种因素来划分。马克斯·韦伯认为，社会分层是由财富（经济地位）、权力（政治地位）和声望（社会地位）三个维度决定的。[①]这种综合多种因素来分析社会层次的方法比单一按照财产多寡来划分阶级的做法要合理得多。

其实，社会的结构不仅有横向的层次，而且还有纵向的群体。社会上有些群体是自然存在的，例如家族、宗族、民族等等，而有些群体是人为造成的，例如乡

① ［美］戴维·波普诺：《社会学》，李强等译，北京：中国人民大学出版社，1999年。

里、宗教、企业、党派、社团等等。群体与层次都是构建社会的“零部件”，但是在不同的社会中，由于它们的结构方式不同，所起的作用、地位也不相同，因此形成的社会形态、性质、特点也都各不相同。例如在中学里，学生都被组织在各个班级里，所有的班级分别属于 6 个年级，在中学里年级是实体，学生和老师都按年级进行活动。然而在大学里，学生也被组织在各个班级里，所有的班级也分别属于 4 个年级，可是年级在大学里并不是实体，学生和老师都被组织在按专业划分的院系里进行活动，在大学里院系才是实体，而年级在大学里并不是一种实实在在的组织。年级是学校里横向的层次，院系是学校里纵向的群体，如果把中学比作阶级社会，那么大学就是群体社会，造成这种区别的原因很简单，第一是人数多少，第二是复杂程度。社会亦是如此，分层重于分群的社会是阶级社会，例如雅典与古罗马；分群重于分层的社会是群体社会，例如中国；而印度的四大种姓既是层次又是群体，是层次与群体合二为一的结合体。

雅典和古罗马都是城邦国家，人口只有几万至一二十万，社会的规模很小，所以梭伦和塞维斯的改革能够按照财产多寡把全体公民划分为 4—5 个阶级。而在中国，商代的人口估计为 400 万—780 万[①]，战国人口约 2000 万，西汉末政府统计人口为 5959 万。一个人口如此众多的国家根本无法按阶级来组织国民，而只能把人组织在群体里，这种群体首先是按血缘划分的宗族，其次是按地缘划分的乡里，例如宋朝的主户与客户就是依据财产多寡划分的，但是户等只是纳税的依据，并非构成社会的阶级。中国的宗族与乡里是紧密地结合在一起的，因此我们创造出两个非常富有特色的词——“国家”与“乡亲”。“国”与“乡”是地缘，“家”与“亲”是血缘，“国家”与“乡亲”都是地缘与血缘相结合的产物。国人、族众和乡党都有贫富贵贱之分，但是他们又都有血缘与地缘相连，往往不分阶级或超越阶级地团结成为一个群体。贫贱与富贵之间的阶级斗争只发生在群体的内部，而国家范围内的斗争都发生在群体与群体之间。夏商周三代的更替、春秋战国的兼并、天下大乱后的改朝换代都是群体之间斗争的结果，而社会内部的阶级斗争只会导致群体因内讧而瓦解，最终在残酷的群体斗争中被征服，甚至被消灭，夏桀与商纣的败亡、李自成与崇祯的争斗就是最典型的例子。

我们曾经认为社会的形态是由它的经济形态决定的，然而事实证明这一理论难以成立。社会的形态不是由经济与“主义”决定的，而是由它的结构—层次与群体的构造决定的。

① 宋镇豪：《夏商社会生活史》，北京：中国社会科学出版社，1994年。

二、社会形态的命名

除了原始社会之外，其他四种我们熟知的社会形态实际上是根据四个不同的对象，在四个不同的时空范围内的社会形态而命名的。

“奴隶社会”是根据雅典与古罗马的社会特点命名的，因为在它们的社会里奴隶的数量甚至比公民的数量还要多。奴隶制在各个时代、各个地区都有，但是像雅典与古罗马这样典型的“奴隶社会”却很少见。正因为它如此独特，所以就没有普遍性。尽管奴隶制长期存在，但绝不是一个社会发展阶段，并不是每一个社会都必须经历像雅典与古罗马这样的“奴隶社会”。而且“奴隶社会”的命名也不合逻辑，明明主导与掌控雅典与古罗马社会的是奴隶主，奴隶主的对立面是平民而不是奴隶，马克思说：“在古罗马，阶级斗争只是在享有特权的少数人内部进行，只是在富有的自由民与贫穷的自由民之间进行，而从事生产的广大民众，即奴隶，则不过为这些斗士充当消极的舞台台柱。”[①]奴隶只是“会说话的工具”，那为什么要把雅典与古罗马称为“奴隶社会”呢？如果按照这样的法则来命名，那就应该把封建社会叫作“农民社会”，把资本主义社会叫作“工人社会”，这显然是极其荒谬的。

“封建社会”是根据欧洲中世纪实行的 Feudalism 命名的。Feudalism 是蛮族入侵后通过分封领地建立的政治制度，因为中国商周时代的“封邦建国”与其非常相似，所以就被翻译成为“封建”。但是秦汉大一统以后建立了实行郡县制的单一制帝国，国体与夏商周复合制的封建王国明显不同，却仍然称其为“封建社会”或“封建国家”，这就给中国学术界带来了极大的麻烦。Feudalism 也好，“封邦建国”也好，都是一种政治制度，在经济上欧洲实行的是庄园制，商周实行的是井田制，实际不是一回事。至于后来自耕农自种自收的叫作小农经济，地主把土地租给佃户收取地租的叫作租赁制，和“封建”、Feudalism 都没有丝毫的关系。冯天瑜先生为了厘清这一问题，三次改版写就了一部 52 万字的《“封建”考论》，但是他的苦心孤诣至今尚未被学界诸君与社会大众普遍接受。马克思、恩格斯在研究印度历史时就已经看到了东方社会的形态与欧洲不同，他们称之为“亚细亚形态”，然而遗憾的是，他们生前未能深入研究这个问题并得出系统的结论，这就留下了一个理论上的空洞，至今无人去弥补。

---

① ［德］马克思：《〈路易·波拿巴的雾月十八日〉1869 年第二版序言》，《马克思恩格斯选集》第1卷，北京：人民出版社，1995年，第 581页。

欧洲中世纪的 Feudalism 是蛮族在东罗马帝国的废墟上重起炉灶建立的，并不是从雅典与古罗马的奴隶社会发展而来的，它们之间并不存在逻辑关系。把五种社会形态连成一条线，并把它们视为人类社会发展的普遍规律，不符合人类历史的史实。[①]人类社会发展的途径实际上是多线的[②]，人类社会的形态也是多种多样的，例如古印度实行的种姓制度是一种严格的等级制度，但是四大种姓并不是像雅典与古罗马那样按照财产多寡划分的，而是按照社会分工与血统划分的，而且世代承袭不能变更，种姓就是种姓，是等级而不是阶级。古印度的这种社会形态在世界上是独一无二的，因此可以称之为种姓社会。

自然界的植物在进化树上的位置有高有低，动物在食物链的位置有的在顶端有的在底端，但是它们都同处于一个世界上，共同构成了缤纷多彩的大自然，并没有因为出现了高等级的动植物而把低等级的动植物淘汰殆尽。人类社会的结构也是多元的，或者说任何一个社会都是由多种形态混合构成的，新的形态出现之后并没有完全排挤旧的形态，我们只是以它的特征来命名，而不是说这个社会是单质的或纯一的。马克思说："在古代罗马，从共和国末期开始，虽然手工制造业还远远低于古代的平均发展水平，但商人资本、货币经营资本和高利贷资本，却已经——在古代形式范围内——发展到了最高点。"[③]也就是说资本主义早在古罗马时代就已经萌芽了，但是因为发达的典型奴隶制是它最突出的社会特点，所以我们称其为奴隶社会，同样的道理，我们也不把近代实行黑奴制的美国社会称为奴隶社会。

为社会形态命名的原则是根据该社会最为突出的特点来命名的。中国古代社会的最大特点是什么呢？恩格斯说：在雅典与古罗马经过梭伦和塞尔维的改革，"在制度中便加入了一个全新的因素——私有财产。公民的权利和义务，是按照他们的地产的多寡来规定的，于是，随着有产阶级日益获得势力，旧的血缘亲属团体也就日益遭到排斥；氏族制度遭到了新的失败"[④]。这样"以个人血缘关系为基础的古代社会制度就已经被炸毁了，代之而起的是一个新的、以地区划分和财产差别为基础的真正的国家制

---

① 叶文宪：《五种社会形态：是五种生产关系？五种生产方式？五个发展阶段？还是五种文化模式？》，《浙江学刊》2001年第3期。

② 胡钟达：《试论亚细亚生产方式兼评五种生产方式说》，《中国史研究》1981年第3期；胡钟达：《再评五种生产方式说》，《历史研究》1986年第1期；罗荣渠：《论一元多线历史发展观》，《历史研究》1989年第1期。他们的观点都出于梅洛蒂的《马克思与第三世界》，但是此书没有出版。

③ ［德］马克思：《资本论》第3卷第36章《资本主义以前的状态》，《马克思恩格斯全集》第25卷，北京：人民出版社，2001年，第671页。

④ ［德］恩格斯：《家庭、私有制和国家的起源》，《马克思恩格斯选集》第4卷，第114页。

度”[①]。然而在中国，夏商周国家并不是在破坏氏族制度以后重新按阶级关系建立的，而是由具有共同血缘关系的一个部族用武力征服其他部族后直接演变而来的。这种国家形成的途径在鲜卑、契丹、女真、党项、吐蕃、南诏、蒙古、满族等少数民族的建国过程中一次次地被重复。[②]所以在建立国家以后不仅以血缘为纽带的族氏组织被牢固地保存下来，而且得到了完善与制度化，形成了西周的宗法制度。经过春秋战国的转型，复合制的封建王国转变为单一制的帝国，郡县制是真正的“按地域划分国民”，但是血缘关系与宗族组织依然牢固地存在着。

三、先秦汉晋宗族社会的变迁

虽然宗族始终是中国社会的基本结构，但它并不是一成不变的。夏商周三代是三支贵族的更替，春秋战国时期商周旧贵族衰落了，以五霸七雄为代表的新贵族崛起，一统天下的秦始皇是最后一个先秦贵族；汉王朝是由平民出身的君臣们建立的，但是他们无一不想使自己的家族宗族成为贵族——豪强大族；曹魏的九品中正制造就了一个新的贵族——门阀士族，但是养尊处优的世家大族迅速腐朽衰落；隋唐以后虽然权势者也无一不想世代富贵，但是终究难以实现，于是进入了平民社会，不过宗族主义的精神与制度不但没有被废除，而且被普及到了社会的下层，并被渗透到各种没有血缘关系的群体之中，使整个社会呈现出泛宗族主义的氛围与特色。中国的宗族社会就是这样不断演进的。[③]

1. 夏商周的宗族社会

由于文献资料的缺乏和考古资料的不足，我们不知道夏代的社会是如何分层的，只知道夏人被称为“夏后氏”，“后”是首领的意思，而夏后氏以外的各个部族部落也都称“氏”，如有缗氏、有仍氏、有易氏、有穷氏、有鬲氏、有虞氏、涂山氏、南巢氏等等。夏代的部族部落皆称“氏”，透露出夏朝虽然已经建立了国家，但是社会仍然是由族氏组织构成的。

朱凤瀚先生对商周时代的社会结构与家族形态已经作了非常详尽的论述[④]，关于商人和周人的部族结构，他给出了表 1、表 2：

---

① ［德］恩格斯：《家庭、私有制和国家的起源》，《马克思恩格斯选集》第4卷，第128页。

② 叶文宪：《中华古代国家创生演进的独特路径》，《南国学术》2016年第2期。

③ 叶文宪：《中国传统社会发展的独特进路——古代族氏组织的更替与社会流动》，《南国学术》2015年第2期。

④ 朱凤瀚：《商周家族形态研究（增订本）》，天津：天津古籍出版社，2004年。

表 1 商人部族结构表

<table>
<tr><td rowspan="2">同姓宗族</td><td colspan="2">王族（时王亲子及其近亲）</td></tr>
<tr><td>子族（前王后裔，“子某”之族）
商王的其他同姓亲属（多生）</td><td rowspan="2">非王族</td></tr>
<tr><td>异姓宗族</td><td>姻亲或被征服的异姓</td></tr>
</table>

表 2 周人部族结构表

<table>
<tr><td rowspan="2">王族</td><td>低层次（聚居）</td><td>时王亲子及其各自的家族</td></tr>
<tr><td>高层次（不一定聚居）</td><td>以时王家族为主干的宗族</td></tr>
<tr><td>贵族宗族</td><td colspan="2">本家主干（宗族长）＋近亲旁系分支 { 从祖兄弟家族
族兄弟家族
从祖父家族
族父家族 }</td></tr>
<tr><td>庶人宗族</td><td colspan="2">旧有的殷遗民和其他当地人附庸</td></tr>
</table>

周人自称“小邦周”，人数比被他们征服的“大邦殷”要少得多，而灭商后他们管辖的地域又极其广袤，因此周人一方面容纳部分殷遗民如微子和其他友好的异姓贵族为诸侯和卿大夫；另一方面又接纳没有血缘关系的外族人担任家臣，形成了与商代迥然有异的家臣制度。王国维先生说：“中国政治与文化之变革，莫剧于殷周之际。”他认为周人制度之大异于商者，一曰立子立嫡之制，二曰庙数之制，三曰同姓不婚之制。[①]其实，比这些制度更为重要的是接纳外族人为家臣。[②]夏人、商人、周人是同时并存于中原中部、北部和西部的三个部族，夏商周三代的更替不仅是三个部族地位的此消彼长，也是三个部族在中原地区的迁徙流动。然而推行家臣制度的结果却是直接导致了后来春秋战国时期社会内部“高岸为谷，深谷为陵”[③]的新旧宗族更替，这种以宗族为单位的社会上下流动，才是具有划时代意义的社会变革。

2. 春秋战国秦汉的社会转型

建立夏商周王朝的贵族主宰了三代的社会，但是到了春秋战国，以周天子为代表的旧贵族衰落了，以五霸七雄为代表的新贵族登上历史舞台，这些新贵族其实都是西周时分封的贵族后裔，是宗法制中居于下层的小宗，或者是楚、吴、越等不入诸夏法眼的蛮夷。孔子担忧的“礼崩乐坏”，所谓的“礼乐征伐自诸侯出”“陪臣执国命”，其实都是新贵族对旧贵族的取而代之。经过 550 年的动荡与转型，由一个最后崛起却最

① 王国维：《殷周制度论》，《观堂集林》，北京：中华书局，1959年，第451、453—454页。

② 叶文宪：《族臣—家臣—朝臣》，葛志毅主编：《中国古代社会与思想文化研究论集》，哈尔滨：黑龙江人民出版社，2006年，第1—16页。

③ 李学勤主编：《十三经注疏·毛诗正义》，北京：北京大学出版社，1999年，第723页。

为强悍的秦国征服了其他六国统一天下，实现了先秦贵族最后的辉煌。

秦国在翦灭六国的过程中不仅大肆杀戮，而且迁徙各国宗室贵族，大大打击了六国贵族后裔。但是秦朝国祚太短，严厉的打击并未能使六国贵族灭绝，百足之虫死而不僵，陈胜吴广振臂一呼，“昔六国之亡，豪族处处而有，秦氏失驭，竞起为乱”①，但是在楚汉相争的过程中他们又纷纷遭到杀戮。西汉初刘邦接受了刘敬的建议，“徙齐楚大族昭氏、屈氏、景氏、怀氏、田氏五姓关中”②，“秦灭六国，而上古遗烈扫地尽矣。楚汉之际，豪桀相王，唯魏豹、韩信、田儋兄弟为旧国之后，然皆及身而绝”③。而嬴姓贵族经过胡亥诛群公子、项羽杀子婴也迅速灭门而亡了。经过秦汉之际激烈的社会动荡，先秦贵族彻底退出了历史舞台，他们的后人逐渐变成庶族平民，连祖上曾经有过的高贵血统也不记得了。

3. 汉代平民君臣的贵族化

建立汉王朝的刘邦出身平民，为他打天下的功臣也都是布衣卿相，但是这些出身低微的君臣无一不想利用自己手中的权力使子孙世世代代享受荣华富贵。刘邦在翦除异姓王以后立即分封了九个宗室子弟为王，以后历代皇帝都要分封同姓为王，连吕后掌权后也要封吕氏为王。其实西汉时皇帝已经完全有能力掌控幅员辽阔的国家，并不需要像周天子那样通过分封诸侯来帮助自己管理广袤的国土，然而刘邦还是要分封同姓王，这不是倒退，而是体现了一种自夏商周以来（甚至自原始社会以来）就根深蒂固地植根于中国人身上的宗族精神，其实质是皇帝与本族子弟共享天下。刘邦通过分封同姓王使刘氏成为天下最尊贵的“第一宗族”，经过 200 年繁衍发展，到元始五年（公元 5 年）汉平帝在明堂祫祭列祖列宗时参加助祭的已经有 28 个诸侯王，另有列侯 120 人、宗族子 900 多人，总共 1000 多个皇室成员，而所有的刘氏宗室子弟多达 10 万多人。

从汉王朝之后中国进入了平民时代，以后建立王朝的人都不再具有先秦贵族那样天生的高贵血统，他们出身草根，身份甚至低至乞丐，不识字的少数民族都可以登上皇帝的宝座，而皇室成员都可以凭借王朝的政治权力平步青云成为新的贵胄。可是一旦改朝换代或者遭遇政变，他们马上就跌入社会底层，沦为一介布衣，甚至阶下之囚。以宗族为单位的社会流动在皇室身上体现得最为明显与典型。

汉初的布衣卿相都是靠军功从社会下层跻身社会上层的，功臣封侯的有 140 余

① （唐）杜佑撰，王文锦等点校：《通典》卷 3《食货·乡党》引北齐宋孝王《关东风俗传》，北京：中华书局，1988年，第62页。

② 《汉书》卷 1 下《高帝纪下》，北京：中华书局，1962 年，第 66 页。

③ 《汉书》卷 33《魏豹田儋韩王信传》，第1858页。

人，整个军功阶层总数约 60 万人，占当时总人口 1500 万的 4%，三公九卿、王国相和郡太守的职位几乎都被他们及其子孙所占据：汉高祖时占 97%，惠帝和吕后时占 81%，文帝时占 50%。按照军功爵制度他们可以获得田地、住宅和食邑的赏赐，还可以凭借权力扩大地产，成为豪强大族。汉武帝时军功阶层已经逐渐自然消亡，察举制应运而生，社会下层人士可以通过乡举里选、通经明术进入社会上层，富商大贾可以通过“赀选”“入粟拜爵”“入粟补官”由豪富之家入仕，而身居高位的官员可以通过任子制世代为官。

汉代的豪强大族也是以血缘为纽带的族氏组织，但是他们的规模比春秋战国时代的贵族要小得多。由于秦汉皇帝的权力远比商王和周天子的权力要强大，因此朝廷不断地采取各种措施打击豪强，“汉兴，立都长安，徙齐诸田，楚昭、屈、景及诸功臣家于长陵。后世世徙吏二千石、高訾富人及豪桀并兼之家于诸陵。盖亦以强干弱支，非独为奉山园也”[①]。不仅六国贵族后裔，连二千石高官家族、私人工商业豪富、地方豪杰、并兼之家，甚至军功阶层和食封贵族都成为朝廷打击削弱的对象。西汉时豪强大族必须与政治权力结合得十分密切，才能一人得道鸡犬升天，否则一旦失势即覆巢之下绝无完卵。因为强宗豪右很难世世代代保持枝繁叶茂，所以西汉豪强大族的数量与规模都未能得到充分发展，要到东汉才发展成为被称为“名门”“世家”“阀阅”的世家大族。

东汉继续实行察举制，但是章帝以后随着政治日益腐败，察举不实的现象越来越严重，官吏们为了扩大本家族的利益，互相推荐亲属故旧，“朋党用私，背实趋华”，“其贡士者，不复依其质干，准其才行，但虚造声誉”。[②]察举所选之人多半出自权势之家，未必都有真才实学。由于察举权被大姓豪族所掌握，“选士而论族姓阀阅”，家庭背景成了被推荐的首要条件，从政者中官员或名门望族后代的比例越来越大了。

通过政治、经济、经学等多种途径，东汉时期逐渐形成了累世公卿、世授经学的豪强大族，他们实际上是一批新的贵族。因为他们居住的豪宅大门前都有一对巨大的门柱，叫作阀阅，所以也被称作门阀士族。东汉是门阀士族形成的时期，魏晋南北朝是门阀士族成为新贵族并主导社会的时代。

4. 魏晋新贵——门阀士族的兴衰

延康元年（220 年）曹丕为了甄别人才以供朝廷选拔任用官员，采纳了陈群的建议实行九品中正制，规定由朝廷任命的大、小中正官来主持人物的品评，按“品第”

---

① 《汉书》卷 28 下《地理志下》，第 1642 页。

② 《后汉书》卷 49《王充王符仲长统列传》，北京：中华书局，1965 年，第 1638 页。

与“行状”把士人分为上上至下下九个品级，然后上报吏部授以相应的职务。“品第”是指家世，即父亲和祖父官位的高下，“行状”是指个人道德与才能的表现。

然而到了西晋，负责推荐人才的中正官、审定批准官员的大司徒和直接任命官员的吏部尚书基本上都被门阀士族所把持，于是品评人物的标准就变成了强调“二品系资”①。“二品”是指德与才，而“资”是指父祖的官爵，于是“计资定品，使天下观望，唯以居位为贵”②。“凡厥衣冠，莫非二品，自此以还，遂成卑庶。”③由于强调父祖的官爵，结果只有高官的子弟才能被评为二品，而只有被评为二品的人才有资格被铨选为高官。这样，高官显贵垄断了选举，满朝文武“其所服乘皆先代功臣之胤，非其子孙，则其曾玄”④，形成“公门有公，卿门有卿”，“上品无寒门，下品无士族”的局面。九品中正制变成门阀士族的工具，也成为新贵族——门阀士族形成的标志。

魏晋南北朝时期的门阀士族是一批新起的贵族，从太和十九年（495 年）北魏孝文帝的诏书来看，近三世父祖的官爵是决定士族等第高低的关键，所以这些新贵族与汉代的世家大族并无密切的联系。汉代许多大族的后裔经过三国魏晋就逐渐沉沦，例如汝南袁氏已在三国纷争中湮灭，到南北朝时连曾经贵为皇族的刘氏、曹氏、孙氏和司马氏的后人也都不知道到哪里去了。

门阀士族利用血缘上的优势保证自己的家族在政治上可以晋升高位，在经济上可以多占田多荫客，并享有豁免兵役、徭役的特权，他们还利用交游、婚姻、户籍、谱牒等制造出“士庶之际，实自天隔”⑤的舆论与氛围，然而正是因为养尊处优，所以很快就腐朽败落了。唐代徐坚说：“历江左多仕贵游，而梁世尤甚。当时谚曰：‘上车不落为著作，体中何如则秘书。’”⑥士族子弟不仅无能，而且脆弱不堪，在经历了西晋八王之乱、东晋孙恩卢循之乱、宋齐大杀宗室、萧梁侯景之乱、北魏河阴之变等一系列动乱以后，魏晋南北朝时期的皇族与高门士族就先后从历史舞台上消失了。

魏晋南北朝是一个以门阀士族为特色的新贵族时代，然而这个时代并不是只有门阀士族，也有寒人庶族。士族在社会上占据着高位，而庶族凭借自己的才能在社会上发挥着作用，并且出现了“寒人掌机要”“寒人任将帅”的局面，甚至连南朝的皇帝刘裕、萧道成、萧衍、陈霸先都出身于庶族。这一切都意味着当门阀士族退出历史舞台以后，庶族将要登场了。

---

① 《晋书》卷 46《李重传》，北京：中华书局，1974 年，第 1311 页。

② 《晋书》卷 36《卫瓘传》，第 1058 页。

③ 《宋书》卷 94《恩幸传》，北京：中华书局，1974 年，第 2302 页。

④ 《晋书》卷 46《刘颂传》，第 1296 页。

⑤ 《宋书》卷 42《王弘传》，第 1318 页。

⑥ （唐）徐坚：《初学记》卷 12《职官部下》，北京：中华书局，1962 年，第 298 页。

自秦汉以来，每一个进入社会上层的人都千方百计地要使自己的家族、宗族成为豪强、大族、世家、士族，企图永居高位，这是一种极其强烈的宗族主义精神，然而他们都无法阻止社会上下层之间的流动，“旧时王谢堂前燕，飞入寻常百姓家”成为一种永恒的趋势。中国古代社会层次的兴衰、起伏、升降在夏商周三代是以部族为单位进行的，在春秋战国是以宗族为单位进行的，在秦汉以后是以家族为单位进行的，但是族氏组织“一荣俱荣，一枯俱枯”的宗族主义精神却始终没有发生变化。

5. 隋唐以后进入平民社会

经过南北朝的纷争之后，隋文帝杨坚和唐高祖李渊重新建立了大一统的帝国。杨氏与李氏都非寒门庶族，但是他们都起自关陇，地位与山东士族的崔、卢、李、郑相比，不可同日而语，于是就有了唐代三次重订士族谱之举。

唐太宗时重修《氏族志》，共收录 293 姓 1651 家，把氏族分为九等，以李氏皇族列为第一等，外戚为第二等，而把山东崔氏降为第三等。武则天时把《氏族志》改为《姓氏录》，把武姓和国宾（周、隋皇室后裔）、三公三师、宰相都列为第一等，以文武二品和知政事者三品列为第二等，这样就把士族的范围大大扩大了。唐中宗时又进行第三次修谱，修成的《姓系录》篇幅从 100 卷增加到 200 卷，“取德、功、时望、国籍之家，等而次之”[①]，把五品以上官员之家全部都入了谱，进一步扩大了士族的范围。扩大士族的范围实质上是提高了庶族的地位，这样，社会地位的高低就从重血缘变成了重官位。再加上婚姻、谱牒、科举等方面的一系列变化，士庶之间的界限渐渐消除了。隋唐以后中国社会走出了门阀士族的贵族时代，进入了平民时代。

汉代的世家大族能够发展成为贵族化的门阀士族，实行九品中正制是关键，所以随着士族的衰落，九品中正制也就走到了尽头。开皇十八年（598 年）隋文帝废除中正制正是这一变化的合乎逻辑的结果，而隋炀帝开创、唐太宗和武则天大力推行的科举制则是顺应潮流的适时之举。科举取士使大批文人寒士进入了社会上层，也使原来被士族垄断为家学的教育向民间普及，从而形成了一个和汉晋时代完全不同的社会格局。一方面，因为士族的衰败破落、避乱迁徙、支系离析、宗族解体，先秦时代规模较大、人口众多的部族和宗族逐渐让位给了规模较小、人口较少的宗族和家族；另一方面，新兴的庶族寒士仍然保持着自己的族氏组织，当士族逐渐退出历史舞台以后，原先为贵族所垄断的种种宗族文化例如宗族制度、编修族谱、建祠立庙、族田义学等等普及到了每一个平民的宗族，形成了一直留存至今被我们所

① 《新唐书》卷 199《柳冲传》，北京：中华书局，1975 年，第 5676 页。

追忆的宗族社会。

从十六国时期刘渊建立匈奴族的汉开始，鲜卑、羯族、氐族、羌族、吐蕃、乌蛮、契丹、女真、党项、蒙古、满族等少数民族先后在中国大地上建立过或大或小的许多政权。这些少数民族在入主中原前的社会形态都还处于氏族部落状态，例如鲜卑族的六部、女真族的猛安谋克、满族的八旗等等，虽然他们没有汉族那样丰富的宗族文化，但是他们的社会组织也是用血缘纽带连接构成的，所以在入主中原后很容易接受汉族的宗族制度，北魏孝文帝甚至改汉姓、定族等，全盘接受了汉族的姓氏制度与士族制度。因为在宗族文化方面，少数民族与汉族并没有根本性的冲突，所以当少数民族全盘接受汉文化以后，他们也就融入了汉族。

四、余　论

1. 唐宋社会变革论

明代的陈邦瞻说："宇宙风气，其变之大者有三：鸿荒一变而为唐、虞，以至于周，七国为极；再变而为汉，以至于唐，五季为极；宋其三变，而吾未睹其极也。"[①] 他已经意识到在唐宋之际中国社会发生了巨大的变革。但是这一变化究竟体现在什么地方呢？

钱穆先生指出："论中国古今社会之变，最要在宋代。宋以前，大体可称为古代中国。宋以后，乃为后代中国。秦前，乃封建贵族社会。东汉以下，士族门第兴起。魏晋南北朝迄于隋唐，皆属门第社会，可称为是古代变相的贵族社会。宋以下，始是纯粹的平民社会。除却蒙古、满洲异族入主，为特权阶级外，其升入政治上层者，皆由白衣秀才平地拔起，更无古代封建贵族及此后门第传统之遗存。故就宋代言之，政治经济，社会人生，较之前代，莫不有变。"[②]他认为唐宋之变是从贵族社会变为平民社会，这一见解非常深刻。

最早提出"唐宋变革论"的是日本学者内藤湖南，他认为"唐和宋在文化性质上有显著差异：唐代是中世的结束，而宋代则是近世的开始，其间包含了唐末至五代一段过渡时期。……总而言之，中国中世和近世的大转变出现在唐宋之际"。他把唐宋文化性质上的差异概括为八个方面："贵族政治的衰废，君主独裁的代兴；君位的变化；

① （明）陈邦瞻：《宋史纪事本末・序言》，北京：中华书局，1977年，第1191页。

② 钱穆：《理学与艺术》，《中国学术思想史论丛（六）》，北京：生活・读书・新知三联书店，2009年，第233页。

君主权力的确定；人民地位的变化；官吏任用法的变化；朋党性质的变化；经济上的变化；文化性质的变化。”①

法国学者谢和耐说：“11—13 世纪期间，在政治社会或生活诸领域中没有一处不表现出较先前时代的深刻变化。这里不单单是指一种社会现象的变化（人口的增长、生产的全面突飞猛进、内外交流的发展……），而更是指一种质的变化。政治风俗、社会、阶级关系、军队、城乡关系和经济形态均与唐朝贵族的和仍是中世纪中期的帝国完全不同。一个新的社会诞生了，其基本特征可以说已是近代中国特征的端倪了。”②美国学者包弼德认为，由唐到宋，实际上是从垄断知识和真理、熟悉外在仪节、依赖血缘系统获得合法性地位的贵族社会，转向了依赖学习和努力、重视内在修养和精神、强调平民主义的士绅社会。他认为，唐宋转型在社会史层面是作为政治和文化精英的士大夫身份的重新界定，以及他们逐渐变为“地方精英”的过程；在经济史层面，宋代商业的发展不能忽略国家制度的介入和国际贸易的推动。在思想和文化转型上，则呈现出三个显著特征：一是从唐代以历史为主的文化观转向宋代以心念为主的文化观；二是从相信皇权权威，转向相信个体自我；三是在文学和哲学中人们越来越关注万事万物是如何成为一个彼此协调和统一的整体的。③

秦始皇是最后一个先秦贵族，刘邦建立汉王朝之后先秦贵族彻底退出了历史舞台，但是汉代的这帮平民出身的皇帝与布衣卿相又利用手中的权力逐渐使自己成为豪强大族。曹丕实行的九品中正制成就了新的贵族——门阀士族，但是魏晋时期的门阀士族又一次腐朽衰落，直到退出了历史舞台。隋唐的统治者出身并不高贵，但是仍然想成为贵族，不过终究未能如愿，只能通过修改士族谱来抬高自己的身价。宋代以后完全进入了平民社会，但是并没有产生人人平等的思想与天赋人权的公民意识，仍然还是成王败寇、取而代之，社会的流动越来越频繁，但是社会的风景线却没有多大的改变。“唐宋变革论”者看到了唐宋之际巨大的社会变化，但是没有把它放在长时段中进行全面的考察，过分夸大了其间的变化，而没有看到其间的不变，有失偏颇。

2. 儒家伦理是对宗族精神的升华

儒家学说的内容非常丰富，除了政治思想和教育思想以外，最重要的是伦理思

① ［日］内藤湖南：《概括的唐宋时代观》，刘俊文主编：《日本学者研究中国史论著选译》第 1 卷，北京：中华书局，1993 年，第 10—18 页。

② ［法］谢和耐：《中国社会史》，耿昇译，南京：江苏人民出版社，1995年，第 257 页。

③ ［美］包弼德：《唐宋转型的反思：以思想的变化为主》，刘东主编：《中国学术》第 3 辑，北京：商务印书馆，2000年，第 63—87 页。

想，其核心是仁与礼，衍生为三纲五常。儒家伦理思想的实质是确立宗族社会内部的人际关系和行为规范，特别有利于维护宗族社会的秩序，所以汉代以后能够得到历代皇帝的青睐，也能够被广大民众普遍接受，并且盛行两千年而不衰。

儒家伦理是对宗族精神的提升与升华，但是它并没有给出如何与君臣、父子、兄弟、夫妇、朋友之外的人交往的行为规范与人际关系准则，只是企图用推己及人的方法希望达到“老吾老以及人之老，幼吾幼以及人之幼”的境界，把作为私德的伦理外推为作为公德的道德，实际上这是行不通的。因为宗族社会的最高原则是“内外有别”，于是就出现了一个古老的“礼仪之邦”缺乏社会公德的离奇现象。[①]

3. 宗族主义与泛宗族主义文化

“文化”是人群的生活方式和社会的存在形式，“民族”是文化共同体而不是血缘共同体。宗族是中国社会最重要的结构，随着社会的发展，人口越来越多，尤其是在五方杂处的城市里宗族的藩篱被突破了，社会上的人们按照地域、职业、行当、信仰、学业等因素结成各种新的群体，但是人们仍然习惯模仿血缘关系来构建人际关系、效仿宗族组织来构建社会团体，从而使整个社会呈现出泛宗族主义的特色。

宗族主义文化大致表现在这些方面：

（1）尊祖敬老，孝亲为先；

（2）论资排辈，长幼有序，贵贱有等，男女有别；

（3）内外有别，血浓于水，情大于法；

（4）克己复礼，集体至上，重家轻国；

（5）荣辱与共，反对“为我”，痛斥“利己”；

（6）小康大同，公产共享，诸子均分；

（7）正本清源，论资排辈，谱牒之学，姓名地望；

（8）包办婚姻，传宗接代，不孝有三，无后为大；

（9）重男轻女，多子多福，溺爱子孙；

（10）苛求贞节，严防混血；

（11）屈膝跪拜，以辱为礼；

（12）骂人先骂娘，诅咒“绝子孙”。

泛宗族主义文化大致表现在这些方面：

① 叶文宪：《儒家伦理道德体系的缺失与社会公德的重建》，《苏州科技学院学报（社会科学版）》2004年第2期。

（1）政治文化——家国同构；
（2）军事文化——部落兵制；
（3）法制文化——情大于法；
（4）农业文化——耕读传家；
（5）商业文化——儒商、商帮；
（6）道德文化——伦理外化；
（7）教育文化——师道尊严；
（8）宗教文化——衣钵相传；
（9）民俗文化——亲情至上；
（10）黑帮文化——结拜兄弟。
在此不一一详述。

4. 宗族社会的利弊

虽然社会都是由人组成的共同体，都可以分为层次与群体，各个社会的“零部件”大体相仿，但是由于它们的结构不同，社会的形态也就大相径庭。好比石墨和金刚石，它们的化学成分完全相同，都是纯碳，但是因为碳原子构成分子的方式不同，所以两者的物理性质迥然不同——石墨极其柔软，而金刚石无比坚硬。

中国古代社会的形态不断地演变，但是始终保持着族氏组织，连接各个部族、宗族、家族内部的血缘纽带具有极其强大的凝聚力，但是各个部族、宗族、家族之间的联系却是非常疏松甚至互相对立，它们就像是一个个独立的马铃薯①，当高度集权的大一统帝国像口袋一样把它们装在一起的时候，国家显得非常庞大而且很有分量，但是一旦帝国崩溃、口袋破烂，马铃薯们就成了一盘散沙，根本就不是尚还处于氏族部落阶段的游牧民族的对手，于是秦汉帝国解体后就出现了五胡十六国、魏晋南北朝，隋唐帝国解体后就出现了五代十国、两宋与辽金西夏对立的第二个南北朝②。

---

① 马克思在《路易·波拿巴的雾月十八日》中说：“这样，法国国民的广大群众，便是由一些同名数简单相加形成的，好像一袋马铃薯是由袋中的一个个马铃薯所集成的那样。数百万家庭的经济生活条件使他们的生活方式、利益和教育程度与其他阶级的生活方式、利益和教育程度各不相同并互相敌对，就这一点而言，他们是一个阶级。而各个小农彼此间只存在地域的联系，他们利益的同一性并不使他们彼此间形成共同关系，形成全国性的联系，形成政治组织，就这一点而言，他们又不是一个阶级。因此，他们不能以自己的名义来保护自己的阶级利益，无论是通过议会或通过国民公会。他们不能代表自己，一定要别人来代表他们。他们的代表一定要同时是他们的主宰，是高高站在他们上面的权威，是不受限制的政府权力，这种权力保护他们不受其他阶级侵犯，并从上面赐给他们雨水和阳光。所以，归根到底，小农的政治影响表现为行政权支配社会。”见《马克思恩格斯选集》第1卷，第677—678页。

② 李治安：《两个南北朝与中古以来的历史发展线索》，《文史哲》2009年第6期。

宗族社会最大的优点是充满了亲情，最大的弊端是在血缘团体内部人与人的关系天生是不平等的，人们在祖宗与长辈面前没有主权，以亲情的名义剥夺个人的权利甚至生命被视为是对祖先的崇高奉献。儒家认为，“忠臣必定出于孝子”，把宗族内部的原则推广到外部社会，这就形成了与其他结构的社会格格不入的价值观。可是现在有人却提出了“祖赋人权”[①]，忘记了族权与政权、神权、夫权成为“代表了全部封建宗法的思想和制度，是束缚中国人民特别是农民的四条极大的绳索”[②]。不过，这个问题容当别论。

① 徐勇：《祖赋人权：源于血缘理性的本体建构原则》，《中国社会科学》2018年第1期；《实证思维通道下对“祖赋人权”命题的扩展认识——基于方法论的探讨》，《探索与争鸣》2018年第9期。对“祖赋人权”的批评见于胡键：《“祖赋人权”辨析——兼与徐勇教授商榷》，《探索与争鸣》2020年第6期。

② 毛泽东：《湖南农民运动考察报告》，《毛泽东选集》第1卷，北京：人民出版社，2009年，第31页。

徐与南方古代民族关系初探

孔令远　李艳华
重庆师范大学历史与社会学院

徐从商初立国，到春秋末期灭亡，成文史达一千余年之久。如果加上立国前的成长时期，则有更长久的历史。它不仅在开发徐淮地区乃至江淮一带中起过重要作用，为这一区域在战国乃至汉代的繁荣奠定了基础，而且对南方地区群舒、吴越、楚、巴，以至岭南地区民族文化产生了巨大而深远的影响。它在中华民族形成过程中及其文化发展史上占有不可忽略的地位。

一、徐与群舒之关系

关于徐与分布于江淮流域之间的群舒的关系问题，学术界长期以来一直存在着两种截然不同的观点。一种观点认为徐、舒为同一族源，均为嬴姓（舒的偃姓与徐的嬴姓音近相通），文化面貌上较为接近，应属同一文化体系。另一种观点认为徐、舒族源不同（舒的偃姓与徐的嬴姓在古音中相差较远，不可相通），文化面貌上也差别较大，应属于不同的文化体系。

持徐舒同源说的具有代表性的主要有以下几家：

徐中舒先生在《蒲姑、徐奄、淮夷、群舒考》[①]一文中指出，“春秋淮南之地有群舒之国：曰舒、曰舒黎、或曰黎，曰舒庸、曰舒鸠、曰英、曰六、曰宗、曰巢，皆徐之别封也。以文字言之，舒为徐之讹字，其证有四……《三体石经》余古文作舍，余、舍同字，舍、余同字，故郐郐同字。证一……《春秋》昭十二年‘楚子伐徐’，

① 徐中舒：《蒲姑、徐奄、淮夷、群舒考》，《四川大学学报（哲学社会科学版）》1998年第3期。

《史记·诸侯年表》作楚伐舒，又昭三十年‘吴灭徐’，《史记·吴世家》谓阖闾三年拔舒，又《左传》哀十四年‘陈恒执公于舒州’，《史记·齐世家》舒作徐，舒、徐通用。证三……以地理言之，徐与舒壤地相接，又同为从齐、鲁南迁之民族……故由文字、地理及其南迁之迹观之，群舒为徐之支子余胤之别封者，不待言矣”。

徐旭生先生在《中国古史的传说时代》[①]一书中认为，“‘徐’‘舒’二字，古不只同音，实即一字。群舒就是说群徐。别部离开它们的宗邦，还戴着旧日的名字：住在蓼地的就叫作舒蓼，也就是徐蓼；住在庸地的就叫作舒庸，也就是徐庸。这一群戴舒名的小部落全是从徐方分出来的支部。离开宗邦的时侯稍久，所用的字体也许小有不同，由于不同的字体记出，群徐就变成了群舒。这些部落也各有君长，但是全奉徐为上国，大约没有疑义”。

顾孟武先生在《有关淮夷的几个问题》[②]一文中，对徐、舒的关系问题作了深入的探讨，他认为，“最初还是徐从舒出，皋陶偃姓，而群舒为偃姓国，自为嫡支。少昊集团中偃、嬴之别，即为区分‘嫡’‘庶’而起……徐之社会发展程度既然高于群舒……它当然不希望在自己的‘国名’上再有什么鸟图腾的残迹，而力求加深徐与舒之间的鸿沟了”。

王迅先生在《东夷文化与淮夷文化研究》[③]一书中，认为“徐国铜器与群舒故地出土的铜器，在器形、花纹等方面，也存在着共同特征……徐夷在西周、春秋时期使用的文化主要是淮夷文化”。

持徐舒异源说的具有代表性的主要有以下几家：

持徐舒异源说者大多引用王力先生在《同源字论》[④]一文中的一个观点，原文是这样的，“至于凭今音来定双声叠韵，因而定出同源字，例如以‘偃’‘嬴’为同源，不知‘偃’字古属喉音影母，‘嬴’字古属舌音喻母，声母相差很远；‘偃’字古属元部，‘嬴’字古属耕部，韵部也距离很远，那就更错误了”。

曹锦炎先生在《遷邟编钟铭文释议》[⑤]一文中指出，“前人或谓徐、舒同字，然《左传》僖公三年经明言‘徐人取舒’，显为两国无疑。现在出土了舒国铜器，舒字作舍，而徐国之徐金文作郐，从古文字角度上也证实了两字之不同。罗泌《路史》以为徐、舒、江、黄俱属嬴姓，其说不确。据《世本》及《通志·氏族略》等书载，舒为偃姓，皋陶之后，并非嬴姓。或以嬴、偃二姓音近可通，王力先生的《汉语史稿》驳

① 徐旭生：《中国古史的传说时代》，北京：文物出版社，1985年，第167页。

② 顾孟武：《有关淮夷的几个问题》，《中国史研究》1986年第3期。

③ 王迅：《东夷文化与淮夷文化研究》，北京：北京大学出版社，1994年，第65—76页。

④ 王力：《同源字论》，《同源字典》，北京：商务印书馆，1982年，第20页。

⑤ 曹锦炎：《遷邟编钟铭文释议》，《文物》1989年第4期。

之甚详……”

张钟云先生在《徐与舒关系略论》[①]一文中通过对徐、舒青铜器进行比较之后指出，“从青铜器来看，徐、舒同源的论断也难以找到足够的证据”。他认为，从器物组合上看，“徐国青铜器发现有大量的乐器和剑等兵器，而群舒青铜器中还没有发现乐器，兵器也极少”；从装饰手法上看，“群舒器装饰简单，多素面或简单的窄带状组合纹，而徐器即使是春秋早、中期，纹饰也厚重、规整，花纹繁缛”。

双方观点，似乎都很有道理，那么徐舒关系究竟是怎样的呢？还是让我们先避开一下族源、姓氏，以及古文字、古音韵等剪不断、理还乱的老问题，从一些最近出土的相关考古材料出发去客观地分析一下二者之间的关系。

由于有关徐舒的考古材料均比较零碎，现在对其进行全面、系统的类型学比较研究，时机还不成熟。这里我们只就二者中较有代表性的文化因素略作比较。

从青铜器的形制上看，徐舒共有一些具有地方特色的器物（图1）。

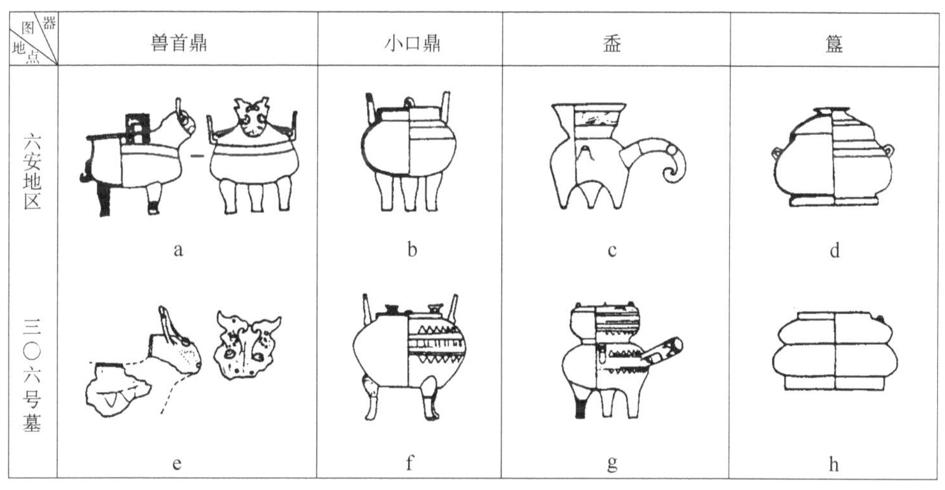

图1 徐舒器物对比图

上为六安地区出土舒器，下为绍兴306墓出土徐器

该图采自：张钟云：《淮河中下游春秋诸国青铜器研究》，北京大学考古学系编：《考古学研究（四）》，北京：科学出版社，2000年。

比如：兽首鼎原来曾一直被认为是群舒最具地方特色的器物，以前在舒城凤凰嘴、五里、河口、桐城城关、怀宁杨家牌和庐江岳庙出土过六件比较完整的，均在群舒故地。如今，邳州九女墩三号墩徐国王族大墓也出土了兽首鼎（图 2），并且与以上群舒所出十分相像，同时出有具铭徐器的绍兴 306 墓也出有一件兽首鼎残器，这表明

① 张钟云：《徐与舒关系略论》，《南方文物》2000年第3期。

兽首鼎已不再只是群舒所独有的器物，它同时也是徐国的标志性器物。

图2　兽首鼎
邳州九女墩三号墩
徐国贵族墓中出土（孔令远摄）

图3　曲錾盉
邳州刘林新石器遗址
（《江苏省出土文物选集》）

邳州九女墩三号墩出土的甬钟、车饰件、方扣形带具也与舒城九里墩春秋墓所出同类器物相仿。

由于邳州九女墩三号墩出土的很多器物如汤鼎、盘、尊、兽首鼎等都与绍兴306墓所出十分相像，这为绍兴306墓属徐文化体系说提供了有力的证据。因而绍兴306墓所出汤鼎、甗形盉、小铜壶等都应为徐器，而它们均与群舒所出同类器物十分接近。

群舒所出的曲錾盉在邳州刘林新石器时代文化遗址所出陶器（图3）中也可找到其原型（见《江苏省出土文物选集》[①]图40）。群舒所出的尖足折肩鬲在邳州九女墩三号墩亦有出土。群舒所出的几何印纹硬陶罐在邳州九女墩二号墩、三号墩中亦有出土。

从器物的组合方式上看，楚国铜器组合中常见的升鼎、簋、钿等器物在徐舒铜器中均未曾出现，吴越铜器组合中常见的簠、甗等器物在徐舒铜器中也较少出现，而徐舒特有器物兽首鼎在楚、吴、越铜器中也未曾出现。

从铭文风格上看，舒城九里墩器座铭文[②]风格与典型的徐器铭文风格接近，都是纤细秀颀、疏朗飘逸的风格。

从纹饰上看，舒城九里墩甬钟和器座上均饰有徐器上常见的羽翅式兽体卷曲纹。

从墓葬形制上看，邳州九女墩几座徐国王族大墓均为长方形土坑竖穴墓，上面原均有高大的封土堆，墓向基本朝东或朝东偏南。从群舒两座保存较好的墓葬看，舒城九里墩亦为长方形土坑竖穴墓，上面原有高约十米的封土堆，墓向120度。舒城河口

① 南京博物院等合编：《江苏省出土文物选集》，北京：文物出版社，1963年。

② 安徽省文物工作队：《安徽舒城九里墩春秋墓》，《考古学报》1982年第2期。

春秋墓亦为长方形土坑竖穴墓，上面原有高约二米的封土堆，墓向 78 度。在墓葬形制上，徐舒十分接近，徐舒与楚、吴、越之间有着较明显的区别，据张胜琳、张正明先生的研究[①]，楚国当地人的头向绝大多数朝南。吴越贵族墓葬虽然头向也多朝东，但其墓葬多为平地起堆或仅有浅穴的土墩墓，与徐舒流行的带高大封土堆的土坑竖穴墓有一定的区别。

再从墓地名称上看，邳州称九女墩，舒城称九里墩，这恐怕也反映出两者在文化上有着某种共同之处。

从图腾崇拜上看，群舒的名称上还保存着鸟图腾崇拜的遗迹（如舒鸠），而徐人则以舒雁（鹅）为图腾。

从古史传说上看，偃姓的始祖皋陶与嬴姓始祖伯翳有极密切的关系。如《说文解字》十二篇下，女部："嬴，帝少皞之姓也。"段注云："按秦、徐、江、黄、郯、莒皆嬴姓也。嬴《地理志》作盈，又按伯翳嬴姓，其子皋陶偃姓。"在《通志·氏族略二》中，皋陶又成了伯益的父亲。"徐氏，子爵，嬴姓，皋陶之后也。皋陶生伯益，伯益佐禹有功，封其子若木于徐……子孙以国为氏。"

从以上分析不难看出徐、舒之间在文化上有着极为密切的关系，二者之间无疑存在着一定的渊源关系。那么是否可以说徐就是舒，舒就是徐了呢？我们认为也不尽然，二者之间虽有许多共同之处，但同时也存在一些细微的差异，比如张钟云先生上面所指出的二者在纹饰、器物类型上存在的区别。造成这种差异的原因一方面是由于目前对徐、舒的考古发掘还不够系统，人们对二者文化面貌的认识可能还不够全面；另一方面则是由于尽管徐、舒存在着一定的渊源关系，但徐与群舒毕竟还不是真正意义上的同一个国家，而只是一个松散的部族联盟，在徐势力强盛时，徐是群舒的宗主国，在徐势力衰落时，群舒就各自为政，分开的时间久了，文化上自然也就会出现差异。

让我们回过头来再对前面学者们关于徐、舒关系所作的讨论进行简要评价。从以上的分析不难看出，我们是赞成"徐舒同源"说的，尤其是徐中舒先生所说的，"以文字言之，舒为徐之讹字"，以及"由文字、地理及其南迁之迹观之，群舒为徐之支子余胤之别封者"，应是站得住脚的，既有文献学上的依据，也有考古学材料的支持。至于持"徐舒异源"说的一些学者所提出的嬴、偃古音不通的问题，我们认为，古音存在着地域、方言、族群及时间等方面的差异，仅据中原华夏人的古籍来复原夷人姓氏的古音是不够客观的，再以所谓"嬴、偃古音不通"为依据去认定徐舒异源就更失之偏

① 张胜琳、张正明：《上古墓葬头向与民族关系》，湖北省考古学会选编：《湖北省考古学会论文选集（一）》，武汉：武汉大学学报编辑部，1987年，第 186—198 页。

颇了。徐、舒地壤相接，文化面貌十分接近，且均有鸟图腾崇拜的遗迹，谓其异源，难以服人。

二、徐与吴越之关系

蒙文通先生在《越史丛考》的结语中指出，“徐戎久居淮域，地接中原，早通诸夏，渐习华风……徐衰而吴、越代兴，吴、越之霸业即徐戎之霸业，吴、越之版图亦徐国之旧壤，自淮域至于东南百越之区，及乎东海外越之地，皆以此徐越瓯闽之族筚路蓝缕，胥渐开辟……”[①]蒙文通先生的这一论断值得重视，它正为越来越多的考古发现所证实。

曹锦炎先生在《绍兴坡塘出土徐器铭文及其相关问题》一文中通过对绍兴 306 墓所出铜器进行分析，认为该墓与徐人势力进入浙江有关。他在《春秋初期越为徐地说新证》[②]和《越王姓氏新考》[③]中，结合考古、文献、方志等多方面材料，证实郭沫若先生关于“春秋初年之江浙，殆犹徐土”的推论，还证实了越王室与徐国的者旨（诸暨）氏有关。

徐国青铜器有汤鼎、尊、龙首盉、缶等吴越同期墓葬常出器物，如江苏邳州九女墩三号墩徐国贵族墓出土铜器中有一批具有鲜明南方风格的器物。如 M3 所出之尊，腹部突起呈扁鼓状，并饰有双钩变形兽面纹和细密的棘刺纹。武进淹城内城河、丹徒大港磨盘墩、上海松江凤凰山、屯溪弈棋、绍兴 306 号墓等处均出有此类尊。尊是中原商及西周早、中期常见的器型，西周晚期消失，到春秋晚期，又在江淮一带和江南出现。这类尊与中原的主要不同之处是腹部高度鼓出呈扁鼓状。以往学者多认为此类尊为吴、越所特有，邳州九女墩出土的这件尊表明春秋时期徐国故地也铸有此类尊，而且有迹象表明吴、越地区的这类尊有些本即徐器，如绍兴 306 墓所出之尊，在器型、纹饰上与邳州九女墩所出之尊几乎完全相同。有学者曾根据器型、纹饰、铭文、墓葬形制及地方志材料，指出绍兴 306 墓属徐文化体系。除尊之外，邳州九女墩三号墩出土的蟠螭耳汤鼎、无耳平底盆、兽首鼎均曾见于绍兴 306 墓（绍兴 306 墓出有兽首鼎的兽首残片）。这些均为进一步探讨绍兴 306 墓的文化属性，乃至徐与吴、越文化之间相互影响的关系提供了新的材料。

---

① 蒙文通：《古族甄微》，成都：巴蜀书社，1993 年，第 443 页。

② 曹锦炎：《春秋初期越为徐地说新证——从浙江有关徐偃王的遗迹谈起》，《浙江学刊》1987 年第 1 期。

③ 曹锦炎：《越王姓氏新考》，《中华文史论丛》1983 年第 3 辑。

春秋晚期徐与吴通婚，《春秋·昭公四年》：

> 楚人执徐子。[①]

《左传·昭公四年》中解释：

> 徐子，吴出也，以为贰焉，故执诸申。[②]

《尔雅》：“男子谓姊妹之子为出。”可见这位徐王乃吴王的外甥。有如此密切的关系，加上两国地壤相接，自然也就不奇怪二者会在青铜文化上有众多相似之处。M3出土的编钟及石磬、鼓槌等与丹徒北山顶墓所出极为相近，另外，尊的颈及足部所饰的锯齿纹、蟠蛇纹、连珠纹在北山顶所出鸠杖上亦有表现，风格极为相近，这些都表明丹徒北山顶墓与徐有着某种内在联系。北山顶墓有吴墓、舒墓和徐墓三说，由M3出土的器物看来，应以徐墓说理由更为充分。徐贵族葬于吴地，应与吴灭徐之后，部分徐人奔吴有关。

徐州市博物馆、邳州市博物馆等在1997年对九女墩六号墩进行了发掘，出土了[illegible]鎣具铭铜器残片。《考古》2003年第9期的《江苏邳州市九女墩春秋墓发掘简报》上发表了该器铭文拓片，铭文释为：

> 自作铸工□王之孙。

我们认为应释读为：

> 工虞王之孙□□□□……作[illegible]鎣。

铭文中的“[illegible]”与《者减钟》“工虞王”的“虞”字写法一致。“[illegible]”与白百父鎣的“鎣”字形相近，该字形上半部与金文中“铸”字有明显区别，且如释为“铸”字则该铭文就无法读通。

从铜器残片的形状看，该器为小口、矮直颈、鼓腹，器形应为徐舒吴越地区常见的提梁盉，该器形制、纹饰应与绍兴306号墓所出提梁盉相似。

[illegible]鎣的出土，进一步证明提梁盉这类器物的自铭为“鎣”，鎣为盉形水器，多用作媵器，如陕西西安长安区张家坡出土的白百父鎣，盖内铭文为“白百父作孟姬媵鎣”。[illegible]鎣出土于徐国贵族墓地，应与徐吴联姻有关。从铭文可知，该器是吴国贵族为[illegible]所

---

① 杨伯峻编著：《春秋左传注》，北京：中华书局，1990年，第1245页。

② 杨伯峻编著：《春秋左传注》，第1252页。

铸的媵器。[illegible]很可能就是嫁至徐国的吴国贵族女子。这与史书记载相符，如《左传·昭公四年》有：“徐子，吴出也，以为贰焉，故执诸申。”据《尔雅》：“男子谓姊妹之子为出。”可见昭公四年时徐王的母亲是吴国贵族女子。而九女墩六号墩应为这位吴国贵族女子和她的夫君徐王的合葬墓。

从纹饰风格和字体特点上分析，[illegible]鎣的制作时代应与出土于九女墩二号墩的𢼸巢钟相近，出土地点也相邻近，[illegible]鎣并没有在“工𢆶王”上出现漏字或急读减音而省称为“攻王”的现象，这也从另外一个侧面证实了𢼸巢钟铭文中的“攻王”并非指吴王。

越地至今仍保留着许多与当年徐人有关的传说和遗迹，《列仙传》中也记载：

> 范蠡，字少伯，徐人也……①

这反映出徐越之间有着密切的联系。出土具铭徐器的绍兴 306 墓，无疑与徐人势力入越有关。《国语·越语下》记载：

> 王命工以良金写范蠡之状而朝礼之……环会稽三百里者以为范蠡地。②

绍兴 306 墓很可能与这段历史背景有关。M3 出土很多器物如汤鼎、盘、尊、兽首鼎等都与绍兴 306 墓所出十分相像，这为绍兴 306 墓属徐文化体系说提供了有力的证据。

兽首鼎以前仅在舒城凤凰嘴、五里、河口、桐城城关、怀宁杨家牌和庐江岳庙出土过六件比较完整的，均在群舒故地，曾被认为是群舒所特有的器物，邳州所出兽首鼎与以上群舒所出十分相像。另外邳州九女墩三号墩出土的甬钟、车饰件、方扣形带具与舒城九里墩春秋墓所出相仿。这与《左传》僖公三年“徐人取舒”的记载，以及多数学者认为徐、舒属同一文化体系相符。

M3 还出土一批与以往出土的具铭徐器十分相似的器物。如镈钟在形制、纹饰上与沇儿镈、遷邟镈相近，通体均饰有羽翅式兽体卷曲纹。钮钟则与俦儿钟、遷邟钟、臧孙钟相仿，通体饰有交龙纹。盥盘与江西靖安所出徐王义楚盥盘风格相近，二者均为大口、广腹、平底，腹部均饰有细密的蟠蛇纹。炉盘也与靖安所出徐令尹者旨䵼炉盘相近，二者均采用支柱状圈足以承盘体。所出汤鼎与绍兴 306 墓出的徐䣄尹䜌汤鼎相似，均为小口、短直颈、扁球形腹、三蹄形足、环状立耳作双头螭曲体拱背之状。

① 王叔岷：《列仙传校笺》，北京：中华书局，2007 年，第 58 页。

② 徐元诰撰，王树民、沈长云点校：《国语集解》，北京：中华书局，2002 年，第 588 页。

三、徐与巴之关系

杨铭先生的《巴人源出东夷考》[①]、《徐人王巴考》[②]、《徐人西迁与重庆涂山的由来》[③]等文章从民族学、历史学的角度对巴徐之关系进行了系统、深入的讨论，可是这些观点至今未能引起学术界足够的重视。本文拟从青铜器的角度对徐与巴的关系进行初步的分析和比较，主要探讨巴国青铜器中包含的徐文化因素（图4）。

a 提梁壶
小田溪巴人墓葬出土
（《重庆中国三峡博物馆图录》）

b 钲
小田溪巴人墓葬出土
《重庆中国三峡博物馆图录》

c 虎钮錞于
小田溪巴人墓葬出土
《重庆中国三峡博物馆图录》

图4 巴徐部分铜器对比

从乐器上看，涪陵小田溪出土的铜钲（M1：24、M2：25）、錞于（M2：20）、编钟[④]（M1：79-92）均与典型的徐国青铜器相似，如铜钲，目前据钲上铭文可确认其国别的只有以下两件：

1. 徐䛢征城（图5）

时代：春秋晚期

出土：江西高安

现藏：上海博物馆

图像：《中国音乐文物大系上海卷、江苏卷》，第101页

拓片：《殷周金文集成》425

① 杨铭：《巴人源出东夷考》，《历史研究》1999年第6期。

② 杨铭：《徐人王巴考》，罗世烈等主编：《先秦史与巴蜀文化论集》，天津：历史教学社，1995年。

③ 杨铭：《徐人西迁与重庆涂山的由来》，《西南师范大学学报（人文社科版）》1998年第5期。

④ 四川省博物馆、重庆市博物馆、涪陵县文化馆：《四川涪陵地区小田溪战国土坑墓清理简报》，《文物》1974年第5期。

铭文：正月初吉，日在庚，徐䛒尹者故[illegible]自作征城，次者升祝，儆至剑兵，枼万子孙，眉寿无疆。皿皮吉人享，士余是尚。

图 5　徐䛒尹钲
上海博物馆征集
（《中国音乐文物大系上海卷、江苏卷》）

2. 余冉钲铖

时代：春秋晚期

出土：不详

现藏：旅顺博物馆

图像：《殷周青铜器通论》图版壹五零

拓片：《殷周金文集成》428

铭文：唯正月初吉丁亥，□□□之子□□□吉金，自作钲铖，以□□其□□□□大□□□□□，其阴其阳，□□盂，余以行台师，余以政台徒，余以□台□，余以伐。徐[illegible]子孙余冉铸此钲铖，女勿丧勿败，余处此南疆，万枼之外，子子孙孙，僼作以□□。

巴国故地出有大量铜钲，应与徐人有关。

再看錞于，这种乐器最早为山东一带东夷人所用，后渐随夷人的南迁而多见于吴越地区，战国时期常见于巴蜀一带，1984 年 5 月，在江苏丹徒北山顶春秋墓①，出土徐国铜器甚多，重要的有遷邟钟七枚、遷邟镈五枚、錞于三件、丁宁一件等。遷邟镈铭文：

> 唯王正月初吉丁亥，舍王之孙，[illegible]楚䜅之子遷邟，择厥吉金，作铸龢钟，以享于我先祖，余鏞镠是择，允唯吉金，作铸龢钟，我以夏以南，中鸣媞好，我以乐我心，也也巳巳，子子孙孙，羕保用之。

① 《江苏丹徒北山顶春秋墓发掘报告》，《东南文化》1988 年第 3—4 期合刊。

舍即徐。综合该墓所出器物的总体情况，我们认为丹徒北山顶春秋墓应为徐人墓葬，因而可以认为徐国有錞于这种青铜乐器。

巴国故地出土的大量錞于，似也应与徐人有关。

至于涪陵小田溪出土的编钟更与徐国所出众多编钟（如江苏邳州九女墩三号墓、二号墓所出）相似。

涪陵小田溪出土的提梁壶（图 4 a）与邳州九女墩三号墓（图 6）所出形制相似，只是在腹部的纹饰上有所不同。

从装饰风格上看，二者都喜欢用虎纹。邳州九女墩三号墓出的罐形鼎（图 7），鼎足、鼎耳和鼎盖上均有虎形雕塑进行装饰。与巴地所出的虎钮錞于（图 4 c）如出一辙。

从涪陵小田溪新出的鸟兽尊（图 8）表现出巴人鸟图腾崇拜，或有鱼凫有关，该鸟兽尊表现出鸟兽合体的特点。这与徐人祖先诞生的传说相符。

图 6　提梁壶

邳州九女墩三号墩

徐国贵族墓中出土（孔令远摄）

图 7　虎钮錞于

丹徒北山顶出土

《中国音乐文物大系上海卷、江苏卷》

a

b

图 8　鸟兽尊

涪陵小田溪出土

（《重庆中国三峡博物馆图录》）

《博物志·异闻》引《徐偃王志》：

> 徐君宫人娠而生卵，以为不祥，弃之水滨。独孤母有犬名鹄苍，猎于水滨，得所弃卵，衔以东归。独孤母以为异，覆暖之，遂孵成儿，生时正偃，故以为名。徐君宫中闻之，乃更录取。长而仁智，袭君徐国，后鹄苍临死生角而九尾，实黄龙也。偃王又葬之徐界中，今见狗袭。①

此传说与东夷许多部落及商和东北一些民族祖先诞生的传说相似，不同之处在于被弃之水滨的此卵，而后又被一犬从水滨衔回。鹅鸭产卵一般在水滨，此亦似可印证徐族图腾为鹅、鸭之类的水禽。

在江苏邳州九女墩几座徐国王族大墓群的南边有座春秋时期的鹅鸭城遗址，当地百姓传说此城是由镇守于此的粮王的鹅鸭二将而得名，实际上有可能反映了徐人的图腾崇拜。古代鹅又名舒雁（见《尔雅·释鸟》），而“徐偃”正与“舒雁”同音。这反映出在以鸟为图腾的东夷淮夷族群中，徐是以鹅，即“舒雁”为图腾的族群（这一点正如群舒一样，如舒鸠，可能是以鸠鸟为图腾的族群）。徐偃王名称的由来可能与徐人的图腾崇拜有关，即是泛指以舒雁（即鹅）为图腾的徐人的王。鹅与鸭为种类相近的水禽，故可以合称。

涪陵小田溪新出的鸟兽尊的主体为鸭、雁之类水禽，颈腹部饰有鳞纹，又有了龙蛇的成分，嘴部为兽嘴开头，耳为犬耳，头上有角或冠，它似乎应是一个复合的图腾形象。与徐偃王鸟生传说及救徐偃王的鹄苍的形象有颇多吻合之处。

以上只是粗略探讨了徐与群舒、吴越，以及巴等古代民族的关系。徐楚关系牵涉过广，另作专文讨论。徐与苗、瑶、畲、土家等现代民族的关系已有学者作过一些探讨，由于古今民族的建构涉及一些理论和研究方法的问题，不能草率从事，本文从略。

① （晋）张华撰，范宁校证：《博物志校证》，北京：中华书局，1980年，第84页。

环三峡地区“前巴文化”述论

邓　晓
重庆师范大学历史与社会学院

探源中华文明是学界长时期的热门话题。伴随三峡工程的进行，近二十年来，环三峡地区的史前考古发掘报告和著述文章不时见载，而对三峡地区文献记载内容的探究成果也时有发表。但对该时期进行整体审视并系统梳理的著述却并不多见，于是在书写该地区历史时，我们常常习惯于将“巴”视为起点，讲巴及其与周边楚、蜀、秦的故事，而此前漫长时段的重要文化信息却被不经意地淡化了。在此提出“前巴”命题，其目的一是为环三峡地区远古文化落实其载体，其为巴渝文化的重要渊源；二是确认长江中上游地区中华远古文明基因的重要价值。

一、“前巴文化”的“前”研究概述

“前巴文化”是产生于“巴文化”之前，且与“早巴文化”渊源颇深的环三峡地区原生文化。“前巴文化”的内容主要基于对环三峡地区的考古发掘和古代文献记载，我们虽然有较多对巴文化的探究，但是对“前巴文化”的系统讨论至今尚未进行。巴文化是三代时期环三峡地区的重要区域性文化，其近邻楚、蜀、秦乃至夜郎文化均与其有着较密切的关系，史籍对此不乏记载。《山海经》中，对巴人的起源，甚至追述到早于炎黄的伏羲、神农时代，“西南有巴国。大皞生咸鸟，咸鸟生乘釐，乘釐生后照，后照是始为巴人”[①]，该说法得到一些古文献的认同。古人对一个西南边远地区的小民族如此关注，不免令笔者称奇并产生追根溯源的愿望。

① 佚名原著，李润英、陈焕良注译：《山海经・海内经》，长沙：岳麓书社，2006年，第38页。

对环三峡地区史前文明及巴文化的考古发掘始于20世纪初，人们在此发现了系列从远古人类、旧石器经新石器时代到巴文化的遗址。出于文化内涵相互渗透的缘故，当时学界常将巴与蜀相提并论。最早进行“巴蜀文化”研究的有郭沫若、葛维汉、林名均等人，而徐中舒、蒙文通、冯汉骥、缪钺等则扩大了对其研究的范围，他们的观点主要基于考古发掘。自中华人民共和国成立，特别是20世纪80年代以来，巴蜀研究的新成果不断问世，任乃强、童恩正、董其祥、邓少琴等在田野发掘和文献研究的基础上，撰写并出版了《古代的巴蜀》《巴蜀史稿》等著述；而根据三星堆祭祀坑的发现，苏秉琦、李学勤则提出了“自成一系”独具特色的“古蜀文化区系”的概念，以之区别于其他地区的古文化。上述研究在追溯巴蜀文化的根源时，均不同程度地使用了有关环三峡地区更早的文献与考古学证据。

环三峡地区的再次引人瞩目，是在20世纪末到21世纪初。由于三峡大坝的兴建，我国开始了一轮声势浩大的抢救性发掘，其结果令人震惊。在整个峡区竟然出土了大大小小约60个遗址，它们涵盖了从旧石器时代到新石器时代的整个石器时代。进而，2003年又由中法联合考古队在巫山龙骨坡发现了“巫山人”下腭骨，时间大约在204万年，有学者因此指出这里可能曾是东亚远古人类的故乡。随后，相关的研究著述不断问世，诸如《三峡考古文化》《“早期中国的文化交流与互动——以长江三峡库区为中心”学术研讨会论文集》《三峡考古与巴文化研究》《重庆库区考古报告集：2002卷》《三峡远古人类的足迹》《重庆地区的新石器文化》《三峡巴文化》《三峡盐业考古》《三峡学》《重庆库区考古报告集：2001卷》《重庆库区考古报告集：2000卷》《三峡远古时代考古文化》《三峡文明史》《长江三峡学概论》《重庆库区考古报告集：1999卷》《重庆2001三峡文物保护学术研讨会论文集》《重庆库区考古报告集：1998卷》《中国三峡文化》《重庆库区考古报告集：1997卷》，等等。而这一切为我们关于“前巴文化”的探究提供了丰富的资料。

如今，环三峡地区集中而丰富的考古学人类遗址发现，已将长江中上游史前文明推到史学研究的前台，它甚至超过了我国许多地区的史前文化堆积标本。而对此，我们目前所作的主要还停留在对这里“有什么”、它们“是什么”的解读上，而对它们所体现出来的文化形态的认知，及其与后来文化之间存在关系的探究却甚少。解读“前巴文化”的意义，不仅在于探索其与巴文化的关联，更在于研究它所承载的文化内涵之于长江文明的重要价值，而这正是我们需要做的。

二、“前巴文化”的时空范围

1.“前巴文化”的空间描述

“前巴文化”的空间范围，主要位于长江中上游，以三峡地区为核心。这里北靠大巴山脉，南临川鄂山地，在此基础上向周边辐射，大致涉及今湖北、湖南、四川、陕西和重庆四省一市的范围。

作为核心的三峡地区，“地处重庆市东部和湖北省西部，地理坐标大致为 28°09′—32°12′N，105°56′—112°05′E。长江由西南向东北在该区蜿蜒穿过。该地区在地质构造上主要由川东褶皱带和川鄂湘黔隆起带构成，处在长江上游向中游的过渡地带，自然地理位置在由大兴安岭—太行山—巫山—雪峰山组成的我国第二阶梯面和第三阶梯面的交界处”[①]。大致以今三峡库区内重庆奉节县为界分为东西两段，形成不同的自然环境（生存空间）。其地貌，东段主要为平均海拔 1000 米以上的古生代碳酸类岩石构成的褶皱山地，包括今奉节、巫山、巫溪、巴东、秭归、兴山至宜昌地面；其西段，海拔约 400—500 米之间，主要由中生代内陆湖相沉积（如砂岩、泥岩和石灰岩）的丘陵地带构成，包括自奉节以上，今云阳、万县、石柱、丰都、涪陵、武隆、长寿至巴南、江津诸区县。

在三峡地区的险峻峡谷地段，两岸群峰环列，悬崖峭壁相对峙，每值夏秋时节，洪水猛涨，不适宜人居住；但在其他漫长的宽谷地段，两岸坡度相对平缓，山前多有不易被洪水淹没的阶地，阶地土层肥沃，成为古人类活动的理想场所。长江三峡沿线的考古发掘表明，这里有丰富的人类遗址，从石器时代到历史时期的各个阶段，人类一直在此繁衍生息。而峡区在整个环三峡地区的地理位置极具枢轴作用，峡区东端，连接着富饶广袤的两湖平原，是为鱼米之乡；峡区西端则可以远达天府之国的川西平原。其间，清江、嘉陵江、涪江、沱江、岷江等水系发达，交通便利，尽享丰饶物产。

2.“前巴文化”的时间描述

“前巴文化”的时间范畴，当在上述地区自远古人类产生之后，到夏、商时期巴文化出现之前。该时间段历经了旧石器与新石器时期，而文化的重点则在新石器时代末期，因为此时作为学术意义上的人类文明曙光已经出现。

---

① 高星、裴树文：《三峡远古人类的足迹：三峡库区旧石器时代考古的发现和研究》，成都：巴蜀书社，2010年，第1—2页。

三峡地区的古人类具有出现时间早、沿江分布的特点。这些遗址从距今 204 万年的巫山猿人到距今约 15—12 万年的奉节人，时间序列明显且跨度大。其有利于对早期人类起源、直立人的起源与演化、现代人的起源等热点问题进行研究①，其学术价值为古人类学界高度关注。“前巴文化”向上追溯到旧石器时代古人类的踪迹，于长江流域人类文明的缘起和继后的巴文化内涵研究具有潜在价值。

“三峡地区很早就被认为是古脊椎动物演化、古人类起源和文化发展的重要区域，也是我国开展脊椎动物化石和旧石器时代考古调查最早的地区。”仅在重庆市范围内就发现有旧石器地点近 100 处，其中最早的发现是 1976 年铜梁文化遗址②，而最大规模的发现是在 1993—1994 年，由全国考古相关单位为配合“三峡工程”而进行的旧石器专题调查，共发现了 68 个地点③。继后重庆市文物考古所又在渝西长江、嘉陵江、乌江、酉水流域新发现了十多个地点，仅 1995—2005 十年时间，人们对三峡地区的 28 个重要遗址进行考古发掘，在近 2 万平方米的发掘面积中，出土了万余件石制品和大量的动物化石标本。

在三峡地区，有新石器时期遗址约 80 处。从发现成果的时间顺序看：首先是中华人民共和国成立后沿长江两岸开展的文物专题调查成果④，其中 1958 年巫山大溪遗址发掘堪称长江流域最有影响的史前考古发现⑤。其次是 1992—1996 年考古工作者在三峡库区发现的 30 处新石器时期遗址⑥，1997 年以来陆续取得的巫山县人民医院、云阳县大地坪遗址等处重要发现。再后是 2000 年以来，在酉水、乌江、嘉陵江、渝西长江等区域发现的 40 多处新石器时代遗址，其中以 2014 年在巫溪大水田遗址的考古发掘收获最大，该遗址距今约五六千年，属母系氏族晚期至父系氏族萌芽的时期，部分资料填补了大溪文化发现的空白。⑦

对重庆峡江地区新石器时代文化的序列，2003 年邹后曦、袁东山从整体上提出了由玉溪下层遗存→玉溪上层→玉溪坪文化→哨棚嘴文化的发展关系。“他们将相当于大溪文化晚期至屈家岭文化阶段的重庆峡江新石器时代遗存命名为‘玉溪坪文化’，将

---

① 武仙竹等：《中国三峡地区人类化石的发现与研究》，《考古》2009 年第3期。

② 李宣民、张森水：《铜梁旧石器文化之研究》，《古脊椎动物与古人类》1981年第4期。

③ 李毅、陈琣：《三峡工程淹没区旧石器时代文化遗址调查报告》，徐钦琦等主编：《史前考古学新进展：庆贺贾兰坡院士九十华诞国际学术讨论会文集》，北京：科学出版社，1999 年，第 111—124 页。

④ 四川省博物馆：《川东长江沿岸新石器时代遗址调查简报》，《考古》1959 年第 8 期；四川省博物馆：《四川省长江三峡水库考古调查简报》，《考古》1959 年第8期。

⑤ 四川省博物馆：《巫山大溪遗址第三次发掘》，《考古学报》1981年第4期。

⑥ 国务院三峡工程建设委员会办公室、国家文物局编：《长江三峡工程淹没及迁建区文物古迹保护规划报告》，1996年编制完成，2010年由中国三峡出版社正式出版。

⑦ 重庆文化遗产保护中心、重庆市文物考古所：《重庆考古60年》，《四川文物》2009年第6期。

4600 年以后的遗存建议仍以‘哨棚嘴文化’指称。”[①]该命名方法得到了不少学者的认可，此后针对重庆峡江地区新石器晚期遗存基本没有提出过有影响的新命名。

三、“前巴文化”的遗址述略

环三峡地区作为东方人类的摇篮之一有迹可循。在此我们能够找到依时间序列而存在的大量远古人类遗址，它们不仅证明了长江中上游对于华夏远古文明的重要意义，也为当地区域性“巴文化”的形成准备了前提，甚至一定程度影响到楚、蜀文化。依序择要阐述如下。

1. 旧石器时代早、中期遗址

从人类产生的 300 万年前到 1 万年前属于旧石器时代，通常在时期划分上采用“三分法”，即旧石器时代早期（距今 10 万年以上）、中期（距今 10 万—2、3 万年前）和晚期（距今 2 万—3 万年前）；大体上分别相当于人类体质进化的能人和直立人阶段、早期智人阶段、晚期智人阶段。它们的遗存在环三峡地区都有发现，其中以三峡库区的分布最为密集。长期以来，长江三峡就被认为是古人类起源的重要区域，20 世纪初美国传教士埃德加（J. Edgar）就在湖北和四川的长江沿岸采集过石器。20 世纪 90 年代，随着三峡水利枢纽工程的启动，从 1993 年 12 月—1994 年 6 月，相关部门对淹没区进行了全面调查，发现 68 个更新世考古和化石地点，其中重要的旧石器遗址近 40 处。1995 年以来，三峡旧石器考古队对三峡地区 28 个重要遗址开展了十年考古发掘，发掘面积近 2 万平方米。

（1）旧石器时代早期的重要遗址。在环三峡地区的多处古人类化石遗址中，最著名的有巫山龙骨坡、湖北建始、湖北郧县和奉节兴隆洞。通过它们可以大体建构当地从类人猿到直立人的起源与演化、现代人起源的模型。

①巫山龙骨坡遗址，面积约 1300 平方米，距今 201 万—204 万年，1984 年首先发现，1985—1988 年出土一段带有两颗臼齿的残破直立人左侧下颌骨化石、一颗上内侧门齿、两件石器；化石分属的两个个体，被定名为直立人巫山亚种，是我国目前最古老的人类化石。[②] ②建始人遗址发现于湖北省恩施州建始县高坪镇，文化遗物时间在

① 孙华主编，白九江著：《重庆地区的新石器文化：以三峡地区为中心》，成都：巴蜀书社，2010年，第15页。

② 黄万波等人在1995年的英国《自然》杂志（第378卷，275—278页）上发表论文《亚洲的早期人类化石及其石器制品》。

242 万—180 万年前，“与龙骨坡遗址的直线距离为 63 公里，仅一山之隔”[①]，1970 年 7 月从西洞中发现两枚古人牙化石和大批巨猿牙化石，通过先后八次发掘，专家们获得了大量古人类生存繁衍资料。③郧县人遗址，1989 年、1990 年在湖北郧县青曲弥陀寺村学堂梁子，先后发现距今 80 万—90 万年的两具人类头骨化石（郧县直立人），出土石核、石片、砍砸器、刮削器、石锤等石器 241 件。④兴隆洞遗址位于奉节县云雾乡，于 2001—2002 年发掘，出土 4 枚人类牙齿化石、20 件石制品，距今约 15 万—12 万年。专家认为遗物中的石哨、石鸮和剑齿象牙刻痕具有较大的研究价值，对原始艺术的起源、东亚地区现代人类行为方式的研究意义重大。[②]⑤烟墩堡遗址位于重庆市丰都县城，发现于 1994 年 3 月，该遗址为石器制作场所，出土石制品 1341 件，保留了大量古人生产活动的原始信息。“遗址的发现和发掘，受到了当地政府和中国考古学界的关注，曾入选 1996 年度全国十大考古新发现。”⑥孙家洞遗址位于湖北秭归县城西南约 50 公里的两河口镇二甲村，该遗址的时代为中更新世晚期，初步调查表明该遗址石制品和伴生动物化石丰富，地层未被扰动，具有良好的科学考察前景。[③]

（2）旧石器时代中期的重要遗址。三峡地区旧石器时代中期遗址群，集中分布于重庆丰都长江两岸的二、三级基座阶地。其代表有高家镇遗址、冉家路口遗址、井水湾遗址和枣子坪遗址等。

①高家镇遗址位于重庆市丰都县高家镇桂花二村，1994 年发现，出土石制品约 2500 件；该遗址是一处石料采集场和就地加工石器的作坊，该遗址以大型砍砸器为主，运用锤击法剥片和简单加工，具有中国南方旧石器的鲜明特点。[④] ②冉家路口遗址位于重庆市丰都县镇江镇建设村，2000—2007 年抢救性发掘，作为石料采集场和粗加工基地出土石制品 1636 件，是发掘次数最多、揭露面积最大、历时最长的一处重点遗址。出土石器呈现较强的石片工业特点，即成批制作、形状类似。[⑤] ③井水湾遗址位于重庆市丰都县三合镇新湾村，该遗址在 1998—2002 年间进行了 5 次系统发掘，共出土石制品 910 件，烧石 6 件，动物化石 58 件，是一处石料采集场和粗加工基地，除了采石、加工石核、剥片、简单修复外，还保留了一些古人类在河流沿岸生存的信息，遗址距今约 8 万年。④枣子坪遗址位于重庆市丰都县三合镇新湾村，2000—2002

① 魏光飚：《峡江寻梦：长江三峡远古人类之谜》，重庆：重庆出版社，2007 年，第 69 页。

② 黄万波、徐自强等：《14 万年前“奉节人”——天坑地缝地区发现古人类遗址》，北京：中华书局，2002 年。

③ 董明星：《湖北秭归孙家洞旧石器文化遗址调查简报》，《人类学学报》1999 年第 2 期。

④ 裴树文等：《高家镇旧石器遗址 1998 年出土的石制品》，《人类学学报》2005 年第 2 期。

⑤ 陈福友等：《冉家路口旧石器遗址初步研究》，《人类学学报》2004 年第 4 期；高星、卫奇、李国洪：《冉家路口旧石器遗址 2005 发掘报告》，《人类学学报》2008 年第 1 期。

年对该遗址进行了两次抢救性发掘，揭露面积1000平方米，出土了101件石制品。专家认为该处石器具有长宽等比小型化的特点，预示三峡地区南方主工业有由早到晚石片石器增加，且沿长宽等比小型化发展的趋势。①

从上述旧石器时代早、中期的遗址中，我们看到了环三峡地区古人类的起源及分布状况，大规模的石器加工场与大量动植物化石为我们展现了当时社会生产与生活的场景，而该时期出现的石哨、石鸮和剑齿象牙上的刻痕，则表明当地原始先民与社会生产密切相关的艺术思维已经萌芽。

2. 旧石器时代晚期—新石器时代初期的重要遗址

该段时间在距今1 万—3万年，其文化特点为从旧石器到新石器时代过渡。主要遗址在长江的一、二级阶地以及河漫滩广为分布，亦即后来沿岸主要大城镇如万州、奉节、忠县、巫山等的诞生地。主要遗址有奉节鱼复浦、奉节洋安渡、奉节三坨、奉节横路、万州渣子门、忠县唐家河、丰都和平村、丰都老鹰嘴以及巫山的上、中、下安坪，嘉陵江流域的铜梁的张二塘、合川的唐家坝等。

①铜梁张二塘遗址于1978年发现，是重庆地区旧石器时代晚期文化的代表，出土一段距今24450±850年的人类肱骨化石和300余件旧石器及动、植物化石。研究表明，该发现有利于认知长江流域旧石器文化传统和中国南北旧石器文化二元结构。②类似文化遗存在嘉陵江、涪江、沱江流域亦有发现。③ ②鱼复浦遗址位于重庆市奉节县永安镇，1994年试掘，1998年抢救性发掘；发现距今约8000年的12个规律排列有用火痕迹的火塘遗迹和386件石制品，2件陶片和许多中小型动物骨骼化石④，是为古人类住所，陶片与火塘的出现对三峡地区新石器早期遗存和原始宗教的研究价值重大。③奉节洋安渡遗址位于重庆市奉节县永乐镇洋安渡村，出土石制品619件，磨制骨锥3件，陶片320余件和动物骨骼301件；当地人以渔猎经济为主，出现了磨制工具和陶器，但打制石器仍继续使用，专家认为此举符合过渡时期人类社会生产省时、省力的经济原则。⑤ ④奉节横路遗址位于重庆市奉节县康乐镇横路村北侧梅溪河岸，1998—2000年两次发掘，出土105件石制品；古人因当地无鹅卵石可取，无法用常见的“摔碰技术”制作石器，便从周边开采石料至此，并用锤击法剥片加工成为简单的

① 裴树文等：《三峡地区枣子坪旧石器遗址》，《人类学学报》2004年第3期。

② 李宣民、张森水：《铜梁旧石器文化之研究》，《古脊椎动物与古人类》1981年第4期。

③ 李宣民：《桃花溪旧石器》，《人类学学报》1992年第2期。

④ 中国科学院古脊椎动物与古人类研究所等：《奉节鱼复浦遗址旧石器时代考古发掘报告》，重庆市文物局、重庆市移民局编：《重庆库区考古报告集：1997卷》，北京：科学出版社，2001年，第144—159页。

⑤ 陈福友等：《三峡洋安渡遗址石制品研究》，《人类学学报》2006年第4期。

刮削器，制品以中小型、窄薄型石器为主。[①] ⑤奉节三坨遗址位于重庆市奉节县安坪乡三坨村，2000 年、2002 年两次发掘，上层具新石器时代大溪文化特点，下层属旧石器时代晚期；出土石制品 24 件，动物骨骼 20 件，分属豪猪、鹿类、羊、猪类标本；该遗址应该是一处古人从事生产和生活的综合性场所。[②]⑥丰都和平村遗址位于重庆市丰都县镇江镇和平村，2001 年系统发掘，出土石制品 89 件，其中的 4 件石斧中 仅 3 件刃部磨光，被视为文化内涵从旧石器时代向新石器时代过渡的体现。⑦奉节藕塘遗址位于重庆市奉节县安坪乡藕塘村北，分布在长江南岸的几个台地上。1993 年发现，2006 年钻探发掘，是一处以打制石器、磨制石器和夹砂陶器为主要文化特征的新石器时代早期遗址。该遗址主要发现有陶片和石制品 147 件，未发现灰坑、墓葬等遗迹。

上述遗址具有从旧石器时代向新石器时代过渡的特征：工具由打制向磨制发展、器型由大变小、陶器出现、饲养中小型动物、人类活动范围拓宽、原始宗教出现等。在其中部分遗址中两种文化的重叠，证明了当地人类文化的延续，它们是探索环三峡地区新、旧石器时代文化连续性的重要线索。

3. 新石器时代中、晚期的主要遗址

1）新石器时代中期的主要遗址

①玉溪遗址（下层）位于重庆市丰都县高家镇金刚村，1992 年发现，1999 年正式发掘。遗址下层距今约 7600 年[③]，属于新石器时代中期，积淀有厚达 3.5 米的骨渣与生活垃圾遗存，反映出当时居民以渔猎、捕捞为主的经济生活。②城背溪遗址位于湖北省宜都市红花套镇吴家岗村，年代在公元前 6500—前 5000 年间，1973—1984 年间数次发掘，出土文物 1 万多件，其中，石器以打制为主，通体磨制的较少，陶器以满饰绳纹的猪嘴状支座最具特色[④]，除水稻种植外，“渔猎在当时人们的经济生活中也同时占有重要地位”[⑤]。③柳林溪遗址位于湖北省秭归县茅坪镇，经 1981—2000 年多次发掘，出土石器制品 2000 余件，陶器 1000 余件；石器中的黑燧石透雕人像与原始巫术相关，另有一件被疑为“神器”的陶罐，其肩部刻有人像，在空心三角形和实心三

① 三峡旧石器时代考古工作队：《奉节横路遗址发掘报告》，重庆市文物局、重庆市移民局编：《重庆库区考古报告集：1998 卷》，北京：科学出版社，2003年，第 232—238 页。

② 中国科学院古脊椎动物与古人类研究所、重庆市文物局：《奉节三坨遗址发掘报告》，重庆市文物局、重庆市移民局编：《重庆库区考古报告集：2000 卷（上）》，北京：科学出版社，2007 年，第 503—508 页。

③ 邹后曦、袁东山：《重庆峡江地区的新石器文化》，重庆市文物局、重庆市移民局编：《重庆·2001 三峡文物保护学术研讨会论文集》，北京：科学出版社，2003 年，第 17—40 页。

④ 林春、黎泽高：《城背溪遗址复查记》，《江汉考古》1988 年第 4 期。

⑤ 杨权喜：《试论城背溪文化》，《东南文化》1991 年第 5 期。

角形图案间刻有飞禽，可能是寓意人立于天地之间。①

2）新石器时代晚期的主要遗址

三峡地区新石器时代晚期遗址被广泛发现，有丰都玉溪遗址，涪陵陈家嘴遗址，丰都玉溪坪遗址群，万州苏和坪、黄柏溪、涪溪口遗址，云阳丝栗包、大地坪遗址，奉节老关庙遗址，巫山大溪、锁龙、魏家梁子遗址等近20个。

①玉溪遗址（上层）遗存堆积约厚2米。出土有打制、磨制石器，多台面小燧石石核和少量陶片；其“陶器多泥质陶，以灰陶和褐陶为主”，主要标本有折沿釜（罐）、卷沿盆、深腹缸、敛口钵、附耳钵、敞口钵、纺轮等。时间在距今6200年左右。②哨棚嘴遗址位于重庆市忠县忠州镇红星村，于1994—2000年发掘，积淀厚6—7米，其中“一期文化”属新石器时代遗存，陶器以夹砂陶为主，卷沿罐器物群盛行；距今约5500—5100年，与玉溪（上层）文化相承。有学者推测该文化“与甘肃地区的新石器文化有联系”②。③玉溪坪遗址位于重庆市丰都县龙孔乡玉溪坪村，其文化经玉溪上层发展而来，经2001、2002年两次发掘，堆积厚4米，遗物包括从“玉溪坪文化”到“中坝文化”两个阶段的遗存，以夹砂折沿罐为特征（末期向盘口演变）。该文化覆盖面广，是重庆峡江新石器晚期鼎盛时期的文化。③④中坝遗址位于忠县县城正北6公里㽏井河两岸的台地，距今 4600—3700年；1990—1999年抢救性发掘，文化堆积层12.5米，其新石器时代遗存出土大量陶、石、骨类文物，“是在继承本地玉溪坪文化的基础上，吸收周邻地区考古学文化因素融合而成的自具地方特色的一支考古学文化”④。⑤大河口遗址位于涪陵区义和镇朱砂村八组长江边，距今5300—4600年，2018年出土新石器时期遗物有陶片、石器、骨器、动物骨骼等，其中石制品合计177件，是三峡以西地区发现为数不多的新石器时代晚期的重要遗址，对完善三峡地区史前文化谱系有重要参考价值。⑤

环三峡地区新石器时代中、晚期的遗址具有数量多、分布广、发展水平较高的特点，除磨制石器普遍出现外，不同区域的陶器也具有了不同特征，其中的一些遗址还奠定了后世历代人类聚落的基础，体现出明显的文化传承性，具有强烈宗教内涵的雕刻品也达到了较高的水平。

① 王风竹、黄文新、罗运兵：《湖北秭归县柳林溪遗址1998年发掘简报》，《考古》2000年第8期。

② 江章华：《关于哨棚嘴文化的几个问题》，《四川文物》2010年第2期。

③ 重庆市文化遗产研究院、丰都县文物管理所：《重庆市丰都县玉溪坪遗址2002年度发掘简报》，四川大学博物馆、四川大学考古学系、成都文物考古研究所编：《南方民族考古》第11辑，北京：科学出版社，2015年，第247—322页。

④ 于孟洲：《重庆峡江地区中坝文化研究》，《考古与文物》2010年第3期。

⑤ 重庆市文化遗产研究院、重庆师范大学历史与社会学院、涪陵区博物馆：《重庆涪陵长江两岸考古调查与勘探》，武仙竹主编：《科技考古与文物保护技术》第2辑，北京：科学出版社，2019年，第289页。

四、“前巴文化”中的大溪文化

单独介绍新石器时期大溪文化的主要原因是它自成体系。

在长江中上游文化中，以城背溪文化、大溪文化、屈家岭文化和石家河文化关联最为紧密。首先，距今6000年以上的城背溪文化主要分布在西陵峡及峡口以东宜都一带，其重要遗址有秭归柳林溪、枝城北、枝江青龙山等，它可能较大地影响了大溪文化。杨权喜认为城背溪文化分布于大溪文化的中心区域内，“从这两种文化的遗物，特别是出土的陶器来看，它们之间有许多内在联系”①。其次，距今5000—4600年因湖北京山屈家岭遗址而得名的屈家岭文化，其分布范围主要在江汉平原，其西可达巫峡，南达湖南澧县，有学者认为，“屈家岭文化是承袭大溪文化来的”②。最后，发现于湖北省天门市石河镇距今4800—4200年的石家河文化，亦承袭屈家岭文化演变而来，其在峡江的代表性遗存是宜昌白庙和秭归庙坪，该文化因发现有青铜块、玉器、祭祀遗迹和类似于文字的刻划符号与城址，被认为可能进入了文明时代。

大溪文化因瞿塘峡东口，今重庆市巫山县的大溪遗址而得名，但它并非大溪文化的中心。“目前已知的大溪文化分布范围，西起渝东南，东到鄂东南，南达洞庭湖北岸，北抵京山和大洪山南麓，横跨湘、鄂、渝二省一市。”③重要遗址有：巫山大溪、巫山大水田、巫山人民医院、秭归龚家大沟、秭归朝天嘴、宜昌中堡岛、宜昌杨家湾、宜昌清水滩、宜昌伍相庙、宜都红花套、枝江关庙山、松滋桂花树、公安王家岗、澧县城头山、澧县三元宫、澧县丁家岗、安乡划城岗、安乡汤家岗、华容车轱山、江陵朱家台、江陵毛家山、钟祥六合、钟祥边畈、京山朱家嘴、京山屈家岭、京山油子岭、天门谭家岭、酉阳笔山坝等28处。

大溪文化的时间距今6500—5300年，分为早期（6500—6000年）、中期（6000—5600年）和晚期（5600—5300年）。多数学者认为大溪文化的形成与城背溪文化、柳林溪文化和汤家岗文化相关，而屈家岭文化承其后。其间，仰韶文化对它的影响十分明显，在巫山欧家老屋遗址出土的器物“与仰韶文化半坡类型的红顶碗、带状黑彩钵等陶器一脉相承”④。对该文化的重点遗址按地域简述如下。

---

① 杨权喜：《试论城背溪文化》，《东南文化》1991年第5期。

② 管维良、李禹阶主编：《三峡学》，重庆：重庆出版社，2009年，第37、39页。

③ 《大溪》，北京：中国图书出版社，2017年，第32—33页。

④ 白九江：《三峡地区大溪文化的边缘效应：廊道效应、互惠交换、在地精神和简单聚落》，《重庆师范大学学报（社会科学版）》2019年第3期。

1. 大溪文化在西陵峡以西地区的主要遗址

①大溪遗址位于重庆市巫山县城西 45 公里处瞿塘峡东口长江南岸，从 1959 年到 1994 年，进行了多次发掘，共发掘墓葬 200 余座。大溪遗址的陶器主要为彩陶，陶器中“圜足器三足较普遍”，墓葬为竖穴土坑墓，以仰身直肢葬与屈肢葬（含跪屈式和蹲屈式）为主，墓中多有随葬品（以随葬鱼为特色）。②大水田遗址位于重庆市巫山县曲尺乡伍柏村，西距大溪遗址 28 公里，2014 年 3—9 月，发掘墓葬 212 座、房址 1 座、灰坑 208 座，其中陶面具形器、石质动物、人面、环形饰、生育崇拜石质人像的发现，提供了大溪文化认知领域考古的新材料，有助于了解大溪文化原始宗教、社会组织、精神意识等深层次问题。[①]③笔山坝遗址位于酉阳笔山坝，2007 年在该遗址发现了丰富的大溪文化遗存，该遗存年代距今约 7000—5500 年，其晚期出现了大溪文化、哨棚嘴文化两组器物。该发现被认为对于大溪文化在重庆地区的分布和传播线路研究，及对大溪文化的总体认识，都具有十分重要的意义。[②]

2. 大溪文化在西陵峡以东地区的主要遗址

①中堡岛遗址位于湖北省宜昌市城西约 25 公里处，地处长江西陵峡东口靠南岸的河滩一中部隆起的小岛中部，1979 年首次发掘，发现大溪文化遗存及屈家岭文化遗存，其文化“属于大溪文化向屈家岭文化的过渡类遗存”[③]；1985—1986 年，再次大规模发掘，出土数以千计的陶器、石器与骨器。②关庙山遗址位于湖北省枝江县城东北 11.5 公里的江汉平原西部边缘，1975 年发现并试掘，1978—1980 年两次发掘；除房址、瓮棺葬、石器、骨器外，陶片和红烧土中“稻谷壳碎屑和炭化稻谷”的发现表明其稻作农业经济的实质。[④]③城头山遗址位于湖南省澧县县城西北车溪乡南岳村，1991—1998 年先后八次发掘，遗存包括大溪文化、屈家岭文化、石家河文化。其大溪文化发现圆形城址一座，外有壕沟，内有祭坛、房址、制陶作坊、屈肢葬墓、水稻田遗址等，被认为“早于我国史前任何文化遗址率先进入父系氏族公社”[⑤]。④汤家岗遗址位于湖南省安乡县城北，1978 年发掘，出土遗物中以精细的印文白陶引人注目；汤家岗遗址出现了原始农业，当地栽培的水稻属于似籼型品种。专家指出“该遗址为

---

① 重庆市文化遗产研究院、巫山县文物管理所：《重庆市巫山县大水田遗址大溪文化遗存发掘简报》，《考古》2017年第1期。

② 重庆市文物考古所、重庆文化遗产保护中心编：《“早期中国的文化交流与互动——以长江三峡库区为中心”学术研讨会论文集》，北京：科学出版社，2012年。

③ 白九江：《宜昌中堡岛遗址大溪、屈家岭和哨棚嘴三种文化因素的分析》，《江汉考古》2003年第2期。

④ 阎孝玉：《枝江关庙山稻作文化浅析》，《中国农史》1996年第3期。

⑤ 曹卫平：《再论大溪文化时期城头山住民所处之社会形态》，《湖南文理学院学报（社会科学版）》2008年第6期。

研究洞庭湖地区大溪文化的年代和特征提供了新的资料”[①]。⑤三元宫遗址位于湖南省澧县县城北16公里处，于1966年发现，1967年试掘，1974年正式发掘，发现有大溪文化和屈家岭文化遗存；在该遗址发现了成片分布的大块红烧土建筑遗迹，并清理墓葬23座。专家指出“屈家岭文化三元宫类型的前身及其后继者，大体是本地区的大溪文化及龙山期文化遗存”[②]。

由上可见，环三峡地区新石器时代的大溪文化特点鲜明：它传承有序，上承城背溪文化，下启屈家岭文化；它覆盖湘、鄂、渝，在西陵峡东西两侧均有代表性遗址；它因时因地在西陵峡东西分别形成以农耕和以渔猎为主的生业形态；彩陶、雕刻与墓葬形式特色突出，原始宗教业已产生。大溪文化与瞿塘峡以西的新石器时代文化系列并行不悖，相互影响，共同构成了环三峡地区该期“前巴文化”的整体面貌。

五、几点相关认识

环三峡地区的“前巴文化”无疑是丰富多彩的，通过对它的考古学调查，我们大致可以得到以下四点认知。

认识之一，环三峡地区是中华远古人类的摇篮。对在此有限空间近30个旧石器时代遗址的发现，古人类学家曾阐述了七大文化特点及学术意义。[③]试概括如下：其一，龙骨坡巫山人的发现，改变了之前中国古人类限于更新世晚期和全新世早期的认识，其于早更新世便在三峡地区生存和繁衍；其二，三峡地区古人类文化遗址沿长江2、3级阶地分布表明，当时的人类沿江生活，且能够利用长江的水源和动植物资源；其三，三峡古人类用砸击法将砾石（河卵石）劈裂，制作石器，该因地制宜利用当地资源的行为，反映出其灵活的应变能力和对组合技术的娴熟使用；其四，旧石器时代晚期，其“南方砾石工业”的工具制作手段与初级磨制石器、原始陶片的共生，即体现了当地旧石器时代向新石器时代的过渡及狩猎—采集向农业经济的过渡。笔者认为，在旧石器时代的三峡地区，垂直、多变的地貌和丰富的动植物资源，使其先民得以避免不停迁徙的资源消耗性生产方式，此亦即当地大量遗址得以集中出现的原因，因此三峡地区堪称东方人类摇篮。

① 张文绪、裴安平：《澧阳平原几处遗址出土陶片中稻谷稃面印痕和稃壳残片的研究》，《作物学报》1998年第2期。

② 朱乃诚：《三元宫墓葬的分期及其文化性质》，《考古》1990年第5期。

③ 高星等：《三峡地区在中国旧石器时代考古研究中的地位》，重庆市文物局、重庆市移民局编：《重庆·2001三峡文物保护学术研讨会论文集》，第2页。

认识之二，环三峡地区新石器时代考古文化发达。从文化渊源看，主要为在地原发，规模从小到大：其一，当地大量新旧石器时代过渡的人类遗址表明，其文化的传承是以原生为主的；其二，仅以重庆地区为例，新石器时代遗址便达到33处（2010年），说明人类此时的活动更加频繁，范围也更大。从文化线索看，依据“四分法”（早、中、晚、末期）可形成两大谱系，且相互影响：一是在三峡东段（瞿塘峡至西陵峡以及附近地区），代表性文化序列大抵为：桅杆坪遗址（长江支流清江流域）、城背溪遗址→城背溪文化、柳林溪文化→大溪文化→屈家岭文化→石家河文化、白庙遗存。二是在三峡的西段（重庆以下到奉节地区），代表性文化序列大抵为：奉节横路遗址、奉节鱼复浦遗址→玉溪下层文化→玉溪上层文化、哨棚嘴文化、玉溪坪文化→中坝文化。对两个文化序列间的关系，白九江认为：“其中，在新石器文化中期以前，三峡东、西段的考古文化虽然有明显差异，但也存在一定的共性，可以定性为有亲缘关系的文化交互作用圈，从新石器晚期阶段起，三峡东、西部文化差异明显，分属两个独立的文化系统，但两者间有着较明显的文化交流，到了晚期阶段，中坝文化对白庙遗存的影响甚深。”[①]由上，笔者认为渊源深厚、数量众多、序列清晰、交流频繁，此为环三峡地区新石器时代文化发达的标志。

认识之三，原始宗教现象产生早且表现突出。宗教观念的早现无疑是人类思维进步的标志，环三峡地区人类产生早、石器时代遗址丰富、文化序列清晰就是当地宗教观念早熟的前提。其一，是旧石器时代奉节兴隆洞遗址出土的石哨、石鸮和剑齿象牙刻痕；其二，是奉节鱼复浦遗址有规律排列的火塘与焚烧的遗物；其三，是新石器时代湖北秭归柳林溪出土的人物坐像、东门头发现的“太阳人”像[②]；其四，有巫山大溪、大水田复杂的丧葬方式、随葬品和人像雕刻、丰富的彩陶纹饰，等等。这些现象充分表明在环三峡地区，巫术形式的原始宗教不但早熟而且兴盛。而上述考古发现中的巫术盛行现象又刚好与古籍记载所述相印证，“有灵山巫咸、巫即、巫肦、巫彭、巫姑、巫真、巫礼、巫抵、巫谢、巫罗十巫，从此升降，百药爰在”[③]。又“《归藏》曰：昔黄帝与炎神争斗涿鹿之野，将战，筮于巫咸”[④]。笔者认为，这种“不谋而合”（两重证据）正好表明，在环三峡地区的“前巴文化”时期，人类的原始宗教（巫文化）早产并盛行。

---

① 白九江：《三峡地区大溪文化的边缘效应：廊道效应、互惠交换、在地精神和简单聚落》，《重庆师范大学学报（社会科学版）》2019年第3期。

② 邓晓、何瑛：《美术考古视野下的环三峡地区新石器时代石质人像雕像研究》，《重庆师范大学学报（社会科学版）》2019年第5期。

③ 袁珂校注：《山海经校注》，上海：上海古籍出版社，1980年，第396页。

④ （宋）李昉等：《太平御览》，北京：中华书局，1960年，第1册，第367页。

认识之四，“前巴文化”的继承与走向。首先，“巴文化”继承了“前巴文化”，一是从夏商时期考古材料看，早期巴文化圈所在地，恰是大溪文化覆盖的西陵峡、鄂西、黔东北、渝东南及西陵峡以东地区，有学者指出“鄂西、三峡地区是早期巴人起源地”[①]。二是就文献研究看，任乃强指出大溪人曾以盐腌鱼，在其墓中“发现皆有大量鱼骨”[②]，其住地不远处产盐；而《山海经》也提到三峡地区“巫载民，朌姓，食谷。不绩不经，服也，不稼不穑，食也”。他们靠鱼盐交换获取生存资料；据董其祥考证，《世本》所谓巴人廪君蛮“故出巫蜑（诞）”的巫蜑就是《山海经》中的“巫载”，“大巴山、巫山地方，正是古巴族巫蜑活动、聚居之所”[③]。考古发掘和文献考证均表明，巴族的渊源就在环三峡地区。其次，对巴文化的来龙去脉，杨华等人的观点[④]似有助于我们的认识：其一，西陵峡及该峡以东地区、黔东北、渝东南地区，可统归为“早期巴文化遗存”分布区；其二，在巫峡的东、西侧考古发现的夏商时期出土遗物有一定差异，但“两地相同的器类应占主导地位”；其三，三峡北面大巴山、米仓山以南的嘉陵江及渠江流域，可归为“早期巴文化遗存”的范畴，巴人一支曾“于商代早期晚些时候”北迁进入汉水流域[⑤]；其四，成都“早期蜀文化遗存”中，较多遗物器形与三峡地区“早期巴文化遗存”惊人地相似且时间略晚，显然后者“对成都地区蜀民族文化的影响是强烈的”；其五，李学勤认为蜀文化里的中原商文化因素系经两湖入川，其间“则势必沿江穿过三峡”，三峡地区有大量居住遗址和类似器物实证；其六，《竹书纪年》《山海经》《华阳国志》等史籍和殷墟甲骨文中，有夏商王朝与巴人交流及征战的记录，而三峡考古发现的相当于中原二里头文化时期的遗存则“肯定了文献中记载的真实性”。由上，笔者得出三点认识：一是巴文化为环三峡地区的原生文化，是“前巴文化”的延续；但受“前巴文化”复杂性影响而具有“泛巴”性质，此亦巴人起源及传说无法统一的重要原因。二是早巴文化凭借发达的水系由三峡向北、向西扩展，类似遗物在上述地区的出现应视为本末关系而不是相反。三是中原夏、商政权对三峡地区的高度关注，缘于三峡走廊的地位（枢轴作用）及其丰富的盐资源和当地文化扩张的潜在威胁；大量带有夏、商文化特色的器物在环三峡地区及川西平原出现，当为后者干涉的结果。

---

① 杨华：《从鄂西考古发现谈巴文化的起源》，《考古与文物》1995年第1期。

② 任乃强著，任新建编：《川大史学·任乃强卷》，成都：四川大学出版社，2006年，第305—306页。

③ 董其祥著，重庆中国三峡博物馆编：《董其祥历史与考古文集》，重庆：重庆出版社，2005年，第19页。

④ 杨华：《三峡考古发现对早期巴文化的新认识》，《长江文明》，成都：四川美术出版社，2019年。

⑤ 西北大学文博学院编著：《城固宝山·1998年发掘报告》，北京：文物出版社，2002年。

六、结　语

我们习惯于将有文字记载的历史称为“文明史”，事实上相对人类漫长的发展历程它仅仅只是一瞬间，但“文明”阶段本身大量文献的保留，导致了整个历史研究重心的后移。而“文明”对史前时代的记忆，又往往因为时间久远语焉不详，甚至与神话杂糅。幸而有百年来科学考古的理论与方法的践行，使扑朔迷离的远古传说逐渐变得清晰，也使环三峡地区“前巴文化”得见天日。

综上所述，我们强调以下观点：第一，环三峡地区的史前文化源远流长，因其产生于当地主流文化“巴文化”之前，我们将其称为“前巴文化”；第二，环三峡地区是我国古人类的重要发祥地之一，有着贯穿整个石器时代丰富的遗址群，体现出深厚的文化底蕴；第三，环三峡地区前巴文化到新石器时代发育成以瞿塘峡为界东、西两侧不同的谱系，其间交流频繁，内涵大同小异，共同构成早巴文化的基础；第四，环三峡地区的特殊地貌对当地人类生产方式产生重要影响，形成了峡区以渔猎为主（晚期增加盐业）和宽谷以种植为主的生业；第五，环三峡地区“前巴文化”浓厚的巫文化氛围在考古发掘和文献记载中表现突出，且对周边文化产生较大影响。据此，我们确认史前长江中上游环三峡地区曾经有过较为发达的“前巴文化”，它是长江文明的重要组成部分，也是后来“巴渝文化”的主要渊源。

白狄经济结构演变研究

何艳杰
河北师范大学历史文化学院

江海不择细流，有容乃大。中华民族正是这样一条滔滔大河。白狄则是东周时期汇入其中的一条涓涓细流。白狄自公元前 652 年（僖公八年）首现于《春秋》《左传》，支脉绵延，白狄鲜虞族建立的中山国在公元前 296 年亡国于赵。以此而论，可以确定白狄存在的时间必定超过 350 余年。白狄部族众多，迁移不定，主要散布于三省四地：陕北、山西、冀北和冀中西部等地。陕北的白狄部族兴起于春秋时期，春秋中期开始大规模东迁，战国陕北白狄余部居地为秦国占领，残部一直延续到隋唐时代。山西的白狄为陕北白狄东迁之部，主要存续时间在春秋中晚期到战国早期这一时段内，山西境内的代、仇犹等白狄部族被晋国吞并。冀北白狄是晋北白狄东迁而来，主要存续时间是从春秋中期到战国中期，其主要居地最后并于燕国。冀中西部的白狄，在春秋中期自山西迁徙而来，延续至战国中期。春秋时期冀中西部的白狄肥、鼓诸部先后被晋国所灭，鲜虞部归附于晋国。战国早期冀中的白狄鲜虞部建立中山国，先被魏国占领约 30 余年，复国后又在战国中期被赵国所灭。随着时间延续，居地变迁，白狄的经济形态发生了显著的变化。

关于狄或白狄经济方面的文献记载异常稀少，但陕北、山西和河北三地发现了较为丰富的白狄相关考古资料，为白狄经济形态的研究提供了资料支撑。东周时期戎狄荐居，这一点在考古资料方面体现为白狄相关居址资料发现很少，大量出现的是墓葬资料。墓葬中殉牲是以牧业为主的北方民族的普遍葬俗，殉牲的数量和种类也反映了墓主所在部族的经济形态。本文即主要依据白狄墓葬殉牲资料，探究白狄在三省四地的经济形态，进而勾画出其经济结构演变与时间、居地变迁的关系，以就教于学界。

一、春秋中晚期到战国早期白狄经济结构的变化

（一）陕北白狄农牧并存

春秋时期陕北发现的狄族相关考古遗存主要有三处，分布范围涵盖了整个陕北，从北到南依次为米脂张坪墓地（两周之际至春秋早期）、清涧李家崖东周墓地（春秋中期偏晚至战国晚期）、宜川虫坪塬墓地（春秋早期至春秋中期）。从时间跨度来看，从两周之际，春秋早、中、晚三期，一直到战国晚期狄族遗存相继存在，次第衔接。这表明从两周之际到战国晚期陕北一直为狄族繁衍之地。就目前所知的三个狄族相关陕北遗存中，清涧李家崖东周墓地的延续时间最长，从春秋中期偏晚延续到战国晚期，遗存面貌最为全面，墓葬数量最多，因此遗存中的狄族因素也最为明显。

除米脂张坪墓地资料少，无法利用外，其他两处遗存都显示了以农业为主、畜牧业为辅的经济形态。虫坪塬墓地 21 座墓葬，约 77%的墓向为东向；有殉牲（牛羊猪的前肢）的墓葬约有 43%。虫坪塬墓地殉牲墓数量不足半数，并不占主导地位。该墓地中的殉牲以牛的数量最多，羊次之，猪的数量最少。猪是定居生活的家畜，牛也是不发达游牧业的主要牲畜。这些反映了虫坪塬墓地的遗留者应是定居的畜养家畜者。清涧李家崖遗址共发现了 31 座东周墓葬及相关居住址，仅 4 座墓葬中发现鸡或动物肢骨的殉牲现象，不足 13%。李家崖城址中出土了动物骨骸，家畜类有黄牛、山羊、绵羊、猪、狗等，其中猪、狗下颌骨最多；也有少量野生动物的骨骼。该城址中也出土了窖藏的粟，石斧、石或骨质的铲、石刀等生产工具。[①]上述材料表明，李家崖人的经济呈现出复合形态：农业、家畜养殖业及少量的渔猎业并存。

综合上述分析结果，可知陕北白狄应该是定居生活，其经济形态相当复杂，农牧兼营，并存在少量渔猎业。

（二）山西白狄牧业衰退和商业始兴

目前滹沱河流经的山西忻定盆地等地区发现七处白狄遗存[②]，基本上全是墓葬。贾

① 陕西省考古研究院编著：《李家崖》，北京：文物出版社，2013 年，第 319 页。

② 贾志强、陶正刚等认为是狄族遗存，但宋玲平等认为是白狄遗存，此处从宋氏说。贾志强、郭俊卿、刘小胖：《忻定盆地春秋铜器墓主的文化族属问题》，山西省考古学会编：《山西省考古学会论文集（三）》，太原：山西古籍出版社，2000 年，第 317 页；贾志强、郭俊卿：《忻定盆地春秋铜器墓的分期及意义》，张之铸主编：《中国当代文博论著精编》，北京：文物出版社，2006 年，第 465 页；陶正刚：《山西东周戎狄文化初探》，《远望集：陕西省考古研究所华诞四十周年纪念文集（上）》，西安：陕西人民美术出版社，1998 年，第 415—425 页；宋玲平：《山西中北部东周时期青铜器及相关问题》，山西省考古学会编：《山西省考古学会论文集（三）》，第 285 页。

志强指出这七处遗存中未正式发掘者有原平市王北尧、代县沙洼村、忻州市忻口墓三处；正式发掘者共四处 33 座墓：原平市刘庄塔岗梁墓[①]、定襄县中霍村墓[②]、原平市练家岗墓[③]、原平市峙峪墓[④]。这些遗存的时间基本在春秋中期到战国早期之间。春秋中期墓（1 座）：原平市刘庄塔岗梁 M7；春秋晚期墓（24 座）：原平市刘庄塔岗梁墓群；战国早期墓（8 座）：定襄县中霍村墓（5 座）、原平市练家岗墓、原平市峙峪墓、代县沙洼墓。[⑤]分析这些资料，仅原平一地就发现了塔岗梁、王北尧、练家岗、峙峪四处近 30 座白狄墓葬，且时间从春秋中期一直延续到战国早期，因此原平应是忻定盆地中白狄分布最为集中之地。但是原平共发现近 30 座墓葬，仅在原平峙峪一墓中有出现殉牲（马头骨 2 个和部分马肢骨）。此外，盂县仇犹城址及墓葬中也未发现殉牲现象。浑源李峪墓葬中也未发现殉牲现象。因此，基本可以认为，殉牲现象在山西白狄分布区非常罕见，这反映了山西东迁白狄畜牧业的衰退。

山西原平地区不止一次发现了尖首刀币。2006 年山西原平地区发现一处小型尖首刀窖藏，数量有几千枚。[⑥]2009 年，山西原平市西约 5 公里处发现了两千多枚装在罐中的尖首刀。[⑦]这反映了原平地区商贸发达，属于尖首刀币贸易圈。此外，山西原平地区还出土了战国时期赵国尖足布币和刀币（面文为“城白”“白人”“邯郸”）、燕国刀币。[⑧]以上发现显示出春秋晚期原平之地流行的货币是尖首刀。战国时期此地被赵国占领，赵国和燕国的货币代替尖首刀成为流通货币。山西盂县仇犹城附近发现了一批尖首刀，数量约有一千枚左右。[⑨]1996 年盂县还出土了一枚形制古朴的大型尖首刀币。[⑩]窖藏尖首刀出土数量巨大，批次较多，这反映了山西东迁白狄商业开始兴盛。

---

① 山西忻州地区文物管理处：《原平县刘庄塔岗梁东周墓》，《文物》1986 年第 11 期，第 21—26 页；忻州地区文物管理处、原平市博物馆：《山西原平刘庄塔岗梁东周墓第二次清理简报》，《文物季刊》1998 年第 1 期，第 3—13 页。

② 李有成：《定襄县中霍村东周墓发掘报告》，《文物》1997 年第 5 期，第 4—17 页；郭艮堂、李培林：《定襄中霍村出土的一批青铜器》，《文物》2004 年第 12 期，第 72—73 页。

③ 李有成：《原平县练家岗战国青铜器》，山西省考古学会、山西省考古研究所合编：《山西省考古学会论文集（一）》，太原：山西人民出版社，1992 年，第 107—109 页。

④ 戴遵德：《原平峙峪出土的东周铜器》，《文物》1972 年第 4 期，第 69—72 页。

⑤ 陶正刚：《山西东周戎狄文化初探》，《远望集：陕西省考古研究所华诞四十周年纪念文集（上）》，第 418—419 页。

⑥ 黄锡全、朱安祥：《近十余年先秦货币的重要发现与研究》，《中国钱币》2015 年第 4 期，第 17 页；任一民、艾亮主编：《缘聚三晋——山西私人收藏历代货币珍品集》，太原：三晋出版社，2014 年。

⑦ 朱安祥、孙辉：《记山西原平发现的刀币》，《中国钱币》2014 年第 4 期，第 38—42 页。

⑧ 山西省文物管理工作委员会：《山西省原平县出土的战国货币》，《文物》1965 年第 1 期，第 46—56 页。

⑨ 唐晋源：《山西盂县发现一批尖首刀》，《中国钱币》1998 年第 2 期；韩万德：《山西盂县所出尖首刀调查》，《中国钱币》2002 年第 2 期。

⑩ 陈隆文：《春秋战国货币地理研究》，北京：人民出版社，2006 年，第 132 页。

（三）冀北白狄牧业兴盛和商业始兴

春秋中期至战国早期，以无终为首的白狄诸部陆续东迁。冀北的东迁白狄主要有代、无终、狄氏等部族。在考古学上冀北白狄居地属“玉皇庙文化”分布区。玉皇庙文化的特点之一即是多为墓葬资料，且墓葬普遍殉牲。玉皇庙文化墓葬殉牲多为牲畜的头、蹄，也有少量肢骨或全牲；殉牲种类主要包括狗、羊、牛、马、猪等，也有少量野兽；殉牲按数量排列，主要是狗、羊和牛，马的数量非常少，还有个别的猪、野兽。普遍的墓葬殉牲现象反映了玉皇庙人群的主要经济形态是牧业。殉牲种类以狗、羊、牛为主，马数量非常少，反映了玉皇庙人群属于不发达游牧业。玉皇庙文化晚期墓葬出现以猪为殉牲的现象，更加反映了玉皇庙人群从不发达的游牧业向定居畜牧业的转化趋势。

春秋中晚期冀北白狄初创尖首刀币，标志着商业的渐兴。尖首刀币的定义，本文采用黄锡全的概念界定，即刀首较尖长，与一般刀首较平直的燕“明”刀（包括类明刀）及各种齐刀、赵直刀等有别的一种刀币。[①]在仇犹、鲜虞中山，特别是无终、代等白狄分布区都发现了各种形制的尖首刀币。这反映了从春秋中晚期开始，东迁白狄分布区及周边开始铸行统一的尖首刀币作为流通货币。

春秋中晚期到战国中期，代和无终等东迁白狄的遗存在考古学上称之为玉皇庙文化。玉皇庙文化分布区及周边出土的尖首刀相关资料最为全面系统，极具代表性。玉皇庙文化分布区至少有五处春秋中晚期到战国早期墓地零星出土了尖首刀币，有两处墓地还出土了装饰用尖首刀币（或残币）。玉皇庙文化分布区及边缘至少发现四批窖藏尖首刀币，一批随葬尖首刀币。这些资料反映出春秋中期，尖首刀币萌芽于玉皇庙文化分布区，春秋晚期到战国早期流通于该地区。这正与玉皇庙文化的兴衰历史完全吻合。春秋中期赤城县刘长沟遗址发现陶范铸刀，反映出玉皇庙人群最晚自春秋中期已经批量自铸尖首刀，并且采用了比“石范”铸造更为先进的陶范铸造技术。玉皇庙文化分布区富有铜矿资源，兴隆寿王坟古铜矿遗址证明，至晚在战国时期当地人已经开采。尖首刀币币文古朴，应是较为原始的商周文字，既显示铸造者使用文字的滞后性，也证明了燕国始铸说的谬误。狄人从铸造实用尖首刀发展为铸造刀币经历了三个阶段：实用性削刀—装饰性尖首刀（刀币形饰或刀币柄形坠）—有文尖首刀币。尖首刀币币文应是铸造者或订制者的部族或居地等标记，以标明其所有权。

玉皇庙文化分布区的白狄初创了尖首刀币，并流通于众多东迁白狄部族之中，进

① 黄锡全：《尖首刀币的发现与研究》，萧亢达主编，广州市文物考古研究所编：《广州文物考古集》，北京：文物出版社，1998年，第142页。

而影响到燕、齐、赵等国纷纷仿效铸行刀币。这一现象本身就反映了东迁白狄内部商业的发展，而且白狄的商贸对象不仅限于狄族内部，渐渐扩展到周边中原华夏诸国。

二、冀中西部鲜虞中山国经济结构的转变

（一）中山国经济结构的认识分歧

关于中山国经济结构的研究观点，比较有代表性的包括段连勤、路洪昌、陈应祺和曹迎春四位学者的观点。段连勤认为中山国为农牧兼营国家，北部是游牧区，南部主要是农区。①路洪昌认为中山国是以农业为本的农牧业比较发达的国家。海拔200米等高线是中山境内农牧区的界线，该线东南是农业区，西北是农牧区或纯牧区。西北农牧区又可细分为山前丘陵农牧区和低山畜牧区。②陈应祺认为早期中山国的经济主要是以畜牧业为主，兼营农业，但自鲜虞中山建都灵寿城后，中山国的经济向以农业为主、牧业为辅的方向发展。③曹迎春认为，春秋末期到战国早期，中山国游牧经济比较发达，分布地域在西北部低山丘陵地区；战国中期以后，中山国的经济结构以农业为主，畜牧业为辅，游牧业消退。战国时期中山国经济在大部分区域应该是种植业与其副业家畜家禽饲养业的结合。④

纵观诸种说法，以段氏的观点提出最早，也最为笼统。路氏的观点在占有新资料的基础之上，进行了地区经济的细化区分。陈氏开始按时段总结中山国经济结构特点。曹氏的观点较为全面，不仅从时间、地域方面，而且从牧业种类方面进行细致深入的研究。可见，随着时间的推移，资料的增多，学者对中山国经济结构的认识也日渐深化，具体而微，不仅有了总体上的认识，更在地区、时段、牧业种类等方面进行细致的分析研究。

（二）中山国经济结构的多变性

中山国经济结构并非一成不变，而是具有时段性变异。中山国经济发展过程大致可分为两大阶段：春秋晚期到战国早期，战国中晚期。春秋晚期到战国早期，中山国

① 段连勤：《北狄族与中山国》，桂林：广西师范大学出版社，2007年，第114页。

② 路洪昌：《战国中期中山国的经济》，《河北学刊》1985年第1期。

③ 陈应祺：《从考古发现谈中山国的崇“山”特点》，《河北学刊》1985年第5期；陈应祺：《中山灵寿城址考古综论》，河北省文物研究所编：《环渤海考古国际学术讨论会论文集》，北京：知识出版社，1996年，第241页。

④ 曹迎春：《鲜虞中山的“农”与“牧”》，《农业考古》2012年第3期；曹迎春：《战国中山农业探索》，《农业考古》2010年第1期；曹迎春：《中山国经济研究》，北京：中华书局，2012年，第69—100页。

的游牧经济特色鲜明。依据对《左传·襄公四年》《说苑·辨物》等相关文献记载的分析，佐之以春秋中晚期到战国早期的鲜虞墓葬出土的一些具有浓厚游牧民族文化特征的器物，较之战国中期，中山国的游牧经济在春秋末期到战国早期应该是比较发达的，主要分布在西北部低山丘陵地区。春秋晚期到战国早期河北行唐故郡遗址墓葬中出土大量殉牲，仅 M25 的殉牲坑中就发现三层殉牲，第一层 2 牛 17 羊；第二层 1 马 6 羊；第三层至少有 290 个羊头、34 个牛头、27 个马头，合计约 313 个羊头、36 个牛头、28 个马头。同墓地类似的殉牲坑已经发现 6 座。[①]这些资料证实了战国早期鲜虞中山国存在发达的畜牧业。然而，战国早期冀中西部发现的其他墓葬约有 33 处，其中却鲜见殉牲。这表明战国早期冀中西部的白狄亦有从事农业者。战国中期之后，中山国的牧业趋于衰退。战国中晚期，中山国经济主要生产方式在大部分区域应该是种植业与其副业家畜家禽饲养业的结合。[②]

中山国经济结构还具有区域性差异。按地理环境来看，中山国的疆域大致划分为西部山区和东部平原区。按农业区和农牧区的等高线划分，则可分为西北部农牧业区和东南部农业区。中山国不同地区的经济结构因地理环境、气候条件、土壤情况等方面的不同而有显著差异。自商代以来，至春秋战国时期，东部平原区一直是以农业为主，而西部山区在春秋晚期到战国早期盛行游牧业，战国中期之后，游牧业衰退，代之以畜牧业和家庭饲养业。

（二）中山国经济结构的转型

战国中期，中山国经济不仅在结构上发生了变化，而且在整体上有一个突变。曹迎春《“飞跃”与“同步”——中山国经济发展特点分析》[③]一文以详细的考古资料为据，论证中山国的农业、手工业、商业及与经济密切相关的人口，从战国早期到战国中期都存在着一个明显的“飞跃”。

战国早期到中期中山国经济生产方式的变化十分明显。其一，战国早期的中山墓葬出土典型器物反映出当时中山国游牧经济比较发达。战国中期的中山国耕地面积扩大，生产技术提高，粮食品种齐全且产量丰富，农业已经成为其经济命脉和立国之本，畜牧和渔猎经济发达，游牧业衰退。其二，手工业发展神速。从战国早期到战国中期，中山国手工业各部门如冶铁业、青铜制造业、玉石制造业、制陶业在产品制造

① 河北省文物研究所等：《河北行唐县故郡东周遗址》，《考古》2018 年第 7 期；张春长、齐瑞普、常怀颖：《河北行唐故郡遗址考古发掘取得重要收获》，《中国文物报》2018 年 2 月 23 日，第 5 版。

② 曹迎春：《鲜虞中山的“农”与“牧”》，《农业考古》2012 年第 3 期。

③ 曹迎春：《“飞跃”与“同步”——中山国经济发展特点分析》，《河北师范大学学报（哲学社会科学版）》2011 年第 4 期。

技术、数量和质量方面都体现了巨大的进步。中山国手工业各个部门不仅在生产上飞跃发展，而且在管理水平上也逐步提升。其官府手工业在成公时期还没有施行“物勒工名”制度，到了王厝在位时期已经形成了监造者（相邦）、主造者（啬夫）和制造者（工）层层节制的管理系统，而且各部门之间分工明确，制定统一生产规范，保证器物质量。其三，商业有了飞速发展。这种飞跃式发展在货币流通方面表现最为突出。战国早期中山国虽有尖首刀币流通，但数量不多；战国中期燕、赵货币大量涌入，中山国自铸的“成白”刀币，在灵寿城址内的几次出土都是动辄数百斤。不仅如此，为方便交换，中山国还仿铸了燕、赵的货币。可见，无论是货币的种类还是数量，战国中期比战国早期都有了很大的发展。其四，战国早期到中期中山国人口有了显著增长。

中山国经济的变化还体现在区域经济的形成方面。战国早期，中山国疆域大部分分布在山区，加之中山的畜牧传统，因此中山国经济以畜牧业为主。战国中期，中山国疆域扩大并稳固，因而中山国经济也出现了变化，主要表现在平原与山区经济类型的分化。平原区以农业为主，兼营畜牧业，而山区则是以畜牧业为主，兼营农业。这种差异主要是由于中山国的国土分布正好处于农业区和畜牧区之间，再加上中山畜牧传统而形成的。

战国中期中山的生产技术有了突飞猛进的发展。战国早期，中山国墓葬出土的铜器粗糙简陋，并且很少发现铁器和玉器。至战国中期，中山国的经济经过一个迅速发展的阶段之后，其经济在各方面，尤其是在生产技术水平方面，都已经与周边华夏国家趋同，甚至有所超越。农业方面，铁制农具、牛耕和灌溉技术的改进代表了战国时期农业领域的最高水平。中山国发现的众多铁制农具，与牛耕配套使用的铁犁铧，以及《战国策•赵策》所载“引水围鄗”事件，都反映出中山国较高的农业生产水平。冶铁业方面，中山国不仅已经掌握块炼渗碳钢和铸铁柔化技术，还掌握了冶炼时加入骨质来降低熔点的技术。这些冶炼技术都代表着战国时期冶铁技术的先进水平。青铜制造业方面，《史记•货殖列传》载“中山多美物”，而中山出土的众多精美器物，又反映了中山国工匠对传统块范铸造技术，流行的镶嵌、线刻、鎏金等先进工艺的纯熟运用。与华夏诸国相比，中山国的青铜铸造技术有过之而无不及。玉石制造业方面，中山国玉石器雕刻技术的突出成就表现在：一是阴刻线条细如毫发；二是阴线与浅浮雕巧妙结合，创造出层次感较强的纹饰；三是玉石器镂雕技术达到了相当高的水准。考古资料显示，战国时期常见的阴刻、浮雕、镂雕技法，在中山国都有精彩的运用和提升。总之，战国中期，在农业，特别是手工业技术方面，中山国的技术水平已经与周边华夏国家相当，在青铜器铸造技术方面甚至处于领先地位。

总之，战国早期到战国中期，中山国经济在纵向上存在着一个明显的跨越。这个巨大变化是在战国时期社会大变革的背景下产生的，也是中山国历史演变整体趋势在经济方面的重要表现。所谓区划，是中山国疆域的扩大而形成的区域经济的差别；所谓“赶超”，是指与战国华夏诸国横向比较，中山国经济在生产技术方面与之同步发展，甚至有所超越创新。这是战国时期中山国与中原诸国交流频繁的结果。

（四）中山国经济转型的背景和深层涵义

从战国早期以游牧为主，一变而为战国中期的以农业为主，手工业和商业超前发展，中山国经济结构的转型，是中山国顺时应势，放弃民族传统畜牧经济，顺从华夏民族以农为本的经济类型的结果，也是中山国民族认同向国家认同转变的一个重要表现。

首先，中山国经济转型产生于战国社会政治经济的巨大变革背景之下。战国初期，七雄并立的形势逐步确立。各国之间的兼并战争，无论是在规模还是在激烈程度上，均超过了春秋时期的霸权之争。战争的升级使得各国对富国强兵的诉求越来越迫切，社会改革步伐逐渐加快。从战国初期到战国中期，魏、赵、楚、秦、韩、齐纷纷出台一系列变法政策。随着各国变法的成功实施，专制主义中央集权的政治体制在各国建立。与此同时，各国社会经济领域也发生了惊人巨变，呈现出前所未有的繁荣。春秋晚期到战国早期，中山国社会形态是流动性较强的分散酋邦。到战国中期，中山国已经一变而为拥有固定疆域的中央集权君主专制国家。战国中期中山国已经形成了专制主义中央集权的政治体制。这种社会形态和政治体制的巨大变革，必须建立在适宜的经济基础之上。中山国刚刚形成的专制政体急需一定经济基础的支撑。因此，中山国的经济变革势在必行。

其次，战国早期至中期，中山国经济的显著变化与中山国自身发展历史同步。中山国经济的转型，与中山国自身历史的演变趋势相同。纵观中山国发展历程，中山国的经济变革是与生活方式的变革相适应的。中山国本是北方民族白狄鲜虞所建的小国。白狄族东迁的历史已经为学界所公认。因此，白狄鲜虞族本是一个习惯于四处迁徙的生活方式的民族，与此民族传统生活方式相适应的生产方式就是游牧经济。春秋晚期到战国早期，中山国初建之时，鲜虞、鼓、肥和仇犹等族的居民已经有了固定的城邑，这表明白狄鲜虞族居无定所的生活方式已经有所改变，定居的生活方式渐渐成为主流，而定居生活历来主要与农业生产方式相配套。生活方式的变化促成了经济生产方式的变化。而且，中山国疆域的变化也为经济变革提供了基础。战国早期中山国建立之初，国土狭小，主要地域处于今河北中西部的唐县、行唐等山区，在长期的迁徙过程中又保留了民族传统的以游牧为主的经济生产方式。以山区为主的国土资源和民族传统生产方式，限制了中山国的经济发展，使中山国只能延续民族传统的游牧经济。战国中期中山国复国后，桓、成、厝三世向外扩张发展，中山国国土面积迅速扩大，燕南赵北的华北平原地区为中山国占领。国家疆域的扩张，使中山国的国土资源不再以山区为主，而是以平原和丘陵为主，为中山国经济的转型提供了地理条件。平原地区历来适宜农业发展，丘陵地区比较适合畜牧业发展。中山国因地制宜，形成了以农业为主、以畜牧业为辅的经济结构，民族传统经济游牧业日渐衰退。

最后，魏国在中山国的统治和遗绪，是中山国经济变革的直接诱因。中山国曾有近 30 年的“魏氏中山”统治时期，即使复国后，也与魏国有着密切的政治联系。魏国历来是农业大国，魏国统治中山之时，不仅实行了君主专制的中央集权国家政治制度，并且推行了中原华夏国家以农为主的经济生产方式。《史记•乐毅列传》载乐羊率军攻占中山国，受封灵寿，其子孙因此世代居于灵寿。基于这一事件，可以知道魏氏中山时期魏国派驻中山的部分官吏及其子孙，在中山国复国后即转化为中山国的百姓。这些魏国移民来自生产力较为先进的中原大国魏国，世代务农，他们带来了先进的农业、手工业生产技术，这对中山国经济的影响不可小觑。中山复国后国家经济的飞跃发展，与魏氏中山的统治密不可分。

总之，战国时期社会变革的潮流，中山国自身的发展历史，以及魏国在中山国的统治，这些因素都构成了中山国经济变革和赶超华夏诸国的背景和诱因，在不同层面上影响了中山国的经济转型。三代时期的华夷之别，首先并不在于种族和血统的不同，而在于生产方式的差异，及由此而逐渐形成的文化和习俗上的差异。中山国经济结构的变化反映了鲜虞民族传统经济的衰退，以及民族传统经济生产方式与华夏诸国经济生产方式的融合。这种转化是鲜虞族民族认同向国家认同转化的经济表现。

三、冀中西部鲜虞中山国货币的变化

中山国货币研究的相关论文，比较重要的有《中山国灵寿城址出土货币研究》《中山国自铸货币初探》等十余篇文章。[①]这些文章一般是对中山国出土货币的形制、铭文等的基础介绍，以及对中山国货币相关情况的初步探索。曹迎春《中山国经济研究》第

① 陈应祺：《中山国灵寿城址出土货币概论》，《河北金融（钱币专辑）》1988 年增刊；陈应祺：《中山国灵寿城址出土货币研究》，《中国钱币》1995 年第 2 期；高英民：《中山国自铸货币初探》，《河北学刊》1985 年第 2 期；高英民：《战国中山国金贝的出土——兼述“成白”刀面文诸问题》，《中国钱币》1985 年第 4 期。

五章从自铸货币、外来货币、仿铸货币三个方面对中山的货币发展展开论述，是首先对中山国货币进行系统研究之作。上述研究成果表明，战国早期与战国中期之交，中山国的货币形态发生了变化，战国早期为贝货与尖首刀币并行；战国中期中山国自铸货币“成白刀币”出现，标志着中山国国家认同中的价值认同的成立；外来货币充斥并占有中山市场，显示了中山国已经跻身于华夏诸国的经贸圈内，与周边国家有着密切的经贸往来；仿铸货币的出现又表明中山国的价值认同与中原华夏国家的融合与趋同。

（一）中山国自身货币发展史

中山国自身货币发展史——贝货、尖首刀和自铸货币“成白刀币”的出现，反映了鲜虞民族经济认同向中山国家经济认同的转化。鲜虞中山故地出土有多种货币：布币、刀币，甚至贝货都有发现。曹迎春《中山国经济研究》第五章全面搜集和列举了中山国出土的货币资料。从中可以看出，春秋中期到战国早期，中山国流行的是贝货和尖首刀。战国中晚期，中山国出现了自铸货币“成白刀币”。春秋到战国时期中山国货币形态的变化，昭示了鲜虞族经济认同的衰退，中山国经济认同的初建。

春秋中期到战国早期，中山国墓葬出土了相当数量的贝货。这一时期，中山国墓葬中出土了各种质料的贝货，包括海贝、骨贝、石贝、金贝、银贝等。曹迎春研究指出，春秋中期，中山国墓葬的等级越高，其出土贝货的数量越多，这说明当时鲜虞族将贝视为财富的象征物，为贵族所藏。[①]贝货本为夏商西周时期的主要货币形式，春秋战国时期，随着金属铸币的盛行，贝货逐渐淡出流通领域，战国晚期最终消逝。春秋中期到战国早期，中山国贝货的流通，反映了鲜虞族一开始并没有形成本族的货币体系，而是受到华夏经济圈的影响，接受了华夏之族的流通货币。鲜虞族接纳了华夏国家的流通货币，这种现象表明此时鲜虞族缺乏本民族自身的经济认同和货币价值体系，鲜虞族的民族经济认同非常淡薄。

春秋中期到战国早期，鲜虞中山国故地出土货币中最为常见的是尖首刀币。据黄锡全[②]、陈隆文[③]、林沄[④]、陈平[⑤]、曹迎春[⑥]等诸位学者的研究考证，尖首刀币源自实

---

① 曹迎春：《中山国经济研究》，第 195 页。

② 黄锡全：《先秦货币通论》，北京：紫禁城出版社，2001 年，第 248 页。

③ 陈隆文：《春秋战国货币地理研究》，第 1 页；陈隆文：《尖首刀流通区域的历史地理考察》，《中国历史地理论丛》2005 年第 4 辑。

④ 林沄：《从张家口白庙墓地出土的尖首刀谈起》，中国钱币学会编：《中国钱币论文集》第 4 辑，北京：中国金融出版社，2002 年。

⑤ 陈平：《从军都山戎族墓地的发现谈尖首刀的起源和国别问题》，中国钱币学会编：《中国钱币论文集》第 4 辑，北京：中国金融出版社，2002 年。

⑥ 曹迎春：《中山国经济研究》，第 198 页。

用工具青铜削刀，一式尖首刀应是春秋中期后白狄族及白狄所建诸国铸造的货币，二式尖首刀，从其出土地域和与“成白”刀币形态上的相似性来看，应该是战国早期鲜虞中山国所铸货币。纵观尖首刀币的发展历程，出现于春秋中期前后，盛行于春秋中晚期及战国早中期，结束于战国中晚期，与鲜虞中山国的存灭起讫大体相合。春秋中期到战国早期，中山国铸行和流通狄族货币“尖首刀”。而此时，华夏国家已经开始盛行刀、布等金属铸币。狄族使用自铸的金属货币“尖首刀”，一方面表明狄族的价值认同已经与华夏国家相同，都以金属“铜”为等价物；另一方面，狄族铸币在形态上形成本族的特色，与华夏诸国的铸币相区别，又显示出狄族在长期与华夏民族接触的过程中，民族意识逐渐苏醒，民族认同日益加强，已经有意识地、人为地采用自铸货币等形式，将本族的经济圈与华夏经济圈区别开来。

总之，春秋中期到战国早期，鲜虞中山国以尖首刀币为主、以贝货为辅的货币系统，反映了白狄鲜虞族的民族经济认同从朦胧到苏醒的过程。

战国中期，中山国铸行“成白”刀币，代替“尖首刀”，体现了鲜虞民族经济认同向中山国家经济认同的跨越。战国早期中山国铸造和流通的“尖首刀”，与战国中期自铸的“成白”刀币，铸行时间不一，在形态、数量和出土地点方面既有延续性，也有相异之处。从形态上看，二者均为刀币，相同之处是主要的，显然“成白”刀币继承了“尖首刀”的基本形态，并且二者的刀柄之上都是一条直线，与燕、赵两国刀币上多为二条直线不同。细审二者，前者之形瘦而尖，后者之形稍变宽变钝，是二者细微之别。从数量上看，“成白”刀币的出土数量远胜于“尖首刀”，但又不如燕刀数量多。从出土地点来看，“尖首刀”多出土于墓葬，而“成白”刀币多出土于窖藏。仔细分析上述资料，二者形态上的相似性是主要的，这反映了鲜虞中山国货币形态的继承性，也是鲜虞族民族经济认同的延续。二者数量上相差甚远，这反映出战国早期中山国建立之初的经济弱小，尚主要局限于狄族经济圈之内，到战国中期中山国复国之后，经济腾飞，迅速融入燕赵经济圈内，商业流通领域所需的货币数量激增，遂新铸货币“成白”刀币，以满足商品市场的需求。二者出土地点的不同，则反映了鲜虞民族传统习俗的衰退。战国时期，以货币随葬的现象在中原华夏国家并不多见，随葬刀币的现象主要与北方民族文化有着较为密切的联系。战国早期的尖首刀多是墓葬随葬品，而战国中期中山国自铸的“成白”刀币与并行流通的燕、赵刀币，至目前为止，尚未发现有随葬于中山之地墓葬中的情况。两种刀币同是中山国铸行，出土地点却有着显著不同，这反映出战国中期中山国民已经抛弃了传统的随葬货币的民族习俗。这种随葬习俗的变化，也与战国早期到战国中期中山国社会生活风尚的变化潮流相一致。总之，战国中期中山国的自铸货币从尖首刀转变为“成白”刀币，不仅是简单的货币形态的变化，更是中山国经济跨越传统的狄族经济圈，融入华夏燕赵经济圈的体现，也是鲜虞族民族经济认同向中山国国家经济认同转化的货币表现，还反映了鲜虞族传统民族葬俗的衰变。

（二）中山国外来货币和仿铸货币的主导地位

战国中期，中山国流通领域的货币以外来的燕、赵两国的货币为主，其自铸货币“成白”刀币始终未能占据国内商业媒介的主导地位，这是中山货币流通的一大特色。

战国时期，燕、赵两国货币大量地流入中山国。这一时期商品经济的迅猛发展，使得一国的经济已不再是孤立的国别经济，而是相邻诸国已经形成了区域性经济圈。一国境内出土他国货币的情况已带有普遍性。燕境发现他国货币最多，大部分是韩、赵、魏三国刀、布币；赵境也出土许多燕、韩、魏、东周币；魏境内发现大量赵币和韩币。中山国出土大量燕、赵货币，这在战国时期并非孤例。战国时期一国所铸铜币，既能通行于国内，还可通行于他国，其根本原因是这些铸币本身即含有与重量对等的价值，重量多少本身就是一种交换价格。燕、赵两国都是战国时期的“万乘之国”，经济实力均强于中山。两国国内市场向外扩展，都在一定程度上将中山国所处地区卷入本国的市场圈和货币流通圈。货币外流正是这一市场圈和货币流通圈经济关系自发作用的结果。此外，中山国自己铸造的货币相对于通行已久的燕、赵货币来说，是一种新式货币，它要代替旧式货币，需要一段时间，两者在时间上不可能划分一个界限。这种自铸货币还未流行开来，中山国便在赵国的频繁进攻下灭亡了。

中山国还存在仿铸货币现象。中山国灵寿城商业区出土了仿刀币范和仿藺布币范，发现了仿刀币和仿藺布币。[①]仿铸现象在战国时期比较普遍。燕国就曾仿铸赵国的布币，魏国曾仿楚国货币。战国时期这种普遍仿铸他国货币的现象之所以会出现，归根结底还是社会经济和商品货币迅速发展的结果。各国经济交往频繁、货币交换增多，同时，货币文化逐渐突破人为的政治、军事上的对立状态，而在相互间产生了深远影响。当然，各国的仿铸货币都与原币存在一些区别，增加了一些自身的特点。如中山国在仿铸燕、赵货币的过程中，也融入了一些自己的特征，如赵国的“藺”布币为方肩方足桥形裆式，中山国仿铸的“藺”布币则是圆首圆肩圆足弧裆形。货币的仿造和变异，代表

① 陈应祺：《中山国灵寿城址出土货币研究》，《中国钱币》1995 年第 2 期。

着战国早期各国经济的融合以及地方经济的繁荣。中山国的仿铸货币现象反映出中山国经济日益发展，并渐渐融合于燕赵经济圈，也折射了中山国经济认同、价值认同与华夏国家日趋相同。外来货币主导中山市场，仿铸货币在中山国的出现，这些都表明中山国的价值认同与中原华夏国家趋同。

总之，中山国经济转型和货币发展历史，反映了中山国经济认同的转变。战国早期到战国中期，中山国经济总体水平有了显著的提高，百姓的生活水平随之上升，国家经济的兴盛必然增强中山国民的自信心，也增加中山国民对中山国政权的信赖，民族自豪感转而成为国家自豪感。商品媒介种类的增多，自铸与仿铸货币的出现，流通范围的扩大，都表明中山国的商业经济日益繁荣。随着与周边华夏国家商业贸易往来的日益频繁，中山国的民族经济跨越了流通尖首刀的狄族经济圈，融入了华夏经济圈。经济圈的扩大，意味着中山国民与外界的接触日益广泛，眼界日益开阔，原来的鲜虞族民族认同诸因素渐渐淡化。在与华夏国家的经济交往中，中山国的成白刀代替了原来流行的尖首刀，标志着中山国国家认同渐渐取代了民族认同。中山国国家整体经济和货币方面发生的突变，既是中山国民族经济向国家经济转化的体现，也是鲜虞族民族认同意识向中山国国家认同意识发展的经济表现。

但是，中山国经济的迅猛发展，也引起了诸多矛盾。如中山国的经济发展在区域分布上有明显的不平衡性，以灵寿为主的城邑经济发展迅速，而边疆地区的经济发展明显滞后，东部地区的农业区经济发展迅速，而西部地区的畜牧区却保持着较多的民族传统经济。这种国家内部经济发展的不平衡，导致了人口流动，使中山国原有的民族和文化间的摩擦持续增加。再如，魏氏中山时期源自魏国的移民，既带来了先进的技术，也使原来以白狄族为主的中山国增加了民族成分，冲击了原有的民族格局，刺激了新的民族矛盾的产生。中山国国家经济华夏化是一个促进国家经济发展的过程，同时也是一个加速贫富差距、扩大国内各阶层矛盾的过程。

四、结　　语

春秋早期到战国中晚期陕北白狄的经济结构主要是农牧兼营，并存在少量狩猎业。春秋晚期到战国早期山西东迁白狄的经济结构发生了明显变化，畜牧业衰退，商业渐兴。春秋中期到战国中期的冀北东迁白狄的经济形态则是以畜牧业为主，商业兴盛。春秋中期到战国早期，鲜虞中山国的经济结构是兼营畜牧业和农业，因地区不同而各有偏重。如行唐故郡遗址反映了白狄东迁部族以畜牧为重，而同时期其他地区的东迁白狄也从事农业。战国早期到中期，中山国经济结构、区域经济、生产技术等方面产生了巨大的变化。鲜虞民族传统的经济生产方式牧业衰退，代之以重商、重手工业、农牧并存的新型经济结构，呈现出以先进生产技术为代表的新型农业国家经济形态。鲜虞中山经济的发展和经济结构的转型，是中山国民经济认同形成的表现，也是鲜虞族民族认同向国家认同转化的重要表现之一，鲜虞中山国经济认同的形成强化了鲜虞中山的价值认同，加强了中山国的国家认同。

先秦随葬铜剑数量与墓葬等级关系初探*

樊　森　黄劲伟

重庆师范大学历史与社会学院；四川外国语大学中文系

礼，甲骨文作“豊”，《说文》：“履也。所以事神致福也。从示从豊，豊亦声。”王国维①、郭沫若②等先生根据“礼”字字形，判断“礼”之始，特别是商代之礼应与鬼神祭祀密切相关。

进入西周后，由于“周人尊礼尚施，事鬼敬神而远之”③的思想，礼的内涵有了新的变化，即在保留原有祭祀之义外，扩容入“宗礼”的内容。《周书·洛诰》：“四方迪乱，未定于宗礼。”④吴十洲先生认为“宗礼”包含“宗祖之祭”，也就是“确定贵族等级的‘礼’，包括参祭的次秩，也包含依等级而享有的器物分配”。⑤此时的礼指的是贵族参祭的秩序，而这个秩序不仅反映在贵族参加祭祀时候的序列仪秩，也反映在贵族所享有的权力物的分配制度中。

“贵族参加祭祀时候的序列仪秩”即是指贵族的身份等级，参祭时“贵族所享有的权力物”即是指礼器，不同等级的贵族在参祭时有序使用本等级配套的礼器，礼器与贵族身份等级的匹配就形成了礼器制度。“礼器制度”是礼器政治化的根源，吴十洲先生认为礼器政治化内涵突出表现在“不同的礼器与礼器组合代表不同的贵族等

---

* 基金项目：国家社科基金后期资助项目“考古学视野下的先秦铜剑与礼制研究”（21FZSB036）、重庆市教委规划项目“先秦铜剑礼用功能研究”（19SKGH030）。

① 王国维：《观堂集林（外二种）》，石家庄：河北教育出版社，2003年，第143—144页。

② 郭沫若先生在其《十批判书》中说：“礼是后来的字，在金文里面我们偶尔看见有用豊字的，从字的结构上来说，是在一个器皿里面盛两串玉具以奉事于神，《盘庚篇》里面所说的‘具乃贝玉’，就是这个意思。大概礼之起起于祀神，故其字后来从示，其后扩展而为对人，更其后扩展而为吉、凶、军、宾、嘉的各种仪制。”（郭沫若：《十批判书·孔墨的批判》，北京：东方出版社，1996年，第96页。）

③ （清）阮元校刻：《十三经注疏·礼记正义》，北京：中华书局，1980年，第1642页。

④ （唐）孔颖达疏，（清）阮元校刻：《十三经注疏·尚书正义》，北京：中华书局，1980年，第216页。

⑤ 吴十洲：《两周礼器制度研究》，台北：五南图书出版公司、中华发展基金管理委员会，2004年，第11页。

级”[①]，这即是礼器区分贵贱等级的客观标识效用。

礼器的差异具体体现在礼器本身规制、规格和数量等方面，《礼记•礼器》对何种规制的礼器对应何种等级的贵族有一段详细的说明：

> 礼，有以多为贵者：天子七庙，诸侯五，大夫三，士一。天子之豆二十有六，诸公十有六，诸侯十有二，上大夫八，下大夫六。诸侯七介七牢，大夫五介五牢。天子之席五重，诸侯之席三重，大夫再重。天子崩，七月而葬，五重八翣；诸侯五月而葬，三重六翣；大夫三月而葬，再重四翣。此以多为贵也。
>
> 有以少为贵者：天子无介；祭天特牲；天子适诸侯，诸侯膳以犊；诸侯相朝，灌用郁鬯，无笾豆之荐；大夫聘礼以脯醢；天子一食，诸侯再，大夫、士三，食力无数；大路繁缨一就，次路繁缨七就；圭璋特，琥璜爵；鬼神之祭单席。诸侯视朝，大夫特，士旅之。此以少为贵也。
>
> 有以大为贵者：宫室之量，器皿之度，棺椁之厚，丘封之大。此以大为贵也。
>
> 有以小为贵者：宗庙之祭，贵者献以爵，贱者献以散，尊者举觯，卑者举角；五献之尊，门外缶，门内壶，君尊瓦甒。此以小为贵也。
>
> 有以高为贵者：天子之堂九尺，诸侯七尺，大夫五尺，士三尺；天子、诸侯台门。此以高为贵也。
>
> 有以下为贵者：至敬不坛，扫地而祭。天子诸侯之尊废禁，大夫、士棜禁。此以下为贵也。
>
> 礼有以文为贵者：天子龙衮，诸侯黼，大夫黻，士玄衣纁裳；天子之冕，朱绿藻十有二旒，诸侯九，上大夫七，下大夫五，士三。此以文为贵也。
>
> 有以素为贵者：至敬无文，父党无容，大圭不琢，大羹不和，大路素而越席，牺尊疏布鼏，椫杓。此以素为贵也。[②]

文献记载给我们提供了一个随着身份等级和权力大小的变化，礼器的使用也同步呈现出递增或递减的变化序列，即“物质形式越高的，其礼的形式也就越高”[③]。《礼记•曲礼》：“礼不下庶人。”郑玄注：“为其遽于事，且不能备物。”孔颖达疏：“礼不下庶人者，谓庶人贫无物为礼，又分地是务，不服燕饫，故此礼不下与庶人行也。”[④]这表明礼归根结底是一种物化形式，是一种体现统治集团内部权力分配的物质形式。可以认为，物化的礼与礼的物化作用是两周礼制的特质。[⑤]

---

① 吴十洲：《两周礼器制度研究》，第27—28页。
② （清）阮元校刻：《十三经注疏•礼记正义》，第1431—1433页。
③ 吴十洲：《两周礼器制度研究》，第30页。
④ （清）阮元校刻：《十三经注疏•礼记正义》，第1249页。
⑤ 吴十洲：《两周礼器制度研究》，第27页。

同样，铜剑作为一种特殊的礼用兵器，其标识贵族身份等级的功能也体现在数量、纹饰、工艺等信息中。但可惜的是，除了《周礼·考工记·桃氏》篇外，文献中对铜剑标识贵族等级的说明并不多，为全面挖掘铜剑"辨等列"礼用功能的具体表现，本文即以墓葬所见铜剑数量为切入点，剖析其与墓葬等级间的规律性关系，以期呈现先秦铜剑区分等级、标识身份的礼用内涵。

一、先秦墓葬出土铜剑数量考察

在本文考察的 138 座商周铜剑墓例中共出土铜剑 226 把。①时间范围为商代到战国晚期，其中商代墓葬 1 座、西周墓葬 39 座、春秋墓葬 34 座、战国墓葬 64 座。参考既有先秦墓葬等级划分成果②，综合多方面标准把 138 座出土铜剑的墓葬的等级于周天子下分为四级③，其与墓主身份等级的大致对应关系为：第一等级：列国诸侯、王朝卿大夫；第二等级：列国大夫、大夫家族的近亲成员；第三等级：各级士；第四等级：庶人及其以下各阶层。其中，第一、二等级为高级贵族墓葬，第四等级为低级墓葬。

（一）墓葬出土铜剑分期统计

1. 商代晚期

一级墓（1）：新干大洋洲 XDM（3 把）。

二、三、四级墓未见。

2. 西周早期

一级墓（10）：竹园沟 BZM7、竹园沟 BZM13、洛阳北窑 M215（3 把）、洛阳林校车马坑 C3M230、叶家山 M1（2 把）、白草坡 M1（2 把）、白草坡 M2（2 把）、应国墓地 M232、鹿邑太清宫长子口墓 M1、高家堡戈族墓地 M4。

---

① 笔者博士论文《先秦铜剑礼用功能研究》中统计先秦出土铜剑墓葬约有651座（数据截止到2016年），其中商代墓葬1座、西周墓葬39座、春秋墓葬39座、战国墓葬572座（长沙楚墓513座）。

② 包括孙庆伟《周代用玉制度研究》、井中伟《夏商周考古学》等涉及相关墓葬等级判定的学术专著，以及如洛阳市文物工作队编著的《洛阳王城广场东周墓》等具体墓葬考古发掘报告。

③ 墓葬等级的区分标准包括很多方面，但在不同时代和地区或有所不同，据前辈学者研究，墓葬形制、墓葬规模、随葬鼎簋的数量、器物组合、有无殉人和是否随葬车马坑等均可用来判断墓葬的等级。但一方面由于墓葬本身的上述表现在不同时代和地域上存在一定差异；另一方面研究者所采取的标准不同其所得结论自然也会产生个体区别，故目前学界尚未建立起一个具有普遍适用性的墓葬等级判断标准。

二级墓（5）：竹园沟 BZM1、竹园沟 BZM4、竹园沟 BZM8、琉璃河 M253、天马曲村 M6210。

三级墓（8）：竹园沟 BZM11、竹园沟 BZM14、竹园沟 BZM18、竹园沟 BZM19、竹园沟 BZM1、琉璃河 M52、琉璃河 M53（2 把）、贺家村 M5（2 把）。

四级墓（1）：竹园沟 BZM21。

西周早期出土铜剑墓葬共 24 座，共出土铜剑 31 把，其中宝鸡竹园沟強国墓地 11 座，出土铜剑 11 把。

随葬 3 把剑的有洛阳北窑 M215，2 把为丰伯剑（M215：53、M215：54），另有一柄饕餮纹剑（M215：55）。该墓面积较大，长宽比例为 6.55*4.7/6.41*（4.69-10.5）（米），为正斗形大型墓。根据其中铸有铭文的 2 把丰伯剑和 1 件丰伯戈可以判断墓主身份为丰伯，发掘报告认为 M215 可能是丰国首领丰伯墓。

随葬 2 把剑的有叶家山 M1、白草坡 M1、白草坡 M2、琉璃河 M53、贺家村 M5。其中叶家山 M1、白草坡 M1、白草坡 M2 为一级墓；琉璃河 M53、贺家村 M5 为三级墓。

其他出土铜剑的墓葬均随葬 1 把剑。

根据发掘报告，西周早期出土铜剑墓葬的等级分布情况统计如表 1 所示：

表 1　西周早期出土铜剑墓葬及其出剑情况的分级统计

西周早期	一级	二级	三级	四级	铜剑统计/把	墓葬统计/座
随葬 3 把剑	洛阳北窑 M215				3	1
随葬 2 把剑	叶家山 M1、白草坡 M1、白草坡 M2		贺家村 M5、琉璃河 M53		10	5
随葬 1 把剑	竹园沟 BZM7、竹园沟 BZM13、洛阳林校车马坑 C3M230、应国墓地 M232、鹿邑太清宫长子口墓 M1、高家堡戈族墓地 M4	竹园沟 BZM1、竹园沟 BZM4、竹园沟 BZM8、琉璃河 M253、天马曲村 M6210	竹园沟 BZM11、竹园沟 BZM14、竹园沟 BZM18、竹园沟 BZM19、竹园沟 BZM1、琉璃河 M52	竹园沟 BZM21	18	18
铜剑统计	15	5	10	1	31	
墓葬统计	10	5	8	1		24

3. 西周中期

一级墓（4）：茹家庄 BRM1（2 把）、张家坡 M152、瓯海杨府山西周土墩墓 M1（3 把）、北赵晋侯墓地 M33。

二级墓：暂缺。

三级墓（3）：张家坡 M183、少陵原 M280、天马曲村 M6071。

四级墓（1）：少陵原 M452。

西周中期出土铜剑墓葬共 8 座，共出土铜剑 11 把。其中宝鸡茹家庄強国墓地 1 座，出土铜剑 2 把。该时期的铜剑主要出在一、三级墓中，未见二级墓出土铜剑。

随葬 3 把剑的有瓯海杨府山西周土墩墓 M1，为 1 级大墓。3 把剑均为双耳剑（M1：22、M1：23、M1：24），且镶嵌有绿松石。其中两件叠放，与玉玦同置。发掘报告认为墓主可能为越族高级军事将领。

随葬 2 把剑的茹家庄 BRM1，两剑均出自墓主腰部，编号为 BRM1 乙：68 和 BRM1 乙：69，其中 BRM1 乙：68 为带鞘柳叶剑。该墓为甲字形竖穴土坑墓，一级，有殉人 7，发掘报告判断墓主为強国首领強伯。

其他出土铜剑的墓葬均随葬 1 把剑。

根据发掘报告，西周中期出土铜剑墓葬的等级分布情况统计如表 2 所示：

表 2　西周中期出土铜剑墓葬及其出剑情况的分级统计

西周中期	一级	二级	三级	四级	铜剑统计/把	墓葬统计/座
随葬 3 把剑	瓯海杨府山西周土墩墓 M1				3	1
随葬 2 把剑	茹家庄 BRM1				2	1
随葬 1 把剑	张家坡 M152、北赵晋侯墓地 M33		张家坡 M183、少陵原 M280、天马曲村 M6071	少陵原 M452	6	6
铜剑统计	7		3	1	11	
墓葬统计	4		3	1		8

4. 西周晚期

一级墓（6）：北赵晋侯墓地 M91、北赵晋侯墓地 M64、丹徒华山大笆斗土墩墓 DBM1、山西黎城县西关村黎侯墓、三门峡上村岭虢国墓地 M2001、三门峡上村岭虢国墓地 M2011。

二级墓（1）：甘肃宁县宇村西周墓 M1。

西周晚期出土铜剑墓葬共 7 座，共出土铜剑 7 把。这些剑主要出在一、二级墓，未见三、四级墓葬出土铜剑。

根据发掘报告，西周晚期出土铜剑墓葬的等级分布情况统计如表 3 所示：

表 3 西周晚期出土铜剑墓葬及其出剑情况的分级统计

西周晚期	一级	二级	三级	四级	铜剑统计/把	墓葬统计/座
随葬 1 把剑	北赵晋侯墓地 M91、北赵晋侯墓地 M64、丹徒华山大笆斗土墩墓 DBM1、山西黎城县西关村黎侯墓、三门峡上村岭虢国墓地 M2001、三门峡上村岭虢国墓地 M2011	甘肃宁县宇村西周墓 M1			7	7
铜剑统计	6	1			7	
墓葬统计	6	1				7

5. 春秋早期

一级墓（3）：河南三门峡上村岭虢国墓地 M1052（2 把）、陕西韩城梁带村 M27、山东长清仙人台郜国墓地 M6（2 把）。

二级墓（2）：甘肃礼县圆顶山 98LDM3、洛阳中州路 M2415。

三级墓（4）：河南三门峡上村岭虢国墓地 M1705、河南三门峡上村岭虢国墓地 M1721、甘肃灵台县景家庄 M1、陇县边家庄秦墓。

四级墓（1）：宝鸡谭家村 M24。

春秋早期出土铜剑墓葬共 10 座，出土铜剑 12 把。除了三门峡上村岭虢国墓地 M1052、山东长清仙人台郜国墓地 M6 随葬 2 把剑外，其他墓葬均出土 1 把剑。

根据发掘报告，春秋早期出土铜剑墓葬的等级分布情况统计如表 4 所示：

表 4 春秋早期出土铜剑墓葬及其出剑情况的分级统计

春秋早期	一级	二级	三级	四级	铜剑统计/把	墓葬统计/座
随葬 2 把剑	河南三门峡上村岭虢国墓地 M1052、山东长清仙人台郜国墓地 M6				4	2
随葬 1 把剑	陕西韩城梁带村 M27	甘肃礼县圆顶山 98LDM3、洛阳中州路 M2415	河南三门峡上村岭虢国墓地 M1705、河南三门峡上村岭虢国墓地 M1721、甘肃灵台县景家庄 M1、陇县边家庄秦墓	宝鸡谭家村 M24	8	8
铜剑统计	5	2	4	1	12	
墓葬统计	3	2	4	1		10

6. 春秋中期

一级墓（3）：山东沂水刘家店子 M1（6 把）、薛故城 MD2 墓（2 把）、甘肃礼县圆顶山 98LDM2（5 把）。

二级墓（3）：河南辉县琉璃阁 M80（3 把）、凤翔孙家南头墓地 M191、凤翔孙家南头墓地 M126。

春秋中期出土铜剑墓葬共 6 座，出土铜剑 18 把。这些剑主要出土在一、二级墓中，未见三、四级墓葬出土。其中山东沂水刘家店子 M1 出剑 6 把，其中 1 把为金剑柄（M1：124），另外 5 把为柳叶剑。该墓为长方形竖穴土圹墓，两椁一棺，有两个器物库，袝葬车马坑且有大量殉人，随葬有鼎 16、簋 7、鬲 9，墓葬等级为一级，发掘报告判断该墓为莒国国君墓。

甘肃礼县圆顶山 98LDM2 出土铜剑 5 把，其中 1 把蟠虺纹铜柄镶绿松石铁剑仅剩剑柄，另有 2 把铜剑柄、1 把蟠虺纹铜柄鎏金铁剑，还有石剑 1 把，随葬 7 鼎，祝中熹先生判断该墓是秦先公墓。

根据发掘报告，春秋中期出土铜剑墓葬的等级分布情况统计如表 5 所示：

表 5　春秋中期出土铜剑墓葬及其出剑情况的分级统计

春秋中期	一级	二级	三级	四级	铜剑统计/把	墓葬统计/座
随葬 6 把剑	山东沂水刘家店子 M1				6	1
随葬 5 把剑	甘肃礼县圆顶山 98LDM2				5	1
随葬 3 把剑		河南辉县琉璃阁 M80			3	1
随葬 2 把剑	薛故城 MD2 墓				2	1
随葬 1 把剑		凤翔孙家南头墓地 M191、凤翔孙家南头墓地 M126			2	2
铜剑统计	13	5			18	
墓葬统计	3	3				6

7. 春秋晚期

一级墓（7）：河南辉县琉璃阁甲墓（2 把）、陕西宝鸡益门村 M2（3 把）、江苏邳州九女墩 M3（3 把）、洛阳市西工区凯旋路 74C1M4（2 把）、山西太原金胜村赵卿墓（6 把）、安徽寿县蔡侯墓（4 把）、莒南大店殉人墓 M1。

二级墓（1）：洛阳中州路 M115。

三级墓（2）：洛阳中州路 M2413、洛阳中州路 M2729。

四级墓（8）：洛阳中州路 M448、洛阳中州路 M1418、洛阳中州路 M2604、洛阳中州路 M2737、山东新泰郭家泉东周墓 M1、山东新泰郭家泉东周墓 M2、山东新泰郭家泉东周墓 M8、山东新泰郭家泉东周墓 M20。

春秋晚期出土铜剑墓葬共 18 座，共出土铜剑 32 把。

根据发掘报告，春秋晚期出土铜剑墓葬的等级分布情况统计如表 6 所示：

表 6　春秋晚期出土铜剑墓葬及其出剑情况的分级统计

春秋晚期	一级	二级	三级	四级	铜剑统计/把	墓葬统计/座
随葬 6 把剑	山西太原金胜村赵卿墓				6	1
随葬 4 把剑	安徽寿县蔡侯墓				4	1
随葬 3 把剑	陕西宝鸡益门村 M2、江苏邳州九女墩 M3				6	2
随葬 2 把剑	河南辉县琉璃阁甲墓、洛阳市西工区凯旋路 74C1M4				4	2
随葬 1 把剑	莒南大店殉人墓 M1	洛阳中州路 M115	洛阳中州路 M2413、洛阳中州路 M2729	洛阳中州路 M448、洛阳中州路 M1418、洛阳中州路 M2604、洛阳中州路 M2737、山东新泰郭家泉东周墓 M1、山东新泰郭家泉东周墓 M2、山东新泰郭家泉东周墓 M8、山东新泰郭家泉东周墓 M20	12	12
铜剑统计	21	1	2	8	32	
墓葬统计	7	1	2	8		18

8. 战国早期

一级墓（3）：河南辉县琉璃阁 M60（3 把）、淄河店二号战国墓 M2、汲县山彪镇 M1。

二级墓（7）：河南辉县琉璃阁 M75（3 把）、洛阳中州路 M2717（3 把）、长治分水岭 M12（2 把）、长治分水岭 M126、长治分水岭 M53、长子县牛家坡 M7、潞城潞河战国墓 M7（2 把）。

三级墓（15）：洛阳中州路 M309、洛阳中州路 M2719、洛阳中州路 M2721、洛阳中州路 M2724、洛阳中州路 M2728、洛阳中州路 M2733、长治分水岭 M10、长治分水岭 M79、长治分水岭 M258、长子县羊圈沟 M1、长子县羊圈沟 M2、长子县牛家坡 M11、邯郸百家村 M57、凤翔八旗屯 M26、临淄区孙家徐姚墓地 M22（2 把）。

四级墓（4）：洛阳中州路 M101、洛阳中州路 M303、洛阳中州路 M2704、临淄区孙家徐姚墓地 M45。

战国早期出土铜剑墓葬共 29 座，共出土铜剑 38 把。

根据发掘报告，战国早期出土铜剑墓葬的等级分布情况统计如表 7 所示：

表 7　战国早期出土铜剑墓葬及其出剑情况的分级统计

战国早期	一级	二级	三级	四级	铜剑统计/把	墓葬统计/座
随葬 3 把剑	河南辉县琉璃阁 M60	河南辉县琉璃阁 M75、洛阳中州路 M2717			9	3
随葬 2 把剑		长治分水岭 M12、潞城潞河战国墓 M7	临淄区孙家徐姚墓地 M22		6	3
随葬 1 把剑	淄河店二号战国墓 M2、辉县山彪镇 M1	长治分水岭 M126、长治分水岭 M53、长子县牛家坡 M7	洛阳中州路 M309、洛阳中州路 M2719、洛阳中州路 M2721、洛阳中州路 M2724、洛阳中州路 M2728、洛阳中州路 M2733、长治分水岭 M10、长治分水岭 M79、长治分水岭 M258、长子县羊圈沟 M1、长子县羊圈沟 M2、长子县牛家坡 M11、邯郸百家村 M57、凤翔八旗屯 M26	洛阳中州路 M101、洛阳中州路 M303、洛阳中州路 M2704、临淄区孙家徐姚墓地 M45	23	23
铜剑统计	5	13	16	4	38	
墓葬统计	3	7	15	4		29

9. 战国中期

二级墓（4）：湖北江陵天星观 M1（32 把）、湖北江陵望山 M1（4 把）、荆门包山 M2（2 把）、江陵藤店一号墓（2 把）。

三级墓（7）：江陵沙冢 M3、山东新泰郭家泉东周墓 M10（2 把）、长治分水岭 M165、长治分水岭 M170、长治分水岭 M107、邯郸百家村 M1、邯郸百家村 M20。

四级墓（17）：江陵沙冢 M4、洛阳中州路 M511、洛阳中州路 M257、洛阳中州路 2417、长治分水岭 M40、长治分水岭 M41、长治分水岭 M45、长治分水岭 M68、长治分水岭 M82、长治分水岭 M96、长治分水岭 M98、长治分水岭 M161、长治分水岭 M86、长治分水岭 M120、长治分水岭 M159、邯郸百家村 M15、邯郸百家村 M19。

战国中期出土铜剑墓葬 28 座，共出土铜剑 65 把。这些剑主要出在二、三、四级墓中。该时期暂未见出土铜剑的一级墓葬，应与大型墓葬未发掘或未被科学发掘有关。

值得注意的是江陵天星观 M1 墓出土铜剑 32 把，且配有 32 把剑鞘，这是目前所见出土铜剑最多的一座先秦墓葬。

根据发掘报告，战国中期出土铜剑墓葬的等级分布情况统计如表 8 所示：

表 8　战国中期出土铜剑墓葬及其出剑情况的分级统计

战国中期	一级	二级	三级	四级	铜剑统计/把	墓葬统计/座
随葬 32 把剑		湖北江陵天星观 M1			32	1
随葬 4 把剑		湖北江陵望山 M1			4	1
随葬 2 把剑		荆门包山 M2、江陵藤店一号墓	山东新泰郭家泉东周墓 M10		6	3
随葬 1 把剑			江陵沙冢 M3、长治分水岭 M165、长治分水岭 M170、长治分水岭 M107、邯郸百家村 M1、邯郸百家村 M20	洛阳中州路 M511、洛阳中州路 M257、洛阳中州路 2417、长治分水岭 M40、长治分水岭 M41、长治分水岭 M45、长治分水岭 M68、长治分水岭 M82、长治分水岭 M96、长治分水岭 M98、长治分水岭 M161、长治分水岭 M86、长治分水岭 M120、长治分水岭 M159、邯郸百家村 M15、邯郸百家村 M19、江陵沙冢 M4	23	23
铜剑统计		40	8	17	65	
墓葬统计		4	7	17		28

10. 战国晚期

二级墓（1）：辉县赵固 M1（3 把）。

三级墓（2）：长子县牛家坡 M12、邯郸百家村 M3。

四级墓（4）：洛阳中州路 M2213、临淄区孙家徐姚墓地 M11、长治分水岭 M21、长子县牛家坡 M10。

战国晚期出土铜剑墓葬共 7 座，出土铜剑 9 把。

根据发掘报告，战国晚期出土铜剑墓葬的等级分布情况统计如表 9 所示：

表 9　战国晚期出土铜剑墓葬及其出剑情况的分级统计

战国晚期	一级	二级	三级	四级	铜剑统计/把	墓葬统计/座
随葬 3 把剑		辉县赵固 M1			3	1
随葬 1 把剑			长子县牛家坡 M12、邯郸百家村 M3	洛阳中州路 M2213、临淄区孙家徐姚墓地 M11、长治分水岭 M21、长子县牛家坡 M10	6	6
铜剑统计		3	2	4	9	
墓葬统计		1	2	4		7

（二）出土铜剑数量与墓葬等级、时代分布统计

按照同一墓葬出土铜剑数量的多少，本文重点考察的 138 座商周出土铜剑墓葬可

以分为两大组：①只出土 1 把剑的单剑墓；②出土 2 把剑及以上的多剑墓，这些墓葬根据出土铜剑的具体数量又可细分为出土 2 把剑的双剑墓、出土 3 把剑的三剑墓、出土 4 把剑的四剑墓、出土 5 把剑的五剑墓、出土 6 把剑的六剑墓和出土 32 把剑的三十二剑墓六种情况。

1. 单剑墓

在本文的考察样本中，出土 1 把剑的单剑墓共 105 座，按照墓葬等级和时代分布可以列表如表 10 所示：

表 10　单剑墓的墓葬等级及其时代统计　　单位：座

等级	商代晚期	西周			春秋			战国			合计
		早期	中期	晚期	早期	中期	晚期	早期	中期	晚期	
一级		6	2	6	1		1	2			18
二级		5		1	2	2	1	3			14
三级		6	3		4		2	14	6	2	37
四级		1	1		1		8	4	17	4	36
合计		18	6	7	8	2	12	23	23	6	105
全部墓葬	1	24	8	7	10	6	18	29	28	7	138

值得注意的是，从春秋晚期开始，出土铜剑墓葬的等级逐渐下降，春秋晚期的 12 座单剑墓中仅有 1 座一级墓，1 座二级墓，而三、四级墓数量则呈现递增的趋势，这与西周早期的递减趋势恰好相反。

2. 多剑墓

1）双剑墓

出土 2 把剑的墓葬共 17 座，分别是：

西周早期：

一级墓：叶家山 M1、白草坡 M1、白草坡 M2。

三级墓：琉璃河 M53、贺家村 M5。

西周中期：

一级墓：茹家庄 BRM1。

春秋早期：

一级墓：河南三门峡上村岭虢国墓地 M1052、山东长清仙人台邿国墓地 M6。

春秋中期：

一级墓：薛故城 MD2 墓。

春秋晚期：

一级墓：河南辉县琉璃阁甲墓、洛阳市西工区凯旋路 74C1M4。

战国早期：

二级墓：长治分水岭 M12、潞城潞河战国墓 M7。

三级墓：临淄区孙家徐姚墓地 M22。

战国中期：

二级墓：荆门包山 M2、江陵藤店一号墓。

三级墓：山东新泰郭家泉东周墓 M10。

按照墓葬等级和时代分布可以列表统计如表 11 所示：

表 11 双剑墓的墓葬等级及其时代统计 单位：座

等级	商代晚期	西周			春秋			战国			合计
		早期	中期	晚期	早期	中期	晚期	早期	中期	晚期	
一级		3	1		2	1	2				9
二级								2	2		4
三级		2						1	1		4
四级											
合计		5	1		2	1	2	3	3		17
全部墓葬	1	24	8	7	10	6	18	29	28	7	138

出土两把剑的双剑墓除了 4 座三级墓外，主要见于一、二级墓，未见有四级墓出土 。在春秋晚期之前，双剑墓主要见于一级墓，进入战国后，二级墓才开始增多。从这种角度来看，墓葬随葬双剑具有等级身份标识意义。

2）三剑墓

出土三把剑的墓葬共 10 座，分别为：

商代晚期：

一级墓：新干大洋洲 XDM。

西周早期：

一级墓：洛阳北窑 M215。

西周中期：

一级墓：瓯海杨府山西周土墩墓 M1。

春秋中期：

二级墓：河南辉县琉璃阁 M80。

春秋晚期：

一级墓：陕西宝鸡益门村 M2、江苏邳州九女墩 M3。

战国早期：

一级墓：河南辉县琉璃阁 M60。

二级墓：河南辉县琉璃阁 M75、洛阳中州路 M2717。

战国晚期：

二级墓：辉县赵固 M1。

按照墓葬等级和时代分布可以列表统计如表 12 所示：

表 12　三剑墓的墓葬等级及其时代统计　　单位：座

等级	商代晚期	西周			春秋			战国			合计
		早期	中期	晚期	早期	中期	晚期	早期	中期	晚期	
一级	1	1	1				2	1			6
二级						1		2		1	4
三级											
四级											
合计	1	1	1			1	2	3		1	10
全部墓葬	1	24	8	7	10	6	18	29	28	7	138

出土三把剑的墓葬主要是一、二等级的高级墓，未见三、四等级的低级墓。可见，三剑墓对应的是高级墓葬。

3）四剑墓

出土四把剑的墓葬共 2 座，分别是春秋晚期的安徽寿县蔡侯墓、战国中期的湖北江陵望山 M1，前者为一级墓，后者为二级墓。

按照墓葬等级和时代分布可以列表统计如表 13 所示：

表 13　四剑墓的墓葬等级及其时代统计　　单位：座

等级	商代晚期	西周			春秋			战国			合计
		早期	中期	晚期	早期	中期	晚期	早期	中期	晚期	
一级							1				1
二级									1		1
三级											
四级											
合计							1		1		2
全部墓葬	1	24	8	7	10	6	18	29	28	7	138

出土四把剑的墓葬主要是一、二等级的高级墓，未见三、四等级的低级墓。可见，四剑墓对应的是高级墓葬。

4）五剑墓

出土五把剑的墓葬目前仅见 1 座，是春秋中期的一级墓甘肃礼县圆顶山 98LDM2，该墓出土的 5 把剑分别是 98LDM2：12、98LDM2：82、98LDM2：83、98LDM2：3 以及编号不详的石剑 1 把，从形制上看，这批剑均属于典型的秦式剑。发掘报告判断 98LDM2

年代为春秋中晚期，从墓葬规模、殉人数量、祔葬车马坑以及随葬礼器（7鼎、6簋）的情形来看，墓主身份级别很高，祝中熹先生认为墓主可能是秦先公。

5）六剑墓

出土六把剑的墓葬共2座，分别是：春秋中期的山东沂水刘家店子 M1 和春秋晚期的山西太原金胜村赵卿墓，二者均为一级墓。值得注意的是，太原金胜村赵卿墓随葬的还有10柄铜钺，是所有与铜剑共出墓葬中随葬铜钺最多的一座。

6）三十二剑墓

出土铜剑数量最多者为战国中期的湖北江陵天星观 M1，该墓为二级墓。从该墓随葬兵器的组合来看，主要兵器的组合方式为：戈、矛、戟、剑、镞，具体数量为剑32、矛2、矛镈7、矛柄3、戟刺20、戟戈12、戈9、戈镈13、铜镈8、骨镈5、殳6、弓7、盾19、甲1。其中铜剑是该墓随葬数量最多的兵器，32把剑均出土在椁室的西室，与铜剑同出的是配套的32把剑鞘和1件剑盒。

该墓为有墓道、有封土的“甲”字形竖穴木椁墓，墓室规模较大，13.1*（10.6-12.2）（米），一椁三棺。随葬品极为丰富，包括鼎5、壶2、盉1、小口鼎1、盥缶1、盘1、匜1、勺1、斗1、匕13、编钟4、穿顶5、钟架1、钟棒2、编磬（数量未明）、磬架1、磬槌6、笙6、瑟5、虎座凤鸟悬鼓1、鼓槌2、小鼓1等。从天星观 M1 墓葬形制、规模和随葬品情形来看，该墓级别较高，原报告认为天星观 M1 墓主可能是楚国上卿。

二、墓葬出土铜剑数量与墓葬等级的关系

通过观察各时期不同等级出土单（复）数铜剑墓葬数与该时期该等级墓葬总数的百分比（见表14），可解读墓葬出土铜剑数量与墓葬等级的关系（见表15和表16）。

（一）单剑墓

西周早期，出土1把剑的单剑墓共18座，占全部出土铜剑墓总数24座的75%。其中有6座一级墓、5座二级墓、6座三级墓和1座四级墓，分别占同级别所有出土铜剑墓总数的60%、100%、75%、100%。

西周中期，出土1把剑的单剑墓共6座，占全部出土铜剑墓总数8座的75%。其中有2座一级墓、0座二级墓、3座三级墓和1座四级墓，分别占同级别所有出土铜剑墓总数的50%、0%、100%、100%。

西周晚期，出土1把剑的单剑墓共7座，占全部出土铜剑墓总数7座的100%。其中有6座一级墓、1座二级墓，没有三级墓和四级墓，分别占同级别所有出土铜剑

墓总数的 100%、100%、0%、0%。

春秋早期，出土 1 把剑的单剑墓共 8 座，占全部出土铜剑墓总数 10 座的 80%。其中有 1 座一级墓、2 座二级墓、4 座三级墓和 1 座四级墓，分别占同级别所有出土铜剑墓总数的 33.33%、100%、100%、100%。

春秋中期，出土 1 把剑的单剑墓共 2 座，占全部出土铜剑墓总数 6 座的 33.33%。其中有 0 座一级墓、2 座二级墓、0 座三级墓和 0 座四级墓，分别占同级别所有出土铜剑墓总数的 0%、66.67%、0%、0%。

春秋晚期，出土 1 把剑的单剑墓共 12 座，占全部出土铜剑墓总数 18 座的 66.67%。其中有 1 座一级墓、1 座二级墓、2 座三级墓和 8 座四级墓，分别占同级别所有出土铜剑墓总数的 14.29%、100%、100%、100%。

战国早期，出土 1 把剑的单剑墓共 23 座，占全部出土铜剑墓总数 29 座的 79.31%。其中有 2 座一级墓、3 座二级墓、14 座三级墓和 4 座四级墓，分别占同级别所有出土铜剑墓总数的 66.67%、42.86%、93.33%、100%。

战国中期，出土 1 把剑的单剑墓共 23 座，占全部出土铜剑墓总数 28 座的 82.14%。其中有 6 座三级墓和 17 座四级墓，没有一级墓和二级墓，分别占同级别所有出土铜剑墓总数的 0%、0%、85.71%、100%。

战国晚期，出土 1 把剑的单剑墓共 6 座，占全部出土铜剑墓总数 7 座的 85.71%。其中有 2 座三级墓和 4 座四级墓，没有一级墓和二级墓，分别占同级别所有出土铜剑墓总数的 0%、0%、100%、100%。

表 14　单剑墓葬占比统计表　　单位：座

等级		商代	西周			春秋			战国			合计
			早期	中期	晚期	早期	中期	晚期	早期	中期	晚期	
一级	单剑墓	0	6	2	6	1	0	1	2	0	0	18
	总墓数	1	10	4	6	3	3	7	3	0	0	37
	比例	0%	60%	50%	100%	33.33%	0%	14.29%	66.67%	0%	0%	48.65%
二级	单剑墓		5	0	1	2	2	1	3	0	0	14
	总墓数		5	0	1	2	3	1	7	4	1	24
	比例		100%	0%	100%	100%	66.67%	100%	42.86%	0%	0%	58.33%
三级	单剑墓		6	3	0	4	0	2	14	6	2	37
	总墓数		8	3	0	4	0	2	15	7	2	41
	比例		75%	100%	0%	100%	0%	100%	93.33%	85.71%	100%	90.24%
四级	单剑墓		1	1	0	1	0	8	4	17	4	36
	总墓数		1	1	0	1	0	8	4	17	4	36
	比例		100%	100%	0%	100%	0%	100%	100%	100%	100%	100%
合计	单剑墓	0	18	6	7	8	2	12	23	23	6	105
	总墓数	1	24	8	7	10	6	18	29	28	7	138
	比例	0%	75%	75%	100%	80%	33.33%	66.67%	79.31%	82.14%	85.71%	76.09%

表 15　出剑数量与墓葬等级（单剑墓分期统计表）

时代		时间阶段																																					墓葬统计/座	铜剑统计/把
		商	西周												春秋												战国													
		晚	早期				中期				晚期				早期				中期				晚期				早期				中期				晚期					
级别		一	一	二	三	四	一	二	三	四	一	二	三	四	一	二	三	四	一	二	三	四	一	二	三	四	一	二	三	四	一	二	三	四	一	二	三	四		
单数	1把		6	5	6	1	2		3	1	6	1			1	2	4	1		2			1	1	2	8	2	3	14	4			6	17			2	4	105	105
全部墓葬统计		1	10	5	8	1	4		3	1	6	1			3	2	4	1	3	3			7	1	2	8	3	7	15	4		4	7	17		1	2	4	138	226
		1	24				8				7				10				6				18				29				28				7					

表 16　出剑数量与墓葬等级（多剑墓分期统计表）

时代		时间阶段																																					墓葬统计/座	铜剑统计/把
		商	西周												春秋												战国													
		晚	早期				中期				晚期				早期				中期				晚期				早期				中期				晚期					
级别		一	一	二	三	四	一	二	三	四	一	二	三	四	一	二	三	四	一	二	三	四	一	二	三	四	一	二	三	四	一	二	三	四	一	二	三	四		
复数	32把																															1							1	32
	6把																		1				1																2	12
	5把																		1																				1	5
	4把																						1									1							2	8
	3把	1	1				1													1			2				1	2								1			10	30
	2把		3		2		1								2				1				2					2	1			2	1						17	34
	合计	1	4		2		2								2				3	1			6				1	4	1			4	1			1			33	121
全部墓葬统计		1	10	5	8	1	4		3	1	6	1			3	2	4	1	3	3			7	1	2	8	3	7	15	4		4	7	17		1	2	4	138	226
		1	24				8				7				10				6				18				29				28				7					

（二）多剑墓

观察表 16 可知，战国之前，所有 21 座复数剑墓中有 18 座都是一级墓，占比 85.71%。战国中期和晚期均未发现出土铜剑的一级墓。这一时期最高级别的出土铜剑墓为二级墓，其出土铜剑墓总数与出土复数剑墓的总数一致，战国中期的 4 座和战国晚期的 1 座二级铜剑墓出土铜剑数均大于 1。

除了西周早期琉璃河 M53、贺家村 M5、战国早期的孙家徐姚 M22、战国中期的郭家泉 M10 这 4 座三级墓出土有 2 把铜剑外，其他三级、四级墓均只出土 1 把剑，尤其是四级墓，基本未见出土 1 把以上铜剑的情况。

因此，根据墓例统计可以形成如下规则：

规则 1：只出土 1 把剑的单剑墓不一定是低级墓，但低级墓通常是只出土 1 把剑的单剑墓。

规则 2：高级墓不一定是多剑墓，但多剑墓一般不是低级墓。

这两条规则可进一步概括为如下单向蕴含关系Ⅰ：

如果是低级墓，则或不随葬剑或只随葬 1 把剑。

出土复数剑的墓葬及墓葬占比详见表 17 及表 18 所示。

表 17　出土复数剑墓葬统计　　单位：座

等级	商代晚期	西周			春秋			战国			合计
		早期	中期	晚期	早期	中期	晚期	早期	中期	晚期	
一级	1	4	2		2	3	6	1			19
二级						1		4	4	1	10
三级		2						1	1		4
四级											
合计	1	6	2		2	4	6	6	5	1	33

表 18　出土复数剑墓葬占比统计

等级	商代晚期	西周			春秋			战国			合计
		早期	中期	晚期	早期	中期	晚期	早期	中期	晚期	
一级	1/1	4/10	2/4	/6	2/3	3/3	6/7	1/3			19/37
二级		/5		/1	/2	1/3	/1	4/7	4/4	1/1	10/24
三级		2/8	/3		/4		/2	1/15	1/7	/2	4/41
四级		/1	/1		/1		/8	/4	/17	/4	/36
合计	1/1	6/24	2/8	/7	2/10	4/6	6/18	6/29	5/28	1/7	33/138

（注：表 18 中 x/y 的 x 是同时期同级别出土复数剑墓葬的数量，y 是同时期同级别出土铜剑墓葬的总数）

观察表 17 及表 18 可知，从墓葬等级上来看，这 33 座出土复数剑的墓葬中有 19 座属于一级墓，10 座属于二级墓，4 座属于三级墓，未见出土复数剑的四级墓。

从所属时代来看，这 33 座出土复数剑的墓葬中，一级墓葬主要见于春秋晚期以前，二级墓主要见于春秋晚期以后。在战国以前，全部 21 座出土复数剑的墓葬中仅有 3 座不属于一级墓，剩下的 18 座全部为一级墓，一级墓的比例为 85.71%；但春秋晚期以后的情况则发生了变化，在出土复数剑的全部 12 座战国墓中仅有 1 例属于一级墓，占比仅为 8.33%，这一时期复数剑主要出自二级墓，共 9 座，占比为 75%。当然，这可能与战国时期出土铜剑的一级墓较少（仅 3 座）有关。

而二、三级墓葬出土复数剑主要见于战国以后。战国早期的 7 座二级墓中就有 4 座墓出土复数剑，比例为 57.14%；战国中期的 4 座二级墓中有 4 座墓出土复数剑，比例高达 100%。而在此之前自商代直到春秋晚期的所有 12 座二级铜剑墓葬中仅有 1 座出土复数铜剑。

值得注意的是，在所有 33 座复数铜剑墓葬中仅有 4 座属于三级墓，占全部 41 座三级墓的 9.76%。

所列墓例未见四级墓出土复数铜剑。

统计结果可以说明，只有较高级别的墓葬才出土复数铜剑。这与铜戈、铜矛、铜镞等兵器出土情况完全不同，却与铜钺的出土情况比较相似。

三、宝鸡㣇国墓出土铜剑情况个案分析

宝鸡㣇国遗址包括竹园沟和茹家庄两处遗址，共计出土铜剑墓葬 12 座，一共出土铜剑 13 把（详见表 19 和表 20 所示）。

西周早期：

一级墓（2）：竹园沟 BZM7、竹园沟 BZM13。

二级墓（3）：竹园沟 BZM1、竹园沟 BZM4、竹园沟 BZM8。

三级墓（5）：竹园沟 BZM11、竹园沟 BZM14、竹园沟 BZM18、竹园沟 BZM19、竹园沟 BZM1。

四级墓（1）：竹园沟 BZM21。

西周中期：

一级墓（1）：茹家庄 BRM1（2 把柳叶剑）。

表19 宝鸡強国墓地出土铜剑墓葬统计 单位：座

墓葬等级	商代	西周			合计
	晚期	早期	中期	晚期	
一级		2	1		3
二级		3			3
三级		5			5
四级		1			1
合计		11	1		12

表20 宝鸡強国墓地出土铜剑统计 单位：座

墓葬等级	商代	西周			合计
	晚期	早期	中期	晚期	
一级		2	2		4
二级		3			3
三级		5			5
四级		1			1
合计		11	2		13

值得注意的是，陕西宝鸡強国的铜剑使用情况不仅在西周早期铜剑墓葬中占有重要地位，也在整个铜剑功用演变系统中占有特殊地位。因此我们将西周时期出土铜剑墓葬区分为两部分：強国墓地出土铜剑墓葬和非強国墓地出土铜剑墓葬。非強国墓地出土铜剑墓葬等级情况列为表21，二者等级对比列为表22。

表21 先秦出土铜剑墓葬情况统计 单位：座

墓葬等级	商代晚期	西周			春秋			战国			合计
		早期	中期	晚期	早期	中期	晚期	早期	中期	晚期	
一级	1	8	3	6	3	3	7	3	0	0	34
二级	0	2	0	1	2	3	1	7	4	1	21
三级	0	3	3	0	4	0	2	15	7	2	36
四级	0	0	1	0	1	0	8	4	17	4	35
合计	1	13	7	7	10	6	18	29	28	7	126

（注：表21数据为非宝鸡強国墓地）

表22 西周早期強国墓地出土铜剑墓葬等级与其他地区出土铜剑墓葬等级比较 单位：座

墓葬等级		一级	二级	三级	四级	合计
I 其他地区墓	数量	8	2	3	0	13
	比例	61.54%	15.38%	23.08%	0.00%	100.00%
II 宝鸡強国墓	数量	2	3	5	1	11
	比例	18.18%	27.27%	45.45%	9.09%	100.00%

经过对比，我们发现两者在铜剑墓葬的等级上呈现出迥然不同的两种格局：

宝鸡強国以外地区的出土铜剑墓葬具有明显的等级规律性，即等级越高越可能出土铜剑。西周早期的13座出土铜剑墓葬中，有8座均是一级墓，占总数的61.54%，随着墓葬等级的降低，出土铜剑的墓葬数量也越来越少。西周早期強国以外地区出土铜剑墓葬中仅有3 座三级墓葬，未发现出土铜剑的四级墓，这表明強国以外地区随葬铜剑的墓主基本具有较高的身份等级。

宝鸡強国的铜剑墓葬中却未发现这样的等级相关性。在11座西周早期出土铜剑墓葬中，有5座属于三级墓、2座属于一级墓、3座属于二级墓，还有1座四级墓。和其他地区出土铜剑墓葬不同，宝鸡強国墓中接近一半（45.45%）的出土铜剑墓葬属于三级墓，而其他地区仅有3座三级墓出土铜剑。由此可见西周強国地区铜剑使用的普遍性，各等级无论身份高低均可以在死后随葬铜剑。

在“事死如事生，事亡如事存”的先秦社会，墓葬行为是体现社会观念和象征系统的高度制度化行为，随葬器物种类和数量的墓葬情境与墓主人生前的社会生活情境具有相似性，与其生前身份等级紧密相关，因此，考察考古墓葬情境是还原特定历史时期社会制度的一扇窗户，而考察铜剑在整个墓葬情境中所处的地位是考察铜剑礼用功能的重要途径。铜剑礼用功能在墓葬中突出表现为“辨等列”的标识作用，即随葬铜剑与墓主人身份及墓葬等级间存在着规律性的联系，这种联系广泛表现在墓葬出土铜剑数量、工艺、纹饰、器物组合等多方面，而本文论述的随葬铜剑数量信息与墓葬等级的关系则属于其中一个方面。

发掘铜剑礼用功能绝不是否认铜剑作为兵器的实用属性，事实上先秦铜剑的全部功能应该是“实用”“礼用”的一体二用，对铜剑礼用功能的研究有利于改善学界既往重祀轻戎的惯性思路，对铜剑礼用功能的实证性考察则可以为专类器物礼用功能研究树立新的范本，先秦铜剑“辨等列”礼用功能的系统梳理不仅还原了铜剑丰富的文化内涵，也可以成为学界判断未知墓葬等级的新参照。

秦汉篇

“大神”“威神”祀告：秦军事史的神巫文化色彩*

王子今
重庆师范大学

秦国石刻文字所谓《诅楚文》者，多有学者以为作于秦楚相攻伐时。关于《诅楚文》真伪，学界讨论，异见纷呈。其版本考订，亦各有认真精审之说。①以为原石文字不伪的判断，大致可以信从。《诅楚文》的主题为谴责楚王背盟，祈求神灵帮助秦人战胜入侵秦国的楚师。《诅楚文》既有战争史与外交史的重要信息，也透露了秦社会意识形态巫文化基因的深刻影响。秦人信仰世界的面貌因此有所显现。其中有关交通史的信息也值得战国秦汉史与战国秦汉考古研究者注意。《诅楚文》的内容可以反映当时秦国战争行为与外交活动的交通条件。对于秦交通史的若干细节的认识，《诅楚文》的研读也有积极的意义。交通史视角的《诅楚文》研究，也是交通考古的工作内容。

一、“所述史事多为旧书所无”

《诅楚文》自北宋时代发现之后，传有三石，一为《巫咸文》，二为《大沈厥湫文》，三为《亚驼文》。②郭沫若曾经指出，“文中所述史事多为旧书所无”，可以提供

* 基金项目：中国人民大学科学研究基金（中央高校基本科研业务费专项资金资助）项目（18XNLG02）。

① 施蛰存：《金石丛话·秦石刻文》，《北山金石录》，上海：华东师范大学出版社，2012 年，第 521 页；姜亮夫：《秦诅楚文考释——兼释亚驼、大沈久湫两辞》，《兰州大学学报（社会科学版）》1980 年第 4 期；陈炜湛：《〈诅楚文〉献疑》，《古文字研究》第 14 辑，北京：中华书局，1986 年；史党社、田静：《郭沫若〈诅楚文考释〉订补》，《文博》1998 年第 3 期；张翀：《〈诅楚文〉真伪与版本问题新研》，《中国社会科学院历史研究所学刊》第 6 集，北京：商务印书馆，2010 年，第 57—66 页；张海燕：《〈诅楚文〉补论》，首都师范大学 2011 年硕士学位论文。

② 或题《祀巫咸文》《祀大沈厥湫文》《祀亚驼文》，或题《告巫咸文》《告大沈厥湫文》《告亚驼文》。

“正足补史之缺文”“可补史之阙文”的“意外的资料”。[①]

关于《诅楚文》的年代，据多位学者考定，当秦惠文王时。容庚以为楚怀王十六年，秦惠文王后元十二年（前 313 年）。[②]郭沫若则说，“我敢断定：《诅文》之作实在怀王十七年——惠文王后元十三年”[③]，即公元前 312 年。

郭氏云：“惠文王后元七年，楚怀王十一年，楚怀王曾为纵长，牵山东六国兵共攻秦，此即文中所谓‘牵诸侯之兵以临加我’。当时‘秦出兵击六国，六国兵皆引而归’，据史书所载，六国似毫无所获。但文中言‘遂取吾边城’云云，正足补史之缺文。”[④]郭沫若进行了《诅楚文》全文的考释。他以《大沈厥湫文》作为基础写出释文，同时注明与《巫咸文》的文字歧异：

> 又秦嗣王，敢用吉玉宣璧」使其宗祝邵鼛，布愍告于」不显大神厥湫，以底楚王」熊相之多辠。昔我先君穆」公及楚成王，是戮力同心，」两邦若壹。绊以婚姻，袗以」斋盟。曰棊万子孙，毋相为」不利。亲印大沈厥湫而质[⑤]」焉。今楚王熊相，康回无道，」淫夸甚乱，宣奓竞从，变输」盟剌，内之则虣虐不姑，刑[⑥]」戮孕妇，幽剌敍戚，拘圉其」叔父，寘者冥室椟棺之中。」外之则冒改厥心，不畏皇」天上帝，及大沈厥湫之光[⑦]」列威神，而兼倍十八世之」诅盟，率者侯之兵以临加」我。欲刬伐我社稷，伐威我」百姓，求蔑灋皇天上帝及」大神厥湫之卹祠，圭玉，羲[⑧]」牲，述取吾边城新郢及𨚖、」长、敍，吾不敢曰可。今又悉[⑨]」兴其众，张矜意怒，饰甲底」兵，奋士盛师，以偪吾边竞[⑩]，」将欲复其贼逑，唯是秦邦」之羸众敝赋，鞈输栈舆，礼」傻介老，将之以自救也。亦[⑪]」应受皇天上帝，及大沈厥[⑫]」湫之幾灵德赐，克剂楚师[⑬]，」且复略我边城。敢数楚王」熊相之倍

① 郭沫若：《诅楚文考释》，北京：科学出版社，1982 年，第 293、290、308、295 页。

② 容庚：《诅楚文考释》，《古石刻零拾》，北京：燕京大学考古学社，1934 年。

③ 郭沫若：《诅楚文考释》，第 291 页。

④ 郭沫若：《诅楚文考释》，第 290 页。

⑤ 郭注：“《巫咸文》作‘亲印不显大神巫咸而质’。”

⑥ 郭注：“《巫咸文》作‘不辜’。”

⑦ 郭注：“《巫咸文》作‘及不显大神巫咸’。”

⑧ 郭注：“《巫咸文》作‘不显大神巫咸’。”

⑨ 郭注：“《巫咸文》夺‘长’字，‘又’作‘有’。”

⑩ 郭注：“《巫咸文》夺‘盛’字，‘偪’作‘倍’。”

⑪ 郭注：“《巫咸文》‘也’作‘殹’。”

⑫ 郭注：“《巫咸文》作‘不显大神巫咸’。”

⑬ 郭注：“《巫咸文》夺‘之’字。”

盟犯诅。箸者石丨章，以盟大神之威神。[①]

郭沫若期求通过对《诅楚文》的文字学考察，发现历史学的新知。这样的努力是应当肯定的。

此前历代关注《诅楚文》者，大多视为虚妄之语，看作政治史的反面内容。相关评说，语气往往有强烈的批判色彩，或予抨击，或予耻笑。例如宋人苏轼《诅楚文》诗先引《诅楚文》文语，随即回顾商鞅诈虏魏将公子卬故事[②]，揭露"秦俗"对于"社鬼"也可以欺谩："刳胎杀无罪，亲族遭圉绊。计其所称诉，何啻桀、纣乱。吾闻古秦俗，面诈背不汗。岂惟公子卬，社鬼亦遭谩。辽哉千载后，发我一笑粲。"[③]王柏则写道，"昭襄诅楚，虐民慢神"，"言诬不怍，勒篆坚珉"，以为其文字乃"稷诅遗丑"，"自播其恶"。[④]关于秦史的演进，又有"强弩之末，六国自焚；曾不百年，吕已代嬴"语，说秦始皇血统承继吕氏，秦政其实因此已经终结。[⑤]宋人谢采伯则说秦的"咒诅"最终回报自身："秦《诅楚文》……声楚王熊相之恶，著诸石章，以盟大神之威神。""后并天下，二世而亡。佛经云：咒诅、诸毒药，所欲害身者，还著于本人。"[⑥]

对于认定《诅楚文》为"言诬""慢神"的指责，郭沫若说："秦国固然多诈，但国与国之间何国不然？然秦人较原始，于信神之念实甚笃，观《史记·封禅书》所纪自明。故余信文中所述必非谩词，正足以补史之缺文。"[⑦]秦人"诅楚"，自然站在自己的立场上言军事、外交、信仰。但《诅楚文》作为秦楚战争史与外交史的真实反映，应当大体是可信的。宋人方匋遗稿《秦诅楚文跋尾》其实就《诅楚文》真实纪史之"可贵"已经有所论说："秦人尝与楚同好矣，楚人背盟，秦人疾之，幸于一胜，遍告神明，著诸金石，以垂示后世，何其情之深切一至是欤！余昔固尝怪秦、楚虎狼之国，其势若不能并立于天下，然以邻壤之近，十八世之久，而未闻以弓矢相加，及得

① 郭沫若：《诅楚文考释》，第295—298页。

②《史记》卷68《商君列传》："（秦孝公）使卫鞅将而伐魏。魏使公子卬将而击之。军既相距，卫鞅遗魏将公子卬书曰：'吾始与公子欢，今俱为两国将，不忍相攻，可与公子面相见，盟，乐饮而罢兵，以安秦魏。'魏公子卬以为然。会盟已，饮，而卫鞅伏甲士而袭虏魏公子卬，因攻其军，尽破之以归秦。"（北京：中华书局，1959年，第2232—2233页。）

③（清）王文诰辑注，孔凡礼点校：《苏轼诗集》卷3《凤翔八观》，北京：中华书局，1982年，第107—108页。

④（宋）王柏：《诅楚文辞》，《鲁斋集》卷4《辞》，《景印文渊阁四库全书》，台北：台湾商务印书馆，1986年，第1186册，第50—51页。

⑤ 如严肃的史家所言："吕易嬴之说，战国好事者为之"，"缘秦犯众怒，恶尽归之，遂有吕政之讥"。参见（清）梁玉绳：《史记志疑》，北京：中华书局，1981年，第1308—1309页。

⑥（宋）谢采伯：《密斋笔记》卷4，《丛书集成初编》，台北：新文丰出版公司，1986年，第87册，第36页。

⑦ 郭沫若：《诅楚文考释》，第293—294页。

此碑，然后知二国不相为害，乃在于盟诅之美、婚姻之好而已。战国之际，忠信道丧，口血未干，而兵难已寻者比比皆是，而二国独能守其区区之信，历三百有余岁而不变，不亦甚难得而可贵乎？然而《史记》及诸传记皆不及之也。”又就石刻文字与《史记》关于楚国世代及战事记录的差异，指出：“知简策之不足尽信，而碑刻之尤可贵也。”①由此指出秦楚长期“难得而可贵”的友好自有“忠信”的意识基础，而《诅楚文》有关后来“兵难”的历史信息，也超越了“简策”的记载。

二、“亲印大沈厥湫而质”

正如郭沫若所说，重视《诅楚文》这种文物资料的历史价值，“是可以得到意外的资料的”。

从交通史的视角看，《诅楚文》透露的若干重要信息值得重视。例如，《诅楚文》可见对于秦楚两国长期以来外交关系的回顾：“又秦嗣王，敢用吉玉宣璧使其宗祝邵鼛，布憝告于不显大神厥湫，以底楚王熊相之多罪。昔我先君穆公及楚成王，是勠力同心，两邦若壹。绊以婚姻，袗以斋盟。曰枼万子孙，毋相为不利。亲印大沈厥湫而质焉……”秦穆公、楚成王时代所谓“两邦”“同心”“若壹”，相互“婚姻”“斋盟”，是要通过交通往来实现的。联系秦楚的“武关道”曾经发挥了重要的历史文化作用。②

关于《诅楚文》所谓“十八世之诅盟”，宋方匋《秦诅楚文跋尾》说：“‘熊相背十八世之诅盟。’今《世家》所载，自成王至熊相才十七世尔。”③这是依楚君世系的推算。郭沫若写道：“依《秦本纪》，穆公之后为康、共、桓、景、哀、惠、悼、厉、共、躁、怀、灵、简、惠、出子、献、孝、惠文，恰为十八世。”④今按：悼公之后为厉共公。不应分为“厉、共”。“穆公之后”仅十七世，自穆公起始，则共“十八世”。郭氏上文写道：“文为秦人所作，‘十八世’的世代自当以秦室为本位。由秦穆公至惠文王恰当为‘十八世’。”⑤这一说法可能是正确的。

---

① （宋）方匀撰，许沛藻、杨立扬点校：《泊宅编》卷2，北京：中华书局，1983年，第7—8页。

② 王子今、焦南峰：《古武关道栈道遗址调查简报》，《考古与文物》1986年第2期；王子今、周苏平、焦南峰：《陕西丹凤商邑遗址》，《考古》1989年第7期；商鞅封邑考古队：《陕西丹凤县秦商邑遗址》，《考古》2006年第3期；王子今：《武关・武候・武关候：论战国秦汉武关位置与武关道走向》，《中国历史地理论丛》2018年第1辑。武关道联系秦楚的积极意义，还表现于秦史上一次大规模粮运的记载，即后来秦昭襄王十二年（前295年）“予楚粟五万石”事。参见《史记》卷5《秦本纪》。

③ （宋）方匀撰，许沛藻、杨立扬点校：《泊宅编》卷2，第8页。

④ 郭沫若：《诅楚文考释》，第307页。

⑤ 郭沫若：《诅楚文考释》，第289页。

《诅楚文》说秦楚两国"绊以婚姻，袗以斋盟。曰枼万子孙，毋相为不利"，随即言"亲卬大沈厥湫而质焉"，似未可理解为"昔我先君穆公及楚成王"曾经一同亲临朝那湫，"亲卬大沈厥湫而质焉"。推想即使是秦穆公和楚成王均与中原文化保持一定距离，而彼此则相互比较亲近的时代，楚成王亲行远至秦地西北的可能性也不大。《史记·齐太公世家》对秦楚当时与中原诸国的关系有如下表述："秦穆公辟远，不与中国会盟。楚成王初收荆蛮有之，夷狄自置。"《史记》卷五《秦本纪》和《史记》卷四十《楚世家》看不到有关秦穆公和楚成王直接交往的明确的情节。唯一一则记录楚成王可能与秦交好的史例，即"成王恽元年，初即位，布德施惠，结旧好于诸侯"[①]。不过这时的秦国，还是秦宣公时代，秦穆公即位，是在12年之后。

然而，《诅楚文》之《大沈厥湫文》所谓"亲卬大沈厥湫而质焉"，以及《巫咸文》所见"亲卬不显大神巫咸而质"，确实也都是"旧书所无"，"正足补史之缺文"的记录。"又秦嗣王，敢用吉玉宣璧使其宗祝邵鼛，布愍告于不显大神厥湫，以底楚王熊相之多罪。昔我先君穆公及楚成王，是勠力同心，两邦若壹。绊以婚姻，袗以斋盟。曰枼万子孙，毋相为不利。亲卬大沈厥湫而质焉……"郭沫若说："'又秦嗣王'：凡有虞、有夏、有殷、有周之有，文献中均作有。此作又即左右之右，言无有出其右者而自尊大也。'嗣王'乃秦惠文王。"[②]其实，"又秦嗣王"，可以读作"有秦嗣王"，同样显示"尊大"。"亲卬"，郭沫若未作解说，应当理解为"宗祝邵鼛"受命"布愍告于不显大神厥湫"，其实象征着秦惠文王亲自前往，"用吉玉宣璧"告神。

《诅楚文》之《大沈厥湫文》，"治平中，渭之耕者得之于朝那湫旁"[③]。郭沫若写道："（《史记》张守节）《正义》引《括地志》云：'朝那湫祠在原州平高县东南二十里。'案今在甘肃平凉县境。《告厥湫文》出朝那湫旁，地望正合。"[④]李家浩也说，"《大沈厥湫文》出土于朝那（今甘肃平凉县）"[⑤]。其实，"甘肃平凉县"之说不确。唐代原州平高县在今宁夏固原。[⑥]"朝那湫"地望，正在宁夏固原。[⑦]作为秦穆公代表的"宗祝邵鼛"所经历辛苦的交通实践，其实是意味着"又秦嗣王"本人的虔诚恭敬的。这应当就是"亲卬"的字义。

---

① 《史记》卷40《楚世家》，第1697页。

② 郭沫若：《诅楚文考释》，第298页。

③ 郭沫若：《诅楚文考释》，第282页。

④ 郭沫若：《诅楚文考释》，第300页。

⑤ 李家浩：《关于〈诅楚文〉"輷輸"的释读》，郭锡良、鲁国尧主编：《中国语言学》第1辑，济南：山东教育出版社，2008年，第182页。

⑥ 谭其骧主编：《中国历史地图集》第5册，北京：中国地图出版社，1982年，第61－62页。

⑦ 王子今：《秦汉时期的朝那湫》，《固原师专学报》2002年第2期。

三、战争与军事交通："山东六国兵攻秦"与楚取秦"边城"

据郭沫若释文，《诅楚文》："兼倍十八世之诅盟，率者侯之兵以临加我。"[①]宋人方匋遗稿《秦诅楚文跋尾》："以事考之，楚自成王之后，未尝与秦作难。及怀王熊槐十一年，苏秦为合从之计，六国始连兵攻秦，而楚为之长，秦出师败之，六国皆引而归。今碑云'熊相率诸侯之兵以加临我'者，真谓此举，盖《史记》误以熊相为熊槐耳。"[②]据郭沫若的解说，"此即怀王十一年，惠文王后元七年时事。《楚世家》'山东六国兵攻秦，楚怀王为纵长。至函谷关，秦兵出击六国，六国兵皆引而归。'《秦本纪》'韩、赵、魏、燕、齐帅匈奴共攻秦，秦使庶长疾与战修鱼，虏其将申差，败赵公子渴、韩太子奂，斩首八万二千'"[③]。

楚怀王以"纵长"身份"率者侯之兵以临加我"，当由"函谷关"通路西向攻秦，不经由武关道。

"者侯之兵"即"诸侯之兵"，"燕、齐帅匈奴"都可以称作远征。"攻秦"联军中这些部队"至函谷关"的行军路径与交通方式，都值得考察。

楚怀王作为"纵长"，除了兵力调度、战事指挥而外，还需要进行军事交通方面的协调，这虽然有相当大的难度，却是"为纵长""率者侯之兵""攻秦"必须承担的责任。

宋方匋《秦诅楚文跋尾》引《诅楚文》"楚取我边城新郢及郕长"，又言："而《史记》止言六国败退而已。由是知简策之不足尽信，而碑刻之尤可贵也。"[④]据郭沫若说，此句应读作"遂取吾边城新郢及郕、长、敎"。又指出："新郢无可考。郕当即商於之於。《史记·楚世家》'商於之地'，《集解》云'在今顺阳郡南乡、丹水二县。有商城在於中，故谓之商於。'《通典》云：'今内乡县有於村亦曰於中，即古商於地。'此文之郕当即於村、於中，其地必甚小。长亦丹水附近地名，夷王时器有《敔簋》者记淮夷内伐事云：'南淮夷殳，内伐溟、昴、叁泉、裕、敏阴、阳洛。王令敔追御于上洛、析谷，至于伊、班、长、榜。'二文可互证，均在今河南西部。敎当即是莘，春秋西虢地名有名莘者，《左传》庄公十二年'有神降于莘'，地在今河南卢氏县境内。此等'边城'当是小地。据此可知六国攻秦时，其它五国均损兵折将，而楚独略有获，此可补史之阙文。"[⑤]

① 郭沫若：《诅楚文考释》，第 297 页。

② （宋）方勺撰，许沛藻、杨立扬点校：《泊宅编》卷 2，第 7 页。

③ 郭沫若：《诅楚文考释》，第 307 页。

④ （宋）方勺撰，许沛藻、杨立扬点校：《泊宅编》卷 2，第 8 页。

⑤ 郭沫若：《诅楚文考释》，第 308 页。

关于秦“边城新郢及郲、长、敓”所在空间位置，其实还需要认真考定。而楚人“述取衙边城新郢及郲、长、敓”，也许并非“山东六国兵攻秦，楚怀王为纵长”时。这很可能反映了此战役结束之后的秦楚边境冲突。

楚军夺取秦国多个“边城”与秦军的防卫，都必然有军事运输行为以为后勤保障。

所谓“边城新郢及郲、长、敓”，很可能就是在“商於”之地及邻近地方。还应当注意到，秦楚两国之间重要通路丹江川道，在两国关系史上的交通地理意义非常突出。[①]“边城”之争夺所体现出的战略意义，可以从交通条件的视角予以认识。

四、蓝田之战：军事交通的实时记录

所谓“今又悉兴其众”，“逼衙边竞”，及秦军抗击楚军的战争情势保存于《诅楚文》中，可能是这一文献最宝贵的“正足补史之缺文”与“可补史之阙文”的价值所在。

《诅楚文》写道，楚人“悉兴其众，张矜意怒，饰甲底兵，奋士盛师，以逼衙边竞，将欲复其贶逑，唯是秦邦之羸众敝赋，鞈輸栈舆，礼傁介老，将之以自救也”。关于“今又悉兴其众”，“逼衙边竞”，宋方匋《秦诅楚文跋尾》写道：“熊相率诸侯之兵以加临我”，“其后五年，怀王忿张仪之诈，复发兵攻秦。故碑又云‘今又悉兴其众，以逼我边境’也。是岁秦惠王二十八年也。王遣庶长章拒楚师，明年春，大败之丹阳，遂取汉中之地六百里。碑云‘克齐，楚师复略我边城’是也。然则碑之作正在此时，盖秦人既胜楚而告于诸庙之文也”。[②]容庚以为战事发生在楚怀王十六年，秦惠文王后元十二年（前 313 年），时楚受秦张仪之间与齐绝，秦许以“商於之地六百里”，结果只允以“六里”。楚怀王大怒，遂发兵西击秦，秦亦发兵击之。并引王厚之说：“《诅楚文》之作即在此时。”[③]

杨宽以为事在“楚怀王大怒”，“大举发兵进攻商於之地”时。“‘新郢及郲’就是指‘商於之地’，‘郲’即是‘於’，新郢当是秦取得商以后新改的地名。秦惠文王常以新得之地改名，如得魏阴晋改名‘宁秦’，得魏少梁改名‘夏阳’，因为晋、梁都是国名。得商而改名新郢，因为秦原有地名商（即商君封邑）。所谓‘今又悉兴其众’，就

① 楚文化早期发展路径与丹江通道的关系，使得楚人对这一方向的领土得失异常重视。参见王子今：《丹江通道与早期楚文化——清华简〈楚居〉札记》，陈致主编：《简帛·经典·古史》，上海：上海古籍出版社，2013 年。

② （宋）方勺撰，许沛藻、杨立扬点校：《泊宅编》卷 2，第 7 页。

③ 容庚：《诅楚文考释》，《古石刻零拾》，北平：燕京大学考古学社，1934 年。

是指楚王大怒，将要大举进攻商於之地了。”①

郭沫若考论：“案此当在怀王十七年，是年春秦楚战于丹阳，楚兵大败。‘怀王大怒，乃悉国兵复袭秦，战于蓝田’，又大败。此言‘又悉兴其众’与‘悉国兵复袭秦’一语可谓字字相合。盖春季之战规模尚小，此战乃倾国之师相敌，故秦人亦下总动员令，四处告神求祐也。”又说：“《诅文》之作，可征当时情势甚为严重，在楚乃‘悉兴其众’，即倾全国之师从事侵伐，而在秦亦等于下总动员令，所谓‘唯是秦邦之羸众敝赋，鞧輸栈舆，礼倮介老，将之以自救’，也是倾全国之师从事抵抗。为此，故须四处告神，连神鬼的力量都加以动员了。”②

蓝田之战，《史记》卷五《秦本纪》与《史记》卷十五《六国年表》都没有记录。《史记》卷四十《楚世家》记载：“十七年春，与秦战丹阳，秦大败我军，斩甲士八万，虏我大将军屈匄、裨将军逢侯丑等七十余人，遂取汉中之郡。楚怀王大怒，乃悉国兵复袭秦，战于蓝田，大败楚军。韩、魏闻楚之困，乃南袭楚，至于邓。楚闻，乃引兵归。”张守节《正义》：“蓝田在雍州东南八十里，从蓝田关入蓝田县。”秦史记录中不言蓝田之战，或许因为楚军袭秦，至于蓝田，已经深入秦国腹地，逼近秦政治中枢③，或《秦记》因为之讳④。齐湣王使使遗楚王书，说道：“王欺于张仪，亡地汉中，兵锉蓝田，天下莫不代王怀怒。”⑤说到蓝田战役，杨宽《战国史》肯定这一史实：“楚怀王因汉中失守而大怒，再发大军袭秦，一度深入到蓝田，结果又大败。”⑥所谓“深入”，言及秦国所面对军事情势之极端严重。杨宽《战国史》多次修改增订⑦，这一认识超越了以前以为“蓝田”在楚地的意见。⑧

丹阳之战，秦军应当充分利用了武关道的交通条件。蓝田之战的军事形势演进，

---

① 杨宽：《战国史（增订本）》，上海：上海人民出版社，1998年，第361页。

② 郭沫若：《诅楚文考释》，第309、290页。

③ 后世又有楚军由武关道进军蓝田直抵秦帝国腹心的战例。《史记》卷8《高祖本纪》：“因袭攻武关，破之。又与秦军战于蓝田南，益张疑兵旗帜，诸所过毋得掠卤，秦人憙，秦军解，因大破之。又战其北，大破之。乘胜，遂破之。汉元年十月，沛公兵遂先诸侯至霸上。秦王子婴素车白马，系颈以组，封皇帝玺符节，降轵道旁。”（第361—362页）刘邦“与秦军战于蓝田南”，“又战其北”，两战均“大破之”，终于结束了秦的统治。

④ 王蘧常《秦史》卷3《世纪第三》述秦惠文王后元十三年“击楚于丹阳”，“又攻楚汉中，取地六百里，置汉中郡”，“十四年，伐楚，取召陵”。也不言蓝田战事。参见王蘧常：《秦史》卷3《世纪第三》，上海：上海古籍出版社，2000年，第21页。

⑤ 《史记》卷40《楚世家》，第1724—1726页。

⑥ 杨宽：《战国史（增订本）》，第362页。

⑦ 王子今：《战国史研究的扛鼎之作——简评新版杨宽著〈战国史〉》，《光明日报》2003年9月2日，B3版。

⑧ 杨宽《战国史》写道：“战国时有两个蓝田，一在秦国，在今陕西省蓝田县西；一在楚国，在今湖北省钟祥县西北。《史记·楚世家》《正义》误以秦的蓝田解释楚的蓝田。”参见杨宽：《战国史（增订本）》，第329页。

说明这条秦人付出甚多精力，长年苦心经营，达到极高技术等级的道路系统[①]，竟为敌方楚军所利用。

五、关于“赢众敝赋，輡輸栈舆”

《诅楚文》写道，面对楚军的进犯，“唯是秦邦之赢众敝赋，輡輸栈舆，礼傻介老，将之以自救也”。所谓“赢众敝赋，輡輸栈舆，礼傻介老”，郭沫若说：“此三读为平列语，每二字为一项。‘栈舆’即《周礼·春官·巾车》‘士乘栈车’之栈车。郑玄云：‘不革挽而漆之’，可知即是木板车，车之至贱者。”[②]李家浩说：“‘栈舆’，即栈车，是一种用竹木做成的简陋车子。《盐铁论·散不足》：‘古者椎车无柔，栈舆无植及其后。’”“《考工记·舆人》‘栈车欲弇’，郑玄注：‘为其无革挽，不坚，易坼坏也。’《列子·力命》记齐景公游于牛山，史孔、梁丘据曰‘驽马棱车可得而乘也’，殷敬顺《释文》：‘棱，当作“栈”’。《晏子春秋》及诸书皆作‘栈车’，谓编木为之。”[③]《诅楚文》于是提供了直接的重要的交通史资料。“栈舆”应当是民间最普及的车型，在下层社会的劳动生活中广泛应用。这种简陋的车型，在汉代画像石中仍有所表现。

《诅楚文》郭沫若释文其中所谓“輡輸”，学者释读多有分歧。李家浩则释为“輡輸”。他列举了六种不同的解说，并提出了自己的意见：“我认为‘輡輸’，其实就是‘襜褕’。”李家浩还写道：“《左传》宣公十二年说楚之先王若敖、蚡冒‘筚路蓝缕，以启山林’，昭公十二年说楚之先王熊绎‘筚路蓝缕，以处草莽’。《方言》卷三引宣公十二年‘筚路蓝缕’作‘筚路褴褛’。《史记·楚世家》跟昭公十二年‘筚路蓝缕’相当的文字作‘荜露蓝蒌’。据服虔、杜预等人注，‘筚路’或‘荜露’即‘柴车’，也就是栈车。‘蓝缕’或‘蓝蒌’即‘褴褛’。《方言》卷四：‘襜褕……以布而无缘，敝而紩之谓之褴褛。’于此可见，‘輡（襜）輸（褕）栈舆’与‘筚路蓝（褴）缕（褛）’的文例相同，唯词序不同；文义相近，都是指简朴的衣服和简陋的车子。从这一点来说，也可以证明我们把《诅楚文》的‘輡輸’读为‘襜褕’是合理的。”“按照上引《方言》的说法，襜褕这种服装名称还是秦国地区的方言。”“襜褕是短衣”。“秦始皇陵出土武士俑，身多着长至膝的衣服，陕西的学者将其称为战袍。襜褕的长短或与之仿

① 王子今、焦南峰：《古武关道栈道遗址调查简报》，《考古与文物》1986年第2期；王子今：《武关道蓝桥河栈道形制及设计通行能力的推想》，《栈道历史研究与3S技术应用国际学术研讨会论文集》，西安：陕西人民教育出版社，2008年。

② 郭沫若：《诅楚文考释》，第311页。

③ 李家浩：《关于〈诅楚文〉“輡輸”的释读》，郭锡良、鲁国尧主编：《中国语言学》第1辑，第183页。

佛。这样长度的襜褕，对于当时流行的长至脚的深衣来说，当然是短衣了。”[①]我们还注意到，《晋书·慕容暐载记》载尚书左丞申绍上疏：“今帑藏虚竭，军士无襜褕之赉，宰相侯王迭以侈丽相尚，风靡之化，积习成俗，卧薪之谕，未足甚焉。”[②]可知“襜褕”与“宰相侯王”之“侈丽”形成强烈反差，正是下层“军士”最基本的衣装。

《诅楚文》言“羸众敝赋，鞈輸栈舆，礼傻介老”，说士众羸弱疲老，军资贫乏，装备简陋，用以与“张矜意怒，饰甲底兵，奋士盛师”的楚军形成鲜明对照，以求取得神灵的哀怜和护佑。按照李家浩的说法，即“卑词以谀神”：“想借此卑词得到神灵的同情，保佑自己，赢得战争的胜利。”[③]

对于“鞈輸”这种衣服的具体形制，认识有所不同。郭沫若从自己的见解出发，以为是适用于作战的军服，“惠文王与赵武灵王同时，即此可知，于时秦亦已采用胡服”[④]。从这一认识出发，则“鞈輸”与“栈舆”同样，都可以理解为与交通行为有密切关系的军事装备。

六、“四处告神”的交通史考察

杨宽曾经特别指出《诅楚文》“诅的巫术”的意义。[⑤]有学者也强调《诅楚文》对于认识“先秦时代告神之礼”“祝祷”“神灵”礼俗及“中国传统的巫的文化”的“参考价值”。[⑥]据说《诅楚文》之《巫咸文》出土于凤翔（今陕西凤翔）开元寺土下，《大沈厥湫文》出土于朝那（今宁夏固原）之朝那湫旁，《亚驼文》出土于真宁（今甘肃正宁）要册湫旁。[⑦]陈昭容指出：“亚驼神与要册湫之关系待考，然其为秦境内之水神则可知。”[⑧]裘锡圭论证要册湫或与之有关的河流，在古代曾有过“亚驼”，亦即“呼池”的可能性是存在的。“‘亚驼’，确应读为‘虖池’（即‘滹沱’），但其所指并非晋之虖池。汉代以前，在今甘肃东端泾川至正宁一带，应有一条河流与晋之虖池同

① 李家浩：《关于〈诅楚文〉“鞈輸”的释读》，郭锡良、鲁国尧主编：《中国语言学》第 1 辑，第 184、186、188、187 页。

② 《晋书》卷 111《慕容暐载记》，北京：中华书局，1974 年，第 2856 页。

③ 李家浩：《关于〈诅楚文〉“鞈輸”的释读》，郭锡良、鲁国尧主编：《中国语言学》第 1 辑，第 188 页。

④ 郭沫若：《诅楚文考释》，第 312 页。

⑤ 杨宽：《秦〈诅楚文〉所表演的“诅”的巫术》，《文学遗产》1995 年第 5 期。

⑥ 杜莉娜：《秦〈诅楚文〉浅释》，《文教资料》2012 年第 1 期；延娟芹：《论秦国的两篇祝祷辞》，《宝鸡文理学院学报（社会科学版）》2011 年第 3 期；万青：《〈诅楚文〉研究与整理》，天津师范大学 2009 年硕士学位论文。

⑦ 吴郁芳：《〈诅楚文〉三神考》，《文博》1987 年第 4 期。

⑧ 陈昭容：《从秦系文字演变的观点论〈诅楚文〉的真伪及其相关问题》，《“中央研究院”历史语言研究所集刊》第 62 本第 4 分册，1993 年。

名。西汉末平帝时改为安民县的呼池苑即因之得名。要册湫当与此河有关，诅楚文的'亚驼'即指此湫或此河之神。"[①]雍际春又指出，《亚驼文》告神之地在属于泾水水系的支党河（阎子川河）上游的要册湫。[②]则《大沈厥湫文》"箸者石章，以盟大神之威神"事之空间定位，较《亚驼文》更偏向西北。

秦人重祠祀。《史记·封禅书》说秦旧地祀所："自华以西，名山七，名川四。曰华山，薄山……岳山，岐山，吴岳，鸿冢，渎山。""水曰河，祠临晋；沔，祠汉中；湫渊，祠朝那；江水，祠蜀。亦春秋泮涸祷塞，如东方名山川；而牲牛犊牢具珪币各异。而四大冢鸿、岐、吴、岳，皆有尝禾。陈宝节来祠。其河加有尝醪。此皆在雍州之域，近天子之都，故加车一乘，骝驹四。""而雍有日、月、参、辰、南北斗、荧惑、太白、岁星、填星、辰星、二十八宿、风伯、雨师、四海、九臣、十四臣、诸布、诸严、诸逑之属，百有余庙。西亦有数十祠。于湖有周天子祠。于下邽有天神。沣、滈有昭明、天子辟池。于杜、亳有三社主之祠、寿星祠；而雍菅庙亦有杜主。杜主，故周之右将军，其在秦中，最小鬼之神者。各以岁时奉祠。唯雍四畤上帝为尊，其光景动人民唯陈宝。"[③]秦神祀系统的设置，名目相当繁多，结构亦极复杂。这应当与秦信仰世界构成之多元的特点有关。秦的神学体系部分继承了周礼祀传统，又有自身的创造，很可能陆续杂入了多种文化因素的神巫成分。

其中所谓"常以十月上宿郊见，通权火，拜于咸阳之旁"，涉及烽火传递的交通方式。[④]而《诅楚文》内容中特别值得我们注意的，是"湫渊，祠朝那"，乃系西北方向距离秦统治中枢最遥远的祀所，而面对楚军全力入侵，大战来临，"秦嗣王，敢用吉玉宣璧使其宗祝邵鼛，布憝告于不显大神厥湫"。郭沫若说，"'宗祝邵鼛'：宗祝，官名；邵鼛，人名。宗祝当如《周官》的大祝小祝。大祝'大师宜于社，造于祖'。小祝'大师掌衅祈号祝，有寇戎之事则保郊祀于社'。今铭中所言正为师旅寇戎之事，故由宗祝以告于神。"[⑤]此"宗祝邵鼛"的礼祀，其交通实践颇为辛苦。而"宗祝邵鼛，布憝告于不显大神"，当不止此所谓"厥湫"一处。事实当如前引郭沫若所指出的，楚人"悉兴其众，张矜意怒，饰甲底兵，奋士盛师"，"乃倾国之师相敌"。这在秦人看来，确实"当时情势甚为严重"，因而不得不认真对应，"亦下总动员令，四处告神求祐也"。"四处告神，连神鬼的力量都加以动员了。"裘锡圭也指出："秦王此次诅楚，所

① 裘锡圭：《诅楚文"亚驼"考》，《文物》1998 年第 4 期；裘锡圭：《诅楚文"亚驼"考》，《裘锡圭学术文集·金文及其他古文字卷》，上海：复旦大学出版社，2012 年，第 325 页。

② 雍际春：《"亚驼""呼池"与要册湫考辨》，《陕西师范大学学报（哲学社会科学版）》2008 年第 2 期。

③ 《史记》卷 28《封禅书》，第 1372—1376 页。

④ 王子今：《试说秦烽燧——以直道军事通信系统为中心》，《文博》2004 年第 2 期。

⑤ 郭沫若：《诅楚文考释》，第 299—300 页。

告之神大概很多，所刻之石决不会仅有三块。但其余刻石尚未为后人所发现，也可能发现时由于不受重视而即遭毁弃。”①

《左传·成公十三年》：“国之大事，在祀与戎。”②所谓“四处告神”，或说“所告之神大概很多”，是往多处“亲印”“不显大神”，企望予以助祐，以期“克剂楚师，且复略我边城”的与“戎”事密切相关的“祀”的行为。“宗祝邵馨”或许还有其他专职官员“四处”辛苦奔走，有特定时限，又要表现绝对的恭敬，是我们在认识秦人信仰礼俗的同时应当注意到的特殊的交通史现象。

① 裘锡圭：《诅楚文“亚驼”考》，《文物》1998 年第 4 期；裘锡圭：《诅楚文“亚驼”考》，《裘锡圭学术文集·金文及其他古文字卷》，第 320 页。

② 《春秋左传集解》，上海：上海人民出版社，1977 年，第 722 页。

从新出简牍看二十等爵制的起源、分层发展及其原理*

——中国古代官僚政治社会构造研究之三

杨振红

南开大学历史学院

二十等爵制是周秦汉魏时期最重要的制度之一，在战国秦汉社会转型中扮演着重要角色。以往很多学者对此作过很多研究，取得了丰硕成果。①21世纪初，张家山汉简、里耶秦简、岳麓秦简等秦及汉初简牍的刊布，为这一问题的研究提供了新的契机。②本文拟利用这些新资料，在以往研究的基础上，对二十等爵制官、民爵的分层

* 基金项目：国家社会科学基金重大项目“秦汉三国简牍经济史料汇编与研究”（19ZDA196）。

① 劳贞一：《释士与民爵》，《史学年报》1934年第2卷第1期，第241—246页；吴景超：《西汉的阶级制度》，《清华学报》1935年第10卷第3期，第587—629页；[日] 栗原朋信：《关于两汉时代的官民爵.上》，《史观》第22、23册合刊，1940年，第27—59页；[日] 栗原朋信：《关于两汉时代的官民爵.下》，《史观》第26、27册合刊，1941年，第109—146页；[日] 守屋美都雄：《中国古代的家族与国家》，钱杭、杨晓芬译，第1章“从汉代爵制源流角度所见之商鞅爵制研究”，上海：上海古籍出版社，2010年，第3—51页；[日] 西嶋定生：《中国古代帝国的形成与结构——二十等爵制研究》，武尚清译，北京：中华书局，2004年；高敏：《试论商鞅的赐爵制度》，《郑州大学学报（哲学社会科学版）》1977年第3期，第128—137页；高敏：《论两汉赐爵制度的历史演变》，《文史哲》1978年第1期，第53—56、36页（高敏的两文修订后均收入其著：《秦汉史论集》，郑州：中州书画社，1982年，第1—57页）；朱绍侯：《军功爵制试探》，《河南大学学报（社会科学版）》1978年第1期，第24—34页；朱绍侯：《秦军功爵制简论》，《河南师大学报（社会科学版）》1979年第6期，第30—36、46页（朱绍侯的两文后吸收张家山汉简公布以后的相关研究成果，增订收入其著：《军功爵制考论》，北京：商务印书馆，2008年）；杜正胜：《编户齐民——传统政治社会结构之形成》，第八章“平民爵制与秦国的新社会”，台北：联经出版事业股份有限公司，1990年，第317—372页；等等。

② 李均明：《张家山汉简所反映的二十等爵制》，《中国史研究》2002年第2期，第37—47页；朱绍侯：《西汉初年军功爵制的等级划分——〈二年律令〉与军功爵制研究之一》，《河南大学学报（社会科学版）》2002年第5期，第99—101页（后收入其著：《军功爵制考论》，第233—241页）；刘敏：《张家山汉简“小爵”臆释》，《中国史研究》2004年第3期，第19—26页；杨振红：《秦汉官僚体系中的公卿大夫士爵位系统及其意义——中国古代官僚政治社会构造研究之一》，《文史哲》2008年第5期，第88—105页（后收入拙著：《出土简牍与秦汉社会（续编）》，桂林：广西师范大学出版社，2015年，第31—72页）；阎步克：《从爵本位到官本位——秦汉官僚品位结构研究》，北京：生活·读书·新知三联书店，2009年；等等。

变化进行讨论，并论及二十等爵制的起源及原理。

一、关于官爵、民爵、吏爵等概念

二十等爵分官爵、民爵，为清代钱大昭首次明确提出。钱大昭《汉书辨疑》卷九：

> （1）自公士至公乘，民之爵也，生以为禄位，死以为号谥。凡言赐民爵者即此。自五大夫至彻侯，则官之爵也。（2）《成帝纪》永始二年诏曰："吏民以义收食贫民，其百万以上，加赐爵右更，欲为吏补三百石。"是爵至十四级，与三百石吏相埒矣。准是以推，九级之五大夫，等比百石；十级之左庶长，等百石；十一级之右庶长，等比二百石；十二级之左更，等二百石；十三级之中更，等比三百石矣。故谓之官爵。①

其观点包括两部分：①二十等爵以第八级公乘和第九级五大夫为界分为两大层级，第一级公士至第八级公乘为民爵，第九级五大夫至第二十级彻侯为官爵。②官爵就是可以"为吏"的爵级，吏的禄秩可以与爵位挂钩类比。他根据《成帝纪》永始二年（前15年）诏，"吏民"以义收食贫民，百万以上"加赐爵右更，欲为吏补三百石"，将第十四级右更爵与三百石吏挂钩对等，以此类推，第九级五大夫可以任比百石吏。因为可以"为吏"，所以称为"官爵"，这样实际上等于认为"吏"就是"官"。由于秦汉时期"官""吏"的概念与后代不同，且存在广义、狭义之分，故其"官爵"概念极易造成误解，事实上他本人对"吏"的理解就存在问题。例如，他在《汉书·元帝纪》永光二年"赐吏六百石以上爵五大夫，勤事吏二级，为父后者民②一级"③下注曰："爵自五大夫以上为官爵，故必六百石以上乃赐之。其勤事吏之二级，民爵也。"④也将二十等爵两分为官爵、民爵，五大夫以上为官爵，六百石以上才可以赐予。但其认为"勤事吏"是民爵，则是错误的。

---

① （清）钱大昭：《汉书辨疑》卷9，清铜熨斗斋丛书本，中国基本古籍库电子版，笔者标点，下同。(1)(2)为笔者标注。波浪线为笔者所加，为了突出引文中的重点，下同。

② 此处的"民"应为"人"之误，应是颜师古注《汉书》时避唐太宗李世民讳，将"人"改为"民"，后人回改时漏改的。参见《汉书补注·武帝纪第六》"楼船将军杨仆坐失亡多，免为庶民"条王先谦补注："李慈铭曰：'民'当作'人'，它文无曰'免为庶民'者，盖缘小颜本避太宗讳，于《汉书》'民'字皆改作'人'，后人回改，此'人'字亦误改'民'耳。"[（汉）班固撰，（清）王先谦补注，上海师范大学古籍整理研究所整理：《汉书补注·武帝纪第六》，上海：上海古籍出版社，2008年，第281—282页] 此处的"民"也属于这种情况。

③ 《汉书》卷9《元帝纪》，北京：中华书局，1962年，第287页。

④ （清）钱大昭：《汉书辨疑》卷2。从下条注王先谦《汉书补注》所引刘攽说可知，至晚从北宋刘攽时起就误将"吏爵"理解为授予六百石以上者。

"勤事吏"即勤恳工作的吏，是汉代考核官吏的名称之一。《汉书·宣帝纪》元康元年（前 65 年）三月诏："赐勤事吏中二千石以下至六百石爵，自中郎吏[①]至五大夫，佐史以上二级，民一级"[②]，正如下文钱大昕的理解，这里的"勤事吏"是吏中二千石至佐史的修饰语，而不专指六百石以下吏，故其赐予的不一定是民爵。因此，永光二年的"勤事吏"不是指六百石以下吏，而是指所有吏中被推荐为勤事吏者（详见下文）。

二十等爵以公乘、五大夫为界分为两大层级并非钱大昭的发现，自东汉以来便不断有学者论及。如东汉王充《论衡·谢短》："赐民爵八级，何法？"[③]东汉卫宏《汉旧仪》："五大夫，九爵。赐爵九级为五大夫。以上次年德者为官长将率。"[④]三国曹魏刘劭《爵制》："吏民爵不得过公乘者，得贯与子若同产。"[⑤]唐代李贤注《后汉书·明帝纪》明帝即位诏"爵过公乘，得移与子若同产、同产子"："汉制，赐爵自公士已上不得过公乘，故过者得移授也。同产，同母兄弟也"。[⑥]

钱大昭之兄钱大昕也曾论及公乘以下爵与五大夫以上爵的区别，他在《再答袁简斋书》中说：

> 蒙询秦汉赐爵及唐同三品之称，谨按：赐爵始于商鞅，以旌首功。汉时或以军功或以入粟、入钱得之，而赐民爵一级或二级、三级，史不绝书。大约公乘以下与齐民无异，五大夫以上始得复其身。民赐爵者至公乘而止，爵过公乘得移与子若同产、同产子，有罪得赎，贫者得卖与人。宣帝求汉初功臣之后，复其家，史称皆出庸保之中。及考之《表》，则或云公乘、簪袅，或云公士、上造，大率皆有爵者，虽拥高爵尚杂庸保，爵之冗滥如此。至五大夫以上，则以赐中二千石至六百石之勤事者及列侯嗣子。然考之《史》《汉》，自卜式、桑羊而外，书赐爵者寥寥，非无爵也，赐爵不足为荣，史家略而不书也。民爵不过公乘，而入粟之法行，则有至大庶长者，大庶长去关内侯一级耳。然鬻爵而不鬻官，官有员，爵无

---

① 王先谦补注引刘攽曰："爵自中郎吏"文，误。盖本云"自中更至五大夫"，传者误以"更"为"吏"，遂衍出"郎"字。与民爵不过公乘，则赐吏爵自五大夫而上也。以中二千石爵中更，二千石亦当左更，真比同千石当右庶长，六百石则五大夫矣。寻本始元年诏文，则知此说是。苏舆曰：爵属上为句，自中更至五大夫，犹本始诏云自左更至五大夫也。（汉）班固撰，（清）王先谦补注，上海师范大学古籍整理研究所整理：《汉书补注·宣帝纪第八》，第356页。

② 《汉书》卷 8《宣帝纪》，第254页。

③ 黄晖：《论衡校释》卷 12，北京：中华书局，1990年，第572页。

④ （汉）卫宏撰，（清）孙星衍校：《汉旧仪》卷下，（清）孙星衍等辑，周天游点校：《汉官六种》，北京：中华书局，1990年，第84页。

⑤ 《后汉书·百官志五》刘劭注引，《后汉书》志第二十八，北京：中华书局，1965年，第3632页。

⑥ 《后汉书》卷 2《明帝纪》，第96—97页。此类诏书还见于章帝即位诏（《后汉书》卷 3《章帝纪》，第129页）、安帝元初元年（114 年）改元诏（《后汉书》卷 5《安帝纪》，第220页）、顺帝阳嘉元年（132 年）立皇后诏（《后汉书》卷 6《顺帝纪》，第259页）。

员，此晁错所谓出于口而无穷者也……[①]

钱大昕对二十等爵及分层的论述较之钱大昭更为详细，侧重也有所不同。二人的共同之处是都认为二十等爵以公乘、五大夫为界分为两个层级。不同之处是：钱大昭从有爵者任吏的角度论述，根据汉成帝永始二年赐爵右更可补三百石的诏令，推测五大夫可补比百石吏。他在最后总结说“故谓之官爵”，即他之所以将五大夫以上爵称为官爵，就是缘于五大夫以上爵可以“为吏”。他似乎将成帝永始二年诏看成是通例，但这其实存在很大风险。[②]钱大昕则是从以爵赐吏的角度论述，认为五大夫以上爵是赐给“六百石至中二千石”这些高官中的“勤事者”及“列侯嗣子”，但未使用“官爵”概念。而且，他强调“入粟”拜爵是鬻爵，但汉代“鬻爵不鬻官”，也就是说爵并不等于官，并非有了爵位就可以自动转换为官职。这一点与钱大昭依据成帝永始二年诏，认为五大夫以上爵可任吏的观点有很大不同。总体来看，钱大昕对二十等爵分层的认识相当准确到位。

钱大昭关于官爵、民爵的区分为其后的沈家本、王先谦所采纳。沈家本《汉律摭遗·具律三》按语称：“《功臣表》公士凡三十一见……八公乘，凡二十七见。此民之爵也……自五大夫以上，官之爵也。凡言赐民爵者，公士至公乘。此皆秦制，而汉承之。”[③]王先谦《汉书补注》也在《百官公卿表》“爵”条下全文照录了钱大昭说。[④]近

① （清）钱大昕：《潜研堂文集》卷34，《潜研堂集》，清嘉庆十一年刻本，中国基本古籍库，笔者标点。另见吕友仁校点本，上海：上海古籍出版社，1989年，第614页。但其标点存在问题，如“爵过公乘得移与子若同产，同产子有罪得赎”。

② 关于二十等爵与“为吏”的关系，史籍中材料较少，情况也较为复杂。如《韩非子·定法》载：“商君之法曰：‘斩一首者爵一级，欲为官者为五十石之官；斩二首者爵二级，欲为官者为百石之官。’官爵之迁与斩首之功相称也。”（清）王先慎撰，钟哲点校：《韩非子集解·定法》，北京：中华书局，1998年，第399页）据此，商鞅时法律规定，一级爵公士可任五十石官，二级爵上造可任百石官，与汉成帝永始二年右更才可任三百石吏相距甚远。此外，《史记·平准书》载武帝后期，“法既益严，吏多废免。兵革数动，民多买复及五大夫，征发之士益鲜。于是除千夫五大夫为吏，不欲者出马；故吏皆（通）适令伐棘上林，作昆明池。”（《史记》卷30《平准书》，北京：中华书局，1959年，第1428页）由此反推，在征发之士不少的情况下，千夫、五大夫以上爵应当是不用除为吏的，这对于我们理解秦汉时期“吏”的概念至关重要。限于篇幅的原因，笔者无法展开，这里只想强调，秦汉时期“官”“吏”“民”的概念、关系、地位都较为复杂，值得深入探讨。

③ （清）沈家本著，邓经元、骈宇骞点校：《历代刑法考》，《汉律摭遗》卷11《具律三》，北京：中华书局，1985年，第1582页。

④ （汉）班固撰，（清）王先谦补注，上海师范大学古籍整理研究所整理：《汉书补注·百官公卿表第七上》，第904页。但另一方面，自古以来，许多饱学之士对二十等爵也不甚了了。如方以智《通雅》卷22《官制·爵禄》：“于文定言汉赐民爵不知其制。智按……常见汉诏赐高年帛，又因宋赐民爵必以高年，乃始较然于汉诏所称民殆乡老或里长之谓乎？犹今之耆民寿官也。其公乘以下，观高帝诏令诸吏善遇高爵，则公士等犹夫民耳，即汉诏所云久立吏前曾不为决也，特用以赎罪而已。”（北京：中国书店，1990年，第282页。笔者标点）袁枚《随园随笔》卷9《官职类·赐爵》：“方密之以为所赐者不过乡老、里长辈，虽曰民，非平民也。”（王英志编纂校点：《袁枚全集新编》第13册，杭州：浙江古籍出版社，2015年，第153—154页）

代以来，日本的栗原朋信、守屋美都雄、西嶋定生，中国的蒙文通、陈直、俞伟超等均采用了官民爵概念[①]，官民爵概念也因此成为解构二十等爵制的术语，为学界广泛使用。但学者对于其概念的理解和界定却存在很大不同。其中，西嶋定生的认识最为清晰准确，他曾专门对“官爵”“民爵”“吏爵”概念的含义等进行辨析。他说：

> （刘劭）把吏的最高爵限定到公乘，是不正确的。
>
> 以汉代制度为中心来看，此二十等爵中，自第一级的公士至第八级的公乘的爵位是给与一般庶民以及下级官吏的；第九级的五大夫以上，秩六百石的官吏始得授与，一般庶民不授予五大夫以上的爵。
>
> 故为方便起见，今后把公乘以下的八等爵称为民爵（特授与吏者，称吏爵），五大夫以上之爵，称官爵。但这到底是为了方便的叫法，在当时并不是有民爵（或吏爵）之称呼；用当时语言若说官爵，则是指官与爵，或由官给与的爵，亦即爵位之总体内容，并不存在把五大夫以上的爵特称为官爵之例。因之，在以下进行研究时，所用的民爵（吏爵）、官爵之词，是各指公乘以下的爵与五大夫以上的爵。若说的是当时用法的官爵，随时指明。[②]

他所说刘劭“把吏的最高爵限定到公乘”是指前引刘劭《爵制》下的一段话：“吏民爵不得过公乘者，得贳与子若同产。”[③]西嶋定生显然认为，汉代的吏以六百石为界分为高级官吏和下级官吏，民爵除了赐予公乘以下民外，还赐予六百石以下（不含）下级官吏，官爵是赐予六百石以上（含）高级官吏的，吏爵是民爵中专门授予下级官吏的。他指出，将二十等爵分为官爵、民爵（吏爵）并不是汉代人的叫法，是后代人也是他自己为了分析二十等爵的分层结构而起的。西嶋定生的论说十分清晰到位。从史料来看，除了刘劭所说“吏民爵”外，史料中确实见不到“吏爵”或“吏民爵”的

---

① ［日］栗原朋信：《关于两汉时代的官民爵.上》，《史观》第22、23册合刊，1940年，第27—59页；［日］栗原朋信：《关于两汉时代的官民爵.下》，《史观》第26、27册合刊，1941年，第109—146页；［日］守屋美都雄：《中国古代的家族与国家》，钱杭、杨晓芬译，第1章“从汉代爵制源流角度所见之商鞅爵制研究”，第4页；［日］西嶋定生：《中国古代帝国的形成与结构——二十等爵制研究》，武尚清译，第1章第3节“官爵、民爵的区别与授爵的机会”，第84—149页；蒙文通：《儒学五论》，桂林：广西师范大学出版社，2007年，第111页（路明书店，1944年初版）；陈直：《九章算术著作的年代》，《西北大学学报（自然科学版）》1957年第1期，第96页；陈直：《秦汉爵制亭长上计吏三通考》，《西北大学学报（哲学社会科学版）》1979年第3期，第60页；俞伟超：《古史分期问题的考古学观察（一）》，《文物》1981年第5期，第54页。如守屋美都雄根据《商君书·境内》认为，商鞅爵制以是否食邑为标准，以五大夫（“税邑三百家”）和公乘为界区分为官、民爵，并推测五大夫以上是因军功受爵者，以下是因其他因素受爵者。

② ［日］西嶋定生：《中国古代帝国的形成与结构——二十等爵制研究》，武尚清译，第70、84—85、88页。

③ 《后汉书·百官志五》“关内侯”条刘劭注引，《后汉书》志第二十八，第3632页。

说法，所有文例均是以“赐吏民爵”“赐吏爵”的形式表现。除了前引《汉书·宣帝纪》元康元年三月条外，如“赐吏爵”有（见材料1—材料3）：

1.《汉书·宣帝纪》神爵元年三月：“赐天下勤事吏爵二级，民一级。”①

2.《汉纪·孝元皇帝纪》永光元年三月：“[赐]吏（赐）六百石以上爵五大夫，勤事吏爵二级，民一级。”②

3.《后汉书·章帝纪》元和二年五月诏：“其赐天下吏爵，人三级。”③

“赐吏民爵”有（见材料4—材料6）：

4.《汉纪·孝宣皇帝纪》本始元年：“五月，凤凰集胶东、千乘。赦天下。赐吏民爵。”

5.《汉纪·孝成皇帝纪》永始四年春正月：“赐云阳吏民爵。”④

6.《汉书·哀帝纪》绥和二年四月：“赐宗室王子有属者马各一驷，吏民爵。”⑤

可以看到，“赐吏爵”或“赐吏民爵”的意思是赐给吏或吏民爵位，“吏爵”和“吏民爵”不能连读为一个词。上述材料中，绝大多数为“吏”与“民”相对、并列，因此，“吏”应当指广义的中二千石以下至佐史的官吏。但上述材料中，也有少数限定了吏的范畴，如材料2限定为“吏六百石以上”，这和前文所引《汉书·宣帝纪》元康元年三月诏限定为“中二千石以下至六百石”范围相同。下列材料7也是类似例子。

7.《汉书·宣帝纪》载本始元年：“五月，凤皇集胶东、千乘。赦天下。赐吏二千石、诸侯相⑥下至中都官、宦吏、六百石爵⑦各有差，自左更至五大夫。赐天下民⑧爵各一级。”⑨

材料7中，前半部分赐予的“二千石、诸侯相”以下到“中都官、宦吏、六百石”的“吏”的范畴，和材料2及《宣帝纪》元康元年三月诏一致。那么，又该如何

① 《汉书》卷8《宣帝纪》，第259页。

② （汉）荀悦撰，张烈点校：《汉纪·孝元皇帝纪中卷第二十二》，张烈点校：《两汉纪》，北京：中华书局，2002年，第382页。

③ 《后汉书》卷3《章帝纪》，第152页。

④ 分见（汉）荀悦撰，张烈点校：《汉纪》各本纪，张烈点校：《两汉纪》，第296、324页。

⑤ 《汉书》卷11《哀帝纪》，第334页。

⑥ 此处，中华书局标点本以顿号断开，笔者认为不应断，故改。

⑦ 此处，中华书局标点本以逗号断开，笔者认为不应断，故改。

⑧ 中华书局标点本作“人”，笔者认为应为“民”，故改。理由如第161页注1。

⑨ 《汉书》卷8《宣帝纪》，第242页。

理解材料 2 下段的“勤事吏爵二级，民一级”？同样涉及“勤事吏”的材料 1 可以提供线索。材料 1 的赐爵中，将天下民分为两部分：勤事吏和民。从逻辑上来说，未被推举为勤事吏的广大吏群体应当被归入“民”的范畴，他们虽然不能像勤事吏那样可以赐爵二级，但仍然应享有普通民赐爵一级的权利。如此来看，材料 2 的“勤事吏”是指既包括六百石以上也包括六百石以下的广义“吏”中被推举为“勤事”者，而“民”则指公乘以下者和六百石以下吏中未被推举为勤事吏者。

而且，若仔细分析的话，就会发现材料 7《汉书》所记宣帝本始元年五月赐爵事和材料 4《汉纪》所记当为一事。《汉纪》记载简约，《汉书》中的“吏二千石、诸侯相下至中都官、宦吏、六百石”在《汉纪》简称为一个“吏”字，“天下民”则简称为“民”。《汉书》前半部分说要赐予吏六百石以上者爵，后半部分说要赐天下民爵，那么六百石以下吏是否也在赐爵范畴中？答案应当是肯定的。六百石以下吏是官吏的重要组成部分，是国家行政的重要践履者。大量史料表明吏是国家赐爵的主要对象，国家单独对吏赐予更多的爵级显然是为了激励吏“勤事”，没有理由将这个群体排除在外。所以，材料 7 未载的六百石以下吏也应包含在“天下民”之中。

由于汉代的“吏”概念有广义、狭义之分，广义的吏指佐史以上至中二千石乃至丞相的官吏，狭义的吏既可以指六百石以上高级官吏，也可以指六百石以下低级官吏，县的地方官吏又有长吏、少吏之别[①]等等，情况甚为复杂，常常需要参考语境加以区别。所以西嶋定生才特意指出刘劭“吏民爵不得过公乘者”的说法不够严谨，容易造成误解。从目前学界的研究来看，学界确实存在着对“吏”概念不加以辨析，片面理解为一个单一群体的情况，或者将其看成是六百石以下官吏，与“民”构成社会下层群体——“吏民”；或者将其理解为六百石以上官吏，把赐给六百石以上吏的“官爵”概念与词义不明的“吏爵”概念混淆在一起。例如有学者在讨论五大夫爵在军功爵中的历史定位时，将“官爵”等同于“吏爵”“高爵”，与“民爵”相对。举其文章开篇的一段文字：

> 因五大夫在汉初已经发展成高爵和“赐吏爵”的起点……但秦统一后，“五大夫”却突破常规，而晋升成陪同秦始皇出游的议政治大臣。这个演变对汉初五大夫成为吏爵起点，形成了举足轻重的影响。本文撰写虽是为说明春秋至秦始皇时期，五大夫在军功爵制中的历史演变，但五大夫所以能引发历史关切，乃是因其

① 《汉书》卷 19 上《百官公卿表上》：“县令、长，皆秦官，掌治其县。万户以上为令，秩千石至六百石。减万户为长，秩五百石至三百石。皆有丞、尉，秩四百石至二百石，是为长吏。百石以下有斗食、佐史之秩，是为少吏。”（第742页）

最终已演变成高爵和吏爵的起点。因此本文拟……以呈现出“五大夫”由春秋至秦统一后的历史发展内容，并导出其成为两汉官爵及吏爵起点之原因。[①]

可以看出，文章作者认为，五大夫以上爵既可以称之为“官爵”，也可以称之为“吏爵”“高爵”，它们都是一回事，而这些称呼的来源便在于惠帝时期“赐吏爵”的出现。

本文所使用的官民爵概念，是西嶋定生扬弃钱大昭、沈家本、王先谦等观点后所定义的概念：官爵指二十等爵第九级五大夫爵以上至第二十级彻侯，只能授予六百石以上（含）吏；民爵指第一级爵公士至第八级爵公乘，是授予六百石以下（不含）吏和普通民的爵层。

二、秦汉时期官民爵分界线的变化

如前所述，自清代钱大昭以来，学界便普遍以官民爵概念来解构二十等爵制，认为秦汉时期二十等爵以第八级公乘和第九级五大夫为界分为两个层级，五大夫以上为官爵，五大夫以下为民爵。但也有学者关注到秦汉时固有的“高爵”“长爵”“下爵”等概念，以此作为探索二十等爵发展演变的线索。例如，陈直曾敏锐地观察到“高爵”存在秦制、汉制差别。他在《汉书·百官公卿表上》颜师古注“不更谓不与更卒之事”下按：

此语系本于《汉旧仪》，其实不然。汉代八级[②]爵以上，始不与徭役，《旧仪》所记，可能为秦制。敦煌、居延木简中，不更爵戍边者多不胜举，是其明证……又按：《高祖纪》五年诏有云：“七大夫、公乘以上皆高爵也。”又曰：“异日秦民爵公大夫以上，令丞与亢礼。”可见秦爵自第七级起，虽在民爵范围之内，但已甚觉光荣（七级曰公大夫，本文七大夫亦指公大夫而言）。[③]

在《汉书·高帝纪上》“令诸大夫曰，进不满千钱，坐之堂下”条下按：

① 周美华：《春秋至秦统一后“五大夫”在军功爵中的历史定位（上）》，《许昌学院学报》2013年第1期，第79页。

② 按：此处应不含八级，从第九级计。其在《汉书·晁错传》“先为室屋具田器，乃募罪人及免徒复作令居之，不足募以丁奴婢赎罪，及输奴婢欲以拜爵者，不足乃募民之欲往者，皆赐高爵，复其家”下按：“高爵谓九级起之官爵”（陈直：《汉书新证·爰盎晁错传第十九》，北京：中华书局，2008年，第284页）可以为证。

③ 陈直：《汉书新证·百官公卿表第七上》，第122—123页。

大夫为秦第五级爵名，《本纪》五年有云："亡爵及不满大夫者，皆赐爵为大夫。"盖秦时在民爵中，大夫即为高爵，故在宴会时，借为客之尊称，后来武帝试贤良策文，亦称对策者为子大夫。[①]

颜师古解释"不更"爵名的缘起是"不与更卒"事，陈直注意到，这与汉代五大夫以上才可以免除徭役的制度不同；以及《史记·高祖本纪》所载高祖五年诏中，命给军吏卒无爵及爵不满大夫者皆赐爵大夫，并说秦时七大夫（公大夫）、公乘以上都属于高爵，"令丞与亢礼"，这与汉代五大夫以上才为高爵不同，从而得出二十等爵存在秦制和汉制的时代差别。但他根据高祖五年诏中仍称"秦民爵公大夫"，认为大夫至公乘仍属于民爵。

高敏进一步根据文献中残留的蛛丝马迹，尝试复原秦汉时期高低爵界限不断上移的过程，认为：商鞅变法时，大夫爵可能是高爵的起点；不久提高到第六级"官大夫"；秦王朝时上移到第七级爵"公大夫"；汉高帝八年提高到"公乘"；惠帝即位后又上移至第九级爵五大夫；东汉明帝时规定赐民爵不得超过第八级爵公乘。[②]高敏充分发掘史料，研究深入细致，具有启发意义，但其论述中也存在一些问题。例如，他将《商君书·境内》的下列记载作为商鞅变法时有高低爵之分的证据：

其狱法，高爵訾下爵级。高爵能，无给有爵人隶仆。[③]

但学界对此句的理解存在争议[④]，关于其中的"下爵级"，"一说为降低犯罪者的爵级，一说是指爵位低的人"[⑤]，因此，这里的"高爵"到底是相对其下爵级而言的概念，还是具有分层意义的高低爵概念尚不能确定（笔者倾向第一种意见）。再如，高敏根据下列睡虎地秦简《传食律》："御史、卒人使者，食粺米半斗，酱驷（四）分升

① 陈直：《汉书新证·高纪第一上》，第3—4页。按：《高帝纪》"令诸大夫曰"和武帝时称对策者"子大夫"均应取"公卿大夫士"意义上的大夫，而非二十等爵的第五级大夫爵。关于《高帝纪》"大夫"的含义，系孙闻博提示，特此感谢。

② 高敏：《秦汉史论集》，"秦的赐爵制度试探""论两汉赐爵制度的历史演变"，第20—22、24—25、41、43—44、52—55页。

③ 高亨注译：《商君书注译·境内》，北京：中华书局，1974年，第152页。

④ 关于文中"訾"和"能"的解释，孙诒让曰："言使贵者訾量贱者所得之首级。""能，亦当为'罢'。言高爵有辜而罢，无得给有爵之人为隶仆，然则卑爵罢，给有爵人为隶仆矣。"［（清）孙诒让著，雪克辑点：《籀廎遗著辑存·商子境内篇校释》，北京：中华书局，2010年，第469—470页］蒋礼鸿："訾亦量也。量其罪，贬其爵。"（蒋礼鸿：《商君书锥指·境内》，北京：中华书局，1986年，第120页）高亨将此句译为："关于诉讼的法律，由爵位高的人审判爵位低、等级低的人的是非曲直。爵位高的人如果因故罢免，不要给予他有爵人的奴仆。"（高亨：《商君书注译·境内》，第152页）

⑤ 徐莹注说：《商君书》，开封：河南大学出版社，2012年，第222页。好并隆司持第一种看法，参见好并隆司：《商君书研究》（［日］好並隆司：《商君書研究》），广岛：溪水社，1992年，第319页，高敏则持第二种看法。

一，采（菜）羹，给之韭葱。其有爵者，自官士大夫以上，爵食之。使者 179 之从者，食糲（粝）米半斗；仆，少半斗。　传食律 180”[①]认为商鞅变法后“可能提高到了以第六级爵‘官大夫’为高爵的起点”[②]。然而，此律中的“官士大夫”到底是何意味尚不清楚，不能不加以辨析地随意以“官大夫”替换。[③]而且，从后来出土的张家山汉简等材料来看，二十等爵每个爵级所享有的名田宅、传食、赏赐、丧葬规格等具体权益并不完全一致，有时属下，有时上挂[④]，因此，不能仅依据一条《传食律》就认为当时已经将高爵的起点提高到官大夫。其将高帝八年令“爵非公乘以上毋得冠刘氏冠”[⑤]作为高爵起点提高至公乘的证据，将惠帝即位后令“太子御骖乘赐爵五大夫”“爵五大夫、吏六百石以上及宦皇帝而知名者有罪当盗械者，皆颂系”[⑥]看成是高爵上移至五大夫的证据，将东汉光武帝中元二年（57 年）四月明帝诏“爵过公乘，得移与子若同产、同产子”[⑦]看成是赐民爵不得超过公乘规定之始，都存在把个别规定、现象当成根本性、决定性因素，把文献中首次出现的史实制度等同于现实中制度首次出现的证据等问题。此外，秦汉文献中的高低爵概念与钱大昭等学者定义的官民爵概念是否能够完全契合，也是一个需要首先加以辨析的问题。

21 世纪初，随着张家山汉简的公布，学界对秦及汉初官民爵的分层问题出现了新的看法。李均明根据《二年律令・户律》“自五大夫以下，比地为伍”的律条，认为普通百姓应尽之义务五大夫皆须承担，社会地位显然与左庶长以上者有很大差别。而且，《户律》还规定“卿以上所自田户田，不租，不出顷刍”，而五大夫不可免。因此，五大夫以下属编户民，当为民爵，与刘劭《爵制》所载不同。但在涉及具体权益时，大多属下，有时亦上挂。[⑧]朱绍侯认为，《二年律令》所反映的汉初军功爵分侯、卿（第十级至第十八级）、大夫、小爵四大等级，与刘劭《爵制》的四个等级基本吻合。所谓“民爵八级”是西汉中期以后军功爵制轻滥的产物。[⑨]凌文超在高敏意见的基础上认

① 陈伟主编，彭浩等撰著：《秦简牍合集.释文注释修订本（壹）》，武汉：武汉大学出版社，2016年，第131页。

② 高敏：《秦汉史论集》，“秦的赐爵制度试探”，第24—25页。

③ 高敏在前文分析时就较为谨慎：“不过‘官士大夫’相当于《境内篇》的大夫呢，还是相当于‘官大夫’？这一点不甚明白。如果相当于‘大夫’，则《境内篇》中的第五级确是高爵的起点；如果相当于‘官大夫’，则商鞅变法之后高爵的起点有由第五级爵上升为第六级爵的变化。”（高敏：《秦汉史论集》，“秦的赐爵制度试探”，第21页）

④ 李均明：《张家山汉简所反映的二十等爵制》，《中国史研究》2002年第2期，第37—47页。

⑤ 《汉书》卷1下《高帝纪下》，第65页。

⑥ 《汉书》卷2《惠帝纪》，第85页。

⑦ 《后汉书》卷2《明帝纪》，第96页。

⑧ 李均明：《张家山汉简所反映的二十等爵制》，《中国史研究》2002年第2期，第37—47页。

⑨ 朱绍侯：《西汉初年军功爵制的等级划分——〈二年律令〉与军功爵制研究之一》，《河南大学学报（社会科学版）》2002年第5期，第99—101页。其观点后来有所修正。

为，惠帝即位诏令使“变动中的高、低爵与相对稳定的以六百石为界标的上、下秩级相结合促使了官、民爵的形成”[①]。孙闻博则认为，秦及汉初大夫、士爵分界仍应以大夫、不更处为宜。[②]

那么，秦汉时期官、民爵的区分到底起源于何时？其间是否发生过变化？其原理是什么呢？新出秦汉简牍材料为解决这一问题提供了新的可能。

张家山汉简《二年律令》中有两条材料与官民爵问题有关，但未引起学者充分注意：

> ……能产捕群盗一人若斩二人，搡（拜）爵一级。其斩一人若爵过大夫及不当搡（拜）爵者，皆购之如律。……（148）
>
> ☐及（？）爵，与死事者之爵等，各加其故爵一级，盈大夫者食之。（373）[③]

简148规定，“产捕”群盗一人或者斩首二人可以拜爵一级，但如果只斩首一人，或者爵级超过了大夫，以及不应当拜爵这三种情况，就不拜爵而只给予赏金（“购”）。简373规定，一定情况下（因简文残断，具体情况不详）可在其原爵基础上提高一级，达到大夫级可以“食之”。这两条律的规定意味着大夫爵在当时是一个重要的分界级，一般情况下低级爵的人最高只能到大夫，不得逾越成为官大夫。

新公布的《岳麓书院藏秦简（伍）》第二组一条廷卒乙令也发现了类似规定：

> 173/1849：·能捕以城邑反及智（知）而舍者一人，搡（拜）爵二级，赐钱五万，诇吏，吏捕得之，购钱五万。诸已反及与吏卒战而
>
> 缺简
>
> 174/1892：受爵者毋过大夫乚，所□虽多□□□□□□□□□□□□□及不欲受爵，予购级万钱，当赐者，有（又）行
>
> 175/1684：其赐。　　　　·廷卒乙廿一[④]

此令规定，受爵者的爵级不能超过大夫。如果超过了，则不拜爵增加其爵级，而给予赏金，一级一万钱。

---

① 凌文超：《汉初爵制结构的演变与官、民爵的形成》，《中国史研究》2012年第1期，第33—45页。

② 孙闻博：《二十等爵确立与秦汉爵制分层的发展》，《中国人民大学学报》2016年第1期，第131—137页。

③ 张家山二四七号汉墓竹简整理小组编著：《张家山汉墓竹简［二四七号墓］（释文修订本）》，北京：文物出版社，2006年，第29、60页。

④ 陈松长主编：《岳麓书院藏秦简（伍）》，上海：上海辞书出版社，2017年，第125—126页。后文简称《岳麓秦简（伍）》。

“受爵者毋过大夫”以及爵过大夫者“购之”“食之”的说法与刘劭《爵制》“吏民爵不得过公乘者，得贳与子若同产”的说法如出一辙，其意义当也一样。刘劭《爵制》所说“吏民爵不得过公乘”，显然是为了限制处于庶民阶层的“吏民”跨入官爵阶层，让其维持在民爵阶层不动。如果两者的原理相同，那么，上述岳麓秦简和张家山汉简关于“受爵者毋过大夫”等的法律规定就意味着，秦统一前后至西汉初年的吕后二年（前186年），第五级大夫爵与第六级官大夫爵是一个重要的分水岭。

我们还可以从其他方面来佐证上述观点。其一，战国末至汉初，大夫与官大夫、公大夫的地位、权益有明显区别。《韩非子·内储说上七术》：吴起为魏武侯西河之守，秦有小亭临境，吴起欲攻之，“乃下令曰：‘明日且攻亭，有能先登者，仕之国大夫，赐之上田上宅。’人争趋之，于是攻亭，一朝而拔之”[①]。只有赐爵国大夫（即官大夫，见下文）而非大夫，对于战士才有吸引力。《史记》《汉书》所载刘邦在楚汉战争期间赐的爵位最低是官大夫。如《史记·樊哙传》：“高祖为沛公，以哙为舍人……与司马𡰖战砀东，却敌，斩首十五级，赐爵国大夫。常从，沛公击章邯军濮阳，攻城先登，斩首二十三级，赐爵列大夫……下户牖，破李由军，斩首十六级，赐上闻爵。从攻围东郡守尉于成武，却敌，斩首十四级，捕虏十一人，赐爵五大夫。”国大夫，裴骃《集解》引文颖曰：“即官大夫也。”张守节《正义》：“爵第六级也。”列大夫，《集解》引文颖曰：“即公大夫，爵第七。”[②]《史记·曹相国世家》：“高祖为沛公而初起也，参以中涓从……丰反为魏，攻之。赐爵七大夫……攻爰戚及亢父，先登。迁为五大夫。”[③]曹参的初赐爵位是第七级公大夫。《史记·夏侯婴传》：“上降沛一日，高祖为沛公，赐婴爵七大夫，以为太仆。”[④]夏侯婴任列卿官太仆，但赐爵只有公大夫。

其二，秦“大夫”不入“君子”之列。《岳麓秦简（肆）》的下条律文表明，秦时存在“君子”与“大夫”的界限：

> 210/1396：置吏律曰：县除小佐毋（无）秩者，各除其县中，皆择除不更以下到士五（伍）史者为佐，不足，益除君子子、大夫子、小爵
>
> 211/1367：及公卒、士五（伍）子年十八岁以上备员，其新黔首勿强，年过六十者勿以为佐乚。人属弟、人复子欲为佐吏[⑤]

① （清）王先慎撰，钟哲点校：《韩非子集解·内储说上七术》，北京：中华书局，1998年，第230页。

② 《史记》卷95《樊郦滕灌列传·樊哙》，第2651—2652页。

③ 《史记》卷54《曹相国世家》，第2021页。

④ 《史记》卷95《樊郦滕灌列传·夏侯婴》，第2664页。

⑤ 陈松长主编：《岳麓书院藏秦简（肆）》，上海：上海辞书出版社，2015年，第137—138页。后文简称《岳麓秦简（肆）》。

根据君子子、大夫子、小爵、公卒、士伍子的排列，可知大夫的地位低于“君子”，无法纳入君子之列。

其三，至晚汉文帝时，五大夫是享受复除的起始爵，公乘则是服徭戍劳役的最高爵级。《汉书·食货志上》载汉文帝时晁错上书：

> 今令民有车骑马一匹者，复卒三人。车骑者，天下武备也，故为复卒……粟者，王者大用，政之本务。令民入粟受爵至五大夫以上，乃复一人耳，此其与骑马之功相去远矣。[①]

五大夫爵以上可以“复卒”一人，所谓“复卒”就是复除作为正卒的徭、戍役。[②]下文又载汉武帝开始北伐匈奴后。

> 兵革数动，民多买复及五大夫、千夫，征发之士益鲜。于是除千夫、五大夫为吏，不欲者出马；故吏皆适（谪）令伐棘上林，作昆明池。[③]

当时屡屡兴发兵役，百姓为了不当兵打仗，故“多买复及五大夫”，以致可以征发的士兵都很少。它意味着到了五大夫爵，就可以免除本人的兵役，而公乘以下则不能享受这一优惠。这种情况一直延续到三国吴时也没有改变，故三国吴简吏民籍的最高爵级仍是公乘。[④]

但新出秦简及张家山汉简则表明，秦及汉初大夫爵是分界爵级，是一般徭戍等劳役征发的上限。《岳麓书院藏秦简（肆）》所载戍律规定：

> 188/1267：·戍律曰：城塞陛鄣多陕（决）坏不修，徒隶少不足治，以闲时岁一兴大夫以下至弟子、复子无复不复，各旬
>
> 189/1273：以缮之。尽旬不足以索（索）缮之，言不足用积徒数属所尉，毋敢令公士、公卒、士五（伍）为它事，必与缮城塞。[⑤]

修缮城塞陛障征发的人员是“大夫以下至弟子、复子无复不复”，亦即大夫以下爵

---

① 《汉书》卷24上《食货志上》，第1133—1134页。

② 杨振红：《徭、戍为秦汉正卒基本义务说——更卒之役不是“徭”》，《中华文史论丛》2010年第1期，第331—362、397—398页，后收入杨振红：《出土简牍与秦汉社会（续编）》，第八章，第181—209页。

③ 《汉书》卷24下《食货志下》，第1165页；《史记》卷30《平准书》，第1428页，文字略有不同。

④ 杨振红：《吴简中的吏、吏民与汉魏时期官、吏的分野》，《史学月刊》2012年第1期，第23—34页，后收入杨振红：《出土简牍与秦汉社会（续编）》，第三章，第73—103页。

⑤ 陈松长主编：《岳麓书院藏秦简（肆）》，第130页。

及其弟子、复子，其无论是否复除都需要服修缮城塞陛障的劳役，将官大夫和大夫严格区分开来，官大夫及以上爵级不需要服此类劳役。

再如，张家山汉简《二年律令》简 411—415 是有关发传送、载粟等劳役的规定：

> 发传送，县官车牛不足，令大夫以下有訾（赀）者，以訾（赀）共出车牛；及益，令其毋訾（赀）者与共出牛食，约载具。吏及宦皇帝者不（简 411）与给传送事。委输传送，重车、重负日行五十里，空车七十里，徒行八十里。免老、小、未傅者、女子及诸有除者，县道勿（简 412）敢繇（徭）使。节（即）载粟，乃发公大夫以下子未傅年十五以上者。补缮邑院、除道桥、穿波（陂）池、治沟渠、堑奴苑；自公大夫以下（简 413）□□□，勿以为繇（徭）。市垣道桥，令市人不敬者为之。县弩春秋射各旬五日，以当繇（徭）。戍有余及少者，隤后年。兴（简 414）传（？）送（？）为□□□□及发繇（徭）戍不以次，若擅兴车牛，及繇（徭）不当繇（徭）使者，罚金各四两。（简 415）①

此律规定，征发“传送”劳役时，如果公家的车牛不足，就令大夫以下有资产者根据资产的多少出车牛等贵重物品，没有资产的人则负担牛食等便宜物品的费用，免老、小、未傅者、女子等则不在徭使之列，则大夫是此类劳役征发对象的上限。“载粟”的劳役可以征发公大夫以下年满十五岁以上尚未傅籍的儿子。根据《二年律令》的傅籍规定，“不为后而傅者”，“公乘、公大夫子二人为上造，它子为公士”（简 359—360）；“疾死置后者”，“公大夫后子为大夫”（简 367—368）。②由此或可推测，之所以规定“公大夫以下子未傅年十五以上者”要服载粟的劳役，就是因为即便是公大夫的后子，傅籍后其爵位也不超过大夫，仍属民爵范畴，故需服徭戍劳役。

其四，张家山汉简表明，汉初吕后二年时，大夫享受名田宅的数量与官大夫为两个层级。《二年律令》把从半刑徒的司寇、隐官至关内侯名田宅的数量分七个阶梯：

①司寇、隐官至上造，分别可名有 0.5、1、1.5、2 顷、宅，以 0.5 为级差；②簪袅至大夫，分别可名有 3、4、5 顷、宅，以 1 为级差；③官大夫至公大夫，分别可名有 7、9 顷、宅，以 2 为级差；④公乘，可名有 20 顷、宅；⑤五大夫，可名有 25 顷、宅；⑥左庶长至大庶长，分别可名有 74、76、78、80、82、84、86、88、90 顷、宅，

---

① 释文在彭浩、陈伟、［日］工藤元男主编《二年律令与奏谳书——张家山二四七号汉墓出土法律文献释读》（上海：上海古籍出版社，2007 年，第 248 页）基础上有所修改。杨振红：《出土简牍与秦汉社会（续编）》，第 183—184 页。

② 张家山二四七号汉墓竹简整理小组编著：《张家山汉墓竹简［二四七号墓］（释文修订本）》，第 58—59 页。

以2为级差；⑦关内侯，可名有95顷、宅。[①]虽然不能与爵制的分层完全对等，但仍有一定联系。例如从第十级左庶长到第十八级大庶长卿爵的级差是一致的。簪袅、不更和大夫则为一个阶梯，至官大夫、公大夫跃升为另一个阶梯，与公乘差距更大，表明大夫与官大夫以上存在级差。

其五，大夫在享受传食、赏赐等待遇时，也与官大夫分属两个层级。《二年律令》：

> ……使非吏，食从者，卿以上比千石，五大夫以下到官大夫比五百石，大夫以下比二百石；吏皆以实从者食之……（简236—237）
>
> 赐不为吏及宦皇帝者，关内侯以上比二千石，卿比千石，五大夫比八百石，公乘比六百石，公大夫、官大夫比五百石，大夫比三百石，不更比有秩，簪袅比斗食，上造、公士比佐史……（简291—292）[②]

享受传食时，五大夫以下到官大夫为一个层级，大夫以下为一个层级；享受"赐"时，公大夫、官大夫为一个层级，大夫自为一个层级。

但是，正如以往学者所论，张家山汉简中二十等爵所享受的待遇呈现着非常复杂的情形。[③]《二年律令》中大夫的待遇也存在上挂情形：

> 大夫以上［年］九十，不更九十一，簪袅九十二，上造九十三，公士九十四，公卒、士五（伍）九十五以上者，禀鬻米月一石。（简354）
>
> 大夫以上年七十，不更七十一，簪袅七十二，上造七十三，公士七十四，公卒、士五（伍）七十五，皆受仗（杖）。（简355）
>
> 大夫以上年五十八，不更六十二，簪袅六十三，上造六十四，公士六十五，公卒以下六十六，皆为免老。（简356）
>
> 不更年五十八，簪袅五十九，上造六十，公士六十一，公卒、士五（伍）六十二，皆为睆老。（简357）
>
> 不为后而傅者，关内侯子二人为不更，它子为簪袅；卿子二人为不更，它子为上造；五大夫子二人为簪袅，它子为上造；公乘、公大夫子二人为上造，它子为公士；官大夫及大夫子为公士；不更至上造子为公卒。（简359—360）

① 杨振红：《秦汉"名田宅制"说——从张家山汉简看战国秦汉的土地制度》，《中国史研究》2003年第3期，第49—72页，后收入杨振红：《出土简牍与秦汉社会》第四章，桂林：广西师范大学出版社，2009年，第126—129页。

② 张家山二四七号汉墓竹简整理小组编著：《张家山汉墓竹简［二四七号墓］（释文修订本）》，第40、49页。

③ 李均明：《张家山汉简所反映的二十等爵制》，《中国史研究》2002年第2期，第37—47页；等等。

不更以下子年廿岁，大夫以上至五大夫子及小爵不更以下至上造年廿二岁，卿以上子及小爵大夫以上年廿四岁，皆傅之。公士、公卒及士五（伍）、司寇、隐官子，皆为士五（伍）。畴官各从其父畴，有学师者学之。（简 364—365）[①]

禀鬻米、受杖和免老等规定中，以大夫为线，大夫以上者为一个层级，以下者逐级不同。不为后而傅者，公乘、公大夫为一个层级，官大夫与大夫为一个层级。傅籍时，不更以下为一个层级，大夫至五大夫为一个层级。这些规定恐是以往制度遗存（详见下文），在秦及汉初并非影响身份地位的决定性因素。

这样，汉高帝五年（前 202 年）在打败项羽、结束楚汉战争后所下五月诏也可以得到合理解释。《汉书·高帝纪下》载：

帝乃西都洛阳。夏五月，兵皆罢归家。诏曰："……军吏卒会赦，其亡罪而亡爵及不满大夫者，皆赐爵为大夫。故大夫以上赐爵各一级，其七大夫以上，皆令食邑，非七大夫以下，皆复其身及户，勿事。"又曰："七大夫、公乘以上，皆高爵也。诸侯子及从军归者，甚多高爵，吾数诏吏先与田宅，及所当求于吏者，亟与。爵或人君，上所尊礼，久立吏前，曾不为决，甚亡谓也。异日秦民爵公大夫以上，令丞与亢礼。今吾于爵非轻也，吏独安取此！且法以有功劳行田宅，今小吏未尝从军者多满，而有功者顾不得，背公立私，守尉长吏教训甚不善。其令诸吏善遇高爵，称吾意。且廉问，有不如吾诏者，以重论之。"

颜师古注："七大夫，公大夫也，爵第七，故谓之七大夫。"[②]

之所以赐给无爵或爵不满大夫的军吏卒大夫爵，而原为大夫爵者加赐一级等，就是因为大夫爵是民爵的上限。通过此次赐爵，普通军吏卒可获得民爵的最高爵，而原为大夫爵的军吏卒则可进入另一个阶层。

《二年律令》规定"自五大夫以下，比地为伍，以辨券[③]为信，居处相察，出入相司"（简 305）[④]，这仅仅是表示，当时自五大夫以下都被编入什伍中，是编户，但编户与民爵的概念并不等同。秦王朝及汉初的编户包括五大夫爵以下至无爵的公卒、士伍、庶人，乃至半刑徒的司寇、隐官；而民爵只包括一级爵公士至五级爵大夫，不包括无爵的公卒、士伍、庶人及半刑徒的司寇、隐官。此外，西汉中后期以后，连关内

① 彭浩、陈伟、［日］工藤元男主编：《二年律令与奏谳书——张家山二四七号汉墓出土法律文献释读》，第230—234页。

② 《汉书》卷1下《高帝纪下》，第54—55页。如前所述，陈直已经注意到这一史料。

③ 《释文修订本》此处作"券"，《二年律令与奏谳书》作"□"。此从前者。

④ 张家山二四七号汉墓竹简整理小组编著：《张家山汉墓竹简［二四七号墓］（释文修订本）》，第51页。

侯都被纳入到编户中。《盐铁论·周秦》御史曰：

> 故今自关内侯以下，比地于伍，居家相察，出入相司，父不教子，兄不正弟，舍是谁责乎？①

然此时官民爵的分界如前所述在五大夫与公乘之间。这个例子可以反证编户的分界与官民爵的分界不同。

如前所述，汉高帝五年五月诏和吕后二年的《二年律令》中，官民爵的分界尚在官大夫与大夫之间，但是到汉文帝晁错上书时已改为五大夫、公乘之间，因此，汉代官民爵分界的移动就应当发生在这一期间。那么具体是哪年？又因何而改呢？

三、汉文帝对位秩爵体系的改革

笔者曾结合张家山汉简和传世文献论证，汉文帝六年（前 174 年）至十二年（前 168 年）期间，曾在贾谊的建议下进行过一次大规模的官秩改革，将中央列卿的秩级从二千石提高到中二千石，以区别于诸侯列卿和中央的上大夫。②从其他迹象看，文帝在贾谊建议下所进行的改革远不止官秩，还包括官民爵界限的上移。试加以论之。

《史记·贾生列传》载，汉文帝“初立”，召贾谊为博士，“超迁，一岁中至太中大夫”：

> 贾生以为汉兴至孝文二十余年，天下和洽，而固当改正朔，易服色，法制度，定官名，兴礼乐，乃悉草具其事仪法，色尚黄，数用五，为官名，悉更秦之法。孝文帝初即位，谦让未遑也。诸律令所更定，及列侯悉就国，其说皆自贾生发之。于是天子议以为贾生任公卿之位。绛、灌、东阳侯、冯敬之属尽害之，乃短贾生曰：“雒阳之人，年少初学，专欲擅权，纷乱诸事。”于是天子后亦疏之，不用其议，乃以贾生为长沙王太傅。③

《汉书·贾谊传》记载有所不同：

> 谊以为汉兴二十余年，天下和洽，宜当改正朔，易服色制度，定官名，兴礼

① 王利器校注：《盐铁论校注》卷 10《周秦》，北京：中华书局，1992 年，第 584 页。

② 杨振红：《秦汉官僚体系中的公卿大夫士爵位系统及其意义》，《文史哲》2008 年第 5 期，第 88—105 页。

③ 《史记》卷 84《贾生列传》，第 2491—2492 页。

乐。乃草具其仪法，色上黄，数用五，为官名悉更，奏之。文帝谦让未皇也。然诸法令所更定，及列侯就国，其说皆谊发之。[①]

《史记》的“法制度”可以理解为是效法古制，《汉书》删掉“法”字，与“易服色”合为一句，则没有了此意。《史记》“为官名，悉更秦之法”句，《汉书》将“秦”改为“奏”，去掉“法”字，应是怀疑《史记》把“奏”误作“秦”字。《史记》中的“律令”改为了“法令”，范围更宽。两者孰是，不可遽论。但可以确定的是，汉文帝在贾谊建议下确实对法令制度进行了大规模改革，并令列侯就国。只是“改正朔，易服色”、将汉当时奉行的水德改为土德等建议没有被文帝采纳。以往我们因周勃事迹，对“令列侯就国”事印象深刻[②]，但对“诸法令更定”之事则因材料较少，理解不深。现在随着简牍资料的出土，我们可以更深入地探讨这一问题。

《汉书·食货志上》载：

文帝即位，躬修俭节，思安百姓。时民近战国，皆背本趋末，贾谊说上曰：“筦子曰‘仓廪实而知礼节’……夫积贮者，天下之大命也……”于是上感（贾）谊言，始开籍田，躬耕以劝百姓。晁错复说上曰：“……令民入粟受爵至五大夫以上，乃复一人耳，此其与骑马之功相去远矣……”于是文帝从错之言，令民入粟边，六百石爵上造，稍增至四千石为五大夫，万二千石为大庶长，各以多少级数为差。错复奏言：“陛下幸使天下入粟塞下以拜爵，甚大惠也。窃恐塞卒之食不足用大渫天下粟。边食足以支五岁，可令入粟郡县矣；足支一岁以上，可时赦，勿收农民租。如此，德泽加于万民，民俞勤农。时有军役，若遭水旱，民不困乏，天下安宁；岁孰且美，则民大富乐矣。”上复从其言，乃下诏赐民十二年租税之半。明年，遂除民田之租税。[③]

据此可以大致梳理出一条文帝在贾谊建议下进行改革的时间线：

根据《史记》《汉书》本纪的记载，文帝二年（前178年）在贾谊建议下首开籍田礼。[④]其后，晁错上《论贵粟疏》，文帝采纳了他的建议，令入粟拜爵。晁错又上疏建议国库粮食足以支配一年以上时，可免除农民的田租。这一建议又为文帝所采纳，于

① 《汉书》卷48《贾谊传》，第2222页。

② 陈苏镇：《汉文帝“易侯邑”及“令列侯之国”考辨》，《历史研究》2005年第5期，第22—31、190页。此承邹水杰先生提出，特此致谢。

③ 《汉书》卷24上《食货志上》，第1127—1135页。

④ 《史记》卷10《孝文本纪》，第423页记载：“（二年）正月，上曰：‘农，天下之本，其开籍田，朕亲率耕，以给宗庙粢盛’”，《汉书》卷4《文帝纪》（第117页）文字略有不同。

十二年免除当年一半租税，十三年（前 167 年）全部免除。[1]因此，晁错上《论贵粟疏》当在文帝十二年之前至少一年，即文帝十一年（前 169 年）以前。贾谊后来成了梁怀王揖太傅，揖死于文帝十年（前 170 年）[2]，贾谊一年多以后亦即文帝十一年也因悲伤过度而死[3]。因此可以进一步确定，文帝在贾谊建议下所进行的改革当在文帝元年（前 179 年）至文帝十一年之间。

除了文帝二年首开籍田礼外，《汉书·文帝纪》载文帝四年（前 176 年）秋九月“作顾成庙”。颜师古注引应劭曰：

> 文帝自为庙，制度卑狭，若顾望而成，犹文王灵台不日成之，故曰顾成。贾谊曰：“因顾成之庙，为天下太宗，与汉无极。”[4]

应劭所引贾谊言在贾谊《新书·数宁》中有详细记载：

> 射猎之娱与安危之机，孰急也？臣闻之：自禹以下五百岁而汤起，自汤已下五百余年而武王起。故圣王之起，大以五百为纪。自武王已下过五百岁矣，圣王不起，何怪矣。及秦始皇帝似是而卒非也，终于无状。及今，天下集于陛下，臣观宽大知通，窃曰足以操乱业，握危势，若今之贤也。明通以足，天纪又当，天宜请陛下为之矣……古者，五帝皆逾百岁，以此言信之。因王为明帝，股肱为明臣，名誉之美，垂无穷耳。“祖有功，宗有德。”始取天下为功，始治天下为德。因顾成之庙，为天下太宗，承天下太祖，与汉长无极耳。因卑不疑尊，贱不逾贵，尊卑贵贱，明若白黑，则天下之众不疑眩耳。因经纪本于天地，政法倚于四时，后世无变故，无易常，袭迹而长久耳。臣窃以为建久安之势，成长治之业，以承祖庙，以奉六亲，至孝也；以宰天下，以治群生，神民咸亿，社稷久享，至仁也；立经陈纪，轻重周得，后可以为万世法程，后虽有愚幼不肖之嗣，犹得蒙业而安，至明也。寿并五帝，泽施至远，于陛下何损哉！以陛下之明通，因使少知治体者得佐下风，致此治非有难也。陛下何不一为之，及其可素陈于前，愿幸无忽。[5]

由此可知，文帝是在贾谊建议下建立顾成庙，意为汉文帝为天下太宗，治天下，

① 《汉书》卷 4《文帝纪》：“（十二年三月）诏曰：‘……其赐农民今年租税之半。’”（第 124 页）
② 《汉书》卷 14《诸侯王表》，第 406 页。
③ 《史记》卷 84《贾生列传》：“居数年，怀王骑，堕马而死，无后。贾生自伤为傅无状，哭泣岁余，亦死。”（第 2503 页）
④ 《汉书》卷 4《文帝纪》，第 121 页。
⑤ （汉）贾谊撰，阎振益、钟夏校注：《新书校注》卷 1《数宁》，北京：中华书局，2000 年，第 30—31 页。

期待汉王朝的统治可以永远延续下去，“长无极”。

《史记·孝文本纪》：

> 孝文帝从代来，即位二十三年，宫室苑囿狗马服御无所增益，有不便，辄弛以利民……上常衣绨衣，所幸慎夫人，令衣不得曳地，帏帐不得文绣，以示敦朴，为天下先。
>
> 裴骃《集解》引如淳曰：“贾谊云‘身衣皂绨’。”[①]

《汉书·文帝纪》“赞”则称“身衣弋绨”。颜师古注引如淳曰：“弋，皂也。贾谊曰‘身衣皂绨’。”[②]“衣绨衣”或“身衣弋绨”的做法也源自贾谊。《新书·孽产子》：

> 民卖产子，得为之绣衣、编经履、偏诸缘，入之闲中，是古者天子后之服也，后之所以庙而不以燕也，而众庶得以衣孽妾。白縠之表，薄纨之里，緁以偏诸，美者黼绣，是古者天子之服也，今贵富人大贾者丧资，若兄弟召客者得以被墙。古者以天下奉一帝一后而节适，今贵人大贾屋壁得为帝服，贾妇优倡下贱产子得为后饰，然而天下不屈者，殆未有也。且主帝之身，自衣皂绨，而靡贾侈贵，墙得被绣；帝以衣其贱，后以缘其领，孽妾以缘其履，此臣之所谓踳也。[③]

贾谊说古者天子“自衣皂绨”“衣其贱”“后以缘其领”，穿得很简朴。这应当就是汉文帝穿“绨衣”（皂绨）、慎夫人“衣不得曳地”的原因，即向古天子看齐。

此外，皇帝坐宣室听大臣忏悔的制度当也是在贾谊的建议下建立的。《史记·贾生列传》载贾谊被贬为长沙王太傅三年作《鹏鸟赋》：

> 后岁余，贾生征见。孝文帝方受釐，坐宣室。上因感鬼神事，而问鬼神之本。贾生因具道所以然之状。[④]

《新书·阶级》：

> 故古者，礼不及庶人，刑不至君子，所以厉宠臣之节也。古者大臣有坐不廉而废者，不谓曰不廉，曰“簠簋不饰”；坐秽污姑妇姊姨母，男女无别者，不谓污

① （汉）《史记》卷10《孝文本纪》，第433页。
② （汉）《汉书》卷4《文帝纪》，第134—135页。
③ （汉）贾谊撰，阎振益、钟夏校注：《新书校注》卷3《孽产子》，第107页。
④ 《史记》卷84《贾生列传》，第2502—2503页。此事也见于《汉书》卷48《贾谊传》，第2230页。

秽，曰"帷箔不修"；坐罢软不胜任者，不谓罢软，曰"下官不职"。故贵大臣定有其罪矣，犹未斥然至以呼之也，尚迁就而为之讳也。故其在大谴大何之域者，闻谴何则白冠氂缨，盘水加剑，造请室而请其罪耳，上弗使执缚系引而行也。其中罪者，闻命而自弛，上不使人颈盭而加也。其有大罪者，闻令则北面再拜，跪而自裁。上不使人捽抑而刑也，曰："子大夫自有过耳，吾遇子有礼矣。"遇之有礼，故群臣自憙；厉以廉耻，故人务节行。上设廉耻礼义以遇其臣，而群臣不以节行而报其上者，即非人类也。[①]

祠官祝釐的礼仪也应当与此有关。《史记·孝文本纪》载文帝十四年（前 166 年）春，文帝诏曰：

朕获执牺牲珪币以事上帝宗庙，十四年于今，历日（县）[绵]长，以不敏不明而久抚临天下，朕甚自愧。其广增诸祀墠场珪币。昔先王远施不求其报，望祀不祈其福，右贤左戚，先民后己，至明之极也。今吾闻祠官祝釐，皆归福朕躬，不为百姓，朕甚愧之。夫以朕不德，而躬享独美其福，百姓不与焉，是重吾不德。其令祠官致敬，毋有所祈。

裴骃《集解》引如淳曰："釐，福也。《贾谊传》'受釐坐宣室'。"[②]

由此可以看到，文帝在贾谊建议下所进行的改革举措涉及范围极广。以上只是见诸史籍记载者，还有许多未见记载者。最典型的就是文帝在贾谊建议下进行的官秩改革。张家山汉简《二年律令·秩律》载吕后二年时御史大夫、廷尉至奉常等中央列卿的秩级均为二千石：

·御史大夫，廷尉，内史，典客，中尉，车骑尉，大（太）仆，长信詹事，少府令，备塞都尉，郡守、尉，衛<卫>将军，衛<卫>尉，汉中大夫令，汉郎中，奉常，秩各二千石……（简 440—441）[③]

这当是继承秦制而来。但《汉书·百官公卿表》等传世文献所载上述职官绝大部分都是中二千石，它意味着汉代曾发生过一次重大官秩改革，却未被《史记》《汉书》

① （汉）贾谊撰，阎振益、钟夏校注：《新书校注》卷 2《阶级》，第 81—82 页。

② 《史记》卷 10《孝文本纪》，第 429 页。此事也见于《汉书》卷 4《文帝纪》，第 126 页。

③ 彭浩、陈伟、[日] 工藤元男主编：《二年律令与奏谳书——张家山二四七号汉墓出土法律文献释读》，第 258 页。

等传世文献所记载。笔者曾论证此改革发生在汉文帝六年至十二年之间①，现在可根据上述考察，进一步缩小至文帝六年至十一年（由于贾谊后来被贬为长沙王和梁王太傅，因此可进一步推测改革的时间可能在文帝六年左右），也是在贾谊建议下进行的，改革的内容不限于官秩，而是一次广泛涉及位秩爵体系即官僚政治社会结构的全面大调整，其中一个重要的内容就是将官民爵的分界线从官大夫、大夫之间上移到五大夫、公乘之间。

从现存贾谊的著作、言论来看，其思想最核心的主干就是加强皇帝和中央集权，明确尊卑贵贱等级制度。这在其著《新书》中表现得十分充分。他强调明尊卑贵贱等级的重要性时说：

> 因卑不疑尊，贱不逾贵，尊卑贵贱，明若白黑，则天下之众不疑眩耳。
>
> 《学礼》曰："……帝入北学，上贵而尊爵，则贵贱有等而下不逾矣……此五学既成于上，则百姓黎民化辑于下矣。"
>
> 礼者，所以固国家，定社稷，使君无失其民者也。主主臣臣，礼之正也；威德在君，礼之分也；尊卑大小，强弱有位，礼之数也。礼，天子爱天下，诸侯爱境内，大夫爱官属，士庶各爱其家，失爱不仁，过爱不义。故礼者，所以守尊卑之经、强弱之称者也。②

他认为能够规范社会贵贱、尊卑的方法就是"礼"，具体体现在等级、势力、衣服、号令上：

> 所持以别贵贱明尊卑者，等级、势力、衣服、号令也……君臣同伦，异等同服，则上恶能不眩于其下？③
>
> 制服之道，取至适至和以予民，至美至神进之帝。奇服文章，以等上下而差贵贱。是以高下异，则名号异，则权力异，则事势异，则旗章异，则符瑞异，则礼宠异，则秩禄异，则冠履异，则衣带异，则环珮异，则车马异，则妻妾异，则泽厚异，则宫室异，则床席异，则器皿异，则食饮异，则祭祀异，则死丧异。故高则此品周高，下则此品周下。加人者品此临之，埤人者品此承之。迁则品此者进，绌则品此者损。贵周丰，贱周谦；贵贱有级，服位有等。等级既设，各处其

① 杨振红：《秦汉官僚体系中的公卿大夫士爵位系统及其意义》，《文史哲》2008年第5期，第88—105页。

② （汉）贾谊撰，阎振益、钟夏校注：《新书校注》卷1《数宁》、卷5《保傅》、卷6《礼》，第30—31、184、214页。

③ （汉）贾谊撰，阎振益、钟夏校注：《新书校注》卷1《等齐》，第47页。此外司马迁还摘录贾谊《过秦论》附在《史记·秦始皇本纪》卷末，第278页。

检，人循其度。擅退则让，上僭则诛。建法以习之，设官以牧之。是以天下见其服而知贵贱，望其章而知其势，使人定其心，各著其目。①

而贾谊据以整齐制度的标本就是二十等爵制和官僚制赖以衍生发展的所谓内爵制②：

先王知壅蔽之伤国也，故置公卿大夫士，以饰法设刑而天下治。③

天子之于其下也，加五等已往，则以为臣例；臣之于下也，加五等已往，则以为仆。仆则亦臣礼也，然称仆不敢称臣者，尊天子，避嫌疑也。④

故古者圣王制为列等，内有公卿大夫士，外有公侯伯子男，然后有官师小吏，施及庶人，等级分明，而天子加焉，故其尊不可及也。⑤

《史记·日者列传》还记载：

宋忠为中大夫，贾谊为博士，同日俱出洗沐，相从论议，诵易先王圣人之道术，究遍人情，相视而叹。贾谊曰："吾闻古之圣人，不居朝廷，必在卜医之中。今吾已见三公九卿朝士大夫，皆可知矣。试之卜数中以观采。"⑥

仔细搜检一下史料就会发现一个有趣的现象，贾谊之前，《史记》《汉书》中不见"公卿大夫士"和"三公九卿"等提法，自贾谊开始才普遍起来。这应当不是巧合，而与贾谊的大力倡导特别是汉文帝所进行的位秩爵体系改革有密切关系。

从现存文献来看，早在秦时就建立了宦者显大夫与六百石、六百石与五大夫及"宦皇帝而知名者"的挂钩关系。如：

睡虎地秦简《法律答问》："可（何）谓'宦者显大夫？'·宦及智（知）于王，及六百石吏以上，皆为'显大夫'。"（简191）⑦

---

① （汉）贾谊撰，阎振益、钟夏校注：《新书校注》卷1《服疑》，第53页。

② 杨振红：《秦汉官僚体系中的公卿大夫士爵位系统及其意义》，《文史哲》2008年第5期，第88—105页。

③ （汉）贾谊撰，阎振益、钟夏校注：《新书校注》 卷1《过秦下》，第16页。

④ （汉）贾谊撰，阎振益、钟夏校注：《新书校注》卷 1《服疑》，第53页。阎振益注："五等，《礼记·王制》：'王者之制禄爵，公、侯、伯、子、男凡五等。诸侯之上大夫卿、下大夫、上士、中士、下士凡五等。'疏：'诸侯之下，北面之臣，有上大夫卿，有下大夫，有上士，有中士，有下士，凡五等。不以王朝之臣而以诸侯臣者，王朝之臣本是事王，不在其数。'"（第54页）按：从下句"臣之于下也，加五等已往，则以为仆"来看，上句的"五等"应指内爵公卿大夫士。

⑤ （汉）贾谊撰，阎振益、钟夏校注：《新书校注》卷2《阶级》，第80页。

⑥ 《史记》卷127《日者列传》，第3215—3216页。

⑦ 睡虎地秦墓竹简整理小组编：《睡虎地秦墓竹简·法律答问》，北京：文物出版社，1990年，第139页。

《汉书·惠帝纪》："爵五大夫、吏六百石以上及宦皇帝而知名者有罪当盗械者，皆颂系。"①

所谓"显大夫"就是大夫位中之尊者。但如前文所述，文帝改革以前，二十等爵的大夫到五大夫爵与位、秩的关系较为混乱，经常出现上挂或属下的情况。而且，更重要的是秦汉以来赐爵逐渐频繁，如果依然将官民爵维持在官大夫、大夫之间，官大夫以上即可免除主要赋役的话，国家的劳役（徭役、兵役）和赋税征发就会面临很大困难。而且，以贾谊的理想主义来看，这种混乱也不是一个太宗盛世所应有，所以他力主改革，重新划定位秩爵的关系：一方面提高中央列卿的秩级为中二千石，以区别郡守尉和诸侯国相，加强中央集权；另一方面提高官民爵的界限，将五大夫爵作为大夫位的起始爵，将公乘以下都归入民爵。

四、二十等爵制的起源：以卿大夫爵位系统为标本

在秦汉简牍材料大量出土以前，传世文献关于二十等爵制的系统记载主要见于以下三种文献：《汉书·百官公卿表》及颜师古注、卫宏《汉旧仪》、刘劭《爵制》。但三者所记不仅详略不同，内容方面也有很大差异。其中一个重要的差异就是关于二十等爵的制度设计是否与公卿大夫士的内爵系统有关。《汉书·百官公卿表上》记述较为简略，未提及与内爵的关系：

爵：一级曰公士，二上造，三簪袅，四不更，五大夫，六官大夫，七公大夫，八公乘，九五大夫，十左庶长，十一右庶长，十二左更，十三中更，十四右更，十五少上造，十六大上造，十七驷车庶长，十八大庶长，十九关内侯，二十彻侯。皆秦制，以赏功劳。彻侯金印紫绶，避武帝讳，曰通侯，或曰列侯，改所食国令长名相，又有家丞、门大夫、庶子。

但颜师古注则有两条涉及：

公士，"言有爵命，异于士卒，故称公士也"。上造，"造，成也，言有成命于上也"。簪袅，"以组带马曰袅。簪袅者，言饰此马也"。不更，"言不豫更卒之事也"。大夫，"列位从大夫"。官、公大夫，"加官、公者，示稍尊也"。公乘，"言

① 《汉书》卷2《惠帝纪》，第85页。

> 其得乘公家之车也”。五大夫，“大夫之尊也”。左、右庶长，“庶长，言为众列之长也”。左、中、右更，“更言主领更卒，部其役使也”。少、大上造，“言皆主上造之士也”。驷车庶长，“言乘驷马之车而为众长也”。大庶长，“又更尊也”。关内侯，“言有侯号而居京畿，无国邑”。彻侯，“言其爵位上通于天子”。[①]

其所说大夫“列位从大夫”显然是指内爵公卿大夫士的大夫位，五大夫为“大夫之尊”当指从大夫到五大夫的“大夫”层爵级。

东汉卫宏《汉旧仪》卷下：

> 古者诸侯治民。周以上千八百诸侯，其长伯为君，次仲、叔、季为卿大夫，支属为士、庶子，皆世官位。至秦始皇帝灭诸侯为郡县，不世官，守、相、令、长以他姓相代，去世卿大夫士。
>
> 汉承秦爵二十等，以赐天下。爵者，禄位也。公士，一爵。赐一级为公士，谓为国君列士也。上造，二爵。赐爵二级为上造，上造乘兵车也。簪袅，三爵。赐爵三级为簪袅。不更，四爵。赐爵四级为不更，不更主一车四马。大夫，五爵。赐五级为大夫，大夫主一车，属三十六人。官大夫，六爵。赐爵六级为官大夫，官大夫领车马。公大夫，七爵。赐爵七级为公大夫，公大夫领行伍兵。公乘，八爵。赐爵八级为公乘，与国君同车。五大夫，九爵。赐爵九级为五大夫。以上次年德者为官长将率。秦制爵等，生以为禄位，死以为号谥。左庶长，十爵。右庶长，十一爵。左更，十二爵。中更，十三爵。右更，十四爵。少上造，十五爵。大上造，十六爵。驷车庶长，十七爵。大庶长，十八爵。侯，十九爵。列侯，二十爵。[②]

说周治民采取分封、世官制，分君、卿大夫、士庶子。秦始皇统一后，废除世官卿大夫士，而以不世袭的郡县守、相、令、长制代之。在解说二十等爵爵名时，也基本上没谈到与内爵的关系。

只有曹魏刘劭《爵制》在论及二十等爵制的起源时，明确提出二十等爵是以内爵的卿大夫士为模本构建起来的：

> 《春秋传》有庶长鲍。商君为政，备其法品为十八级，合关内侯、列侯凡二十等，其制因古义。古者天子寄军政于六卿，居则以田，警则以战，所谓入使治之，

---

① 《汉书》卷19上《百官公卿表上》，第739—740页。

② （汉）卫宏撰，（清）孙星衍校：《汉旧仪》卷下，（清）孙星衍等辑，周天游点校：《汉官六种》，第83—86页。

出使长之，素信者与众相得也。故启伐有扈，乃召六卿，大夫之在军为将者也。及周之六卿，亦以居军，在国也则以比长、闾胥、族师、党正、州长、卿大夫为称，其在军也则以卒伍、司马、将军为号，所以异在国之名也。秦依古制，其在军赐爵为等级，其帅人皆更卒也，有功赐爵，则在军吏之例。自一爵以上至不更四等，皆士也。大夫以上至五大夫五等，比大夫也。九等，依九命之义也。自左庶长以上至大庶长，九卿之义也。关内侯者，依古圻内子男之义也。秦都山西，以关内为王畿，故曰关内侯也。列侯者，依古列国诸侯之义也。然则卿大夫士下之品，皆放古，比朝之制而异其名，亦所以殊军国也。古者以车战，兵车一乘，步卒七十二人，分翼左右。车，大夫在左，御者处中，勇士居右，凡七十五人。一爵曰公士者，步卒之有爵为公士者。二爵曰上造。造，成也。古者成士升于司徒曰造士，虽依此名，皆步卒也。三爵曰簪袅，御驷马者。要袅，古之名马也。驾驷马者其形似簪，故曰簪袅也。四爵曰不更。不更者，为车右，不复与凡更卒同也。五爵曰大夫。大夫者，在车左者也。六爵为官大夫，七爵为公大夫，八爵为公乘，九爵为五大夫，皆军吏也。吏民爵不得过公乘者，得贯与子若同产。然则公乘者，军吏之爵最高者也。虽非临战，得公卒车，故曰公乘也。十爵为左庶长，十一爵为右庶长，十二爵为左更，十三爵为中更，十四爵为右更，十五爵为少上造，十六爵为大上造，十七爵为驷车庶长，十八爵为大庶长，十九爵为关内侯，二十爵为列侯。自左庶长已上至大庶长，皆卿大夫，皆军将也。所将皆庶人、更卒也，故以庶更为名。大庶长即大将军也，左右庶长即左右偏裨将军也。[①]

他说，二十等爵制的起源很早，春秋时就有，商鞅变法时只是将其完备为十八级，加上两个侯级为二十等。古代实行军政合一的制度，但行政与军队采用不同的官名体系。秦模仿古制，在军中实行二十等爵制，用以赏赐军功，其等级划分完全与内爵相对应：一级公士至四级不更为“士”，五级大夫至九级五大夫比“大夫”，十级左庶长至十八级大庶长比“九卿”。这些品级和古代一样可以“比朝之制”，只是名称不同，其目的是区别军队和国家体制。

然而，由于材料太少，加之学界过去深受卫宏《汉旧仪》等说法的影响，认为“卿大夫士”是先秦世官制，因此多将刘劭《爵制》关于二十等爵挂钩卿大夫士的说法看成是托古的表现。现在随着张家山汉简的出土，我们了解到吕后二年律令中仍将左庶长到大庶长的九个爵级称作“卿”，这部分印证了刘劭《爵制》的说法，表明刘劭《爵制》并非无稽之谈，而有切实的历史依据。但秦及汉初简牍中的大夫、士级，如前

① 《后汉书·百官志五》刘劭注引，《后汉书》志第二十八，第3631—3632页。

所述，情况却比较复杂，与刘劭《爵制》的说法不合。本文前两节通过考证证明，秦统一前后至汉初官民爵的界限在官大夫与大夫之间，汉文帝时期改为五大夫与公乘之间，但调整只涉及大夫、士位，而不涉及卿位。官民爵界限的调整必然导致相关爵级地位和权益的变化，比如调整前，官大夫至公乘的地位明显高出大夫以下一个层级，但调整后，官大夫至公乘的地位从本质上和大夫以下是一样的，纵使在某些具体权益上有所不同。此外，尤为重要的是，官民爵界限调整到五大夫与公乘之间后，五大夫爵与六百石秩、大夫位挂钩就完全契合，而不存在其他复杂的情形了。

如果秦汉时期官民爵的分界线处在不断调整且是上移的过程中，那么，我们就有理由推测刘劭《爵制》关于二十等爵起源的论述，即：二十等爵制，准确地说是十八等爵制，最初是以“卿大夫士”的内爵系统为标本并且通过与其挂钩建立起来的。在设立之初，带有“大夫”爵名的第五级大夫至第九级五大夫，其地位相当于朝廷中的大夫位、禄秩六百石至千石的官吏，也正因为如此，其爵名才从“大夫”起到“五大夫”止。也就是说，在那个时期，十八等爵的爵名与其政治社会地位是名实相符的。但随着十八等爵尤其是五大夫以下爵越赐越多，而国家必须维持社会上层（贵族）与庶民的比例，避免社会上层占比过多而导致服役人口过少等问题，因此才不断调整官民爵的分界线：第一步是将第五级大夫爵从大夫位拉下来，纳入士位，这一步应在战国后期完成；第二步则将第六级官大夫至第八级公乘爵全部从大夫位拉下来，纳入士位，这一步则是在汉文帝时期实现的。在现有资料下，我们可以部分地证明这一观点。

首先，我们在现有文献中仍然可以看到第四级爵不更处于士级的上限、与大夫级分界的痕迹，它主要表现在以下几个方面：

1. 置吏、除吏、推举里典老等方面

《岳麓秦简（肆）》第二组简 142—146《尉卒律》规定，里典、老应首先以年长、无害的公卒、士伍担任，如果没有合适的人选，才以有爵者担任，但上限是不更，本着从低至高的原则：

> 142/1373：·尉卒律曰：里自卅户以上置典、老各一人，不盈卅户以下，便利，令与其旁里共典、老，其不便者，予之典
>
> 143/1405：而勿予老。公大夫以上擅启门者附其旁里，旁里典、老坐之。▌置典、老，必里相谁（推），以其里公卒、士五（伍）年长而毋（无）害
>
> 144/1291：者为典、老，毋（无）长者令它里年长者。为它里典、老，毋以公士及毋敢以丁者，丁者为典、老，赀尉、尉史、士吏主

145/1293：者各一甲，丞、令、令史各一盾⌊。毋（无）爵者不足，以公士，县毋命为典、老者，以不更以下，先以下爵。其或复，未当事

146/1235：戍，不复而不能自给者，令不更以下无复不复，更为典、老。[①]

同出《岳麓秦简（肆）》第二组简207—209也规定，除有秩吏，若“害（宪）盗”，允许除不更以下到士伍者：

207/1272：置吏律曰：县除有秩吏，各除其县中。其欲除它县人及有谒置人为县令、都官长、丞、尉、有秩吏，能任

208/1245：者，许之⌊。县及都官啬夫其免徙而欲解其所任者，许之。新啬夫弗能任，免之，县以攻（功）令任除有秩吏⌊。

209/1247：任者免徙，令其新啬夫任，弗任，免。害（宪）盗，除不更以下到士五（伍），许之。[②]

前引《岳麓秦简（肆）》第二组简210—211《置吏律》规定，“县除小佐毋（无）秩者，各除其县中，皆择除不更以下到士五（伍）史者为佐”，也是以不更为上限。

2. 徭、戍等劳役方面

同出《岳麓秦简（肆）》第二组简151—153规定补缮邑院等劳役征发不更以下的人：

151/1255：·繇（徭）律曰：补缮邑院、除田道桥、穿汲〈波（陂）〉池、渐（堑）奴苑，皆县黔首利殹（也），自不更以下及都官及诸除有为

152/1371：殹（也），及八更，其睆老而皆不直（值）更者，皆为之，冗宦及冗官者，勿与。除邮道、桥、驼〈驰〉道，行外者，令从户

153/1381：□□徒为之，勿以为繇（徭）。[③]

同出《岳麓秦简（肆）》第二组简253—255表明“徭戍”的征发对象是不更以下者：

253/1305：繇（徭）律曰：发繇（徭），自不更以下繇（徭）戍，自一日以上尽券书，及署于牒，将阳倍（背）事者亦署之，不从令及繇（徭）不当

254/1355：券书，券书之，赀乡啬夫、吏主者各一甲，丞、令、令史各一盾。

① 陈松长主编：《岳麓书院藏秦简（肆）》，第115—116页。

② 陈松长主编：《岳麓书院藏秦简（肆）》，第136—137页。

③ 陈松长主编：《岳麓书院藏秦简（肆）》，第118页。

繇（徭）多员少员，穨（隤）计后年繇（徭）戍数。发吏力足以均繇（徭）日，

255/1313：尽岁弗均，乡啬夫、吏及令史、尉史主者赀各二甲，左罨（迁）。令、尉、丞繇（徭）已盈员弗请而擅发者赀二甲，免。[①]

里耶秦简中也有相关史料表明当时服徭者最高的爵位就是不更：

卅五年九月丁亥朔乙卯，贰春乡守辨敢言 I 之：上不更以下繇（徭）计二牒。敢言之。II8-1539[②]

下列材料中具体内容不详，但仍可以看出是以不更以下至公卒、士伍、庶人为一个群体：

不更以下七十七人，其少半当被者廿六人。 迁陵 9-92[③]

张家山汉简《二年律令》简309规定宿门令不更以下轮番担任：

□□□□令不更以下更宿门。（简309）[④]

《二年律令》中只有不更以下才有睆老：

不更年五十八，簪褭五十九，上造六十，公士六十一，公卒、士五（伍）六十二，皆为睆老。（简357）[⑤]

3. 传食、赏赐等待遇方面

睡虎地秦简《传食律》简181中不更以下到谋人属于一个档次：

不更以下到谋人，粺米一斗，酱半升，采（菜）羹，刍稿各半石。·宦奄如不更。传食律（简181）[⑥]

① 陈松长主编：《岳麓书院藏秦简（肆）》，第152页。

② 陈伟主编：《里耶秦简牍校释（第一卷）》，武汉：武汉大学出版社，2012年，第353页。

③ 陈伟主编：《里耶秦简牍校释（第二卷）》，武汉：武汉大学出版社，2018年，第66页。

④ 彭浩、陈伟、［日］工藤元男主编：《二年律令与奏谳书——张家山二四七号汉墓出土法律文献释读》，第216页。

⑤ 彭浩、陈伟、［日］工藤元男主编：《二年律令与奏谳书——张家山二四七号汉墓出土法律文献释读》，第232页。

⑥ 睡虎地秦墓竹简整理小组编：《睡虎地秦墓竹简·秦律十八种》，第60页。

4. 傅籍方面

如前所引《二年律令》简359—360规定，“不为后而傅者”，关内侯子、卿子中二人可以为不更，五大夫子二人为簪袅，公乘、公大夫子二人为上造，官大夫及大夫子为公士，不更至上造子为公卒。首先，只有关内侯和卿除后子之外的两个儿子可以傅籍为不更，显然不更是一个重要的分层爵。其次，不更至上造子为公卒，又与大夫以上区别开来。简364则规定，不更以下子傅籍的起始年龄是廿岁，而大夫以上至五大夫及小爵不更以下至上造傅籍的起始年龄是年廿二岁，不更与大夫严格区别开来。此外，关于因病死亡而置后，简367—368规定：

> 疾死置后者，彻侯后子为彻侯，其毋（无）适（嫡）子，以孺子[子]、[良][人]子。关内侯后子为关内侯，卿[侯]〈后〉子为公乘，[五][大][夫]后子为公大夫，公乘后子为官大夫，公大夫后子为大夫，官大夫后子为不更，大夫后子为簪袅，不更后子为上造，簪袅后子为公士，其毋（无）适（嫡）子，以下妻子、偏妻子。（简367—368）①

官大夫后子为不更，而不更的后子则为上造。如前所述，官大夫、不更、上造均具有分层意义。

刘劭《爵制》说：“秦依古制，其在军赐爵为等级，其帅人皆更卒也，有功赐爵，则在军吏之例。自一爵以上至不更四等，皆士也。”“自左庶长已上至大庶长，皆卿大夫，皆军将也。所将皆庶人、更卒也，故以庶更为名。”军队的士兵由庶人、更卒组成。“古者以车战，兵车一乘，步卒七十二人，分翼左右。车，大夫在左，御者处中，勇士居右，凡七十五人。”公士、上造均为步卒，簪袅可以驾驭驷马的战车，而不更“为车右”，“不复与凡更卒同也”。《汉书·百官公卿表序》颜师古注也说不更之名源于“不豫更卒之事”之意。更卒是基层战士，“更”为轮番更代的意思，“不更”虽属于士、卒，但地位与簪袅以下者不同，可以不用承担一般更卒的义务。②

其次，睡虎地秦简《日书》中还保留着大夫位的说法，表明当时大夫爵层与大夫位分离的情况至少是不明显的。睡虎地秦简《日书甲种·星》：

① 彭浩、陈伟、[日]工藤元男主编：《二年律令与奏谳书——张家山二四七号汉墓出土法律文献释读》，第235页。

② 孙闻博也引用了《二年律令》的资料（包括简149、309、354—357、364）论证不更的分层意义。（孙闻博：《二十等爵确立与秦汉爵制分层的发展》，《中国人民大学学报》2016年第1期，第133页；孙闻博：《秦及汉初“徭”的内涵与组织管理——兼论“月为更卒”的性质》，《中国经济史研究》2015年第5期，第96—97页）但其关于秦和汉初大夫、士爵分界仍在大夫、不更处的结论与笔者不同。

牵牛，可祠及行，吉。不可杀牛。以结者，不择（释）。以入［牛］，老一。生子，为大夫。（76 正壹）①

这里的大夫应当是指大夫位。正因为大夫以上的人与普通的百姓不同，所以人们占卜时希望生子能当上大夫。睡虎地秦简《日书甲种·马禖》：

祝曰："先牧日丙，马禖合神。"·东乡（向）南乡（向）各一［马］□□□□□中土，以为马禖，穿壁直中，中三腏，（156 背/11 反）四厩行："大夫先敫次席，今日良日，肥豚清酒美白粱，到主君所……（157 背/10 反）……"②

这里的大夫也应指内爵的大夫位。同出于一墓的律令简和《日书》中的"大夫"所指却不同，应与《日书》具有稳定性、成书后少有改动有关。但这些恰好能准确反映大夫在先秦社会中的地位。故秦在建立二十等爵时将大夫层爵与大夫位挂钩就是理所当然之事。

由于《商君书》所反映的爵制及传世文献和出土资料所反映的秦及汉初爵制问题过于复杂，笔者拟专门论考。

五、结　语

古代中国在从宗法分封制国家发展到统一的专制主义中央集权郡县制国家的过程中，二十等爵制扮演了重要的角色。然而，由于传世文献史料的阙如，我们对于二十等爵制的产生、发展过程已不甚了了。幸运的是，20 世纪 70 年代以来睡虎地、里耶、岳麓书院等秦简和张家山等汉简资料的出土和发现，为我们提供了全新的宝贵资料。

传世文献表明汉代二十等爵存在官民爵的划分，五大夫以上为官爵，公乘以下为民爵，民爵者原则上不能升格为官爵，即刘劭《爵制》所谓"吏民爵不得过公乘者，得贳与子若同产"。但是，张家山汉简《二年律令》简 148"爵过大夫……购之如律"、简 373"盈大夫者食之"及岳麓秦简 174/1892"受爵者毋过大夫"的法律规定，

① 陈伟主编，彭浩、刘乐贤等撰著：《秦简牍合集.释文注释修订本（贰）·睡虎地秦墓简牍下·睡虎地 11 号秦墓竹简·九 日书甲种》，第 364 页。也见于《十 日书乙种·官》104 壹，第 497 页。

② 陈伟主编，彭浩、刘乐贤等撰著：《秦简牍合集.释文注释修订本（贰）·睡虎地秦墓简牍下·睡虎地 11 号秦墓竹简·九 日书甲种》，第 474 页。

则意味着秦及汉初民爵的上限为第五级大夫爵，大夫爵是吏民不可逾越的界限。其他材料可以佐证这一判断，例如，秦及汉初修缮城塞陛障、“发传送”等劳役均由大夫爵以下者负担；“大夫”不入“君子”之列；在名田宅、享受传食、接受赏赐等待遇时，大夫爵也与官大夫以上存在明显的分界。

《汉书·食货志上》所载汉文帝时晁错上书“令民入粟受爵至五大夫以上，乃复一人耳”，表明当时情况发生变化，官爵的起始爵已经升级为五大夫。那么，何时开始变化、如何变化、变化的目的是什么呢？诸多迹象表明，文帝初年在贾谊的建议下曾进行过一次广泛涉及位秩爵体系即官僚政治社会结构的全面改革。《史记·贾生列传》其实对此有记载：“贾生以为汉兴至孝文二十余年，天下和洽，而固当改正朔，易服色，法制度，定官名，兴礼乐，乃悉草具其事仪法，色尚黄，数用五，为官名，悉更秦之法。孝文帝初即位，谦让未遑也。诸律令所更定，及列侯悉就国，其说皆自贾生发之。”以往我们仅仅注意到“孝文帝初即位，谦让未遑也”这句话，以为文帝对于贾谊的建议均采取“谦让未遑”的态度，但事实并非如此简单。文帝“谦让未遑”的应主要是“改正朔，易服色”“色尚黄，数用五”，即改水德为土德，但其他方面仍大量采纳贾谊的建议，所以才有了后文“诸律令所更定，及列侯悉就国，其说皆自贾生发之”的说法，以致以周勃、灌婴为代表的保守派大臣批评贾谊“纷乱诸事”。文帝在贾谊建议下所进行的改革，除了见诸史料的开籍田礼、作顾成庙、文帝称太宗、衣绨衣、坐宣室受釐等外，还有许多未见诸史料。新近因张家山汉简的刊布才为我们所知晓的官秩改革就是一个典型例证。文帝在贾谊建议下，将大部分中央列卿的秩级从二千石提高到中二千石，以区别于诸侯列卿和中央的上大夫，这一重大改革就完全不见于传世文献。本文则力图证明改革还包括另一项重要内容，即将官民爵的分界线从官大夫、大夫之间上移到五大夫、公乘之间。可以看到，“颇通诸子百家之书”的贾谊深受古典思想的影响，而其利用古典思想整齐、改革汉家制度的目的则是加强皇帝和中央集权，明确尊卑贵贱等级制度。

当我们清楚了官民爵的分界经历了从官大夫、大夫到五大夫、公乘之间的变化，结合秦汉时期卿位自始至终都维持在左庶长到大庶长层级，与刘劭《爵制》所说卿爵层一致，以及秦及汉初简牍中大夫、不更所具有的明显的分层界标痕迹，我们有理由推测，二十等爵制准确地说是其前身十八等爵制与内爵的最早形态——卿大夫士系统挂钩建立起来的，其建立之初，卿对应左庶长到大庶长级，大夫对应大夫至五大夫级，士对应公士到不更级，十八等爵按卿大夫士进行分层并命名，名实相符，所谓官民爵的分界就是大夫层爵与士层爵的分界，在第五级大夫爵与第四级不更爵之间。但随着赐爵的广泛，拥有爵级的人越来越多，统治者为了维持官民爵的比例，保证足够的服役人口，便需要调整官民爵的界限。根据目前的材料，我们大体知道从商鞅变法到汉文帝至少经历了两次调整：一次发生在战国后期，将第五级大夫爵从大夫位拉下来，纳入士位；一次发生在汉文帝六年左右，将第六级官大夫至第八级公乘爵全部从大夫位拉下来，纳入士位。此后官民爵的分界便稳定下来，直到三国时期。官民爵分界的上移不仅意味着公乘以下爵级地位的下降，也意味着二十等爵制本身在秦汉官僚政治社会中的意义衰减。

简牍所见汉代的财政调度及大司农属官*

邬文玲
中国社会科学院

汉代有比较完善的财政调度制度，通常由财政主管部门大司农及其属官负责实施。出土简牍中有不少相关资料，有助于丰富对汉代财政调度制度及其运作实践的认识。不过，由于学界对部分简文的释读和理解存在分歧甚或误漏，未能充分体现其重要价值。比如居延汉简214.33号文书，涉及汉代的钱谷调度和大司农属官等重要信息，但由于以往学界对其释文及理解皆有不同意见，使得这件文书的重要意义长期没有彰显出来。本文拟在前人研究的基础上，从简牍文书的释文校补入手，对相关的汉代财政调度制度和大司农属官等问题展开讨论。

一、“调物”当作“调均”

居延汉简214.33号文书，目前已有多家释文，为方便讨论，先将其分别移录如下。

（1）劳榦《居延汉简考证》释文：

> 守大司农光禄大夫臣调昧死言，守受簿丞庆前以请诏使护军屯食守部丞武☐
> 以东至西河郡十一农都尉官上调物钱谷转漕为民困乏餈调有余给☐（A面）
> □□□二千　尽平　且尽（B面）[①]

（2）《居延汉简甲乙编》释文将A面“受”前之“守”字和“民”前之“为”字，

* 基金项目：国家社科基金重大项目“秦汉时期的国家建构、民族认同与社会整合研究”（17ZDA180）。

① 劳榦：《居延汉简考证》，台北：“中央研究院”历史语言研究所专刊之四十，1959年，第 54 页。

皆改为“□”，将“官”后之“上”字改为数字“二”；删除了B面开头的“□□□”，将“胷”字改作“愿”：

守大司农光禄大夫臣调昧死言□受簿丞庆前以请诏使护军屯食守部丞武☑

以东至西河郡十一农都尉官二调物钱谷漕转糴□民困乏愿调有余给不☑（A面）

二千 尽平 且尽（B面）①

（3）《居延汉简释文合校》将《甲乙编》未释的两个字分别补作“守”“为”：

守大司农光禄大夫臣调昧死言守受簿丞庆前以请诏使护军屯食守部丞武☑

以东至西河郡十一农都尉官二调物钱谷漕转糴为民困乏愿调有余给不☑（A面）

二千 尽平 且尽（B面）②

（4）《中国简牍集成》沿用《合校》的释文，增加了标点：

守大司农光禄大夫臣调昧死言：守受簿丞庆前以请诏使护军屯食，守部丞武☑

以东至西河郡十一、农都尉官二，调物钱谷漕转糴为民困乏，愿调有余，给不☑（A面）

二千 尽平 且尽（B面）③

（5）“中央研究院”历史语言研究所（以下简称“史语所”）《居延汉简》未释正面第二行“为”“不”二字，将“愿”字改作“储”；将背面的“二千”改作“建始二年”，“平”“且”分别改作“皿”“上”：

守大司农光禄大夫臣调昧死言守受簿丞庆前以请诏使护军屯食守部丞武☑

以东至西河郡十一农都尉官二调物钱谷漕转糴□民困乏储调有余给□☑（A面）

① 中国科学院考古研究所：《居延汉简甲乙编》，考古学专刊乙种第十六号，北京：中华书局，1980年，第144页。本文简称《甲乙编》。

② 谢桂华、李均明、朱国炤：《居延汉简释文合校》，北京：文物出版社，1987年，第337页。本文简称《合校》。下文所引居延汉简，凡未特别注明者，皆出自此书，不另注。

③ 中国简牍集成编辑委员会编：《中国简牍集成》第6册《居延汉简（二）》，兰州：敦煌文艺出版社，2001年，第261页。本文简称《简牍集成》。

建始二年尽皿上尽（B面）[1]

综合诸家释文以及红外图版来看，《合校》所补“守”“为”，可从。史语所《居延汉简》改“愿”为“储”，可从；将背面文字改作“建始二年尽皿上尽”，亦可从。“建始二年”为汉成帝年号，公元前 31 年。“尽皿上尽”等字当为习字。不过，诸家所释“调物”之“物”字则未安，结合图版及文义来看，其字当作“均”。

首先，从图版来看，该字写作。虽然其右部所从颇类“勿”形，但其左部从“土”而不从“牛”，因此不是“物”字。实际上，从汉简文字的书写来看，“勿”“匀”二部在很多时候写法相似，极易误释，需要根据上下文来释读。比如常见的“钧”字，其右部在汉简中也常作“勿”形。居延汉简 178.7“三月余茭苐一千九百六十八石三钧十斤”之“钧”写作。335.47“刚铁三石三钧十一斤”之“钧”写作。565.20B“过卅斤一钧四钧”之“钧”写作。居延新简 EPT59:582“日勒至钧著置五十里，钧著置至屋兰五十里”之“钧”分别写作、。因此，214.33 号文书正面写作从土从勿形的字，也可释作“均”。

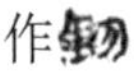

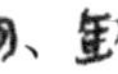

需要指出的是，在目前的居延汉简释文中，还存在其他“均”字被误释的情况。比如 283.42 号残简第一行，《合校》的释文为：“居延移□以物共取门者”。史语所《居延汉简》根据红外图版，将未释之字补释作“民”，可从；但其将“物”字改释作“**珍**”字，则未安。从图版来看，其字写作，根据前文对“均”的字形辨析，可知该字也应释作“均”，简文当改释作：“居延移民以均共取门者”。

又如 81.10 号残简，《甲乙编》的释文为：

建平三年二月壬子朔丙辰都乡啬夫长敢言之☐
同物户籍臧乡名籍如牒毋官狱征事当得☐

《合校》将“物”字改释作“均”，可从。史语所《居延汉简》根据红外图版，在第一行末尾补释“□□”，第二行末尾补“以令取［致］”，可从。但其把第二行“均”字改作“**珍**”，则未安。从图版来看，其字写作，根据前文对“均”的字形辨析，可知该字也应释作“均”，仍当从《合校》所改。因此，简文应改释读作：

建平三年二月壬子朔丙辰，都乡啬夫长敢言之。□□
同均户籍臧乡，名籍如牒，毋官狱征事，当得以令取［致］。

① 简牍整理小组：《居延汉简（叁）》，台北：“中央研究院”历史语言研究所专刊之一〇九，2016 年，第 15 页。

从文书内容及含义来看，这里的“同均”应为人名。虽然该简残断，但参照其他同类文书格式及内容，可知该简为申请获取传、致类通行凭证的文书。这里略举数例如下：

愿以令取传。谨案：客子户籍臧乡者（肩水金关汉简 73EJT37:442A）

河平五年五月庚子朔丙午，都乡守啬夫宗敢言之：肩水里男子王野臣自言，为都尉丞从史徐兴▨取传，谨案：户籍臧官者，野臣，爵大夫，年十九，毋官狱征事，当得以令取传。谒移过所津关毋▨

五月丙午，居延令宣、守丞城仓丞赦移过所县道，毋苛留止，如律令。／掾□（肩水金关汉简 73EJT26:87）

□寅朔己酉，都乡啬夫武敢言之：龙起里房则自言，愿以令取传，为居延仓令史徐谭葆俱迎钱上河农。·谨案：户籍臧乡者，则，爵上造，年廿岁，毋它官狱征事，当得以令取传，与谭俱谒移过所县道河津关，毋苛留止，如律令，敢言之。

九月庚戌，居延令强、守丞宫写移过所，如律令。／兼掾临、守令史褒（肩水金关汉简 73EJT37:1491）①

这些文书显示，时人出行之前，需申办相关的通行凭证。通常由申请人提出申请，相关部门受理之后，在确认申请人的籍贯、爵位、年龄、司法状况等个人信息准确无误之后，出具通行文书，以供申请人出行途中所经过的各个部门查验。“同均户籍臧乡，名籍如牒，毋官狱征事，当得以令取［致］”，意即经过都乡啬夫的核验，确认同均的户籍在都乡，并将其姓名、年龄、籍贯、爵位等个人信息单独录写在一枚简上呈送，同时确认同均目前没有司法狱讼在身，按照律令规定，他应该取得通行凭证。

其次，从上下文来看，释作“均”于文意更为顺畅。若作“调物”，则“物”与下文“钱”“谷”皆为“调”的宾语，但“物”可以涵盖“钱”与“谷”，三者并非同层级的概念，不符合语法规则。若作“调均”，则文从字顺，既符合语法规则，也符合相应的制度与政策规定，同时又能找到文献和出土简牍中的用例依据。

“调均钱谷”是秦汉时期重要的财政调度政策和制度。由于各地区之间存在财政收入不平衡、庄稼丰歉无常以及水旱灾害等需救济的情况，常常需要负责财政的大司农调有余而给不足。史书中有很多相关记载，比如：

① 甘肃简牍博物馆等：《肩水金关汉简（肆）》，上海：中西书局，2015 年，第 42、117 页；甘肃省简牍博物馆等：《肩水金关汉简（叁）》，上海：中西书局，2013 年，第 54 页。

（秦二世元年）复作阿房宫。外抚四夷，如始皇计。尽征其材士五万人为屯卫咸阳，令教射狗马禽兽。当食者多，度不足，下调郡县转输菽粟刍稿。[①]

（初元元年九月）关东郡国十一大水，饥，或人相食，转旁郡钱谷以相救。[②]

（鸿嘉四年）河果决于馆陶及东郡金堤，泛溢兖、豫，入平原、千乘、济南，凡灌四郡三十二县……遣大司农非调调均钱谷河决所灌之郡。[③]

（永初元年）（因黄淮下游水灾，诏）调扬州五郡租米，赡给东郡、济阴、陈留、梁国、下邳、山阳。[④]

相关资料表明，汉代的财政调度有严格的制度和程序，有需求的地方政府和部门须先提出申请，经由财政主管部门大司农等审核批准，方能执行。《后汉书·百官志三》载："大司农，卿一人，中二千石。本注曰：掌诸钱谷金帛诸货币。郡国四时上月旦见钱谷簿，其逋未毕，各具别之。边郡诸官请调度者，皆为报给，损多益寡，取相给足。"刘昭注引王隆《小学·汉官篇》曰："调均报度，输漕委输。"胡广注曰："边郡诸官请调者，皆为调均报给之也。以水通输曰漕。委，积也。郡国所积聚金帛货贿，随时输送诸司农，曰委输，以供国用。"[⑤]张家山汉简《二年律令·置吏律》云："县道官之计，各关属所二千石官。其受恒秩气禀，及求财用年输，郡关其守，中关内史。"[⑥]《汉书·杨恽传》："郎官故事，令郎出钱市财用，给文书，乃得出，名曰'山郎'……恽为中郎将，罢山郎，移长度大司农，以给财用。"应劭曰："长，久也。一岁之调度也。"苏林曰："簿书给缣之长也。"师古曰："应说是也。言总计一岁所须财用，及文书之调度，而移大司农，以官钱供给之，更不取于郎也。"[⑦]出土简牍中亦见不少涉及汉代财政调度情况的资料：

十一月丁巳，中郎安意使领护敦煌、酒泉、张掖、武威、金城郡农田官、常平糴（籴）调均钱谷，以大司农丞印封下敦煌、酒泉、张掖、武威、金城郡太守，承书从事下当用者，破羌将军军吏士毕已过，具移所给吏士赐诸装实……（敦煌悬泉汉简 II0114②:293）[⑧]

① 《史记》卷6《秦始皇本纪》，北京：中华书局，1959年，第269页。
② 《汉书》卷9《元帝纪》，北京：中华书局，1962年，第 280 页。
③ 《汉书》卷29《沟洫志》，第1688页。
④ 《后汉书》卷5《安帝纪》，北京：中华书局，1965年，第 208 页。
⑤ 《后汉书》志第二十六《百官志三》"大司农"条，第3590—3591 页。
⑥ 张家山二四七号汉墓竹简整理小组编：《张家山汉墓竹简［二四七号墓］》，北京：文物出版社，2001年，第161页。
⑦ 《汉书》卷66《杨敞传附弟恽传》，第 2890 页。
⑧ 胡平生、张德芳：《敦煌悬泉汉简释粹》，上海：上海古籍出版社，2001年，第51页。

丞相方进、御史臣光昧死言：

明诏哀闵元元。臣方进、御史臣光：往秋郡被霜，冬无大雪，不利宿麦，恐民□ ☒调有余给不足。不民所疾苦也，可以便安百姓者，问计长吏守丞，条封☒臣光奉职无状，顿首顿首死罪死罪。臣方进、臣光前对问上计弘农太守丞□☒郡国九谷最少，可豫稍为调给。立辅预言民所疾苦，可以便安☒令堪对曰富民多畜田出贷□☒□□□☒弘农太守丞音阳行大守事、湖陵□□□强行大守事☒……

制可。

永始三年七月戊申朔戊辰御☒下当用者（肩水金关汉简 EJF1:1—9）①

谷积河东，今为调编檄右檄（肩水金关汉简 73EJT22:26）②

·肩水候官始建国二年三月癸卯，尹府调居延城仓粟九千石，已入未☒（肩水金关汉简 73EJF3:249）

糴尽月入钱从宾毕，移得谷簿前调部官县，糴石斗各有数，往时不部吏（肩水金关汉简 73EJF3:386）③

建始二年八月丙辰朔壬申，敦煌太守延、守部候强行长史事、丞义谓县□……羌胡众数遣在道，马谷使外国今少，恐乏，调给仓谷，大司农□□□□……（敦煌悬泉汉简 II0114②:291）④

☒月禄，调给，有书，今调如牒，书到付受，相与校计。（居延新简 EPT65:50A）

建武四年□□壬子朔壬申守张掖旷丞崇谓城仓、居延、甲渠、卅井、殄北言：吏当食者先得三月食，调给，有书，为调如牒。书到，付受与校计同月出入，毋令缪，如律令。掾阳、守属恭、书佐参。（居延新简 EPF22:462）⑤

钱十一万三千五百八十六，其十一万四百卅四调钱，二千八百六十二赵丹所买帛六匹直，二百九十库所买直（居延汉简 168.13）

金曹调库赋钱万四千三☒（居延汉简 139.28）⑥

调度或者调均的对象包括钱粮、布帛、盐铁、力役、丁夫等。《史记·平准书》：

① 甘肃简牍博物馆等：《肩水金关汉简（肆）》，第 140 页。“音”原作“山立”，今据图版改；“□□□ 强”原作“□□上谷”，今据图版改。

② 甘肃简牍博物馆等：《肩水金关汉简（贰）》，上海：中西书局，2013 年，第 47 页。

③ 甘肃简牍博物馆等：《肩水金关汉简（伍）》，上海：中西书局，2016 年，第 31 页。

④ 胡平生、张德芳：《敦煌悬泉汉简释粹》，第 53 页。

⑤ 甘肃省文物考古研究所等：《居延新简：甲渠候官》，北京：中华书局，1994 年，第 224 页。

⑥ 谢桂华、李均明、朱国炤：《居延汉简释文合校》，第 269、230 页。

“元封元年，卜式贬秩为太子太傅。而桑弘羊为治粟都尉，领大农，尽代仅管天下盐铁……令远方各以其物贵时商贾所转贩者为赋，而相灌输。置平准于京师，都受天下委输……一岁之中，太仓、甘泉仓满。边余谷诸物均输帛五百万匹。民不益赋而天下用饶。”[①]这是调布帛。《史记·平准书》：“汉连兵三岁，诛羌，灭南越，番禺以西至蜀南者置初郡十七，且以其故俗治，毋赋税……而初郡时时小反，杀吏，汉发南方吏卒往诛之，间岁万余人，费皆仰给大农。大农以均输调盐铁助赋，故能赡之。”[②]这是调盐铁。《后汉书·光武帝纪下》：“时兵革既息，天下少事，文书调役，务从简寡，至乃十存一焉。”[③]这是调役。《史记·平准书》：“天子为伐胡，盛养马，马之来食长安者数万匹，卒牵掌者关中不足，乃调旁近郡。”[④]《三国志·胡昭传》：“建安二十三年，陆浑长张固被书调丁夫，当给汉中。百姓恶惮远役，并怀扰扰。”[⑤]这是调丁夫。

唐长孺先生的研究表明，魏晋的户调制即源于汉代的财政调度，由汉代的财政调度演变而来。[⑥]杨际平先生进一步指出，如果需调度的物资并非赋税收入或者数量不足，则大司农需先用赋钱购买，然后实施调度，或者调拨赋钱到需要物资的地方，由地方郡县就地购买。西汉政府正是通过赋钱市物这一中间环节来实现政府收入与政府消费在实物形态上的相对平衡。但郡县行政系统或大司农系统的市物应调，是以国家财政收支平衡或富有盈余为前提的，当政府财政入不敷出，被调地区或部门无物可调，又无赋钱可买时，大司农的调度就无法做到以实际的财政收入为依据，而往往不得不超出这个范围，向郡国横责调物。如此一来，单纯财政意义上的“调”便逐步向带有赋税意义的横调演变。[⑦]

总之，将简文中的“调物”改释作“调均”，理据比较充分，是可以信从的。因此，综合以往诸家的成果，可将释文重新校订如下：

> 守大司农光禄大夫臣调昧死言守受簿丞庆前以请诏使护军屯食守部丞武☐
> 以东至西河郡十一农都尉官＝调均钱谷漕转糴为民困乏储调有余给不☐（A面）
> 建始二年尽皿上尽（B面）

① 《史记》卷30《平准书》，第 1441 页。

② 《史记》卷30《平准书》，第 1440 页。

③ 《后汉书》卷1下《光武帝纪下》，第 62 页。

④ 《史记》卷30《平准书》，第 1425 页。

⑤ 《三国志·魏书》卷11《胡昭传》，北京：中华书局，1959年，第 362 页。

⑥ 唐长孺：《魏晋户调制及其演变》，《魏晋南北朝史论丛》，北京：生活·读书·新知三联书店，1955 年，第 59—84 页。

⑦ 杨际平：《析长沙走马楼三国吴简中的“调”——兼谈户调制的起源》，《历史研究》2006 年第 3 期。

二、“以东至西河郡十一农都尉官=调均钱谷”的读法

以往学界对“以东至西河郡十一农都尉官＝调均钱谷”这句简文的理解颇多争议，大体有两读意见。一是将“官”后之字视作重文符号“＝”，读作“以东至西河郡十一农都尉官，官调均钱谷”，认为简文意指边郡地区的十一个农都尉[①]；二是将“官”后之字视作数字“二”，读作“以东至西河，郡十一、农都尉官二”，认为简文意指十一个边郡和两个农都尉[②]。从图版来看，该字笔迹清晰，写作。字体大小和同简其他文字相当，与通常所见作两点状的重文符号不同，因此如果单从字形来看释作“二”字也有道理。不过参照字形、前后文意和相关职官制度来看，将该字释作重文符号“＝”似更胜。理由如下：

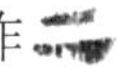

第一，虽然常见的重文符号一般写作比正文字体小的两点状，但也有写得和正文字体同样大小、类似于“二”字形的，比如居延汉简 65.18“承书从事下当用者如诏书＝到言”中“书”后的重文符号“＝”，写作，与同简其他文字大小相同。从文意来看，其为重文符号是没有任何问题的，读作“承书从事下当用者，如诏书，书到言”，这是汉简官文书中常见的用语。据此，将简文中“官”后之字释作重文符号便有了字形依据。

第二，从前后文来看，将其释作重文符号，读作“……以东至西河郡十一农都尉官，官调均钱谷……”，文意贯通无碍，亦符合汉代农都尉的职官设置情况。虽然将其释作“二”，读作“……以东至西河，郡十一、农都尉官二，调均钱谷……”，意思也通顺，但不符合汉代农都尉的职官设置情况。已有的资料和研究表明，汉代西北边郡并非仅有两个农都尉，而是各边郡皆设有农都尉。[③]因此，“十一农都尉官”的读法与汉代职官制度是相合的。不过，由于简文残缺，也不能完全排除该文书事务只涉及两个农都尉的可能性。

---

① 比如劳榦：《居延汉简考证》，《劳榦学术论文集（甲编）》，台北：艺文印书馆，1976 年，第 388—389 页；陈直：《汉书新证》，天津：天津人民出版社，1979 年，第 409 页；陈梦家：《汉简所见居延边塞与防御组织》，《汉简缀述》，北京：中华书局，1980 年，第 41 页；刘光华：《汉代西北屯田研究》，兰州：兰州大学出版社，1988 年，第 96 页；李炳泉：《两汉农都尉的设置数额及其隶属关系》，《中国边疆史地研究》2005 年第 2 期。

② 比如裘锡圭：《汉简零拾》，中华书局编辑部编：《文史》第 12 辑，北京：中华书局，1981 年；徐乐尧：《居延汉简所见的边亭》，甘肃省文物工作队、甘肃省博物馆编：《汉简研究文集》，兰州：甘肃人民出版社，1984 年，第 298—334 页。

③ 李炳泉：《两汉农都尉的设置数额及其隶属关系》，《中国边疆史地研究》2005 年第 2 期。不过需要指出的是，裘锡圭先生曾在《从出土文字资料看秦和西汉时代官有农田的经营》（《中国考古学与历史学之整合研究》，“中央研究院”历史语言研究所论文集之四，1997 年）一文中回应指出，虽然他早先对简文中“农都尉二”的具体所指根据文献记载作了推测，但并不表示他认为汉代仅设有两个农都尉。

关于农都尉与大司农的关系，学界也有不同看法：一是认为两汉农都尉隶属于中央大司农[①]；二是认为农都尉直属于边郡太守，是边郡的农政官[②]；三是认为农都尉由皇帝直接掌管，其与郡太守之间有行政上的隶属关系，但并非直属关系，而是主从关系；中央大司农仅负责屯田所需物资的供应和屯田收获物资的管理等事宜，与农都尉不存在行政上的隶属关系[③]。从为数不多的出土简牍文书资料来看，农都尉与大司农的关系较为密切，两者之间有直接的文书往来。比如：肩水金关汉简 73EJH2:49 为邮书记录，提到"三封大司农印章，其一封破，诣居延农都尉"[④]，意即有三封钤有大司农印章的文书发送给居延农都尉，其中一封的封泥有破损。

综合前述辨析，214.33 号简文的读法当如下：

守大司农、光禄大夫臣调昧死言：守受簿丞庆前以请诏使护军屯食，守部丞武▨

以东至西河郡十一农都尉官，官调均钱谷、漕转糴，为民困乏储调有余给▨（A面）

建始二年尽皿上尽（B面）

三、大司农及其属吏

214.33 号文书涉及汉代大司农、职官及其属吏情况，这里根据文书内容并结合相关简牍资料，略作梳理。

文书正面第一行"守大司农光禄大夫臣调"："守"，试守之意。"大司农"，汉代掌管国家财政的中央职官。《汉书·百官公卿表上》："治粟内史，秦官，掌谷货，有两丞。景帝后元年更名大农令，武帝太初元年更名大司农。属官有太仓、均输、平准、都内、籍田五令丞，斡官、铁市两长丞。又郡国诸仓农监、都水六十五官长丞皆属焉。搜粟都尉，武帝军官，不常置。王莽改大司农曰羲和，后更为纳言。初，斡官属少府，中属主爵，后属大司农。"[⑤]《后汉书·百官志三》载："大司农，卿一人，中二千石……丞一人，比千石。部丞一人，六百石……太仓令一人，六百石……丞一人；

① 陈梦家：《汉简所见居延边塞与防御组织》，《汉简缀述》，第 41 页；刘光华：《汉代西北屯田研究》，第 96 页。

② 刘静夫：《曹魏屯田官隶属大司农说质疑》，《南充师院学报（哲学社会科学版）》1980 年第 3 期。

③ 李炳泉：《两汉农都尉的设置数额及其隶属关系》，《中国边疆史地研究》2005 年第 2 期。

④ 甘肃简牍博物馆等：《肩水金关汉简（肆）》，第 135 页。其中"印章"之"印"字，整理者原未释，今据图版补。

⑤ 《汉书》卷 19 上《百官公卿表上》，第 731 页。

平准令一人，六百石……丞一人；导官令一人，六百石……丞一人。右属大司农。本注曰：郡国盐官、铁官本属司农，中兴皆属郡县。又有廪牺令，六百石，掌祭祀牺牲雁鹜之属。及洛阳市长、荥阳敖仓官，中兴皆属河南尹。余均输等皆省。”刘昭注引《汉官》曰：“（大司农）员吏百六十四人，其十八人四科，九人斗食，十六人二百石，文学二十人百石，二十五人佐，七十五人学事，一人官医。”①“光禄大夫”，大夫为皇帝近臣，无固定员额和职务，主要奉皇帝诏命行事，有中大夫、太中大夫、谏大夫等。汉武帝太初元年（前 104 年）改中大夫为光禄大夫，秩比二千石，为掌议论之官，地位显要；西汉后期，九卿之官多由光禄大夫擢升而来。“调”，人名，即非调。据《汉书·百官公卿表下》，汉元帝永光二年（前 42 年），光禄大夫非调为大司农②；成帝河平二年（前 27 年）廷尉何寿为大司农③。由此可见，非调从元帝永光二年至成帝河平二年，一直担任大司农一职，长达十五六年的时间。其他简牍文书中亦可见非调的行迹，比如居延汉简 122.28“二月甲午大司农调受簿者，以道次传，别书，到相报，不报者……”④

关于该简的年代，劳榦先生考证说：“此元帝永光二年或三年诏也。《百官公卿表》‘（元帝）永光二年，光禄大夫非调为大司农。’汉制，初除为守，满岁为真；今云守，必初除时事矣。元帝永光二年正值凶年，《本纪》云：‘永光二年春诏曰……朕获承高祖之洪业，托位公侯之上，夙夜战栗。永惟百姓之急，未尝有忘焉。然而阴阳未调，三光暗昧，元元大困，流散道路。’又：‘六月诏曰，间者连年不收，四方咸困。元元之民劳于耕耘，又无成功；困于饥馑，亡以相救。’此皆可证时情况，与此简所称调十一农都尉余谷，转给民困乏者，其事正合。”⑤

“守受簿丞庆”：“守”，试守之意。“受簿丞”，文献中虽未见记载，但从名称和执掌来看，应为大司农属吏。上举《后汉书·百官志三》“大司农”本注曰：“掌诸钱谷金帛诸货币。郡国四时上月旦见钱谷簿，其逋未毕，各具别之。”可知全国各地每个季度皆需向大司农呈报各月见存的钱谷统计簿，据此可推知，“受簿丞”的职责当是主要负责接收和处理这些统计簿。“庆”，人名。汉简中亦见大司农和受簿丞联名下发的文书，比如居延新简 EPT52:413：

三月己丑，右扶风顺、守丞下右辅都尉丞、扶风厩、宗正、少府、左☐

① 《后汉书》志第二十六《百官志三》“大司农”条，第 3590—3591 页。

② 《汉书》卷 19 下《百官公卿表下》，第 818 页。

③ 《汉书》卷 19 下《百官公卿表下》，第 827 页。

④ 简牍整理小组：《居延汉简（贰）》，台北：“中央研究院”历史语言研究所专刊之一〇九，2015 年，第 47 页。

⑤ 劳榦：《居延汉简考证》，第 54 页。

书到言。

三月丁酉宗正庆忌、丞延年下都司空，承书从事，下当用［者］☐

□月甲辰大司农调、受簿丞赏行五官丞事下都内、上农都尉、执金吾☐[①]

“五官丞”：值得注意的是，除了受簿丞之外，上简还提到“五官丞”，即第三行“受簿丞赏行五官丞事”，据此可知，五官丞也是大司农属吏。《简牍集成》认为：“五官，当指太仓、均输、平准、都内、籍田等。”[②]《居延新简集释》则指出：汉代郡级行政机构属官多有以“五官”称者，如《后汉书·百官志五》载郡太守有五官掾，“署功曹及诸曹事”。由郡级五官掾执掌可推测五官丞盖协助大司农处理署中诸事者，而非五个下属机构。太仓、均输、平准、都内、籍田五机构各有令丞，与“五官丞”无涉，且大司农下属机构除此五者外，尚有斡官、铁市两长丞，及郡国诸仓农监、都水六十五官长丞，似不能以五为限。据前引《汉书·百官公卿表》，秦治粟内史有两丞，西汉大司农承秦治粟内史而设，亦当有两丞，这里的受簿丞和五官丞，可能即是《汉书》失载的两丞官名，应以协助大司农处理簿籍文书事务为主要职责。[③]另外还有一枚残简居延汉简 131.21“司农五官丞”，也应是指大司农五官丞。

“守部丞武”：“守”，试守之意。“部丞”，大司农属官。《史记·平准书》：“元封元年……桑弘羊为治粟都尉，领大农，尽代（孔）仅管天下盐铁。弘羊以诸官各自市，相与争，物故腾跃，而天下赋输或不偿其僦费，乃请置大农部丞数十人，分部主郡国，各往往县置均输盐铁官，令远方各以其物贵时商贾所转贩者为赋，而相灌输。”[④]《汉书·平帝纪》：“大司农部丞十三人，人部一州，劝农桑。”[⑤]《后汉书·百官志三》本注曰：“部丞主帑藏。”[⑥]“武”，人名。汉简中亦见大司农部丞簿录文书标签，比如居延汉简 82.18 正面“建昭元年十月尽二年九月大司农部丞簿录簿真”，背面“建昭元年十月尽二年九月大司农部丞簿录簿真及诸簿十月旦见”。[⑦]意即建昭元年（前 38 年）十月至建昭二年（前 37 年）九月，共十二个月，也即一个财政年度，上呈大司农部丞

① 甘肃省文物考古研究所等：《居延新简》，第 110 页。下文所引居延新简，凡未特别注明者，均出自此书，不另注。

② 中国简牍集成编辑委员会编：《中国简牍集成》第 10 册《居延新简（二）》，兰州：敦煌文艺出版社，2001 年，第 216 页。

③ 张德芳主编，李迎春著：《居延新简集释（三）》，兰州：甘肃文化出版社，2016 年，第 708—709 页。

④ 《史记》卷 30《平准书》，第 1441 页。

⑤ 《汉书》卷 12《平帝纪》，第 351 页。

⑥ 《后汉书》志第二十六《百官志三》，第 3590 页。

⑦ “真”字整理者原作“算”，今据邬文玲《简牍中的“真”字与“算”字——兼论简牍文书分类》（武汉大学简帛研究中心主办：《简帛》第 15 辑，上海：上海古籍出版社，2017 年）改。

的各类簿籍的底本。

除了前述受簿丞、五官丞、部丞之外，汉简中所见大司农属吏还有“部掾”“卒史”“掾”“史”“属”等。

“部掾”：居延新简中有两枚文书标题简，即文书楬，题有“大司农部掾”：

阳朔三年正月尽十二月府移大司农部掾条（居延新简 EPT52:470A）

阳朔三年正月尽十二月府移大司农部掾条（居延新简 EPT52:470B）

大司农部掾簿录（居延汉简 123.6）[①]

这里的“府移大司农部掾条”文书楬，即汉成帝阳朔三年（前 22 年）正月至十二月全年甲渠候官收到的由居延都尉府转发来的大司农部掾之“条”的文书汇总标签。与之相类的还有“丞相御史刺史条”：

阳朔五年正月尽十二月府移丞相御史刺史条（居延新简 EPT56:77A）

阳朔五年正月尽十二月府移丞相御史刺史条（居延新简 EPT56:77B）

简牍所见还有如下冠以“条”的资料：

☑诏条（居延新简 EP4T1:25）

皆讽读知条品，方循（居延新简 EPT59:274）

☐之☐其直☐，诸食土田，计其入谷，令有品条之，其十分之二（居延新简 EPT59:311）[②]

丞相大司空奏可省减罢条（居延汉简 73.8）

城官中亭治园条：韭三畦，葱三畦，葵七畦，凡十三畦。其故多过条者勿减。（居延汉简 506.10 A）

☑督蓬掾条如律令。（居延新简 EPT48.146）

律令者议减死刑及可蠲除约省者，令较然易智，条奏。《书》不云乎？“维刑之溢（恤）”。其审哀（核）之。务淮（准）古法，朕将尽心览焉。（肩水金关汉简 73EJC:291）[③]

☑务平狱，毋苛刻烦扰夺民时，所察毋过诏条（肩水金关汉简 73EJT26:65）[④]

① “录”字，整理者原未释，史语所《居延汉简》作“掾”，今据图版和文意改。

② “计其入谷”，整理者原作“祀其又却”，今据图版改。

③ 甘肃简牍博物馆等：《肩水金关汉简（伍）》，上海：中西书局，2016 年。

④ 甘肃简牍博物馆等：《肩水金关汉简（叁）》，上海：中西书局，2014 年。

李均明先生对条作过比较详细的研究，指出条所包含的范围十分广泛，种类很多，有“诏条”“条品”“品条”“科条”“敕条”“条法”“格令条”“条制”“条约”“条式”“条例”“条令”“条格”“条教”“条陈”等，凡以条文形式撰写的文书大多都可叫作“条”。①

“卒史”：敦煌悬泉汉简文书中数见“大司农卒史”：

五凤四年九月己巳朔戊子，渊泉丞贺敢言之：大司农卒史张卿所乘传车一乘，皂［留］黄盖杆衣各一，皂缯并涂一具，驾一被具，张卿乘，西付冥安，皆完，今张卿还至。（敦煌悬泉汉简 II0114③:461）②

西合檄四，其一封凤博印，诣破羌将军莫（幕）府，一封□□侯印，诣太守府……一封繺（栾）延寿印，诣大司农卒史张卿治所。□□□封阳关都尉□□。（敦煌悬泉汉简 II0113③:152）③

敦煌悬泉汉简所出《元康四年鸡出入簿》中，亦有出鸡以食大司农卒史的记录：

出鸡一枚，以食长史君，一食，东。（简 113）
出鸡一只，以食使者王君所将客，留宿，再食，东。（简 114）
出鸡二只，以食大司农卒史田卿，往来四食，东。（简 115）
出鸡一只，以食丞相史范卿，往来再食，东。（简 116）
出鸡二只，以食长史君，往来四食，西。（简 117）
出鸡一枚，以食太医万秋，一食，东。（简 118）
出鸡一只，以食刺史，从事吏一人，凡二人，一食，东。（简 119）
出鸡一只，以食大司农卒史冯卿，往来再食，东。（简 120）
出鸡一枚，以食使者王君，一食，东。（简 121）
入鸡二只，十月辛巳，佐长富受廷。（简 122）
入鸡一只，十月甲子，厨啬夫时受毋穷亭卒□。（简 123）
入鸡一只，十二月壬戌，厨啬夫时受鱼离乡
佐逢时。（简 124）

十月尽十二月丁卯，置所自买鸡三只，直钱二百卌，率只八十，唯廷给。（简 125）

---

① 李均明：《简牍文书“条”与“录”考述》，《92 年汉简研究国际讨论会报告书——汉简研究的现状与展望》，日本关西大学东西学术研究所，1993 年 12 月 15 日，后收入其所著《初学录》，台北：兰台出版社，1999 年。

② 胡平生、张德芳：《敦煌悬泉汉简释粹》，第 87 页。

③ 胡平生、张德芳：《敦煌悬泉汉简释粹》，第 133 页。

·县（悬）泉置元康四年十月尽十二月丁卯鸡出入簿（简126）

九月毋余鸡。（简127）

今毋余鸡。（简128）

·最凡鸡卌四只。正月尽十二月丁卯所受县鸡廿八只一枚，正月尽十二月丁卯置所自买鸡十五只一枚，直钱千二百一十五，唯廷给。（简129）

·县（悬）泉置元康四年正月尽十二月丁卯鸡出入簿。（简130）

元康四年十二月甲寅朔戊辰，县（悬）泉厨啬夫时敢言之，谨移正月尽十二月丁卯鸡出入簿一编。敢言之。（简131）（悬泉汉简I90DXT0112③:113—131）①

这是元康四年十二月戊辰日（公元前62年12月15日）悬泉厨啬夫上报当年用于招待过往官员的鸡的收支情况账簿文书残件，其中提到招待过的官员有大司农卒史田卿和冯卿。再结合前述有关大司农卒史张卿的资料来看，大司农卒史在敦煌郡的活动比较频繁，可见大司农卒史时常被派驻地方，设立单独的治所处理相关事务，并享有相应的乘车、饮食等待遇。

"掾"：敦煌悬泉汉简中可见"大司农掾"：

出米六升，毋传，正月庚申以食大司农掾陈卿，男一人，从者一人，人一食，西。（悬泉汉简I90DXT0114③:94）

"史"：敦煌悬泉汉简中可见"大农史"：

□以食大农史庞弘，积三人，人六升。（悬泉汉简I90DXT0112①:29）

"属"：居延汉简中可见"大司农守属"，案校钱谷盐铁等物资，是其职责之一：

□月甲寅，大司农守属闳别案校钱谷盐铁（居延汉简455.11）

此外，前引敦煌悬泉汉简II0114②:293号涉及"大司农丞"。这些资料极大地弥补了文献中关于大司农属吏记载较为缺失的遗憾。②简牍资料显示，除了文献中记载的丞、中丞、部丞之外，大司农属官还有受簿丞、五官丞、部掾、卒史、掾、史、属等。

① 甘肃简牍博物馆等：《悬泉汉简（壹）》，上海：中西书局，2019年，第165—168页。

② 关于两汉大司农的组织、执掌等的全面研究，可参看陈文豪：《汉代大司农研究》，新北：花木兰文化事业有限公司，2018年。

秦始皇“车同轨”再研究

徐卫民
西北大学文化遗产学院

后世史家每论及秦帝国与秦始皇对中华文明的发展贡献时，都要谈及修长城、筑直道、统一度量衡、书同文、车同轨这些措施。关于这几件秦巩固统一的措施，司马迁在他的《史记》中均有明确的记载。《史记·秦始皇本纪》云：“一法度衡石丈尺。车同轨。书同文字。”然而笔者认为，在秦帝国与秦始皇所作的上述五件大事情中的前四件大事情得到了实施，但“车同轨”却没有得到实施，之所以如此，是因为我们并没有搞清楚“车同轨”到底是怎么一回事，以及实行起来的难度。

一、文献中“轨”的原始意义

为了准确地理解“车同轨”，走出以往人们对“车同轨”认识的误区，我们必须对“轨”下一个确切的定义。《汉语大词典》释“轨”的意思是“车子两轮间的距离”。

所谓“轨”就是制约车轮行驶路线的设置。在了解“轨”之前，我们先了解一下“辙”的概念。其一，辙。车轮行驶后在路面上留下较深的痕迹，人们常说前有车，后有辙；这在发掘的很多古代道路上都可以看到，即使一些石质的道路在长时期的车辆行驶之后也留下了古代的车辙。前车之鉴即为此意。其二，轨。车轮长时间行驶后，路面上的车辙不断变深，以至于对车轮的行驶具有制约作用。

可以看出，这个定义将“轨”的概念与“辙”的概念和“迹”的概念严格地区分开了。“轨”可以制约车子的行驶路线，“辙”可以影响车子的行驶路线，“迹”不影响车子的行驶路线。由此可以看出，“车同轨”时期“轨”的含义与我们今天铁路上“轨”的含义完全相同，所不同的是“车同轨”时期的“轨”是自然形成的，而现代的

“铁轨”是人为制造的。今天的铁轨是古代“轨道”的延续与发展，当年的“轨道”就是今天“铁轨”的原型。

由于司马迁对秦统一后“车同轨”的记载过于简单，因而后人对“车同轨”中的“轨”字的理解就出现了偏差。《说文解字》曰：“轨，车辙也。”“车辙”的概念大，而“轨”的概念小，“车辙”概念虽说包含着“轨”的概念，但不等于“轨”。许慎在“轨”概念的解释上，犯了一个概念逻辑错误，这个概念逻辑错误对后世学者影响很大，后世学者对“车同轨”的不解和误解多与此有关。

段玉裁指出：“辙者，通也。谓舆之下、两轮之间空中可通，故曰车辙，是谓之车轨。轨之名谓舆之下隋方空处。老子所谓当其无，有车之用。”从这段话可以看出，段玉裁对“车同轨”是怎么一回事也没有搞清楚，但主观上仍希望能通过自己的解释，消除人们对“车同轨”的疑惑和不解。他所采用的办法是进一步扩大概念，在“轨”的意义上做文章，希望能够通过“轨”的含义的扩大来解决问题。他认为“轨”是车的两轮之间的空档，“辙”是车子的底部，位于两轮之间的空挡部位。段玉裁试图用扩大概念范围的办法解决问题，其结果是不但没有解决问题，反而使问题变得更为复杂模糊。与段玉裁同时代的另一位国学大师朱骏声不同意段玉裁的说法，他认为轨是两轮相距之间留下的痕迹，也就是留在道路上的痕迹。他在《说文通训定声》中指出：“段氏玉裁欲据《国策·齐策》《吕览·勿躬》《淮南·览冥》高诱三注，训辙谓两轮之间，车舆之下空处，殊误。”他认为 “轨” 应该解释为“迹”，也就是车轮留下的轨迹，引申为车道。朱骏声纠正了段玉裁的说法，又回到了许慎的说法，许慎用“辙”概念替代了“轨”概念，他则用“迹”概念替代“轨”概念，相比之下他较许慎的解释又远了一步。

以上这些关于“轨”的解释及“车同轨”的解读都不准确，不能令人满意。正是这些关于“轨”的不准确解释，误导了人们对“车同轨”的解读。

其实，“书同文，车同轨”这段话源自《礼记·中庸》中的记载。“今天下车同轨，书同文，行同伦。”①这部书的作者传说是孔子的孙子子思所作，其年代大概在东周时代，距离秦始皇统一中国还有相当长的一段时间。程氏注解：“今，子思自谓当时也，轨，辙迹之度。伦，次序之体。三者皆同。言天下统一也。”其是形容理想中的周王朝的大一统社会的情况。

实质上，“车同轨”是谁先提出来的并不重要，重要的在于谁有条件和能力实现“车同轨”。这绝不是一般提倡、号召就能实现的，“书同文，车同轨” 的实现是需要

① 《礼记·中庸》第二十八章，（宋）朱熹：《四书章句集注》，北京：中华书局，1983 年，第 36 页。

高度中央集权下才可以实行的。当时只有秦始皇才可以推行“一法度”“车同轨”的措施，也才有这样的魄力。但是难度也是很大的，加之秦统一后的时间太短，秦王朝就短命而亡，所以尽管提出来了，但未能得到实施。

二、秦始皇何以要颁布“车同轨”政策

针对春秋战国以来“车途异轨，律令异法，衣冠异制，言语异声，文字异形”①的混乱社会状况，李斯认为：“凡古圣王，饮食有节，车器有数，宫室有度，出令造事，加费而无益于民利者禁，故能长久治安。”②秦统一全国后，为了加强中央集权，全国推行统一度量衡等措施，规定“车同轨。书同文字”③，要求“舆六尺，六尺为步，乘六马”④。睡虎地秦墓竹简中有官营手工业的法律记载，在《工律》中明文规定：“为器同物者，其小大、短长、广亦必等。”⑤《史记·秦始皇本纪》也记载：秦始皇统一天下后，要求“一法度衡石丈尺。车同轨。书同文字”。这里的“一”与“同”同义，即“统一”。

在秦始皇统一全国之前，诸侯国之间各自为政，“诸侯力政，不统于王，恶礼乐之害己而皆去其典籍，分为七国。田畴异亩，车涂异轨，律令异法，衣冠异制，言语异声，文字异形”⑥。车涂异轨，明显指的是道路上是有轨的，但是并不是一条轨道，轨在道路上是永久性存在的，不是临时性的车轨。而且由于战国时期各诸侯国之间互设关垒、修建长城，根本没有统一的制度。就拿交通来说，为了防止各诸侯国的干涉与侵略，故意将车辆设计得大小不一，车道有宽有窄。七国争雄的时候，战争连绵不断，战车就成了战争中主要的军事装备，粮草均要通过车来运输。因此轨道也成了一种主要的战略武器。每个国家在造车的时候都会将车轮间距造得与别国不一样，这样就可以避免别国的车辆驶入自己国家的疆域。很显然，“车同轨”的含义之一即是为了抵御他国侵略，起到防护效果。

秦始皇统一天下后，车辆要在不同的车道上行走就很不方便，这就要求车辆两个轮子的距离一律改为“舆六尺”，使车子的轨道距离相同，这样全国各地车辆往来就方

① （汉）许慎：《说文解字》序，北京：中华书局，1963 年，第 315 页。

② 《史记》卷 87《李斯列传》，北京：中华书局，1959 年，第 2560 页。

③ 《史记》卷 6《秦始皇本纪》，第 239 页。

④ 《史记》卷 6《秦始皇本纪》，第 238 页。

⑤ 睡虎地秦墓竹简整理小组编：《睡虎地秦墓竹简》，北京：文物出版社，1978 年，第 69 页。

⑥ （汉）许慎：《说文解字》，第 315 页。

便多了。《史记》中称之为“车同轨”。

驰道开始修建于秦始皇统一全国后的第二年（前 220 年），可谓是中国历史上最早的“国道”。据《汉书·贾山传》记载：“（秦）为驰道于天下，东穷燕齐，南极吴楚，江湖之上，濒海之观毕至。道广五十步，三丈而树，厚筑其外，隐以金椎，树以青松。”①当时修建的从都城咸阳通往全国的驰道有多条，著名的驰道有八条，即出今西安高陵通上郡（陕北）的上郡道，过黄河通山西的临晋道，出函谷关通河南、河北、山东的东方道（函谷关道），出今陕西商洛通东南的武关道，由秦岭通四川的秦蜀道，出今陕西陇县通宁夏、甘肃的回中道等，同时还修建了出今陕西淳化林光宫通九原的直道。其是为了加强对全国统治而采取的交通方面的措施，其道路系统四通八达。

当时的车轮都是木制，由于道路都是土路，车轮在与土路长时间摩擦挤压之后，会在土路上压出一道深深的沟痕，这就是车辙，这种车辙的痕沟越来越深，使得后来的车子只有将两个车轮压在以前的两条车辙里，才会走得比较快。反之，如果车轮套不进这两条车辙，就会崎岖不平、速度很慢。春秋战国时代的各个诸侯国，尤其是战国七雄在制造车子的时候都使用自己的车距，并有意使自己国家的车轮之间距离与他国不同，为的是在运送辎重尤其是在运送军用物资的时候，不给其他国家造成侵略的方便。

只要车轮之间的宽度一致，就能循一定标准的车辙行进，故有所谓“闭门造车，出门合辙”。前有车，后有辙。车轮间距离固定，循轨而行，从而“轨”就有了规范、法度的意思。不守法度叫“越轨”“不轨”“出轨”等。秦始皇统一全国后，要求各地要清除道路上的各种障碍物，把各种不同的道路统一为一种尺寸的车辙道路，从而在各诸侯国道路上车子可以通行无阻，这就是秦始皇“车同轨”欲达到的真正意义。

古道上是否会由于车辙印很深而形成轨？李安导演的《卧虎藏龙》电影在海内外引起相当大的反响，在这部电影的开头，我们看到了在青石板道路上古代车子运输的镜头，车轮就在很深的车辙里行走。这段电影片断是在现在河北省石家庄附近的井陉秦皇古道上拍摄的，这条古道至今保存了秦始皇时期道路的原貌。井陉秦皇古道，在井陉县城向东 5 公里，石太公路、石太铁路倚其而过。这里关山耸立、地形险要，是当时的交通要冲之地。古驿道长约百里，贯穿太行山，建在山岭沟谷中。井陉古道就是修筑的以咸阳为中心的驰道中的重要一段。这里自古是冀晋间太行山腹地的一条交通要道，是兵家必争之地。井陉古道，自古以来交通繁忙，燕赵晋秦之客，东西往来，络绎不绝，素有“冀晋通衢”之称。春秋时它仅是一条供人畜通行的山间小路，战国时赵武灵王为开拓疆土，把它修成了车马大道。秦始皇统一中国之后又将其扩建为“秦驰道”之井陉

① 《汉书》卷 51《贾山传》，北京：中华书局，1962 年，第 2328 页。

段，这是井陉古道历史上最高规格的扩建，所以后人将其冠以“秦皇”的名字，称之为“秦皇古驿道”。公元前 229 年秦将王翦伐赵之战，公元前 204 年韩信以少胜多的背水之战出奇兵袭赵营大破赵军等战例都与这条道路有密切的关系。绕过一个山口，一座雄关豁然出现，这就是扼守古驿道的东天门，门匾上题有“西通秦晋”四个蓝底金字。接近关城，古驿道渐渐出现了。两行车辙痕迹从门洞下穿过，深深地镶嵌在厚厚光滑的基岩路面里。铺路方石呈淡淡的青色，历经多少的车轮碾轧、马蹄踩踏、风雨侵蚀，石块已经变得光滑如镜了。这段古道应该就是《史记·秦始皇本纪》中所描述的秦始皇第五次出巡死在河北之后，公子胡亥、丞相李斯、赵高等人秘不发丧，绕道将秦始皇尸体运回咸阳时候的一段道路。“行，遂从井陉抵九原。会暑，上辒车臭，乃诏从官令车载一石鲍鱼，以乱其臭。”[①]这条古道之所以能完整无损地保存下来，是因为清末修筑正太路，这条险恶、难行的地段就渐渐地被人遗忘而不使用了。联合国世界遗产调查员亨利·克利尔考证，这条古道比罗马古道还早了 100 多年。

近代有了火车以后，才出现了铁轨的宽窄问题，开始还没有国际统一的铁轨宽度，因而各个国家的铁轨有各自的宽度，比如苏联的铁轨就比我国的宽，而越南的又比我们国家的窄，因而坐火车在国际间交往时就得换乘。而越南在反抗美国侵略的战争期间，就专门铺设了一条与我国同宽度的铁轨直达河内，以利于中国援助的物资能迅速及时地运往越南。

如果实行了车同轨，全国的车子车轴间距统一了宽度，就必然便利交通运输、促进社会经济快速发展。秦始皇的用意是没有问题的，然而，从大量的考古资料来看，看不到秦始皇统一车轨的蛛丝马迹。秦始皇时期的车与现在的车有着很大的不同，那时的车是木制的，车轮也是木的，车轮与地面之间的摩擦，对车轮的磨损很大，为了减小车轮与地面的摩擦力，使车轮经久耐用，造车人想了一个办法，将车轮做得很窄。这一技术的采用，使车子跑起来又轻又快。秦始皇时的道路是泥土路或石板路，车轮在那样的道路上不断滚动，车轮与路面的长期摩擦，便会在路面上留下一道摩擦痕迹，这道摩擦痕迹就是车辙。车子长时间行走在如此道路上，道路上磨出的车辙痕迹便不断加深，当这种车辙的痕迹越来越深，深到一定的程度后就变成了一道车辙沟痕，这道车辙沟痕便对行驶的车子的车轮具有了固定作用，这时候的车辙沟痕就变成了“轨道”，于是“轨”就形成了。路面上有了这样两条“轨道”后，行走在这条道路上的车子就只能沿着“轨道”行进，车子的两个车轮就只能套在这两条“轨道”里行走，只有这样车子才会走得快。车轮如果不在这两条“轨道”中行驶，则称之为“出

① 《史记》卷 6《秦始皇本纪》，第 264 页。

轨”。车子一旦“出轨”，就会有危险。因为出“轨”后，就有一个再次入“轨”的问题。入“轨”时，如果两个轮子能同时进入两条“轨道”之中，车子只是颠簸一下。如果两个轮子不能同时进入两条“轨道”之中，而只有一个轮子进入了“轨道”，那么就有两种后果：轻则车身倾斜，陷入“轨道”的那只轮子被“轨道”卡住，车子无法行驶；重则车翻，造成伤亡事故。考古工作者在汉长安城直城门街战国到秦文化层发现了秦的道路，在 15 米宽的道路上发现了众多的车辙（图 1）。①

图 1　汉长安城直城门道路下的秦车辙遗迹
（采自《西安市汉长安城遗址直城门大街试掘简报》，《考古》2018 年第 11 期）

因此，秦始皇统一了全国后，对全国不一样的车轮间距这一地域性战略防御，绝对不会视而不见、任其继续。他认为分布在全国的不同规格的“轨道”严重地影响和阻碍着交通运输事业的发展，不符合统一的要求，同时也严重地影响和阻碍着国家的经济发展。这就是“车同轨”的历史必要和必然，这就是秦帝国法定车辆的两个轮子的距离一律改为六尺（合今天 1.38 米），这就是秦帝国和秦始皇推行“车同轨”的伟大历史意义之所在。总之，秦始皇能完成统一全国的壮举，又实施了众多巩固统一的措施，要求实行全国“车同轨”对他来说是不容置疑的。

三、理想与现实之间的差距

秦始皇统一天下后曾经制定了一系列的措施以巩固统一的成果，诸如统一文字、货币、度量衡等，且得到了具体实施。然而车同轨却没有得到认真实行。从文献与目

① 中国社会科学院考古研究所汉长安城工作队：《西安市汉长安城遗址直城门大街试掘简报》，《考古》2018 年第 11 期。

前的考古资料来看，和秦始皇统一车轨有差距，如井陉古道的轨距是 1.40 米，云南曲靖的秦故道车辙、辽宁朝阳城门车辙也是 1.40 米。和当时规定的“舆六尺”（合今天 1.386 米）大体是一致的。然而秦兵马俑坑出土的战车轮距是 1.80 米。铜车马坑出土的一号车，轨距是 1.90 米。实质上秦代有战车、大车、小车、独轮车等不同车型，其用途是不同的。从秦兵马俑发掘中发现的不同车辙遗迹来看，当时修建秦俑坑也使用了不同轮距的车子，而我们这里强调的“车同轨”是指用于交通的运输车的轨距，而不是战车的车距，战车为了多拉辎重，因此车大轨宽。从 2009 年陕西富县桦沟口秦直道发掘现场 T309 的解剖得知，从成组或对称的车辙印判断，当时的车辆轮距有 3 种，即 1.10 米、1.30 米和 1.40 米，共有三种不同的车距。在五里墩南发掘中发现了 1.40 米和 1.10 米两种宽度的车辙。这反映出当时在直道上的车子轮距并非一致。据陕西省考古研究院田亚岐先生见告，其在秦雍城发现的汉代道路系统中看到的当时车辙宽度有 1.10 米和 1.40 米两种。

考古工作者在汉长安城霸城门内发现了当时的车辙痕迹，宽为 1.50 米，从而可知每个门道可容 4 辆车，三个门道可容 12 辆车。这就证明了班固《西都赋》中所描述的“披三条之广路，立十二之通门”和张衡《西京赋》中的“观其城郭之制，则旁开三门，参涂夷庭，方轨十二”是符合实际的。在辽宁辽阳三道壕遗址，发现了西汉时期的大车路，路面宽约 7 米，厚约 35 厘米，其上留有两排并列的车辙遗迹。[①]由此看来，当时的大车路上，车辆可以畅通无阻地通行。

2019 年陕西省考古研究院在西安港务区三义庄和谢二村进行了考古发掘，发现了道路遗迹，该发掘区处于新寺遗址范围内。三义庄古道遗迹主体呈东北－西南走向蜿蜒，考古人员已经清理该遗址，南北长约 105、宽约 30 米。路面车辙分布密集紧凑，辙痕行进方向与古道走向保持一致，基本处于路面中部，少量车辙连续蜿蜒不断，大多数车辙或断续或逐渐消失或交错叠合。车辙附近还发现有疑似脚印及动物蹄印等迹象。谢二村古道遗迹位于遗址区东部，整体走向呈东北－西南向，长度 260 米，宽 50－70 米，路面清理后见约 60 余条车辙，部分车辙相互交错，车轮痕迹清晰可见。路面较平整，有明显踩踏面。车辙宽 0.14－0.26 米、深 0－0.16 米，发现两条车辙，可能为一组，轴距 2.2 米。

① 李发林：《战国秦汉考古》，济南：山东大学出版社，1991 年，第 216 页。

《山海经·大荒西经》灵山考
——兼论凤翔血池秦汉祭天遗址发现的意义

史党社
西北大学历史学院

一、引　言

陕西关中西部的凤翔县，春秋至战国中期曾为秦之首都所在，其地形呈典型的黄土塬，地势高亢、侧陡顶平。在距离县城西北约15公里的地方，有一片丘陵状山地，即著名的灵山。近年来，这里有著名的血池秦汉祭天遗址被发现[①]，规模十分宏大，成为中国研究古代郊祀历史的重要证据，并可与战国秦汉间的神怪之书《山海经》相联系[②]，后者大约是方士之流的作品[③]。从这个发现去重新思考灵山的由来和宗教地位，可知《山海经·大荒西经》中的灵山，应非此前许多学者所认为的重庆巫山，而是凤翔灵山。灵山在秦、西汉神灵祭祀体系中，具有核心地位。

二、《大荒西经》之灵山在今陕西凤翔

《山海经·大荒西经》记载：有灵山，巫咸、巫即、巫肦、巫彭、巫姑、巫真、巫礼、巫抵、巫谢、巫罗十巫，从此升降，百药爰在。[④]有关巫咸的传说流布广泛，年代

① 陕西省考古研究院等：《陕西凤翔雍山血池秦汉祭祀遗址考古调查与发掘简报》，《考古与文物》2020年第6期。
② （元）吾衍撰，金少华点校：《闲居录》，杭州：浙江古籍出版社，2019年，第13页。
③ 李零：《战国秦汉方士流派考》，《中国方术续考》，北京：中华书局，2006年，第73—98页。
④ 袁珂校注：《山海经校注》，成都：巴蜀书社，1993年，第453—454页。

不一。较早是《尚书》佚篇《咸乂》[①]、《君奭》[②]及《世本·作篇》所记，巫咸为商王太戊之臣。“咸”乃其名，前加“巫”字，说明其执掌，应与卜筮、祭祀等神灵之事有关。从甲骨文来看，巫咸在商朝已经被神化成祭祀的对象，称“咸巫”或“咸”。[③]综合各种文献记载，从商代开始的巫咸形象，除了商臣，已经被神化为神灵，成为上古神巫阶层之代表，如《诅楚文》就称其为“大神巫咸”，《离骚》“巫咸将夕降兮”云云。[④]《大荒西经》中的“十巫”，也以巫咸领头。东周以后占星望气流行，巫咸还被看作“知天数”的占星家。[⑤]《汉书·地理志》《水经注·河水》言河东安邑（今山西夏县）有巫咸山，《史记·殷本纪》张守节《正义》又说：“巫咸及子贤冢皆在苏州常熟县西海虞山上，盖二子本吴人也。”《大荒西经》之灵山，也如夏县、常熟一样，都是巫咸传说的流行地。但对于这个灵山所在，学者们多未明白言及，有的则认为即山西夏县巫咸山，例如郦道元[⑥]；或认为即今重庆之巫山，如为《山海经》作注的任乃强、袁珂。任乃强认为，灵山可能为巫山字变[⑦]，即今重庆之巫山；袁珂认为灵、巫古本一字，此山复有诸巫采药往来，“百药爰在”与《大荒南经》巫山“帝药，八斋”之情景相类，因疑此灵山即重庆之巫山[⑧]。

《山海经》中除此巫咸记载之外，与巫咸相关的还有《海外西经》巫咸国的记载。[⑨]另外，除《大荒西经》一书，《海内经》[⑩]、《中山经》[⑪]中也言及灵山；与之相关的还有数次出现的巫山。灵山、巫山并存，若仅以巫咸山为唯一之灵山，或以灵山为巫山之讹，证据并不充分。笔者认为，自商以来巫咸非常有名，虽然许多人认为巫咸是商代的政治家[⑫]，但其职事与事神也有关，则当无疑，故后世都以之为灵巫大神[⑬]。这其中巫者对巫咸的推崇应起了很大作用，证据便是“巫书”《山海经》自身，其中巫咸的

---

① 李学勤主编，《十三经注疏》整理委员会整理：《十三经注疏·尚书正义》，北京：北京大学出版社，1999 年，第 219—220 页。

② 李学勤主编，《十三经注疏》整理委员会整理：《十三经注疏·尚书正义》，第 441 页。

③ 王国维：《古史新证——王国维最后的讲义》，北京：清华大学出版社，1994 年，第 51—52 页。

④ 郑晓峰：《巫咸考》，《古籍整理研究学刊》2014 年第 1 期。

⑤ 《史记》卷 27《天官书》，北京：中华书局，1959 年，第 1343 页。

⑥ （北魏）郦道元著，杨守敬、熊会贞疏、段熙仲点校，陈桥驿复校：《水经注疏》，南京：江苏古籍出版社，1989 年，第 583—584 页。

⑦ （晋）常璩著，任乃强校注：《华阳国志校补图注》，上海：上海古籍出版社，1987 年，第 53 页。

⑧ 袁珂校注：《山海经校注》，第 442 页。

⑨ 袁珂校注：《山海经校注》，第 263—264 页。

⑩ 袁珂校注：《山海经校注》，第 508 页。

⑪ 袁珂校注：《山海经校注》，第 186 页。

⑫ 饶宗颐：《历史家对萨满主义应重新作反思与检讨——“巫”的新认识》，《中华文化的过去、现在和未来》，香港：中华书局（香港）有限公司，1992 年，第 396—412 页。

⑬ （汉）王逸撰，黄灵庚点校：《楚辞章句》，上海：上海古籍出版社，2017 年，第 28—30 页。

面目，基本就是一个巫者。所以《大荒西经》里的灵山，恐怕应当从巫的角度去理解，灵山就是巫山，即巫在此沟通上下神灵的神山。其具体位置所在，笔者认为应是今陕西关中西部凤翔县境内的灵山。

灵山山地属广义的陇山向东伸出的支脉，最高处海拔约 1120 米，比今凤翔县城一带高出约 300 米。凤翔塬位于关中平原的西端，舒缓平坦，从北往南略微低斜，其东接周原，北侧为与岐山（箭括岭）相接的连绵山地，西侧隔渭河支流千河与贾村塬相望，塬西接连陇山，南侧塬下隔渭河谷地是高峻的秦岭主脉太白山。从凤翔县城向西北远望，灵山山地从塬面拔起，十分突出和醒目。从地形地貌看，这里也没有北侧山地那样崎岖的山前地带，登山相对容易。凤翔古为雍州，先秦以来就是神灵依聚之地，也应与这种地形有关。灵山长久以来都是宗教名山，最先以始建于唐的静慧寺景观而闻名，是关中西部佛家的香火胜地。笔者主张，灵山之名当因此而来，有如下证据，可知《大荒西经》的灵山当为凤翔灵山。

第一，《海经》为述图之作[①]，内容有明显的地域特征。《大荒西经》地域所限，是“西北海之外”“西海”“西南海”等西方之地，内容多涉及西北地名或族名，如北狄、西王母之山、轩辕之台、轩辕之国、日月山、昆仑之丘，灵山就在“西北海之外”，其为西北之山，应无问题。

第二，宋代《巫咸文》出土于此，是个确证。

《巫咸文》于宋仁宗嘉祐年间（1056—1063 年）出于凤翔开元寺，所在即今凤翔县城。[②]《巫咸文》是《诅楚文》三种石刻之一，另外两种分别出土于朝那湫（今宁夏固原东南东海子）、要册湫（今甘肃正宁湫头村），内容大致一样，唯所对之三神——巫咸、大沉厥湫和亚驼不同，后二者为水神，前者巫咸则为灵巫之神。惠文王后元十三年（前 312 年），楚举全国之力以攻秦，危急之下秦求助于境内大神，以求“克剂（翦）楚师”。这三个地点，朝那湫本属乌氏戎地，此时已经入秦为朝那县[③]；要册湫本属义渠，此时也归于秦。秦在这两个地方祭祀当地神灵，具有战前动员的意味，因为这两个地方可能是秦重要的军事基地。祭祀巫咸的地点在秦都雍城，意义更不必说。祭祀的告神之辞，由宗祝宣读（“布檄”），其文勒于石，或埋于地（《巫咸文》），或沉于水（《大沉厥湫文》《亚驼文》）。[④]《大沉厥湫文》《亚驼文》二种文告均发现在水旁，则《巫咸文》的出

① 刘宗迪：《失落的天书——〈山海经〉与古代华夏世界观》，北京：商务印书馆，2016 年。

② 郭沫若：《诅楚文考释》，郭沫若著，郭沫若著作编辑出版委员会编：《郭沫若全集·考古编》第 9 卷，北京：科学出版社，2002 年，第 275－341 页。

③ 后晓荣：《秦代政区地理》，北京：社会科学文献出版社，2009 年，第 175—176 页。

④ 陈昭容：《秦系文字的演变：从汉字史的角度考察》，《“中央研究院”历史语言研究所专刊》103，台北：“中央研究院”历史语言研究所，2003 年，第 210－246 页。

土地也应当在巫咸神祠附近。《巫咸文》形成于战国中期，与《大荒西经》成书时代接近。考虑《巫咸文》出土地点、年代与《大荒西经》的吻合，先秦以来本地存在巫咸崇拜应是历史真实，而近旁存在一座群巫活动的神山也是合乎的。这与夏县既有巫咸山又有巫咸祠的情况近似。[①]所以《巫咸文》与《大荒西经》中巫咸、灵山的关系应是不可否认的。《大荒西经》中的灵山，就是此凤翔之灵山，是巫咸等群巫“升降”的地方。

第三，血池祭天遗址的发现，亦可证明灵山在古代具有神山、圣山地位，其称“灵山”，亦正是古代沟通天地的阶梯，是巫咸等群巫“升降”之处。

近些年，考古工作者在灵山山地发现了血池秦汉祭天遗址。秦人祭天选用的特别的地方，在《史记·封禅书》等文献称作“畤”，《史记·秦本纪》司马贞《索隐》：“畤，止也，言神灵之所依止也。亦音市，谓为坛以祭天也。”现已发现的祭天遗址，有中心坛场、建筑、道路、祭祀坑、烽燧等，构成了一个完整的祭天神祠系统。遗址的年代主体虽属汉代，但由于秦汉祭天遗址的连续性，推测这里也是秦人祭天之处。按照《秦本纪》《封禅书》的记载，秦人在春秋早期至战国中期立有六个畤：襄公立西畤，文公立鄜畤，宣公立密畤，灵公立吴阳上下畤，献公作畦畤，祭祀对象为天神白帝、黄帝、炎（赤）帝、青帝、黑帝（汉初刘邦所加），称为“五帝”。这其中的鄜、密、吴阳上下畤，都在凤翔附近，在秦被称作“雍四畤”，加上黑帝祠，汉代称“雍五畤”。

笔者鄙见，鄜畤、吴阳上下畤、黑帝畤，有可能都在灵山山地或其附近。例如鄜畤，《封禅书》记载，秦文公从西犬丘东猎至于“汧渭之间”（即今宝鸡市区东至陈仓区一带），梦见黄蛇从天上一直身及地上，口在“鄜衍”，史敦认为乃上帝之征，故作鄜畤以祠上帝。鄜之所在，司马贞《索隐》认为此乃汉代左冯翊之鄜县，即今陕西延安市下辖之富县。但其与“汧渭之间”则相去甚远，明显不对，而应在后者附近求之。“衍”，《集解》引李奇注“山阪为衍”，即山坡，故鄜之所在，必为山陵地带。灵山山地距离“汧渭之间”只有20公里左右，所以很可能鄜畤就在此处。同时，在血池祭天遗址发现的一些陶器残片上，有隶书陶文“上”“上畤”。按秦汉制度，众多神祠所拥有的器物都是专用的，血池发现的这类陶器也不例外，可证此处应是吴阳上畤所在。灵山海拔比吴山低 500 米以上，位处后者东南，正在吴山之阳，故把血池遗址认定为吴阳上畤也能说得过去。血池遗址的考古发现，明确考证了灵山为神山的地位，结合上文《巫咸文》的发现，灵山乃神巫群聚、沟通天地的阶梯是可以肯定的。

文献中所谓灵山与巫山一样，都是神灵依止、巫者活动的场所，如齐地有灵山[②]，

① 参见《汉书·地理志》《水经注·涑水》相关记载。

② 史为乐主编：《中国历史地名大辞典（增订本）》，北京：中国社会科学出版社，2017年，第1442页。

又有巫山[①]。在《山海经·大荒南经》中有登备山、《海外西经》又记载巫咸国有登葆山，郭璞注认为二山为一，乃“群巫所从上下也”，这是正确的，但所说的“上下”为往来采药[②]，认为巫者的职事之一——医药，袁珂已经指出其非：

> “采药”只是群巫所作次要工作，其主要者，厥为下宣神旨，上达民情。登葆山盖天梯也，“群巫所从上下”者，“上下”于此天梯也。[③]

袁珂指出了山陵因高耸而成为巫沟通天地神灵的凭借，是一种普遍性的说法。所谓灵山，就是此类神明之山，具有神性，而在此上下通神活动的也正是这些巫者。[④]论者多认为，灵字从巫，也有从玉者，巫以玉事神，故灵山即是巫山。[⑤]凤翔灵山之名，当由此而来。

总之，综合传世文献、文字资料和新的考古发现，可证《大荒西经》中的灵山，就是今天凤翔县西北之灵山，而非重庆之巫山。

三、灵山曾经的宗教地位

确认了《大荒西经》中的灵山，即今凤翔西北之灵山，可与正在发掘的灵山祭天遗址相印证，反映了灵山在先秦、秦汉时期重要的宗教地位。

对于灵山的宗教地位，可从祭祀和巫术两个角度来观察。

灵山在秦祭祀系统中的地位。按照《史记·封禅书》等文献记载，秦人自春秋初年文公立鄜畤，特别是德公定都雍城之后，在这里建立了大量神祠，使雍城成为秦宗教祭祀中心，上帝又是这个系统中最为尊贵者，并与灵山有密切关系。雍城所在，西周为王畿之地，春秋早中期至战国中期为秦都，战国晚期秦虽迁都咸阳，但雍城重要的祭祀中心地位一直到秦亡都没有失去。这个情况一直延续到西汉后期南郊郊祀系统确立后才得以改变。

司马迁在《史记·封禅书》中说：

---

① 杨伯峻编著：《春秋左传注（修订本）》，北京：中华书局，1990年，第1038页。

② （晋）郭璞注，（清）郝懿行笺疏，沈海波校点：《山海经》，上海：上海古籍出版社，2015年，第358页。

③ 袁珂校注：《山海经校注》，第264页。

④ 饶宗颐：《历史家对萨满主义应重新作反思与检讨——“巫”的新认识》，《中华文化的过去、现在和未来》，第396—412页。

⑤ 李零：《先秦两汉文字史料中的“巫”（上）》，《中国方术续考》，第30—47页。

自未作鄜畤也，而雍旁故有吴阳武畤，雍东有好畤，皆废无祠。或曰："自古以雍州积高，神明之隩，故立畤郊上帝，诸神祠皆聚云。盖黄帝时尝用事，虽晚周亦郊焉。"其语不经见，缙绅者不道。[①]

司马迁对所谓"缙绅者不道"者，即黄帝时已经在此祭祀上帝之说法表示存疑，但既然有此种传说存在，也应是秦人在此立畤祭祀上帝的重要原因。[②]对于其他两事，司马迁认为是真实的：一是春秋早期文公作鄜畤前，即西周以前雍城附近吴阳武畤、好畤的存在。吴阳武畤在雍附近的具体位置现在尚未确定，但好畤则是明确的，秦汉有好畤县（今陕西乾县东），现在仍有好畤一地。二是选择雍城附近祭祀上帝等神明，主因是雍州地形积高，容易激发人神交通。

随着秦德公迁都雍城，《封禅书》有言"雍之诸祠自此兴"，从春秋早中期之交到战国中期，雍不仅一直是政治中心，作为宗教祭祀中心的地位也得以逐渐确立。到了秦代，秦始皇完善祭祀制度，构建了一个庞大的神灵系统，这个系统具有十分明显的多神崇拜特征，其由上帝（四帝）、祖先、山川（如四大冢、河、渭）及众多的杂祀（如伏、陈宝、天象等）组成，仅雍城附近就"百有余庙"，其中最尊贵的神灵就是"雍四畤"的上帝，《封禅书》提及"唯雍四上帝为尊"，《正义》又云："秦用四畤祠上帝，青、黄、赤、白最尊贵之也。""雍四畤"不仅是整个神灵系统中最尊贵的，在上帝之中也最为显赫，这是十分值得注意的历史文化现象。因为在西（今甘肃礼县）、西畤、栎阳（今西安阎良区）及畦畤，祭祀之礼均没有雍之上帝隆重。[③]战国中期以后，秦首都从雍迁到咸阳，举行郊祀之礼都在雍而不是西或栎阳。西汉前期，由于汉廷忙于恢复生产，内有诸侯王割据的忧愁，外有匈奴严重威胁，遂祭祀格局延续了秦，到景、武之后才有大的改变。

在雍的上帝祭祀中，灵山是最重要的祭祀地。从汉代的情况来看，汉立北畤而成"雍五畤"，明显受阴阳五行说影响。按此推测，血池遗址就是祭祀黄帝的上畤所在。这除了上述陶文、与吴山的相对位置等证据之外，按照阴阳五行理论，黄帝在"五帝"中具有核心地位[④]，所以推测"雍五畤"平时可能由祠官分别以"岁时奉祠"，在皇帝亲行郊祀礼仪的同时被加以祭祀，但很可能是在吴阳上畤对青、黄、白、赤、黑

① 《史记》卷28《封禅书》，第1359页。

② 周振鹤：《中国历史文化区域研究》，上海：复旦大学出版社，1997年，第53页。

③ 汉代前期仍如此，例如文帝、武帝都曾郊祀雍五畤；雍五畤牲具也比西畤、畦畤级别为高。《史记·封禅书》记载文帝时"有司议增雍五畤路车各一乘，驾被具；西畤、畦畤禺车各一乘，禺马四匹，驾被具"，所用路车（大车）与"偶车"（明器）就级别不同。

④ 许维遹：《吕氏春秋集释》，北京：中华书局，2016年，第109—112页。

"五帝"集中进行祭祀，这样不但符合阴阳五行说，也有方便祭祀的实际效用。血池遗址所发现的大量汉代遗迹，包括数量庞大的两千多个祭祀坑，正是这个情况的反映；其他四畤（青、白、赤、黑）的祭祀遗迹，现在情况还不明朗，但推测是不会达到如此规模的。至于北畤，按照阴阳五行，应在血池遗址更北求之。从战国到西汉，灵山山地用来祭祀黄帝的"上畤"，地位由"四畤"之一变成了"雍五畤"之中心，逐渐演化成秦上帝祭祀以至整个祭祀系统的核心。

观察灵山宗教地位的另一个视角，就是巫。

巫术与祭祀有一定的区别，巫术是通过一定的仪式使人与鬼神相通，从而避凶趋吉，多少表达了人类要控制自然的某些信念；祭祀则是单纯地通过祷告、奉献牺牲等仪式以取悦、讨好神灵，达到取得福佑的目的。[①]诸如许多学者从思想史和制度史角度论述的观点，早期中国虽然有颛顼"绝地天通"，但巫术并未因此而绝，除了祭祀，巫术也是人神沟通的重要方式；在"祝宗卜史"[②]之外，还有巫者阶层的存在作为其"补充"[③]。商周巫者存在的实例，此前学者已有很好的辑录，下文略举其例加以论述。

商代有巫者。林沄指出，在殷墟卜辞中，有许多国内各族或诸侯国"取巫""以巫"的记载。这些族群（包括周）向商王室进贡巫，可见巫者在商朝数量还不少。这些巫自然是沟通人神的中介，按照《周礼·司巫》记载，大旱舞雩、除灾、祭祀、丧事等等，都有巫者参与。[④]

起源于西方的周人也是如此。1980 年在扶风召陈西周宫殿遗址发现了两件蚌雕骨笄帽[⑤]，形象为戴尖帽、高鼻深目的塞人，顶部截面刻有一"巫"字[⑥]；还有凤雏建筑遗址板瓦上的"巫"字。蚌雕人像，被认为是塞人曾充任周之巫师的证据[⑦]，并相似于谢剑[⑧]、王子今[⑨]所论汉代活动于长安的"胡巫"。在周原甲骨文中，亦有周人曾经向商进贡巫的例证，卜辞云："贞：周氏（致）巫"（《合集》5654），周人向商朝进献巫者，若非出自当地，就是"胡巫"那样的异族。厉王"弭谤"，所用为卫巫。[⑩]《周

① 晁福林：《商代的巫与巫术》，《学术月刊》1996 年第 10 期。

② 张亚初、刘雨：《西周金文官制研究》，北京：中华书局，1986 年，第 36—37 页。

③ 李零：《先秦两汉文字史料中的"巫"（下）》，《中国方术续考》，第 48—60 页。

④ 林沄：《商王的权力》，《商史三题》，台北："中央研究院"历史语言研究所，2018 年，第 95—138 页。

⑤ 尹盛平：《西周蚌雕人头像种族探索》，《文物》1986 年第 1 期。

⑥ 陈全方：《周原与周文化》，上海：上海人民出版社，1988 年，第 189 页。

⑦ 尹盛平：《西周蚌雕人头像种族探索》，《文物》1986 年第 1 期。

⑧ 谢剑：《匈奴宗教信仰及其流变》，《"中央研究院"历史语言研究所集刊》，1971 年，第 571—614 页。

⑨ 王子今：《西汉长安的"胡巫"》，《民族研究》1997 年第 5 期。

⑩ 《史记》卷 4《周本纪》，第 142 页。

礼》中有司巫“掌群巫之政令”，下有男巫、女巫之类，此书虽然为东周以后东方儒者所著，但所记周制有巫，应近史实。至于东周时期列国也各有巫，如鲁、齐、晋、越等，亦可看作商周巫风的延续，其例也不胜枚举。①

秦巫传统也于史有证。春秋前期德公二年（前 676 年），《史记·秦本纪》载“以狗御蛊”，这类似于商周时期的宁风之祭，即祭祀不同方向的神灵以消除灾害。②《正义》：“《年表》曰：‘初作伏，祠社，磔狗邑四门。’按磔，禳也。狗，阳畜也。以狗张磔于郭四门，禳却热毒气也。”用狗为牺牲，具有一定的巫术性质，“以狗御蛊”说的是巫术在官方背景下的存在。另有一例，即神灵的移过之法。《封禅书》有言，在秦代祝官掌握天下群神祭祀，但“祝官有秘祝，即有灾祥，辄祝祠移过于下”，《正义》：“谓有灾祥，辄令祝官祠祭，移其咎恶于众官及百姓也。”这个方法与汤桑林祷雨让神灵归罪其身一样，都有很强的巫术色彩。③从云梦秦简来看，秦代巫的地位并不高，这与商周以来巫作为“祝宗卜史”的附庸和补充、处于边缘化历史地位的延续是一致的。云梦秦简中有许多巫的记载，说明民间应是巫者的主要活动地，其重要性可见一斑。汉定天下后，高祖在长安“置祠祝官、女巫”，分别以晋、秦、梁、荆（巫）祭祀不同的神灵，这虽然有显示自身正统的政治含义④，但秦巫的存在，应是此前秦地的传统。秦巫所祠，有“杜（社）主、巫保、族累之属”，《索隐》认为其中杜主即同文的三杜（社）主，在关中杜县（今西安南郊）；巫保、族累，《索隐》云为两神之名，其中巫保，以名推断应与巫咸一样，原来都是秦地受祭的灵巫。

以上事实说明，从商周到秦巫风不绝如缕，秦地也不能例外。作为沟通人神的灵山的存在，是有浓厚的地域传统和文化背景的，秦以巫咸为大神，并以灵山为其依附之地，说明灵山不仅是官方祭祀系统的核心，也是巫者心目中的神山。

四、结　语

凤翔灵山上的血池遗址，是近些年发现的最重要的祭天遗址，2017 年被评为全国十大考古发现。在血池遗址发现前，类似的还有礼县鸾亭山秦汉祭天遗址⑤，学者们已

① （晋）郭璞注，（清）郝懿行笺疏，沈海波校点：《山海经》，上海：上海古籍出版社，2015 年。
② 陈梦家：《殷虚卜辞综述》，北京：中华书局，1988 年，第 575—576 页。
③ 许维遹：《吕氏春秋集释》，第 171—174 页。
④ 杨华：《秦汉帝国的神权统一——出土简帛与〈封禅书〉〈郊祀志〉的对比考察》，《历史研究》2011 年第 5 期。
⑤ 梁云、曹大志：《2004 年甘肃礼县鸾亭山遗址发掘主要收获》，《中国历史文物》2005 年第 5 期。

经肯定其为春秋早期秦文公所立西畤[①]。鸾亭山与血池遗址一样都属早期的祭天遗存，但鸾亭山所处地形狭窄、位置偏远，地位远不如血池遗址，考古发现的规模、内涵也无法与后者相比。

血池遗址是已知最大的秦汉国家祭天遗址，与西安南郊唐祭天遗址、北京天坛具有一以贯之的源流关系，是研究古代郊祀制度的重要资料。本文从《山海经》出发，肯定了《大荒西经》中的灵山与凤翔灵山的关系，并从祭祀与巫两个角度，对血池所在的灵山先秦秦汉时期的宗教地位进行了考证。对于解读新的考古资料，这些工作是基础性的、十分重要的。

本文的结论可归结如下：《山海经·大荒西经》中的灵山，就是陕西凤翔西北方的灵山，而不是重庆巫山。灵山之名，至少已沿袭两千多年，其位置在东周秦都雍城附近，是先秦以来有名的神山。此处发现的血池秦汉国家祭天遗址，是灵山重要宗教地位的绝好证据，与《山海经》《诅楚文》可以相互印证。先秦至西汉早期，灵山曾长期作为国家祭天之处，在整个祭祀系统中处于核心位置。其发展为今之佛道名山，乃后来之事。对于灵山在古代中国的宗教地位，应给予充分肯定。

---

① 梁云：《对鸾亭山祭祀遗址的初步认识》，《中国历史文物》2005年第5期。

黄河漕运与栈道遗迹：汉唐经济主动脉

赵瑞民

山西大学历史文化学院

汉唐时代，黄河承担着经济主动脉的功能。当然，所谓经济主动脉，仅只见于记载，与国家财政和王朝命运息息相关，在国家机器运转中发挥举足轻重的作用，而与民间经济活动无涉。

黄河的这一功能，有学者在都城研究中已经有所揭示，认为从都城史的角度看，存在一个黄河时代，一个运河时代，“黄河时代是中国都城文明发展的主要阶段。它奠定了中国都城文明发展的基本格局，并创造出独具特色的中国都城制度和建都原则。黄河时代都城文明的发展以中原为中心，呈东西向位移，其基本趋势是由中原而关中，由关中而中原，沿东西轴线运动，从而构成东西政治轴心区。国家命运沿东西轴向摆动，政治、经济、军事、文化都呈现出明显的东西特征。经济上表现为关东和关中两大经济重心区之间的空间互动；政治上表现为统治集团的东西地域分野；文化上表现为黄河文化在特定历史发展阶段中的主导作用。黄河文化的优势地位是政治经济东西向发展的内在根据”①。

黄河就是联系两个经济区的纽带，在运输方面具有无可替代的优势。两个经济区之间也有陆路——崤函道，但是无法占据主导地位，只能起辅助作用。黄河水运在汉唐时代的经济主动脉作用即因此而产生。

一

从都城史角度观察，黄河时代延续时间很长，但是作为经济主动脉，我们只能从

① 王明德：《从黄河时代到运河时代：中国古都变迁研究》，成都：巴蜀书社，2008年，“前言”第1—2页。

汉代说起。秦代或许即有漕运，但无确切记载，可以存而不论。[①]看汉唐两代的漕运规模，能够直观地了解黄河作为经济主动脉的功能。

我们曾经就此作过一些研究，撰成《山西的黄河古栈道遗迹与水运资源的开发利用》一文[②]，有一些粗浅的认识，略述如下。

西汉初年，就有关于漕运的记载。《通典》载："汉兴，高皇帝时，漕转山东之粟，以给中都官，岁不过数十万石。"[③]杜佑自注"中都官"指"京师之官府"。这个记载是个约数，没有确切的数量，但是可以确定，在汉高祖刘邦时，已经在利用黄河搞漕运，通过这条大动脉，为中央政府输送"山东之粟"。

汉武帝雄才大略，又穷兵黩武，开销大，漕运数量激增。元光年间（前 134—前 129 年），"河东守番系言：'漕从山东西，岁百余万石，更砥柱之限，败亡甚多，而亦烦费。'"[④]从汉初的数十万石到此时的百余万石，增长的幅度很大。

后来还在继续增长。《文献通考》载："（汉）武帝作柏梁台，宫室之修，由此日丽，徒奴婢众。而下河漕度四百万石，及官自籴乃足。"[⑤]汉武帝修建柏梁台在元鼎二年（前 115 年）[⑥]，也就是说，十四五年后，又增长 4 倍，增长速度惊人。

西汉漕运的最高峰是在汉武帝元封元年（前 110 年）。《史记·平准书》载："（桑）弘羊又请令吏得入粟补官，及罪人赎罪。令民能入粟甘泉各有差，以复终身，不告缗。他郡各输急处，而诸农各致粟，山东漕益岁六百万石。"[⑦]

高峰过后，趋于平缓，然而漕运数量大致维持在较高水准。《汉书·食货志上》载："时大司农中丞耿寿昌以善为算能商功利得幸于上，五凤（前 57—前 54 年）中奏言：'故事，岁漕关东谷四百万斛以给京师，用卒六万人。宜籴三辅、弘农、河东、上党、太原郡谷足供京师，可以省关东漕卒过半。'"[⑧]斛与石一样，都是 120 斤。可见在宣帝时，漕运的正常水平是 400 万石，相当于汉武帝元鼎年间的数量。由此又可推

---

① 俞伟超、史念海两位先生均认为，秦并六国后，就利用黄河漕运关东贡赋，以给京师。中国科学院考古研究所编著：《三门峡漕运遗迹》，北京：科学出版社，1959 年，第 63 页；史念海：《三门峡与古代漕运》，《河山集》，北京：生活·读书·新知三联书店，1963 年，第 232 页。但没有确切的漕运数量，只能存而不论。

② 赵瑞民：《山西的黄河古栈道遗迹与水运资源的开发利用》，《山西区域社会史研讨会论文集》，北京：商务印书馆，2003 年；后改题为《山西黄河漕运遗迹与水运资源的开发利用》，并收入山西省考古研究所：《黄河漕运遗迹（山西段）》，北京：科学技术文献出版社，2004 年，第 203—209 页。

③ （唐）杜佑撰，王文锦等点校：《通典》卷 10，北京：中华书局，1988 年，第 214 页。

④ 《史记》卷 29，北京：中华书局，1959 年，第 1410 页。番系之言的年代无法确定，由上下文的年代关系推定，或稍晚于元光年间，也未可知。

⑤ （元）马端临：《文献通考》卷 25，北京：中华书局，1986 年，第 239 页。

⑥ 《汉书》卷 6，北京：中华书局，1962 年，第 182 页。

⑦ 《史记》卷 30，第 1441 页。

⑧ 《汉书》卷 24 上，第 1141 页。

测，元封年间的高峰过后，大约 60 余年，漕运可能一直维持在 400 万石的水准上。

曾有学者从交通史的角度观察西汉漕运，指出："西汉时以漕运方式转输关东谷物以保证长安支用，最多时年 600 万石。《释名·释船》列举船型较大者排水量为 500 斛，以此载重标准计，需用船 1 万 2 千艘，确实可以形成'水行满河'（《汉书·枚乘传》），'大船万艘，转漕相过'（杜笃：《论都赋》）的壮观场面。"[①]当然，600 万石粮食一次性装船运输，是文学描写。需要那么多船次往返转运，才符合实际。即使是每年 400 万石的漕运量，500 斛的船只也需要 8000 艘次，规模依然很大。《释名》还记载了载重 300 斛和 200 斛的较小的船只，如果 600 万石的漕运量用这类较小船只运输，那就需要 2 万艘次或 3 万艘次。船只小了，船队的规模会更庞大。

把漕运数量折算成船只数量，就容易联想到黄河水运的画面，能够对水上运输的情况形成直观的了解，进而形成对西汉经济主动脉的基本认识。

唐代也是定都长安，漕运与西汉同样重要。但是仅从漕运的表面数量看，唐代的运量反比西汉为少。元代史家马端临就对此提出疑问："西汉与唐俱都关中，皆运东南之粟以饷京师，自河、渭溯流而上。然汉武帝时运六百万斛，唐天宝极盛之时，韦坚为水陆运使，仅一岁能致四百万斛，余岁仅二百五十万斛，而至德以后，仅百余万而已，俱未能如汉之数。且考之《食货志》，及参以陆、苏二公之言，则运弥艰，费弥重，岂古今水道有险易之不同邪？"[②]

马端临考虑是古今水道险易不同。从我们掌握的资料看，确实是从东汉开始，整治漕运河道的工程越来越频繁，规模越来越大，直至黄河漕运结束。这也可以证明，西汉以后的六七百年间，黄河水道的船运比以前更为困难，需要大规模的工程克服难度，增加运力。

但是，另一方面，唐朝的漕运数量并不比西汉时少，马端临的疑问是计量单位的代际差异造成的。据近人研究，唐代一斤比西汉二斤还要多。西汉一斤是 258.24 克，唐代一斤是 596.82 克。[③]主要是因为这个缘故，后人为之困扰。汉唐两代都是 120 斤为 1 石，唐代漕运最高峰时的 400 万石，折合现在通行的计量单位是 28 万余吨，而西汉最高峰 600 万石，却只有 18 万余吨。唐朝最多时比西汉多 10 万余吨。这也表明，在唐代，黄河水运比西汉时更为重要。

唐代的船只载重有确切的第一手资料。考古调查发现的栈道石刻题记即有："大唐贞观十六年四月三日，岐州郿县令侯懿、河北县尉古城师、前三门府折冲侯宗等奉敕

① 王子今：《秦汉交通史稿》，北京：中央党校出版社，1994 年，第 220 页。
② （元）马端临：《文献通考》卷 25，第 243 页。
③ 梁方仲编著：《中国历代户口、田地、田赋统计》，上海：上海人民出版社，1980 年，第 545 页。

造船两艘，各六百石，试上三门，记之耳。”[①]唐代造船技术有进步，造的船大，这种载重 600 石的船，折合现在的计量单位，近 43 吨。这种船，运 400 万石漕粮，需 6600 多艘次；250 万石，需 4100 多艘次；100 万石，需 1600 多艘次。因为船大，装载多，运输规模反较西汉时为小。节省的人力，大约更为可观。

安史之乱后，刘晏掌管漕事，“晏为歇艎支江船二千艘，每船受千斛，十船为纲，每纲三百人，篙工五十人，自扬州遣将部送至河阴，上三门，号‘上门填阙船’”[②]。这时造的船更大，1000 斛的载重就是 71 吨多，而且有 2000 艘。那时漕运量是 110 万石[③]，仅需 1100 艘船就够了，剩下 900 艘船用来运送别的物资。如此庞大的船队航行在黄河上，一次性解决全年的漕运绰有余裕，大概是汉唐时代黄河水运的顶峰。

漕运的规模略如上述。那么在汉唐时代到底起到了多么重要的作用？恰好《通典》中有一段关于唐代的准确记载，“按天宝中天下计帐……其度支岁计，粟则二千五百余万石”，其下自注：“三百万折充绢布，添入两京库。三百万回充米豆，供尚食及诸司官厨等料，并入京仓。四百万江淮回造米转入京，充官禄及诸司粮料。五百万留当州官禄及递粮。一千万诸道节度军粮及贮备当州仓。”[④]朝廷总收入共 2500 万石粮食，有 1500 万留在各地，300 万折换为绢布，剩余 700 万是京师内皇室、百官等食用的，其中 400 万就是通过漕运输送，占据基本支出的半数以上。

试想，关中地区庞大的政府机构、军队等等依靠朝廷财政供养的人员，每年消耗的粮食一大半依靠着黄河漕运，这个事实对于国家机器的运转、政权的稳定有着多么重大的意义！政权稳固，社会稳定，各处的社会经济才能正常发展。所以，把连接关中与关东的黄河水道称为汉唐时代的经济主动脉，并不夸张。

二

连接关中与关东的黄河水道，险要难行之处，就在三门峡及其附近。

北魏郦道元的地理名著《水经注》对此段河道的描述很传神：“砥柱，山名也。昔禹治洪水，山陵当水者凿之，故破山以通河。河水分流，包山而过，山见水中若柱然，故曰砥柱也。三穿既决，水流疏分，指状表目，亦谓之三门矣。……自砥柱以

① 中国科学院考古研究所编著：《三门峡漕运遗迹》，第 44 页。

② （元）马端临：《文献通考》卷 25，第 242 页。

③ （元）马端临：《文献通考》卷 25，第 242 页。

④ （唐）杜佑撰，王文锦等点校：《通典》卷 6，第 110—111 页。

下，五户已上，其间百二十里，河中竦石杰出，势连襄陆，盖亦禹凿以通河，疑此阏流也。其山虽辟，尚梗湍流，激石云洄，澴波怒溢，合有十九滩，水流迅急，势同三峡，破害舟船，自古所患。”①

现代历史地理学家的描述，则十分明白畅晓：“古代漕运频繁的时期，三门峡一直受到人们的重视，甚至被人们视为畏途。所以这样的缘故，是由于这里水流激湍，是运道中一个十分危险的所在。本来黄河自潼关以东，流经中条和崤山之间，两山相夹，河身受到约束，实际是处在峡谷之中。到了三门峡，狭窄的河谷却为雄峙在河中的两大石岛所分开。正如三门峡名称所表示的，黄河在这里分成了三股，水势更加湍急。三门峡以下，一直到五户滩头一百二十里内还有若干险滩，同样使船只的航行受到阻碍。但比起三门峡来已经要算平易了。因为三门峡的黄河不仅河道狭窄，而且还有许多暗礁。水面到处现出漩涡，船只至此，稍有不慎，便立刻沉没。这样艰难的途程，严重影响到黄河中游的运输。”②

为了保障京师的粮食供给，必须利用黄河水道进行漕运。而克服三门峡及其附近的艰难险阻，就是汉唐时代千余年间反复举行的巨大工程。

西汉时，曾设想绕道汉中③，或多征收关中、仅输送河东地区粮食④，都不能解决问题，遂设想改造河道。《汉书·沟洫志》载：“鸿嘉四年（前 17 年），杨焉言‘从河上下，患底柱隘，可镌广之’。上从其言，使焉镌之。镌之裁没水中，不能去，而令水益湍怒，为害甚于故。”⑤第一次改造河道的工程，由于思路不正确，适得其反，“为害甚于故”。

史书没有记载东汉时期实施河道工程，然而考古发现，正是从这个时期开始，三门峡及其附近存在着大规模修筑栈道的遗迹，以及修筑栈道时留下的石刻题记。东汉时期的石刻题记发现两处，1997 年我们作黄河栈道调查时在垣曲县五福涧栈道岩壁上发现东汉建武十一年（35 年）的题记，其中有“建武十一年……时遣石匠□□石师千人”⑥的内容；1955 年俞伟超先生等在三门峡人门岛左岸发现东汉和平元年（150 年）题记，内容为“和平元年六月十四日，平阴李儿□□造”⑦。

可见在东汉时期，没有大规模漕运的记载，却留下了修筑栈道的记录。而且在魏

① （北魏）郦道元撰，陈桥驿点校：《水经注》卷 4，上海：上海古籍出版社，1990 年，第 81—82 页。

② 史念海：《河山集》，第 232—233 页。

③ 《史记》卷 29，第 1411 页。

④ 《汉书》卷 24 上，第 1141 页。

⑤ 《汉书》卷 29，第 1690 页。

⑥ 张庆捷、赵瑞民：《黄河古栈道的新发现与初步研究》，《文物》1998 年第 8 期。

⑦ 中国科学院考古研究所编著：《三门峡漕运遗迹》，第 43 页。

晋时期，也没有漕运规模的记载，但同样留下了修筑栈道的记录，并且出现在文献记载之中，《水经注》中有两次修治的记载："魏景初二年（238 年）二月，帝遣都督沙丘部、监运谏议大夫寇慈，帅工五千人，岁常修治，以平河阻。晋泰始三年（267年）正月，武帝遣监运大中大夫赵国、都匠中郎将河东乐世，帅众五千余人，修治河滩，事见《五户祠铭》。"[①]

文献记载和石刻题记都是笼统地说修治河道、河滩，没有提及修筑栈道的事实。其实动用数千人的大工程，解决黄河航运的险阻，主要是在河岸修筑栈道，这一事实，还是 20 世纪 50 年代修建三门峡水库前期所作的考古调查确认的。

经考古调查发现的曹魏修治栈道石刻题记有三门峡两处（曹魏正始、甘露年号）[②]、河南新安县八里胡同峡一处[③]。八里胡同峡的石刻题记内容丰富，录此以见一斑："正始，贺晃领帅五千人修治此道。天大雨。正始九年（248 年）正月造。"

在三门峡，发现有西晋泰始年号（265—274 年）的石刻题记两处、太康年号（280—289 年）的石刻题记四处[④]，均内容简单，但提示在这些年份里曾有修筑栈道的工程。还发现北魏景明年号（500—503 年）的石刻题记三处。[⑤]

正是在没有大规模漕运记载的这一历史时期，从东汉至北魏，都有修筑栈道的石刻题记，说明这条通道一直很重要，一直很受重视，克服三门峡险阻、利用黄河水道加强经济交流的努力一直没有中断。

唐代漕运的规模与西汉相侔，自然而然地利用了东汉以来修筑栈道克服险阻的方式，也留下石刻题记。我们在垣曲五福涧发现的唐代题记"大唐贞观十六年（642年）二月十日，前岐州郿县令侯懿、陕州河北县尉古成师、三门府折冲都尉北武将军林阳县开国男侯宗等，奉敕适此导河之碛，从河阳武口"[⑥]，与以前在三门峡发现的唐代题记"大唐贞观十六年四月三日，岐州郿县令侯懿、河北县尉古城师、前三门府折冲侯宗等，奉敕造船两艘，各六百石，试上三门，记之耳"[⑦]，显示这是同一项工程，负责人是同一批人。五福涧距三门峡约 50 公里，题记内容就表明了工程的范围，而且除修治河道外，还有造船的任务。

① （北魏）郦道元撰，陈桥驿点校：《水经注》卷 4，第 82 页。
② 中国科学院考古研究所编著：《三门峡漕运遗迹》，第 41、43 页。
③ 陈平、孙红梅：《黄河八里胡同峡栈道考古调查与初步研究》，李久昌主编：《崤函古道研究》，西安：三秦出版社，2009 年，第 434 页。
④ 中国科学院考古研究所编著：《三门峡漕运遗迹》，第 41、42、46 页。
⑤ 中国科学院考古研究所编著：《三门峡漕运遗迹》，第 44 页。
⑥ 山西省考古研究所：《黄河漕运遗迹（山西段）》，第 176 页。
⑦ 中国科学院考古研究所编著：《三门峡漕运遗迹》，第 44 页。

我们还在平陆五一石膏厂发现一处唐代题记“大唐总章三年（670 年）正月十五日，太子供奉人刘君琮奉敕开凿三门河道，用功不可记。典令史丁道树”①，同样在三门峡有过类似内容的发现，只是主管人不同，那条题记是：“总章三年正月廿一日，儒林郎守司马表当开三门河道。”②可以确信是同一项工程，而分为不同的工段，各有其主管负责的人。此二条题记所记载的“开凿三门河道”“开三门河道”，实际上就是修筑栈道，当时是把栈道称为“河道”。

三门峡还有唐代垂拱（685—688 年）、开元（713—741 年）年号的石刻题记两处③。

唐代在修筑栈道之外，还有见于记载的两大工程。

第一个工程是凿山十八里开辟陆路的工程。因为三门峡水运风险太高，这是一个规避三门峡水路、陆路绕行的办法。《新唐书·食货志》载：“（开元）二十一年（733 年），（裴）耀卿为京兆尹，京师雨水，谷踊贵，玄宗将幸东都，复问耀卿漕事，耀卿因请‘罢陕陆运，而置仓河口，使江南漕舟至河口者，输粟于仓而去，县官雇舟以分入河、洛。置仓三门东西，漕舟输其东仓，而陆运以输西仓，复以舟漕，以避三门之水险’。玄宗以为然。乃于河阴置河阴仓，河清置柏崖仓；三门东置集津仓，西置盐仓；凿山十八里以陆运……凡三岁，漕七百万石，省陆运佣钱三十万缗。”④开凿十八里山路的工程，使用 3 年后即感不便，弊端很多，遂遭废弃。

数年后，又进行一项更加浩繁的工程，开凿新河。既然陆路绕行不便，仍从水路设法，而三门峡难以克服，就用人力新辟一条河道，方便运输。“（开元）二十九年（741 年），陕郡太守李齐物凿砥柱为门以通漕，开其山颠为挽路，烧石沃醯而凿之。然弃石入河，激水益湍怒，舟不能入新门，候其水涨，以人挽舟而上。”⑤此称“新门”，是在三门峡的人门、神门、鬼门之外，新增一条水道，故称“新门”。另有“石渠”“三门新渠”“天宝河”“开元新河”等名。⑥这条人工开凿的河道，曾在一段时间内解决了问题，随着安史之乱爆发，也遭废弃。

此后大概仍是以栈道牵挽的办法为主，也有一些文献记载和石刻题记的资料，不赘。

---

① 山西省考古研究所：《黄河漕运遗迹（山西段）》，第 18 页。

② 中国科学院考古研究所编著：《三门峡漕运遗迹》，第 43 页。

③ 中国科学院考古研究所编著：《三门峡漕运遗迹》，第 45、43 页。

④ 《新唐书》卷 53，北京：中华书局，1975 年，第 1366 页。

⑤ 《新唐书》卷 53，第 1367 页。

⑥ 中国科学院考古研究所编著：《三门峡漕运遗迹》，第 68—69 页。

三

黄河在古代所发挥经济主动脉的作用，古人为了这条大动脉的畅通所作的努力，我们今天还能看到的主要是栈道遗迹。

1955 年末开始的三门峡水库前期考古调查，主要是在库区范围工作，调查、测绘了 600 多米的栈道遗迹和其他漕运遗迹，后来出版了《三门峡漕运遗迹》一书。1997 年、2004 年，由山西省考古研究所、山西大学、运城市文物工作站三个单位组成联合考古队，业务人员对山西境内的小浪底水库库区进行考古勘察，在平陆、夏县、垣曲三县沿黄河的 98 公里范围内，找到 45 处断断续续的栈道遗迹，累计长度 4517 余米，后来出版了《黄河漕运遗迹（山西段）》一书。1997 年，河南省古代建筑保护研究所科技保护研究室先后两次对新安县八里胡同峡两岸 5—6 公里范围内进行勘察，发现 14 段古栈道，总计约 800 余米，后来发表了《黄河八里胡同峡栈道》的调查报告。①

我们现在看到的栈道遗迹，是古人在黄河沿岸的石壁上开凿出来的，开凿出能够架设栈道的基础，这是工程的第一步。首先是要凿出路面，大约 1 米宽，架设栈道就依托在这样的路面上。因为在我们的调查过程中，很少发现栈道常见的斜撑和立柱的遗迹，所以推测路面就是最主要的关键性的基础设施。河岸的石壁如果是陡直的峭壁，路面即是在石壁上凿出虎口形状，高约 1.5 米，猫腰可以通过。这样的路面工程量最大最艰巨，这是在绝壁上硬性开凿出一条可以架设栈道的路面，完全靠手工，没有机械，没有炸药，一凿一凿地开凿，其难度可想而知。石壁稍有坡度之处，难度就小很多，把路面以上的部分凿直，清理出路面即可，工程量小很多，难度也小很多。

路面上还需要开凿架设栈道的底孔和壁孔。这些孔，基本都是方形的，壁孔大一些，20—30 厘米见方；底孔小一些，10 厘米见方。壁孔一般紧贴路面，凿在石壁上，隔 1—2 米凿一个。底孔大致与壁孔相对应，有壁孔处，必有 1 个或 2 个底孔。利用壁孔与底孔架设栈道的方法，是俞伟超先生研究出来的，如图 1 所示：

① 陈平、孙红梅：《黄河八里胡同峡栈道》，河南省文物管理局、水利部小浪底水利枢纽建设管理局移民局编：《黄河小浪底水库文物考古报告集》，郑州：黄河水利出版社，1998 年，第 65—78 页。

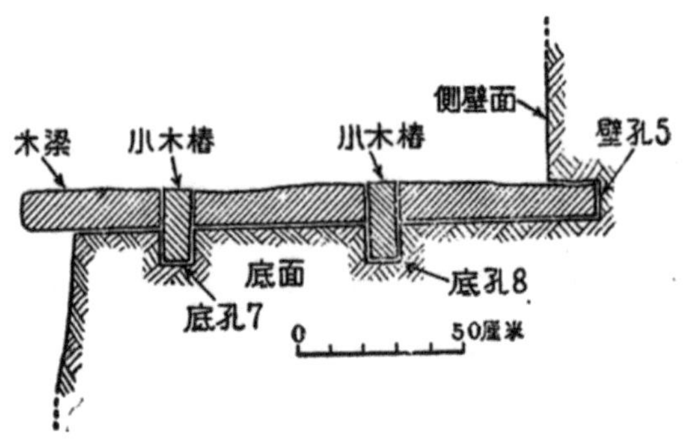

图 1　壁孔与底孔用途复原图

采自《三门峡漕运遗迹》，第 4 页

如图 1 所示，就是将一根方形的木梁贴着路面插入壁孔之中，木梁在底孔的相对位置凿出榫眼，以木桩连接木梁和底孔，从而将木梁固定于路面。隔 1—2 米一根木梁固定好之后，在其上钉上木板，栈道就铺设好了。

另外在路面上方石壁高度 1 米左右的地方，也有一种壁孔，是在石壁上两面对凿，里面凿通，外面留下一根鼻梁似的东西，外形很像牛鼻子，所以称为牛鼻形壁孔，或简称牛鼻孔。这样的牛鼻孔隔 3—5 米就有一个。俞伟超先生当年推测，这样的孔是用来系绳索，各个孔用绳索联系起来，栈道的内侧就有了一条可以借力的绳子，纤夫挽船的时候可以抓住绳子，好使得上力气。①

在 1997 年调查时，新发现了“立式转筒”遗迹。“在山崖凸出的栈道拐弯处，内侧岩壁上都有数道深浅不一的绳磨槽痕，有的深达 30 多厘米，系由纤夫挽船时绳磨所致。在绳槽最多的位置，往往保存着一种特殊的遗迹，由上、中、下三部分组成。上部是在离路面 1.5 米左右的岩壁上，有一个或大或小的方形壁孔。下部是在与此壁孔垂直相应的地面岩石上，有一个圆形底盘，底盘中间又凿有一个或两个浅圆窝，呈锅底形，且被磨得非常光滑，表明是有重物长久旋转而造成的。此外，在方形壁孔和路面圆形盘之间紧贴路面的岩壁上，有一个半圆形的壁槽，半圆形壁槽打破岩壁上的绳槽。将这上、中、下三部分结合起来观察，可知在壁孔、底盘和半圆形壁槽之中，原当有一种立式转筒状的机械装置，以避免纤绳直接磨在岩壁上……这种工程技术遗迹共发现 20 余处。在大多数地段，转筒遗迹只有一个，但在栈道弯度较缓的地方，也有两个甚至三个转筒遗迹并存的情况。”②我们也请人绘制了推想的复原图，参见图 2：

① 中国科学院考古研究所编著：《三门峡漕运遗迹》，第 4 页。

② 山西省考古研究所：《黄河漕运遗迹（山西段）》，第 3 页。

图 2 立式转筒复原图

采自《黄河漕运遗迹（山西段）》，第 6 页

栈道遗迹大致如上所述。另外，还有唐代的两大工程，十八里山道在 20 世纪 50 年代调查的时候，判断只有很短一段山路可能是唐代开辟，具体情形没有仔细描述，长度也没有记录；开元新河则有准确的记述。这条由人工开凿而成的河道，“河身南北向，很直，仅北端微向西弯曲，全部河身大略成北头向西、南头向东的 11 度左右的偏方向。全长 280 余米。河身宽度为 6—8 米左右，河底高程在 278 米左右，河身高度（即河底与河岸的距离）为 5—10 米。它的两壁陡立，上口比河底稍宽（一般宽 60—80 厘米）。两壁表面错落不平，在凿出后未经修饰”[①]。三门峡水库蓄水以后，这条人工河道可能已在水中，我们也没有去库区寻访其踪迹。

四

唐代之后，仍有修筑栈道的记载，也有石刻题记，证明黄河作为经济交往的通道一直在发挥作用，维护它的这种功能的工程也一直没有断绝。然而工程的规模、运力

① 中国科学院考古研究所编著：《三门峡漕运遗迹》，第 33 页。

的效能、在社会生活中所占地位，已经无法与汉唐时代相提并论。

本文所述可以说明，古代在维护经济主动脉方面所开展的基本设施建设，达到了相当惊人的程度。而在汉唐时代，其尤其发挥了至关重要的作用。黄河栈道遗迹绝大部分存留在山西省境内，可供今人临河触摸，抚今思昔，了解古代运输方式、工程建设难度，以及国家动员能力和中枢决策的意志；体会我国经济重心南移之前、大运河尚未承担经济主动脉之时，黄河在历史发展中的特殊地位。

"汉人"与"海人"

——秦汉时代燕齐滨海人群的身份与认同

陈　鹏
吉林大学文学院中国史系

秦汉帝国建立，带来政治上的统一，也促成族群上的凝聚，令"复数的诸夏"走向"单数的统一之华夏"。[①]近年，研究者从政治、文化和族群等角度，探讨了秦汉时代"华夏"和"汉人"的凝聚与塑造。[②]然而，不同地区接受"汉人"认同的进程是存在差异的。燕齐地区濒临海洋，在政治认同和族群认同的塑造上，即呈现出不同于内陆郡县之处。

早在20世纪30年代，陈寅恪先生发表《天师道与滨海地域之关系》一文，已注意到汉晋时期滨海地域文化和人群的特殊性[③]；顾颉刚先生也论及燕齐滨海风尚对神仙方士的影响[④]。其后，不乏学人关注秦汉时代的燕齐滨海地域。卢云系统论述了汉晋时期燕齐滨海地带方士文化、谶纬神学和早期道教的渊源、发展与传播情况。[⑤]王子今广泛研究了秦汉燕齐滨海地域的政治、经济、交通和文化等方面，涉及鱼盐业、

① 罗志田：《先秦的五服制与古代的天下中国观》，《民族主义与近代中国思想》（修订版），台北：三民书局，2011年，第32页。

② 彭丰文：《先秦两汉时期民族观念与国家认同研究》，北京：中国社会科学出版社，2016年；胡鸿：《能夏则大与渐慕华风——政治体视角下的华夏与华夏化》，北京：北京师范大学出版社，2017年，第35—45页；朱圣明：《华夷之间：秦汉时期族群的身份与认同》，厦门：厦门大学出版社，2017年，第51—83页；刘志平：《汉代的"汉人"称谓与"汉人"认同》，《人文杂志》2018年第12期。

③ 陈寅恪：《天师道与滨海地域之关系》，原刊《中央研究院历史语言研究所集刊》1933年第3本第4分，后收入陈寅恪：《金明馆丛稿初编》，北京：生活·读书·新知三联书店，2015年，第1—46页。

④ 顾颉刚：《秦汉的方士与儒生》，《顾颉刚全集·顾颉刚古史论文集》卷2，北京：中华书局，2011年，第478—481页。该书原题《汉代学术史略》，由上海亚细亚书局于1935年出版。

⑤ 卢云：《秦汉时代滨海地区的方士文化》，《复旦学报（社会科学版）》1988年第6期；卢云《汉晋文化地理》，西安：陕西人民教育出版社，1991年，第143—250页。

航海业、海盗、海洋文化、海洋灾害诸问题[①]，其中部分成果近年结集成《东方海王》一书[②]。鲁西奇深入考察了汉唐间滨海地域人群的生计方式、活动形态和文化信仰。[③]这些研究丰富了我们对秦汉时代燕齐滨海地域的了解，但对这一区域人群的身份与认同却所涉不多。事实上，滨海环境与海洋文化，令燕齐滨海人群在身份塑造和认同构建上，呈现出独特之处。[④]本文即拟考察秦汉时代燕齐滨海人群的身份与认同，探讨“汉人”身份与认同在这一区域的建立与遭遇的阻碍，以期为认识秦汉时代的“华夏”塑造提供新的视角。

一、燕齐滨海地域“汉人”认同的建立及其阻碍

陈寅恪提出的“滨海地域”概念，大体指滨海郡县或受海洋影响之文化区域。其后，卢云、王子今等基本都遵循这种用法。近年，鲁西奇将“滨海地域”界定为一种“基于自然地理区域的经济区域”，即“濒临海洋、居住人群之生计与海洋环境有着密切关系或受海洋环境影响甚巨的地区，包括大陆的沿海地区、沿海诸岛屿及相关水域”。[⑤]这一定义侧重从区域人群的生计方式来界定，无疑更明确，但或稍嫌狭隘。汉代有“负海之郡”一词[⑥]，是对滨海郡县的直接描述；而滨海郡县民户并不都从事与海洋有关的生计，唯生活与文化受到海洋环境的影响。因此，本文所论“滨海地域”，仍因袭陈寅恪开创的较宽泛的用法。秦汉“燕齐滨海地域”，指濒临今渤海、黄海的郡县地区[⑦]，以及相邻海域、岛屿。

---

① 王子今：《秦汉时代的并海道》，《中国历史地理论丛》1988年第2辑；王子今：《滨海文化区与滨海文化》，《秦汉区域文化研究》，成都：四川人民出版社，1998年，第76—93页；王子今：《秦汉时期的环渤海地区文化》，《社会科学辑刊》2000年第5期；王子今：《秦汉时期的海洋开发与早期海洋学》，《社会科学战线》2013年第7期；王子今、李禹阶：《汉代的“海贼”》，《中国史研究》2010年第1期。

② 王子今：《东方海王：秦汉时期齐人的海洋开发》，北京：中国社会科学出版社，2015年。

③ 鲁西奇：《中古时代滨海地域的“水上人群”》，《历史研究》2015年第3期；鲁西奇：《汉唐时期王朝国家的海神祭祀》，《厦门大学学报（哲学社会科学版）》2017年第6期；鲁西奇：《汉唐时期滨海地域的社会与文化》，《历史研究》2019年第3期；鲁西奇：《中古时代的滨海地域》，《谁的历史》，桂林：广西师范大学出版社，2019年，第110—134页；鲁西奇、宋翔：《中古时代滨海地域的“鱼盐之利”与滨海人群的生计》，《华东师范大学学报（哲学社会科学版）》2016年第4期。

④ 研究者考察宋元以降东南沿海疍民，注意到滨海人群的族群认同问题。参见黄向春：《从疍民研究看中国民族史与族群研究的百年探索》，《广西民族研究》2008年第4期。

⑤ 鲁西奇：《中古时代滨海地域的“水上人群”》，《历史研究》2015年第3期，第63页。

⑥ 《史记》卷112《平津侯主父列传》，北京：中华书局，2013年，第3578页。

⑦ 汉代尚无“黄海”概念，当时“东海”包括今黄海和东海。参见王赛时：《山东海疆文化研究》，济南：齐鲁书社，2006年，第16页。

燕齐滨海人群，在战国时，基本属于“燕人”“齐人”的一部分。随着秦汉帝国的统一，他们渐被整合进“秦人”或“汉人”中。大略言之，秦兼并天下后，着意将山东六国故民塑造为“新秦人”“秦黔首”，但因秦帝国的崩溃而失败；秦楚汉之际，出现“后战国时代”的政治和文化分裂，包括项羽西楚“楚人”和刘邦汉国“汉人”在内的诸侯“国人”身份与认同复兴；随着汉帝国消灭异姓诸侯、削弱同姓诸侯，至汉武帝朝，诸侯国渐同于汉郡，诸侯“国人”成为汉朝编户，“汉人”认同遂得以在帝国疆域内普及。[①]“燕人”“齐人”由战国入秦汉，正经历了这样一个从燕齐“国人”到“秦人”“汉人”身份与认同的转变过程。当然，这一过程是颇为复杂和波折的。滨海环境和海洋文化，即给上述进程带来了阻碍和挑战，令燕齐地区“汉人”身份与认同的建立呈现出独特之处。

首先，燕齐滨海地域为诸侯国提供了地理和资源上的优势，延缓了燕齐诸侯和“燕人”“齐人”认同的衰亡。地理优势是指海洋、岛屿可供滨海诸侯逃亡避难，并对抗和威胁陆上政权。最典型者，即汉初齐王田横率众“入海，居岛中”之事。刘邦认为田横在齐地影响较大，“在海中，不收，后恐为乱，乃使使赦田横罪而召之”；田横“请为庶人，守海岛中”，但未获允，后于“诣雒阳”途中自刭，其海岛徒属五百余人皆自杀。[②]刘邦召田横，有利用其威望“‘存恤’齐众”的考量[③]，但也是顾及田横海岛势力对汉帝国的威胁。《史记·傅靳蒯成列传》提到汉初傅宽“为齐右丞相，备齐”，裴骃《集解》引张晏曰“时田横未降，故设屯备”。[④]所备之“齐”，正指田横海岛势力。与之类似，汉景帝时，七国之乱，汉军伐胶西国，胶西王太子刘德建议其父袭击汉军，并称“击之不胜，乃逃入海，未晚也”[⑤]。可见，海洋、岛屿为燕齐诸侯提供了退路和据守、抗争之地。

资源优势则为滨海地域的“鱼盐之利”。先秦齐国凭此强盛，甚至萌生“海王之国”的理想。[⑥]战国末，燕王“尽率其精兵东保于辽东”[⑦]，欲凭“辽泽”天险抵御秦军，也是因辽东海盐可为燕国提供经济支持[⑧]。至汉朝前期，滨海诸侯仍“专巨海之

① 刘志平：《汉代的“汉人”称谓与“汉人”认同》，《人文杂志》2018年第12期。

② 《史记》卷94《田儋列传》，第3211—3213页。

③ 陈苏镇：《〈春秋〉与“汉道”——两汉政治与政治文化研究》，北京：中华书局，2020年，第85页。

④ 《史记》卷98《傅靳蒯成列传》，第3280页。

⑤ 《史记》卷106《吴王濞列传》，第3430页。

⑥ 王子今：《“鱼盐所出”：先秦齐人的海洋资源开发》，《东方海王：秦汉时期齐人的海洋开发》，第11—12页。

⑦ 《史记》卷86《刺客列传》，第3076页。

⑧ 王海：《东北亚走廊与“秦灭燕”》，王子今主编：《秦统一的进程与意义》，北京：中国社会科学出版社，2017年，第120页。

富而擅鱼盐之利”[①]，以此积累财富来对抗汉朝廷。自战国至汉初，滨海地利与“鱼盐之利”，成为燕、齐诸侯阻碍统一或抗衡中央的重要凭借，也因之延缓了“燕人”“齐人”融入“汉人”的进程。

其次，燕齐滨海地域距离秦与西汉的统治核心区——关中地区较远，成为隐逸、亡命的隐匿场所。秦时，韩国贵族子弟张良“东见仓海君”，“得力士”，于博浪沙狙击秦始皇；失败后，“更名姓，亡匿下邳”。[②]“仓海君”身份，暂无从确定[③]，可能是燕齐滨海之人。下邳为秦东海郡属县，地属“东楚”，但初为战国齐相邹忌封地，地理位置和文化风俗皆近于齐。张良“见仓海君”与“亡匿下邳”，实透露出燕齐滨海地域存在反秦力量。滨海人群甚至因交通之便，逃离秦汉帝国的统治。秦朝著名方士燕人卢生、齐人徐福，即先后因入海求仙而不返。普通滨海民众，也可能因逃避赋役或战乱而亡命入海。《后汉书·东夷列传》曰“辰韩，耆老自言秦之亡人，避苦役，适韩国”[④]，很可能即来自燕齐滨海地域。无论是隐匿海滨，还是亡命入海，这些人均展现出逃避王朝统治的一面，对“秦人”“汉人”认同在燕齐地区的推进无疑也是一种阻碍或挑战。

最后，燕齐滨海地域与秦、西汉的统治核心区（关中）文化差异较大，阻碍了“秦人”“汉人”认同在燕齐地区的建立。自战国以来，关中与关东文化即呈现较大差异。周振鹤指出齐、秦文化在政治制度、经济思想、学术文化、宗教信仰、风俗习尚等方面差异极明显[⑤]；王子今注意到“处于北边区、滨海区以及三晋文化区”交接处的燕地，在秦统一过程中出现“最激烈的反抗”，至西汉也发生“频繁的反乱”，展现出特殊的区域政治文化风格[⑥]。《荀子·议兵》曰：“兼并易能也，唯坚凝之难焉。”在政治统一后，欲实现身份和认同的整齐划一，必有赖于文化大一统。燕、齐文化无疑会影响“秦人”“汉人”认同在当地的建立，而海洋文化正是燕齐文化的重要组成和独特之处。

滨海环境和海洋文化给秦汉帝国整合与重塑“华夏”带来阻碍和挑战，迫使帝国统治者予以足够的重视。秦始皇5次出巡，其中4次抵达燕齐海滨地域，甚至巡行海上，即有着稳定和控制燕齐滨海地域乃至邻近海域的考虑。始皇东巡刻石，展现出这

① 王利器校注：《盐铁论校注》卷2《刺权》，北京：中华书局，1992年，第120页。
② 《史记》卷55《留侯世家》，第2472页。
③ 王子今：《“仓海君”传说》，《东方海王：秦汉时期齐人的海洋开发》，第113—116页。
④ 《后汉书》卷85《东夷列传》，北京：中华书局，1965年，第2819页。
⑤ 周振鹤：《假如齐国统一了天下》，《随无涯之旅》，北京：生活·读书·新知三联书店，1996年，第34—49页。
⑥ 王子今：《〈安世房中歌〉“纷乱东北”、“盖定燕国”解》，《秦汉边疆与民族问题》，北京：中国人民大学出版社，2011年，第100—101页。

种想法。琅邪刻石曰“东抚东土，以省卒士。事已大毕，乃临于海”；之罘刻石曰“巡登之罘，临照于海”，“览省远方”，“逮于海隅”。①同时，秦帝国注重吸收燕齐滨海文化，尤其是邹衍“五德终始说”、齐地“八主”祭祀和“神仙说”，皆与“燕齐海上方士”有关。②秦帝国塑造文化和信仰的大一统，对六国旧俗多用法令加以整饬和规范，而很少积极吸取，但燕齐滨海文化却是个例外。这或许是由于滨海文化有助于塑造秦帝国的正统性，并迎合了秦始皇追求长生的个人需求。但此举在客观上起到调和秦文化与燕齐文化的作用，有助于促进燕齐故民接受“新秦人”身份。

汉朝前期，滨海地利和资源对诸侯国的作用，得到皇帝和中央朝廷的重视。王子今指出：“汉景帝削藩，极其重视对沿海地方统治权的回收，突出表现在吴楚七国之乱平定之后对于沿海区域的控制。”③吴楚七国之乱前后，燕之辽东、辽西、右北平、渔阳，齐之渤海、北海、平原、东莱等滨海之郡皆纳于汉。④太史公曰诸侯“或以适削地”，“名山陂海咸纳于汉”⑤，正透露出汉朝有意剥夺诸侯国的海洋资源。

经过景帝朝对燕齐诸侯的“削地”和剥夺海洋资源，兼之收夺诸侯王自治权、推行“汉法”等措施，诸侯王国渐近乎汉郡。⑥燕齐诸侯国人随之成为汉朝编户，接受了“汉人”身份。然汉武帝对燕齐滨海地域仍十分重视，先后至少十次“东巡海上”，并吸收以“燕齐海上方士”为代表的滨海文化。⑦武帝“东巡海上”，虽有着追求长生的企图，但不能否定其中蕴含着稳定滨海地域的考虑。他对燕齐滨海地域控制的强化，对滨海文化的重视，从政治和文化上，对燕齐之人完成接受“汉人”认同的心理转变，无疑起到积极意义。

二、燕齐滨海地域人群的类型与身份

汉武帝朝，“汉人”身份与认同在燕齐地区基本建立，但来自滨海地域的挑战

① 《史记》卷6《秦始皇本纪》，第314、319、320页。

② 《史记》卷28《封禅书》，第1644—1648页。

③ 王子今：《秦汉帝国执政集团的海洋意识与沿海区域控制》，中国人民大学国学院国史教研室编：《国学视野下的历史秩序》，北京：中国社会科学出版社，2016年，第119页。

④ 周振鹤主编，周振鹤、李晓杰、张莉著：《中国行政区划通史·秦汉卷》，上海：复旦大学出版社，2017年，第150—155页。

⑤ 《史记》卷17《汉兴以来诸侯王年表》，第969页。

⑥ 陈苏镇：《〈春秋〉与“汉道”——两汉政治与政治文化研究》，第144—146页。

⑦ 王子今：《汉武帝“东巡海上”》，《东方海王：秦汉时期齐人的海洋开发》，第122—139页。

却未就此消弭。燕齐滨海人群，较诸内陆民户仍存在特殊之处。那么，秦汉时代燕齐滨海地域生活着哪些人呢？鲁西奇认为滨海人群“在生计方式、居住方式诸方面依赖于海洋”，是“以海为生的人群”，并将滨海人群分为渔民、艇户、盐民和海盗四类。①

在秦汉时代，上述四类人在燕齐滨海人群中的确比较典型。《史记》称燕“有鱼盐枣栗之饶”；“齐带山海”，“人民多文采布帛鱼盐”。②燕齐滨海地域鱼盐资源丰富，不乏捕鱼的渔人和煮盐的盐民。因海上交通之便，燕齐地区亦存在从事海上运输营生的船人、水手，劳榦即指出“燕齐人向来长于航海”③。王子今注意到《史记·平准书》和《汉书·卜式传》载齐地“习船者”，认为他们是“善于驾驶船舶、操纵船舶的人员”④。至于海贼，作为滨海地域的劫掠者或反朝廷武装力量，屡见于文献记载。⑤

直接与海洋有关的人群，还有滨海方士和海商。以《史记·封禅书》《汉书·郊祀志》为代表的先秦秦汉文献，屡次提到“燕齐海上方士”。他们对神仙方术的构建和阐发，往往来自对海洋自然环境和神秘现象的探索与想象。海商也是燕齐滨海地域活动的人群。研究者即注意到汉朝燕齐地区与朝鲜半岛、日本之间存在着海路贸易往来。⑥

以上几类滨海人群，无论是海上劳作的渔人、船人，还是往来于海上的海商、海贼，抑或入海求仙的方士、海滨煮盐的盐民，在生活或生计方式上，往往依靠海洋环境和资源。然而，依据生活和生计方式来界定“滨海人群”，虽令这一概念明晰具体，但可能略显狭隘。

其实，滨海地域的最大人群，仍要属滨海郡县的普通民户。他们多以农为生，在生计上不依靠（或少依靠）海洋资源，以致其“滨海人群”身份往往被忽略。但他们与渔人交换海产品，信奉滨海祭祀或神仙方术，也遭受海洋灾害带来的损失⑦，在生活环境与文化信仰上与内陆民户存在明显差异。更关键的是，滨海吏民会因经济压力或政治压迫而转向依靠海洋生存。他们因耕田不足、生计所迫，可能转型从事海上渔

① 鲁西奇：《中古时代滨海地域的“水上人群”》，《历史研究》2015年第3期，第63页；鲁西奇：《中古时代的滨海地域》，《谁的历史》，第112—119页。

② 《史记》卷129《货殖列传》，第3962—3963页。

③ 劳榦：《两汉户籍与地理之关系》，中华书局编辑部编：《中研院历史语言研究所集刊论文类编·历史编·秦汉卷》，北京：中华书局，2009年，第51页。

④ 王子今：《“博昌习船者”考议》，《东方海王：秦汉时期齐人的海洋开发》，第159页。

⑤ 王子今、李禹阶：《汉代的“海贼”》，《中国史研究》2010年第1期；王子今：《吕母暴动与青州“海贼”》，《东方海王：秦汉时期齐人的海洋开发》，第166—184页。

⑥ ［德］罗德里希·普塔克：《海上丝绸之路》，史敏岳译，北京：中国友谊出版公司，2019年，第58页。

⑦ 关于汉代海洋灾害，参见王子今：《齐地“海溢”灾害的历史记忆》，《东方海王：秦汉时期齐人的海洋开发》，第298—308页。

业、航运业或海上贸易[①]，甚至成为方士、海贼。秦始皇时，“燕、齐之士，释锄耒，争言神仙”[②]。“释锄耒”的燕齐之士，显然多为原农耕民户。西汉时，菑川人公孙弘“少时为薛狱吏，有罪，免。家贫，牧豕海上”[③]，是普通民户因贫困而暂时从事海滨畜牧。莽新时，琅邪“吕母子为县吏，为宰所冤杀”，吕母起事“杀其宰”，“引兵入海”[④]，则是由吏民之家转变为海中武装集团。

另外，滨海地域还存在着隐逸人士。在生计上，他们可能以农业、采集为生，也可能从事渔钓等依靠海洋的生计；在生活上，他们可能近乎普通农户或渔人，也可能存在类似方士的活动。从职业或生计角度来讲，滨海隐逸与上述人群存在着交叉，但“隐逸”身份，并不取决于生计或生活方式，而是由他们远离甚至脱离政府的行为来界定的。

值得注意的是，秦汉时代存在“海人”“海上人”的称谓。《说苑·君道》曰：“海人入鱼，（齐景）公以五十乘赐弦章。章归，鱼乘塞涂。”[⑤]《吕氏春秋》曰：“人有大臭者，其亲戚兄弟妻妾知识无能与居者，自苦而居海上。海上人有说其臭者，昼夜随之而弗能去。”[⑥]《史记·齐太公世家》曰：“太公望吕尚者，东海上人。”[⑦]“海上”意指海滨、海畔。[⑧]《吕氏春秋》载“海上人”，《刘子》作“海人悦至臭之夫”，唐袁孝政注曰“海人者，其人在海畔住”。[⑨]可见，“海人”与“海上人”互通，即指海滨、海畔之人。“海人”“海上人”之称，沿用至魏晋以降，例如《拾遗记》曰：“燕昭王二年，海人乘霞舟，以雕壶盛数斗膏，以献昭王。”[⑩]

从文献记载来看，秦汉时代的“海人”“海上人”，被赋予一种不同于内陆郡县民户的社会身份。《说苑》载“海人入鱼”，当从事渔业。《吕氏春秋》“海上人逐臭”的故事，或即因其长期接触水产品，“久而不闻其臭”[⑪]，甚至悦之。而《拾遗记》载“海人乘霞舟”，则透露出“海人”善于操船。就此来看，文献中的“海人”包括海滨捕鱼的渔人和海上航运的船人。王子今即认为秦汉“海人”作为一种社会身份，是指

---

① 《三国志》卷30《魏书·东夷传》提到倭人对马国“有千余户，无良田，食海物自活，乘船南北市籴”；另“一大国”，“差有田地，耕田犹不足食，亦南北市籴”（北京：中华书局，1982年，第854页）。汉朝燕齐滨海民户因耕田不足而“食海物”和乘船市籴，虽未见相关记载，但以理推之，他们也会做出类似选择。

② 王利器校注：《盐铁论校注》卷6《散不足》，第355页。

③ 《史记》卷112《平津侯主父列传》，第3573页。

④ 《汉书》卷99下《王莽传下》，北京：中华书局，1962年，第4150页。

⑤ （汉）刘向撰，向宗鲁校证：《说苑校证》卷1《君道》，北京：中华书局，1987年，第29页。

⑥ 许维遹：《吕氏春秋集释》卷14《孝行览·遇合》，北京：中华书局，2009年，第345页。

⑦ 《史记》卷32《齐太公世家》，第1789页。

⑧ 辛德勇：《越王勾践徙都琅邪事析义》，《旧史舆地文录》，北京：中华书局，2013年，第69—70页。

⑨ 傅亚庶：《刘子校释》卷8《殊好》，北京：中华书局，1998年，第377、383页。

⑩ （晋）王嘉撰，（梁）萧绮录，齐治平校注：《拾遗记校注》卷10《方丈山》，北京：中华书局，1981年，第225页。

⑪ （汉）刘向撰，向宗鲁校证：《说苑校证》卷17《杂言》，第434页。

“以‘海’作为基本生活环境，以海上劳作作为基本营生方式”，从事海洋渔业或航运业的人群。[①]他还注意到东汉张衡《灵宪》提及“海人之占”[②]，认为“海人”也应包括“进行海洋探索的知识人‘燕齐海上方士’”[③]。笔者赞同此说。《淮南子》提到卢敖游于北海，见一士，“倦龟壳而食蛤梨”，即“蹲于龟甲之上而食海蚌”。[④]这种生活方式颇近于海上渔人。方士入海求仙，也属航海行为。他们的生活方式与渔人、船人存在共同之处，被视作“海人”是合乎情理的。

综上，“海人”“海上人”，在不同语境下，可指滨海渔人、船人和方士。古人用语可能具有一定情景性，以致不够精确，但应注意，不同语境下的“海人”指代的人群存在着共性。滨海渔人、船人和方士，三者共性至少有三点：一是生活于滨海地区，经常“入海”；二是如上引王子今所言，在生活方式和生计方式上依赖海洋环境、海洋资源；三是在风俗文化上受海洋环境影响。正是由于他们的生活地域、生活方式、生计方式和风俗文化，迥异于主要从事农业的内陆民户，才获得特别的称呼，甚至具有“异类”色彩。是故，本文将汉代“海人”归纳为生活于滨海地域，在生活方式、生计方式上依靠海洋环境、海洋资源，在风俗文化上受海洋文化影响的人群。

除渔人、船人和方士外，海贼、海商往来于海上劫掠、贸易，生活、生计乃至文化，皆受海洋环境影响，且可能由渔人、船人兼任，按上述界定，亦可被视作“海人”。而滨海农户、盐民，主要活动于海滨陆地上，较少“入海”，故不当在“海人”之列。至于滨海隐逸，则要视其生活、生计方式和隐居场所来定。鲁西奇将滨海人群区分为居于陆地的农民、盐民和活动于近海水域的渔民、水手。[⑤]参照此说，可将秦汉时代燕齐滨海地域的各种人群归纳为两大类：一类是从事海上生计的“海人”，包括渔人、船人、方士、海商、海贼；一类是滨海陆上民户，包括农户和盐民。当然，二者间界限并非绝对固定或判然两分的，不同人群间存在兼职和转行的可能，滨海陆上民户“入海”则将转变为“海人”。

“海人”显然较滨海农户、盐民，与海洋的关系更为亲密，与内陆农耕编户的差异也更大。正因此，他们被赋予一种特殊的社会身份。从《吕氏春秋》载“海上人逐臭”的故事来看，内陆人士对“海人”存在某种歧视[⑥]，或者说出现了“污名化”倾向。这种倾向的出现，既是由于“海人”的生活方式和习惯与内陆编户存在较大差

---

① 王子今：《汉代“海人”称谓》，《东方海王：秦汉时期齐人的海洋开发》，第365—366页。

② 《续汉书·天文志上》注，第3217页。

③ 王子今：《汉代的“海中星占”书》，《东方海王：秦汉时期齐人的海洋开发》，第357页。

④ 何宁：《淮南子集释》卷12《道应训》，北京：中华书局，1998年，第882页。

⑤ 鲁西奇：《中古时代滨海地域的“水上人群”》，《历史研究》2015年第3期，第63页。

⑥ 王子今：《汉代“海人”称谓》，《东方海王：秦汉时期齐人的海洋开发》，第372页。

异，被视作“异类”；也是由于“海人”在海上漂泊，流动性较大，不便管理，被统治者视作“异端”。①

在秦汉时代，编户齐民是帝国吏民最重要、最基本的政治—社会身份，是民众纳入帝国秩序的体现。滨海人群对编户身份的接受程度，往往与其依赖海洋的程度呈现反比。“海人”往来于海上，不乏未被纳入王朝户籍的“海上人家”。其中滨海隐逸、方士，往往远离甚至脱离王朝统治；海贼更是作为亡命、叛逆，脱离了帝国版籍。不过，“海人”中的渔人、船人、海商，也不乏帝国编户。汉朝存在针对滨海渔业的“海租”“海税”②，被征收租税的渔人，当被纳入户籍管理③。汉武帝时，南越反，齐相卜式上书曰：“臣愿与子男及临菑习弩、博昌习船者请行死之，以尽臣节。”④这些被称作“习船者”的船人亦当属汉朝编户。海商，置田宅家属于滨海陆上者，也当被纳入帝国版籍。是故，渔人、船人和海商，可能既具有帝国编户的政治身份，又兼备“海人”的社会身份。

较诸“海人”，滨海陆上民户多具备编户齐民身份。滨海郡县农户，大多属编户齐民（居海岛者或许例外）。盐民的情况稍复杂，海盐的生产与运销，“需要较大的投入与协作”，是故盐民一般要依靠官府（官营）或豪强（私营）。⑤后者多沦为豪强富贾的依附人口，而前者包括“募民”和“更卒”，“募民”主要来自郡县编户，“更卒”为郡县编户服役者。⑥不过，如上所论，滨海陆上民户可能会“入海”成为“海人”，其生活方式和文化风俗亦受到海洋影响，可谓是处于“内陆编户”与“海人”之间的人群。

三、脱离“汉人”身份与燕齐滨海人群的认同问题

秦汉帝国以编户齐民为基础，构建起兼具政治认同和族群认同的“汉人”认同。胡鸿提出：“秦汉时期的华夏可以定义为拥有正常编户身份的帝国政治体成员。”⑦可

---

① 汉末，郑浑历任地方官，“所在夺其渔猎之具”（《三国志》卷16《魏书·郑浑传》，第509页），迫使不定居的渔猎之人回归定居农耕。这透露出在以定居农业立国的秦汉帝国的秩序下，不定居的渔人被当作“异端”。

② 马大英：《汉代财政史》，北京：中国财政经济出版社，1983年，第103页。

③ 褚少孙补《史记·龟策列传》载“宋元王梦神龟”故事，提到登记“水上渔者”的籍、图，事虽不经，但可作为渔人编户管理的佐证。参见《史记》卷128《龟策列传》，第3924页。

④ 《汉书》卷58《卜式传》，第2627页。

⑤ 鲁西奇：《中古时代的滨海地域》，《谁的历史》，第115页；鲁西奇、宋翔：《中古时代滨海地域的“鱼盐之利”与滨海人群的生计》，《华东师范大学学报（哲学社会科学版）》2016年第4期，第79页。

⑥ 罗庆康、罗威：《汉代盐制研究》，《盐业史研究》1995年第1期，第60页。

⑦ 胡鸿：《能夏则大与渐慕华风——政治体视角下的华夏与华夏化》，第45页。

以说，拥有编户齐民身份者，往往具备了“汉人”身份和认同。[①]然上文指出，燕齐滨海人群，尤其是“海人”，存在着逃避王朝统治和脱离编户身份的情形。这无疑将影响他们的政治—族群认同。

滨海地域的生态环境、经济方式和文化风俗，与内陆均存在较大差异和隔阂。海洋史家即认为古代中国的海域与陆域间“保持着独自性”，海域世界形成“有别于‘陆’域的秩序空间”。[②]在政治上，滨海地域，尤其是海洋和岛屿，呈现出远离乃至脱离王朝统治的面貌；而立足内陆的中原王朝，往往难以对滨海地域建立有效的、严密的行政统治。因此，滨海地域常常被视作遐远、仄陋的帝国边缘地区。汉宣帝时，“渤海左右郡岁饥，盗贼并起”，循吏龚遂谓之“海濒遐远，不沾圣化”[③]；汉哀帝时，谏大夫鲍宣有“海濒仄陋”之语[④]。帝国边缘的滨海地域，为有意逃避王朝统治的人们提供了一处空间。

滨海地域的经济模式，也导致部分以海为生的滨海人群逃离王朝统治。滨海经济因“存在着结构性的短缺”，无法“完全自给自足”，必然要“与农耕因素或贸易因素相结合”。滨海人群或者兼事农耕以获得粮食，或者通过贸易交换、武装劫掠来获取粮食、衣物等生活、生产必需品。[⑤]选择农耕和贸易来补充海上生计的不足，强化了从业者与陆地政权和社会的联系；而选择劫掠者，则走向了秦汉帝国的对立面。

在滨海地域的地理环境、经济模式及其在王朝中的边缘地位影响下，各种滨海人群呈现出不同程度地逃离王朝统治和脱离“汉人”身份的倾向。其中隐逸、方士和海贼最为明显，渔人、船人和海商等“海人”次之，而农户、盐户等滨海陆上民户，也可能因政治压迫或生计压力而“入海”。

孔子曰：“道不行，乘桴浮于海。”（《论语·公冶长》）战国至秦汉，遐远的滨海地域为隐逸人士提供了隐身匿形的空间[⑥]，比如东汉姜肱“隐身遁命，远浮海滨”[⑦]。而海洋也给隐遁之士提供了通往外界的道路，比如西汉末北海逢萌以“三纲绝矣”，遂“将家属浮海，客于辽东”。[⑧]隐逸的原因，虽然不尽相同，但其行为往往呈现出“自

① 应指出的是，“政治体视角下的华夏”说，尚存可进一步探讨之处。比如依附人口（奴、客、徒附）并非编户齐民，却存在族群身份，《史记·大宛列传》即提到与张骞一同出使大月氏的“堂邑氏胡奴甘父”（第3833页）。

② 于逢春：《构筑中国疆域的文明板块类型及其统合模式序说》，《中国边疆史地研究》2006年第3期，第16页。

③ 《汉书》卷89《循吏传·龚遂传》，第3639页。

④ 《汉书》卷72《鲍宣传》，第3093页。

⑤ 鲁西奇：《中古时代滨海地域的“水上人群”》，《历史研究》2015年第3期，第63页。

⑥ 曲柄睿：《进山还是入海：战国秦汉海洋隐逸的历史记载》，《浙江学刊》2016年第5期。

⑦ 《后汉书》卷53《姜肱传》，第1750页。

⑧ 《后汉书》卷83《逸民列传·逢萌传》，第2759页。

致寰区之外”的政治超脱倾向。[①]《韩非子》记载周初齐国“东海上”居士狂矞、华士昆弟二人的言论，清晰地表达出隐逸人士的这种心理——“吾不臣天子，不友诸侯，耕作而食之，掘井而饮之，吾无求于人也；无上之名，无君之禄，不事仕而事力”[②]。这种政治超脱行为，降至秦汉，则表现为逃避王朝统治，脱离作为编户齐民的“汉人”身份。

滨海方士追求长生、升仙，具有超脱人世和逃避统治的倾向。方士在滨海地域活动，往往行踪不定，跨越不同郡县，出入海滨、岛屿之间。比如“安期生，琅邪人，卖药东海边”，据称“通蓬莱中，合则见人，不合则隐”。[③]他们入海求仙，更是远离秦汉帝国疆域，甚至如秦时卢生、徐福一般入海不返。《淮南子》描述卢敖（即卢生）“游乎北海”，“至于蒙谷之上”，“见一士焉”，其人语卢敖曰：“子中州之民，宁肯而远至此。”[④]此事未必属实，但反映出方士访仙之处对王朝统治的“中州”的超脱。

滨海隐逸和方士，因追求政治或生命的超脱而逃避王朝统治。滨海普通民户也会因政治或生计压力而亡命“入海”，甚至形成海贼、义军等反朝廷海中武装势力。上文提到的田横海岛势力，即为海中武装势力代表。莽新时，琅邪吕母为子报仇，“相聚得数十百人”，“入海中，招合亡命，众至数千”，后破海曲，杀县宰，“复还海中”。[⑤]吕母“招合亡命，众至数千”，足见当时亡命入海者之多。

较诸田横、吕母势力，普通海贼并未有明确的政治目标或反朝廷倾向，主要是劫掠滨海郡县和海上船只。“海贼”这一称谓，在东汉时期频繁出现。汉安帝朝的张伯路集团，是燕齐滨海地域较具规模的海贼。《后汉书·孝安帝纪》称永初三年（109 年）“秋七月，海贼张伯路等寇略缘海九郡，遣侍御史庞雄督州郡兵讨破之”；次年正月，“海贼张伯路复与勃海、平原剧贼刘文河、周文光等攻厌次，杀县令”。[⑥]《后汉书·法雄传》详细描述了汉朝平定张伯路势力，称朝廷“遣御史中丞王宗持节发幽、冀诸郡兵，合数万人”，与青州刺史法雄“并力讨之”，迫使海贼“遁走辽东，止海岛上”；永初五年（111 年）春，海贼“乏食，复抄东莱间，（法）雄率郡兵击破之，贼逃还辽东，辽东人李久等共斩平之”[⑦]，至此覆灭。海贼张伯路等寇略“缘海九郡”，

① 《后汉书》卷83《逸民列传》，第2755页。

② （清）王先慎撰，钟哲点校：《韩非子集解》卷13《外储说右上》，北京：中华书局，1998年，第315页。

③ 《史记》卷12《孝武本纪》，第580页。

④ 何宁：《淮南子集释》卷12《道应训》，第881—884页。

⑤ 《后汉书》卷11《刘盆子传》，第477页。

⑥ 《后汉书》卷5《孝安帝纪》，第213—214页。

⑦ 《后汉书》卷38《法雄传》，第1277页。

波及幽、冀、青三州[①]，劫掠范围广，作战机动性强[②]。而汉朝为击败张伯路，先后遣侍御史庞雄、御史中丞王宗督州郡兵，合幽、冀、青三州军队“并力讨之”，也正是针对这点。辽东海岛，作为海贼巢穴所在，是汉朝难以控制之地。青州刺史法雄即称：“贼若乘船浮海，深入远岛，攻之未易也。”[③]

海贼与滨海方士还存在交融。方诗铭揭示出张伯路集团使用“使者”这一“原始道教的称号”。[④]陈寅恪曾提示黄巾起事与滨海地域的神仙方士存在渊源[⑤]，而青州海贼管承等即加入黄巾军[⑥]。海贼与神仙方士的结合，是滨海人群受方仙道影响的结果。方士追求升仙，与海贼寇略郡县的行为，都是对秦汉帝国统治秩序的挑战。这可能是二者结合的内在原因。

燕齐滨海人群逃避王朝统治，脱离编户身份，也就不再是“秦人”“汉人”。人类学家詹姆士·斯科特（James C.Scott）注意到是否“完全被统合到纳税人口中”是古代农耕国家划分文明与野蛮的重要标准，逃离国家统治也就意味从文明到野蛮，“变成蛮夷”。[⑦]然而，逃避秦汉帝国统治的滨海人群，虽然放弃了“秦人”或“汉人”身份，但从文献来看，他们似未形成新的政治身份与族群认同。唐代东南滨海人群或被编为“夷户”，至宋有“疍民”“疍户”之称，颇具族群、族属性质[⑧]，而汉代燕齐滨海人群则未见到类似称谓。

然值得注意的是，燕齐滨海地域，先秦时为“东夷”（九夷）居地。东夷较早从事滨海鱼盐、海运之业。上文提到的“东海上人”吕尚，或即认为是东夷人。[⑨]《论语·子罕》云“子欲居九夷”，亦为滨海地域。春秋以来，原本的“东夷”融入“华夏”；至秦汉，现实中的“东夷”转变为夫余、肃慎等“东北夷”。但在时人的历史记忆中，燕齐滨海地域仍为东夷故地，并可能影响到现实。王莽复古改制，曾改置一批具有镇抚边疆族群含义的地名，以示“内诸夏而外夷狄”。其中有“四填郡”，即改琅

① “缘海九郡”，《后汉书·法雄传》作“滨海九郡”（第1277页）。从张伯路集团活动于幽、青、冀三州来看，“缘海九郡”当指“从幽州的辽东郡到青州的平原、东莱郡”，即辽东、辽西、右北平、渔阳、勃海、乐安、北海、平原、东莱。参见方诗铭：《曹操·袁绍·黄巾》，上海：上海社会科学院出版社，1996年，第235页。

② 王子今、李禹阶：《汉代的“海贼”》，《中国史研究》2010年第1期，第46页。

③ 《后汉书》卷38《法雄传》，第1277页。

④ 方诗铭：《曹操·袁绍·黄巾》，第236—237页。

⑤ 陈寅恪：《天师道与滨海地域之关系》，《金明馆丛稿初编》，第1—3页。

⑥ 方诗铭：《青州·“青州兵”·“海贼”管承——论东汉末年的青州与青州黄巾》，《史林》1993年第2期，第13—15页。

⑦ ［美］詹姆士·斯科特：《逃避统治的艺术：东南亚高地的无政府主义历史》，王晓毅译，北京：生活·读书·新知三联书店，2019年，第144—145页。

⑧ 鲁西奇：《中古时代滨海地域的“水上人群”》，《历史研究》2015年第3期，第66—68页；詹坚固：《试论蜑名变迁与蜑民族属》，《民族研究》2012年第1期，第87—90页。

⑨ 杨国桢等：《中国海洋空间简史》，北京：海洋出版社，2019年，第66页。

邪为填夷、长沙为填蛮、天水为填戎、雁门为填狄。①填蛮、填戎、填狄三郡，确实居住着不少非华夏人群；填夷郡（琅邪），却早已“华夏化”。然诚如王子今所示，“填夷”命名“体现其联系外洋的交通地理地位”②。琅邪郡是海路通往秽、韩、倭等“东北夷”的重要港口，更名“填夷”，当与该地交通、镇抚东夷的地理位置有关。就此而言，燕齐滨海地域可说是与“东夷”比邻相通的秦汉帝国边地。脱离“汉人”身份的燕齐滨海人群，通过海路可抵达秽、韩、倭地区，甚至沦为“东夷”。燕齐滨海人群，尤其是“海人”，可谓是游走于“汉人”与“东夷”之间的人群。

面对燕齐滨海人群逃避王朝统治的情况，秦汉帝国统治者注重强化对滨海地域的控制。正如学人所论：“当时社会观念中，对于‘海’的控制，是据有‘天下’的一种象征。”③除如秦皇、汉武一般“东巡海上”外，秦汉帝国在滨海郡县设置司马、候等武官，将之作为“边郡”，以加强统治。④秦汉朝廷和地方官员，还注重将海上隐逸、方士乃至海贼，拉进帝国的政治与社会秩序。研究者注意到汉末三国“水上人群”上岸，纳入版籍，甚至设县邑管理。⑤渡海隐遁的士人，也会因征召而返。比如汉末管宁“浮海遁居”于辽东，“文帝即位，征宁，遂将家属浮海还郡”。⑥隐逸、方士受召出仕，海贼受抚归诚，则将“上岸”定居，被纳入帝国版籍，重塑编户齐民身份和“汉人”认同。

四、结　语

黑格尔（G. W. F. Hegel）曾提出中国等内陆国家“以海为界”，将海洋仅视作“陆地的中断，陆地的天限”，“和海不发生积极的关系”。⑦然战国燕、齐二国，积极进行海洋探索，兼具内陆国家和海洋国家的风格。秦汉帝国兼并天下，也继承了燕、齐二国的“海国”倾向。秦皇、汉武“东巡海上”，可置诸这一背景下理解。在秦汉时代，海洋作为华夏文明东部的自然边界，构成帝国的政治与族群边界，可谓是天然的“华夏边缘”，但它同时也是通往异域的途径，令滨海地域人群游走于“汉人”与“夷越”

① 张亚凤：《新莽时期的行政区划与地名改易研究》，《档案》2016年第11期，第57页。
② 王子今：《琅邪的地位》，《东方海王：秦汉时期齐人的海洋开发》，第243页。
③ 王子今：《齐人与海：〈汉书〉的海洋纪事》，《东方海王：秦汉时期齐人的海洋开发》，第324页。
④ 辛德勇：《越王勾践徙都琅邪事析义》，《旧史舆地文录》，第76页。
⑤ 鲁西奇：《中古时代滨海地域的“水上人群”》，《历史研究》2015年第3期，第69—70页。
⑥ 《三国志》卷11《魏书・管宁传》，第356页。
⑦ ［德］黑格尔：《历史哲学》，王造时译，上海：上海书店出版社，2006年，第84页。

之间。[①]

纵观燕齐滨海人群身份与认同的变化，“华夏”或“汉人”身份的建立与维系，往往取决于是否纳入秦汉帝国的版籍，王朝权力在其中起到主导作用。但滨海地理和海洋文化，令燕齐滨海人群呈现出不同于内陆编户的特点，尤其是从事海上生计者被赋予“海人”的社会身份。他们“入海”逃避王朝统治，则将脱离编户身份，放弃“汉人”身份与认同。由此可见，在秦汉时代，族群身份与认同的塑造，深受政治身份影响，“政治体视角下的华夏”说，有其合理之处。但各类人群生活环境、生计方式和风俗文化塑造的社会身份，也会带动政治—族群身份与认同的变迁。

① 东南滨海地域，涉及瓯、越等非华夏族群，尚未完全“华夏化”，情况较燕齐滨海地域更复杂。《越绝书》提到秦始皇三十七年（前 210 年）东游会稽，“徙天下有罪适吏民，置海南故大越处，以备东海外越”（李步嘉：《越绝书校释》卷 8《越绝外传记地传》，北京：中华书局，2013，第230页）。“东海外越”当在海中，东南滨海人群，不论华夏，抑或瓯、越，“入海”可交通海中“外越”。

王符礼法思想中的社会控制与社会整合方式探析

汪　荣
重庆师范大学历史与社会学院

王符生活在东汉由盛转衰的时期，因为“庶出”，其从小便备受歧视。但是，他并没有自暴自弃，反而笃定学习，使自己知识渊博。及至青年时期，王符与马融、窦章、张衡、崔瑗等人“友善”，由于生性耿介，不流于俗，以致终生不仕，隐居乡野，自号“潜夫”，针砭时弊，寄希望以此救国救民。王符写成的《潜夫论》十卷三十六篇，至今保存完整，涉及政治、经济、军事、哲学、民生等诸多内容，书中提出了很多有利于治国安民的建议和措施。目前，学界对王符思想研究的论著甚多，对王符思想研究的成果丰硕，已经取得了重要进展，实现了可喜的学术突破。但是，当前学界对于王符社会控制思想的研究仍然较为薄弱。因而，本文以历史学为基础，运用历史学、法学等交叉学科的理论与方法，从社会学的视角切入，力图对王符礼法思想中的社会控制与社会整合方式进行较为系统地分析，以期推进王符社会控制思想的研究，为当今和谐社会的社会治理提供历史的镜鉴。

一、重视君王，阴阳和谐的礼法治理机制

在我国传统的文化系统之中，社会控制的目的是使社会处在一个和谐完整的系统或体系之中。为了达成此目的，我国古代的思想家自觉遵循以个人修养为出发点，以严苛的道德礼法规范出完美的“圣人”，再由个人上升到家族最后到社会，由此完善相应的制度建设来实现社会的治理。其基本的方法是：利用德礼政刑，形成“修齐治

平”的儒家礼法之治。

王符生活在东汉王朝由盛转衰的时期，在社会矛盾尖锐、官场腐败、边疆战争、朝堂党争不断、外戚宦官乱政的社会背景之下，针对东汉社会出现的各种社会现实问题和弊端，王符痛心疾首，奋笔疾书，将毕生所学著成《潜夫论》。在书中，他提出了阴阳和合的礼法治理机制，希望借此唤醒世人，将社会规范转化为社会控制手段，使国家长治久安、百姓安居乐业、社会和谐稳定。为了实现社会和谐，王符接受了董仲舒的天人感应思想，以儒家礼法、阴阳刑德思想为基础，将社会群体分成“天、君主、官员、平民”四个序列。其中天是超然物外的，天设立君主和官员承天治民，君主和官员是天在人类社会的意志行使者，天和官员要在各自的岗位履行好自己的责任，以“礼乐”感化万物。王符认为君主秉承上天的意志管理人民，君主的行为会通过各种渠道渗透到社会的各个领域，君主首先要做好礼乐感化的模范作用，“咸怀方厚之情，而无浅薄之恶，各奉公正之心，而无奸险之虑”[①]。君主“礼乐”感化的主要方式在于给社会大众一个上升渠道，即“举贤任能”。王符指出，国家衰亡大多都是因为统治者不尚贤。王符提出，国家要安定，作为国君首先就要尚贤。“臣者治之材也。工欲善其事，必先利其器。是故将致太平者，必先调阴阳；调阴阳者，必先顺天心；顺天心者，必先安其人；安其人者，必先审择其人。”[②]君主在治理社会的过程中，只有心怀圣贤修养，体察民情、民心，方能够在统治中真正践行民心为本的原则。

王符指出，君主作为秉承天意志的社会治理者，不必担心自己不如官员或平民贤能。他批判当时的人才政策无法得到真人才，“今世主之于士也，目见贤则不敢用，耳闻贤则恨不及。虽自有知也，犹不能取，必更待群司之所举，则亦惧失麟鹿而获艾豭。奈何其不分者也?”[③]在王符看来，君主要做的就是网罗天下贤才，按照他们的实际表现给予适当的职务协助君主管理万民。君主选择出来的贤才便是代君主治理人民的官员，官员介于君主和人民之间，是沟通君主和人民的媒介。圣人之治中，“礼乐”彰显的是神而化之，君主做到功业效于民，可获得社会美誉。相反，碌碌无为的君主，即便执政期间未犯错，也不会得到百姓的爱戴。民众富裕的程度，在一定程度上体现君主的政治能力和水平。与此同时，民众在物质生活满足的前提下，方能够认真学习礼法，知礼仪、遵纪守法，更恭顺贤明君主的统治。由此，王符认为，君主和官

① （汉）王符著，（清）汪继培笺，彭铎校正：《潜夫论笺校正》卷 8《德化》，北京：中华书局，1985年，第381页。

② （汉）王符著，（清）汪继培笺，彭铎校正：《潜夫论笺校正》卷 2《本政》，第90页。

③ （汉）王符著，（清）汪继培笺，彭铎校正：《潜夫论笺校正》卷 1《贤难》，第51页。

员都要在各自的职位上做好相应事务，君主实现圣贤修养、内圣外王的根本途径，是先以民为王，重视民众的利益，从民众的根本利益出发，与民同心，以此获得官员的忠诚。王符希望以这种君臣间阴阳和谐的关系推及政府与民众的关系，以此达到礼乐教化天下的目的。

如何提升君、臣之间阴阳和谐关系，让社会和谐发展，百姓安稳？对君而言，王符认为，“人君之治，莫大于道，莫盛于德，莫美于教，莫神于化”①。道德修养是治国之道。“故民有心也，犹为种之有园也。遭和气则秀茂而成实，遇水旱则枯槁而生孽。”②他把民众比喻为种子，如遇和顺之气，则繁荣茂盛，如遇水旱，则干枯凋敝。同理而言，王符认为，“民蒙善化，则人有士君子之心；被恶政，则人有怀奸乱之虑”③。百姓遇到好的教化就会常备君子之心，遇到坏的教化就会心生奸邪作乱之意。以此证明，道德修养对百姓的教育能起到很大的作用，是治国之本。“夫天者国之基也，君者民之统也，臣者治之材也。”④天是国家的根基，君主是民众的统帅，臣子是治理的工。工欲善其事，必先利其器，君主要治理好天下，首先，“必先调阴阳；调阴阳者，必先顺天心；顺天心者，必先安其人；安其人者，必先审择其人”⑤。调和阴阳，顺应天心、民心，选择有才能的人来管理国家。其次，“人君之取士也，不能参听民氓，断之聪明，反徒信乱臣之说，独用污吏之言，此所谓与仇选使，令囚择吏者也”⑥。在选择治理的人才时，君主一定要坚持“偏听则暗，兼听则明”“纳谏、受言”，选择有能力的人才来治理国家。最后，“是以明王审法度而布教令，不行私以欺法，不黩教以辱命，故臣下敬其言而奉其禁，竭其心而称其职”⑦。君主需要立心为公，一心为国，不能存有私心，竭尽全力为民谋福。“官政专公，不虑私家”“克己修身，为政以德”这样才能得到民众的拥护和赞许，树立朝廷的权威，成为“明”君。此外，“世之善否，俗之薄厚，皆在于君”⑧，君主有必须做好“道德修养”的表率作用，引导人们从善，“正己德而世自化”⑨。

当然，国家治理并不单独依靠君主，还要依靠贤明的臣子才能阴阳和谐。王符认为身为臣子，受到皇上所赐予的重要的职位，成为管理百姓的一方职官，臣就应该

① （汉）王符著，（清）汪继培笺，彭铎校正：《潜夫论笺校正》卷8《德化》，第371页。
② （汉）王符著，（清）汪继培笺，彭铎校正：《潜夫论笺校正》卷8《德化》，第377页。
③ （汉）王符著，（清）汪继培笺，彭铎校正：《潜夫论笺校正》卷8《德化》，第377页。
④ （汉）王符著，（清）汪继培笺，彭铎校正：《潜夫论笺校正》卷2《本政》，第90页。
⑤ （汉）王符著，（清）汪继培笺，彭铎校正：《潜夫论笺校正》卷2《本政》，第90页。
⑥ （汉）王符著，（清）汪继培笺，彭铎校正：《潜夫论笺校正》卷2《潜叹》，第98页。
⑦ （汉）王符著，（清）汪继培笺，彭铎校正：《潜夫论笺校正》卷8《明忠》，第363页。
⑧ （汉）王符著，（清）汪继培笺，彭铎校正：《潜夫论笺校正》卷8《德化》，第380页。
⑨ （汉）王符著，（清）汪继培笺，彭铎校正：《潜夫论笺校正》卷8《本训》，第369页。

“奉遵礼法，竭精思职，推诚辅君，效功百姓，下自附于民氓，上承顺于天心”[①]，自觉做一个遵守礼法、阴阳和合的合格之臣。合格臣子的一个突出特点就是忠。王符提出“人臣者，以忠正为本”[②]观点，认为臣子应该具有忠心正直的品质，既要忠于君也要忠于民。“官德如风，民德如草，草上之风必偃，官风正则民风纯”，鉴于官员在“礼乐感化”中有重要作用，王符强调官员要注重自己的德行，做好君主与平民沟通的桥梁。他说：

> 今人臣受君之重位，牧天之所甚爱，焉可以不安而利之，养而济之哉？是以君子任职则思利民，达上则思进贤，功孰大焉？[③]

又说：

> 是故人臣不奉遵礼法，竭精思职，推诚辅君，效功百姓，下自附于民氓，上承顺于天心，而乃欲任其私知，窃君威德，以陵下民，反戾天地，欺诬神明，偷进苟得，以自奉厚；居累卵之危，而图泰山之安，为朝露之行，而思传世之功，譬犹始皇之舍德任刑，而欲计一以至于万也。岂不惑哉！[④]

从以上可知，王符认为官员应上忠于天和他的代理人君主，下忠于民。王符在此处所谓的忠从内在来看是要“以德配位”，从外在来看是要尽己所能对平民施以德政。“修身慎行，敦方正直，清廉洁白，恬淡无为，化之本也。忧君哀民，独睹乱原，好善嫉恶，赏罚严明，治之材也。明君兼善而两纳之。”[⑤]对于忠的具体表现在于“不损君以奉佞，不阿众以取容，不堕公以听私，不挠法以吐刚”[⑥]。王符认为，臣子若想达到忠的标准，首先要做到这四个“不”。其中，“不损君以奉佞”即是要对君主忠诚，君主是上天在人间的代理人，忠于君主，即是忠于天。在传统帝制时代下，君主掌握国家的治理大权，但君主一身不能事事兼顾，因此具体的实施需要各级臣子来完成，因此臣子需要对君主尽忠，尽心完成君主交给的任务，协理阴阳，如此才能“明据下起，忠依上成。二人同心，则利断金”[⑦]。同时，王符还指出臣子不应只对君主尽

① （汉）王符著，（清）汪继培笺，彭铎校正：《潜夫论笺校正》卷3《忠贵》，第119页。
② （汉）王符著，（清）汪继培笺，彭铎校正：《潜夫论笺校正》卷1《务本》，第16页。
③ （汉）王符著，（清）汪继培笺，彭铎校正：《潜夫论笺校正》卷3《忠贵》，第108页。
④ （汉）王符著，（清）汪继培笺，彭铎校正：《潜夫论笺校正》卷3《忠贵》，第119页。
⑤ （汉）王符著，（清）汪继培笺，彭铎校正：《潜夫论笺校正》卷3《实贡》，第157页。
⑥ （汉）王符著，（清）汪继培笺，彭铎校正：《潜夫论笺校正》卷2《潜叹》，第98页。
⑦ （汉）王符著，（清）汪继培笺，彭铎校正：《潜夫论笺校正》卷8《明忠》，第357页。

忠，还应该忠于百姓。王符说："功业效于民，美誉传于世，然后君乃得称明，臣乃得称忠。"[①]所谓"功业效于民"，即是为百姓谋福利的意思。他认为，臣子职责在于治理百姓，如果百姓安乐，则有功于百姓，堪称"忠臣"。由此可见，王符把臣子忠不忠的标准放在了官员政绩上，不再将臣之忠仅仅视为对君主之愚忠，这也反映了其礼法思想中积极进步的一面。

二、对待民众，实行"四本""四行"的礼法约束机制

王符倡导以儒家一以贯之的"礼义"来教化人民，主张人们恪守儒家的"仁义礼智信"，由此成就个人内心的善，"导之以德，齐之以礼，务厚其情而明则务义，民亲爱则无相害伤之意，动思义则无奸邪之心"[②]。在王符看来，道德修养的作用远远大于刑罚的威慑，"夫若此者，非法律之所使也，非威刑之所强也"[③]。同时，倡导社会上每个人都要具备"己之所无，不以责下，我之所有，不以讥彼"的宽容心态对待他人，"不谄上而慢下，不厌故而敬新"[④]，希望以此打破社会上原有的以贫富、地位作为交际标准的价值观念，将此转化为以"道德"为主的价值观，从而加强对民众的道德引导，"人之善恶，不必世族；性之贤鄙，不必世俗"[⑤]。通过对社会道德的弘扬，使社会呈现出不盲目随从的社会风气，达到社会的长治久安。要治理好社会，得先从民众入手，王符认为，"治世者若登丘矣，必先蹑其卑者，然后乃得履其高"[⑥]。对于普通民众而言，王符则提出了"恕平恭守""仁义礼信"的原则，"世有大难者四，而人莫之能行也，一曰恕，二曰平，三曰恭，四曰守。夫恕者仁之本也，平者义之本也，恭者礼之本也，守者信之本也。四者并立，四行乃具"[⑦]。王符将此分别称为"四本""四行"，二者之间相辅相成，相互促进。王符希望他们内化"四本""四行"，建立一种高尚的道德规范和价值尺度，提升民众修养，让道德环境越来越好。

对于"恕"，王符认为："己之所无，不以责下，我之所有，不以讥彼；感己之好

① （汉）王符著，（清）汪继培笺，彭铎校正：《潜夫论笺校正》卷8《明忠》，第365页。
② （汉）王符著，（清）汪继培笺，彭铎校正：《潜夫论笺校正》卷8《德化》，第376页。
③ （汉）王符著，（清）汪继培笺，彭铎校正：《潜夫论笺校正》卷8《德化》，第376页。
④ （汉）王符著，（清）汪继培笺，彭铎校正：《潜夫论笺校正》卷8《交际》，第346—347页。
⑤ （汉）王符著，（清）汪继培笺，彭铎校正：《潜夫论笺校正》卷1《论荣》，第36页。
⑥ （汉）王符著，（清）汪继培笺，彭铎校正：《潜夫论笺校正》卷5《衰制》，第243页。
⑦ （汉）王符著，（清）汪继培笺，彭铎校正：《潜夫论笺校正》卷8《交际》，第345—346页。

敬也，故接士以礼；感己之好爱也，故遇人有恩；己欲立而立人，己欲达而达人；善人之忧我也，故先劳人，恶人之忘我也，故常念人。”①对待他人需要“以礼待人”，采取包容、宽恕、推己及人的态度，将仁者爱人之心、严于律己之情融入日常的行为方式之中。对于“平”，王符认为：“论士必定于志行，毁誉必参于效验；不随俗而雷同，不逐声而寄论；苟善所在，不讥贫贱；苟恶所错，不忌富贵；不谄上而慢下，不厌故而敬新。”②希望我们在是非曲直面前要坚持公平正直，不随波逐流，不以富贵贫贱来看待人的高尚与否，应该以民众的道德品行作为评价的标准。对于“恭”，王符认为：“见贱如贵，视少如长；其礼先入，其言后出；恩意无不答，礼敬无不报；睹贤不居其上，与人推让；事处其劳，居从其陋；位安其卑，养甘其薄。”③这里希望人与人之间相互尊重、谦让。于个人而言，需要知书达理、谨言慎行；对待长幼贵贱，要有礼有节，以诚相待。对于“守”，王符认为：“有度之士，情意精专，心思独睹，不驱于险墟之俗，不惑于众多之口；聪明悬绝，秉心塞渊，独立不惧，遁世无闷，心坚金石，志轻四海，故守其心而成其信。”④这里要求世人要有坚定的操守和远大的志向，坚定不移地践行自己的行为和诺言，情至专一。

除此之外，王符主张加强社会的学习风气，认为，“为国者以富民为本，以正学为基”，把学习作为达到“四本”“四行”的途径。认为“德义之所成者智也，明智之所求者学问也”⑤，为了论证学习在道德修养培养过程中的重要性，王符列举皇帝、孔子等圣人的例子。他提出，“犹待学问，其智乃博，其德乃硕”⑥。强调通过学习养成“道德修养”不在一朝一夕，每个人都应该从小事做起，脚踏实地，最终完善自己的道德品格，为社会的稳定做出贡献。王符要求君主要“以民为本”；要求官吏廉洁奉公，一心为民；要求民众坚守“四行”“四本”，让君德、官德、民德，相互作用，达到内在控制的目标，让社会繁荣稳定发展。

王符在吸纳董仲舒“圣人之性”“中人之性”“斗筲之性”的“性三品”等理论观点的基础之上，认为人有“上智”“中庸”“下愚”三种。王符认为，“天地之所贵者人也，圣人之所尚者义也，德义之所成者智也，明智之所求者学问也”⑦。他在《赞学》开篇便点明了学习对成仁的重要性，认为上智圣贤都需要学习，何况民众？既然

---

① （汉）王符著，（清）汪继培笺，彭铎校正：《潜夫论笺校正》卷8《交际》，第346页。
② （汉）王符著，（清）汪继培笺，彭铎校正：《潜夫论笺校正》卷8《交际》，第347页。
③ （汉）王符著，（清）汪继培笺，彭铎校正：《潜夫论笺校正》卷8《交际》，第349页。
④ （汉）王符著，（清）汪继培笺，彭铎校正：《潜夫论笺校正》卷8《交际》，第350页。
⑤ （汉）王符著，（清）汪继培笺，彭铎校正：《潜夫论笺校正》卷1《赞学》，第1页。
⑥ （汉）王符著，（清）汪继培笺，彭铎校正：《潜夫论笺校正》卷1《赞学》，第1页。
⑦ （汉）王符著，（清）汪继培笺，彭铎校正：《潜夫论笺校正》卷1《赞学》，第1页。

学习如此重要，那么谁来担任这个教导者的角色呢？“故上圣不务治民事而务治民心。”①希望有目的有指引地教导民众。“德政加于民，则多涤畅姣好坚强考寿；恶政加于民，则多罢癃尪病夭昏札瘥。”②美好的教导让民众身心舒畅，邪恶的教导则让民众百病丛生。而教导的关键之处，王符认为：

> 是故世之善否，俗之薄厚，皆在于君。上圣和德气以化民心，正表仪以率群下，故能使民比屋可封，尧、舜是也。其次躬道德而敦慈爱，美教训而崇礼让，故能使民无争心而致刑错，文、武是也。其次明好恶而显法禁，平赏罚而无阿私，故能使民辟奸邪而趋公正，理弱乱以致治强，中兴是也。③

从中可知，君主的德行和善恶可以直接影响国家的整体治理水平，君主在伦理训导中的作用可以说是至关重要，贤明的君主让国家长治久安，昏庸的君主能够让国家处于黑暗，让民众处于水深火热之中，最后导致国家灭亡。所以，王符希望君主以身作则，言传身教，“圣深知之，皆务正己以为表”④。以君主的德行教导民众积极向善，“夫修身慎行，敦方正直，清廉洁白，恬淡无为，化之本也”⑤。以此让民众保持修身慎行、怀德自重、清廉自守等品性，达到“无粗秽之气，无邪淫之欲”的状态，让“举世之人，咸怀方厚之情，而无浅薄之恶，各奉公正之心，而无奸险之虑，则羲、农之俗，复见于兹，麟龙鸾凤，复畜于郊矣”⑥。

王符在吸收孔子“富之教之”，《管子》“仓廪实而知礼节，衣食足而知荣辱”等观点后，提出了想要进行伦理训导则需要一定物质作基础的观点。“贫则厄而忘善，富则乐而可教”“民贫则背善”“民富乃可教”，在王符看来，百姓吃饱穿暖，解决了基本生活需求之后，才能够进行教导。当处于衣不蔽体、饥寒交迫的艰难处境之时，首先想到的是如何生存下去，对于伦理训导、内化善行行为则是敬谢不敏。而对于伦理训导的内容，王符认为：

> 教训者，以道义为本，以巧辩为末；辞语者，以信顺为本，以诡丽为末；列士者，以孝悌为本，以交游为末；孝悌者，以致养为本，以华观为末；人臣者，

① （汉）王符著，（清）汪继培笺，彭铎校正：《潜夫论笺校正》卷8《德化》，第376页。
② （汉）王符著，（清）汪继培笺，彭铎校正：《潜夫论笺校正》卷8《德化》，第372页。
③ （汉）王符著，（清）汪继培笺，彭铎校正：《潜夫论笺校正》卷8《德化》，第380页。
④ （汉）王符著，（清）汪继培笺，彭铎校正：《潜夫论笺校正》卷8《德化》，第375页。
⑤ （汉）王符著，（清）汪继培笺，彭铎校正：《潜夫论笺校正》卷3《实贡》，第157页。
⑥ （汉）王符著，（清）汪继培笺，彭铎校正：《潜夫论笺校正》卷8《德化》，第381页。

以忠正为本，以媚爱为末……[①]

王符希望君主能以道义为本来教导百姓，让仁德之风兴起，从而使国家稳定和谐发展。除此之外，王符还提出了“明礼义以为教，和德气于未生之前，正表仪于咳笑之后。民之胎也，合中和以成；其生也，立方正以长……”伦理训导需要从孩子还在肚子里就开始。民众要重视胎教、幼教，把子女的教导放在重要的位置。从小教导孩子要有“仁义之心，廉耻之志”，让这些教导伴随他们成长，长大后“虽放之大荒之外，措之幽冥之内，终无违礼之行；投之危亡之地，纳之锋镠之间，终无苟全之心”，成为一个品性纯正的人。“举世之人，行皆若此，则又乌所得亡夫奸乱之民而加辟哉？”[②]可以看出，这从家庭教育方面肯定了伦理训导的重要性。

在伦理训导中，王符不仅仅重视德化的教导，还提出“遏利”，即遏制利益、重义轻财的义利观。“世人之论也，靡不贵廉让而贱财利焉，及其行也，多释廉甘利。”[③]大多数百姓在利益面前常常感觉“人皆智德，苦为利昏”，利益冲昏了清醒的头脑，就变得见利忘义，但是“知脂蜡之可明灯也，而不知其甚多则冥之。知利之可娱己也，不知其称而必有也”。利益对个人有好处，但不能一味索取，如果索取太多利益，对人对己，百害而无一利。在利跟义之间，王符并不完全把他们当作对立面来看待，而是希望世人知道义重于利，利需服从义。因为“一旦富贵，则背亲捐旧，丧其本心……前人以败，后争袭之，诚可伤也”[④]。世人的本心被利益蒙蔽之后，便会丧失德行，而且争相效仿，实令社会风气日益败坏。“夫与富贵交者，上有称举之用，下有货财之益。与贫贱交者，大有赈贷之费，小有假借之损。”[⑤]而且，在相互交往之时，趋炎附势，不见本心。王符举例说：

昔周厉王好专利，芮良夫谏而不入，退赋《桑柔》之诗以讽，言是大风也，必将有隧；是贪民也，必将败其类。王又不悟，故遂流死于彘。虞公屡求以失其国，公叔戌崇贿以为罪，桓魋不节饮食以见弑。[⑥]

厉王、虞公、公叔戌、桓魋，贪图财物货物，结果“此皆以货自亡，用财自灭”，落得一个凄惨的结局。而另一方面：

---

① （汉）王符著，（清）汪继培笺，彭铎校正：《潜夫论笺校正》卷1《务本》，第16页。
② （汉）王符著，（清）汪继培笺，彭铎校正：《潜夫论笺校正》卷8《德化》，第375页。
③ （汉）王符著，（清）汪继培笺，彭铎校正：《潜夫论笺校正》卷1《遏利》，第24页。
④ （汉）王符著，（清）汪继培笺，彭铎校正：《潜夫论笺校正》卷3《忠贵》，第112—113页。
⑤ （汉）王符著，（清）汪继培笺，彭铎校正：《潜夫论笺校正》卷8《交际》，第334页。
⑥ （汉）王符著，（清）汪继培笺，彭铎校正：《潜夫论笺校正》卷1《遏利》，第27页。

> 楚斗子文三为令尹，而有饥色，妻子冻馁，朝不及夕；季文子相四君，马不饩粟，妾不衣帛；子罕归玉；晏子归宅。此皆能弃利约身，故无怨于人，世厚天禄，令问不止。伯夷、叔齐饿于首阳，白驹、介推遁逃于山谷，颜、原、公析困馑于郊野，守志笃固，秉节不亏，宠禄不能固，威势不能移，虽有南面之尊、公侯之位，德义有殆，礼义不班，挠志如芷，负心若芬，固弗为也。①

他们坚守志向，高官厚禄不能改变，权威势力不能转移，把义看得比利重要，比生命更重要。所以，这些仁人志士能够“义溢乎九州之外，信立乎千载之上，而名传乎百世之际”。德义唱响九州之外，青史留名，永垂不朽。“自古于今，上以天子，下至庶人，蔑有好利而不亡者，好义而不彰者也。”进一步说明为人重义轻利的重要性。王符说：“财贿不多，衣食不赡，声色不妙，威势不行，非君子之忧也。行善不多，申道不明，节志不立，德义不彰，君子耻焉。”②这要求君子必须把义放在利之前面，对于百姓要有德行、有功劳，才能去求得富贵和财富，如果“无德而贿丰”，那么就有可能“祸之胎也”，能令整个家族误入迷途。

同时，儒家伦理训导中的义利观和荣辱观的关系密不可分。因此，王符还撰写了《论荣》来表达他的荣辱观。东汉时期，世族地主不断膨胀，他们通过与皇族联姻巩固地位，或者控制地方州郡扶植门生。到了东汉后期，社会上呈现出家族越大，财富越多，地位越高的现象，人们争相觉得这就是荣耀的表现，而忽视德行的重要性。因而，出现了以地位、世族、财富为主要标准的荣辱评价尺度。王符认为，“今使官人虽兼桀、跖之恶，苟结驷而过士，士犹以为荣而归焉，况其实有益者乎？使处子虽苞颜、闵之贤，苟被褐而造门，人犹以为辱而恐其复来，况其实有损者乎？”③当世之人普遍认为与有权势之人相交，可以得到许多好处，而与贫贱之人交往，常常容易损失一些钱财，从而争相趋炎附势。对于这种荣辱观念，王符不屑一谈，十分鄙视。他说：“人之善恶，不必世族；性之贤鄙，不必世俗。”④“所谓贤人君子者，非必高位厚禄富贵荣华之谓也，此则君子之所宜有，而非其所以为君子者也。所谓小人者，非必贫贱冻馁辱厄穷之谓也，此则小人之所宜处，而非其所以为小人者也。”⑤贤人、君子、小人，他们所处的地位，不是因为外在的荣华富贵、贫寒卑微，而是本身存在的德行，才致使他们成为君子或者小人。王符用正反两个实例论述道：“夫桀、纣者，

① （汉）王符著，（清）汪继培笺，彭铎校正：《潜夫论笺校正》卷1《遏利》，第27页。
② （汉）王符著，（清）汪继培笺，彭铎校正：《潜夫论笺校正》卷1《遏利》，第30页。
③ （汉）王符著，（清）汪继培笺，彭铎校正：《潜夫论笺校正》卷8《交际》，第334页。
④ （汉）王符著，（清）汪继培笺，彭铎校正：《潜夫论笺校正》卷1《论荣》，第36页。
⑤ （汉）王符著，（清）汪继培笺，彭铎校正：《潜夫论笺校正》卷1《论荣》，第32页。

夏、殷之君王也，崇侯、恶来，天子之三公也，而犹不免于小人者。”[①]夏桀、殷纣身为君主，而崇侯、恶来官居三公，因为“以其心行恶也”，品性太坏被世人称为小人。另一方面，“伯夷、叔齐、饿夫也，傅说胥靡，而井伯虞虏也，然世犹以为君子者”，伯夷、叔齐他们虽然同样被称为“饿夫”，还当过奴隶和俘虏，地位非常卑贱，但是，他们“以为志节美也”，道德高尚，贫贱不移，仍然被称为“君子”。

从中可以看出，王符认为，“故论士苟定于志行，勿以遭命，则虽有天下不足以为重，无所用不足以为轻，处隶圉不足以为耻，抚四海不足以为荣”[②]。评价人才和荣辱的标准应该是“志行”，而不是什么命运之说，或者财富、地位等，而是坚持以义为荣和以德为荣。因此，他说“宠位不足以尊我，而卑贱不足以卑己”。高贵的地位不能让我尊重，微贱的地位也不能让人卑屈。“故君子未必富贵，小人未必贫贱，或潜龙未用，或亢龙在天。”[③]富贵与卑贱都不是绝对的，通过伦理训导、德化于心可以相互转换。所以，他继续论证道：“今观俗士之论也，以族举德，以位命贤，兹可谓得论之一体矣，而未获至论之淑真也。”[④]以地位来看个人的贤能是非常片面的，没有掌握“志行”的要领。

除了以地位来论荣辱，王符也指出了以世族论荣辱的不足之处，高门大姓未必都是圣贤，寒门未必都是愚与不肖，“尧，圣父也，而丹凶傲；舜，圣子也，而叟顽恶；叔向，贤兄也，而鲋贪暴；季友，贤弟也，而庆父淫乱”[⑤]。尧同丹朱作为父子，尧是一位至圣之人，而他的儿子丹朱却非常凶狠险恶；瞽叟和舜作为父子，也是儿子圣明，父亲顽固歹毒。同样的例证，还发生在叔向同羊舌鲋、庆父同季友这些同胞兄弟之中，一边是兄贤弟暴、一边是兄淫弟贤。所以，“论若必以族，是丹宜禅而舜宜诛，鲋宜赏而友宜夷也。论之不可必以族也若是”[⑥]。荣辱不在于世族大家，而在于德行多寡。

王符认为以财富作为评价荣辱的标准也是不科学的。他又用两个正反的例子加以分析说明。“幽、厉之贵，天子也，而又富有四海。颜、原之贱，匹庶也，而又冻馁屡空。”[⑦]幽、厉虽然贵为王，而且富甲天下，却一直被世人谴责；反而颜渊和原宪，作为百姓，挨饿受冻，家徒四壁，却一直被人们所赞赏。所以，“论若必以位，则是两王是为世士，而二处为愚鄙也。论之不可必以位也，又若是焉”[⑧]。不能以家族地位或者财富来片面断定个人的德行和荣辱。所以，他继续论述道：“仁重而势轻，位蔑而义

① （汉）王符著，（清）汪继培笺，彭铎校正：《潜夫论笺校正》卷1《论荣》，第33页。
② （汉）王符著，（清）汪继培笺，彭铎校正：《潜夫论笺校正》卷1《论荣》，第33页。
③ （汉）王符著，（清）汪继培笺，彭铎校正：《潜夫论笺校正》卷1《论荣》，第34页。
④ （汉）王符著，（清）汪继培笺，彭铎校正：《潜夫论笺校正》卷1《论荣》，第34页。
⑤ （汉）王符著，（清）汪继培笺，彭铎校正：《潜夫论笺校正》卷1《论荣》，第35页。
⑥ （汉）王符著，（清）汪继培笺，彭铎校正：《潜夫论笺校正》卷1《论荣》，第35页。
⑦ （汉）王符著，（清）汪继培笺，彭铎校正：《潜夫论笺校正》卷1《论荣》，第35页。
⑧ （汉）王符著，（清）汪继培笺，彭铎校正：《潜夫论笺校正》卷1《论荣》，第35页。

荣。”[①]应该以仁德为重，权势为轻，地位为轻，节义为重。而现在，“今之论者，多此之反，而又以九族，或以所来，则亦远于获真贤矣”[②]。大多数人违背了这个观点，简单地以世族、地位来论君子贤臣，以至于贤才蒙尘。像“陈平、韩信，楚俘也，而高祖以为藩辅，实平四海，安汉室；卫青、霍去病，平阳之私人也，而武帝以为司马，实攘北狄，郡河西。惟其任也，何卑远之有？”[③]

王符希望以重德“遏利”的义利观和贵在“志行”的荣辱观，来作为伦理训导的导向，倡导社会各阶层都保持重义重行的品格。通过内在的伦理训导，社会上的每个人都保持儒家重义轻利、重德行轻荣辱的伦理观，从而使社会进入良性的轨道，整个社会和谐稳定发展。

三、对待官员，重视德礼政刑的赏罚考核机制

针对东汉中后期社会的现实状况，王符还希望通过儒家礼法德行考核机制形成礼乐教化来提高东汉官员的道德水平、为政风格和行为修养。王符认为：“今举世舍农桑，趋商贾，牛马车舆，填塞道路，游手为巧，充盈都邑，治本者少，浮食者众。”[④]整个社会都舍弃耕桑之业，从事商业行为，贵族、商人、世族带头“本末倒置”，许多底层百姓争相学习，偏向奢侈，导致浪费，影响了社会的安稳。“今京师贵戚，衣服、饮食、车舆、文饰、庐舍，皆过王制，僭上甚矣。”[⑤]如今的达官贵人不守工制，奢侈浮夸，形成了“富者竞欲相过，贫者耻不逮及”[⑥]的恶劣习俗，导致“一飨之所费，破终身之本业”[⑦]的局面。更有甚者，“其后京师贵戚，必欲江南檽梓豫章楩楠；边远下土，亦竞相仿效……工匠雕治，积累日月，计一棺之成，功将千万”[⑧]。连举行丧葬都是极尽奢靡，耗费巨大的人力物力，以致“此之费功伤农，可为痛心！”[⑨]如果继续让奢靡之风盛行，恶习蔓延，国家根本也将动摇。这将导致：“本末何足相供？则民安得不饥寒？饥寒并至，则安能不为非？为非则奸宄，奸宄繁多，则吏安能无严酷？

---

① （汉）王符著，（清）汪继培笺，彭铎校正：《潜夫论笺校正》卷1《论荣》，第36页。
② （汉）王符著，（清）汪继培笺，彭铎校正：《潜夫论笺校正》卷1《论荣》，第36页。
③ （汉）王符著，（清）汪继培笺，彭铎校正：《潜夫论笺校正》卷1《论荣》，第38页。
④ （汉）王符著，（清）汪继培笺，彭铎校正：《潜夫论笺校正》卷3《浮侈》，第120页。
⑤ （汉）王符著，（清）汪继培笺，彭铎校正：《潜夫论笺校正》卷3《浮侈》，第130页。
⑥ （汉）王符著，（清）汪继培笺，彭铎校正：《潜夫论笺校正》卷3《浮侈》，第130页。
⑦ （汉）王符著，（清）汪继培笺，彭铎校正：《潜夫论笺校正》卷3《浮侈》，第130页。
⑧ （汉）王符著，（清）汪继培笺，彭铎校正：《潜夫论笺校正》卷3《浮侈》，第134页。
⑨ （汉）王符著，（清）汪继培笺，彭铎校正：《潜夫论笺校正》卷3《浮侈》，第134页。

严酷数加，则下安能无愁怨？愁怨者多，则咎征并臻，下民无聊，而上天降灾，则国危矣。”[①]败亡的征兆越来越多，百姓穷困潦倒，灾祸降至世间，国家将逐步灭亡。但是，百姓并不是天生崇尚奢华，而是后天教化而来的，“凡诸所讥，皆非民性，而竞务者，乱政薄化使之然也”[②]。而改变现在的世风就需要“王者统世，观民设教，乃能变风易俗，以致太平”[③]。贤明的帝王，根据实情决定教化方针，改变习俗，达到太平盛世。

自儒家创立以来，就以鲜明的淑世精神而著称，儒家士人经常以积极的姿态参与到国家事务的管理之中。进入汉代以后，士人的参政方式同察举制、征辟制有机结合起来，为国家的有序运行提供了源源不断的动力。而随着时间的推移，察举制度产生出诸多弊端，出现了“阀阅取士”“选举不实”等问题，结果造成恶劣的影响，正如时谚所称“举秀才，不知书。举孝廉，父别居。寒素清白浊如泥，高第良将怯如鸡”[④]。当中央与地方官吏的选拔大权掌控在世家大族手中，一般的底层士人很难有出来做官的机会，社会阶层之间的流动被阻滞，造成了一系列的社会问题。王符对此有切身的感受，他身为庶子，毫无权势可依，常被人施以冷眼。因此王符对当时的人才选拔弊端有较为清醒的认识，他说：“群僚举士者，或以顽鲁应茂才，以桀逆应至孝，以贪饕应廉吏，以狡猾应方正，以谀谄应直言，以轻薄应敦厚……名实不相副，求贡不相称。富者乘其材力，贵者阻其势要，以钱多为贤，以刚强为上。凡在位所以多非其人，而官听所以数乱荒也。”[⑤]

王符认为当时通过察举制所选之人多名不副实，一些权臣贵胄利用手中特权，获得被选资格，结果所举非人，造成地方荒政，社会不安。他批判以贵贱、权位作为标准来区别“贤”与“不贤”、“君子”与“小人”。他说：“故君子未必富贵，小人未必贫贱，或潜龙未用，或亢龙在天，从古以然。”[⑥]他认为当时的选举方式完全是“以族举德，以位命贤”，这种以宗族、地位作为标准察举制度是荒谬的。他说：“论若必以族，是丹宜禅而舜宜诛，鲋宜赏而友宜夷也。论之不可必以族也若是。”[⑦]他认为选择人才的标准应以个人的才能和道德品质作为考量标准，而非家世与地位，对于德才兼

① （汉）王符著，（清）汪继培笺，彭铎校正：《潜夫论笺校正》卷3《浮侈》，第120页。
② （汉）王符著，（清）汪继培笺，彭铎校正：《潜夫论笺校正》卷3《浮侈》，第140页。
③ （汉）王符著，（清）汪继培笺，彭铎校正：《潜夫论笺校正》卷3《浮侈》，第140页。
④ （清）陈立撰，吴则虞点校：《白虎通疏证》卷4《封赏》，北京：中华书局，1984年，第143页。
⑤ （汉）王符著，（清）汪继培笺，彭铎校正：《潜夫论笺校正》卷2《考绩》，第68页。
⑥ （汉）王符著，（清）汪继培笺，彭铎校正：《潜夫论笺校正》卷1《论荣》，第34页。
⑦ （汉）王符著，（清）汪继培笺，彭铎校正：《潜夫论笺校正》卷1《论荣》，第35页。

备的人，王符称之为“贤人”。王符说：“身之病待医而愈，国之乱待贤而治。”[①]王符认为国家的兴衰存亡，与国家是否应用贤才具有直接的关联性，正如人有病需要医生医治，国家发展到了存亡危急的关头，也需要贤者拨乱反正。东汉中晚期外戚、宦官专政，整个官僚体系乌烟瘴气，在位者尸位素餐、无所作为，因此他认为当务之急是为国家择贤才，他说：“顺天心者，必先安其人；安其人者，必先审择其人。”[②]国以贤兴，以谄衰；君以忠安，以佞危，这是古今之常论。

关于如何选拔对国家有用的“贤才”，王符提出了自己的看法。其一，他提出君主在贤才选拔的过程中占据主导地位。他说：“明君莅众，务下言以昭外，敬纳卑贱以诱贤也。”[③]君主作为人才选拔者，官吏任用人，享有极高的权力。正是如此，君主愈需要能够礼贤下士，不以身份贵贱而有所偏取，选贤任能，如此四方真正的贤能之士，才能为其所用。其二，他认为衡量一个人是否可用的重要标准乃“忠”。这里的忠，不仅仅指对君主忠心，还要忠于黎民百姓，忠于天下苍生。他说：“白起、蒙恬，秦以为功，天以为贼。息夫、董贤，主以为忠，天以为盗。”[④]他指出一些表面上对君主忠诚之人，实际是为了一己私利，而这种行为正是对天下百姓的大不忠。因此君主在判定一个人是否可以重用的时候，不仅要看其是否对自己忠心，更看重的是其有无对百姓谋利的愿望。其三，王符认为在任用他人时，要先对此人的清名进行考核，以免徒有虚名，名不副实。他说：“是故选贤贡士，必考核其清素，据实而言。”[⑤]若非如此，则往往有浑水摸鱼、滥竽充数之人冒领官职，为害一方。当时，就出现了一名著名的“伪孝子”——赵宣。赵宣的父母去世之后，他不仅在墓边守孝三年，而且三年之后坚持守孝，在墓道里住了二十多年。时人都认为赵宣的行为，堪称孝子典范。结果当刺史陈蕃慕名前去拜访时，却发现了他守孝期间与妻子在墓道中所生的几个儿女。正是有鉴于此，王符才认为选拔人才时，要首先对其进行考核，以免受骗。

其四，王符在《潜夫论》中还讨论了对官员政绩的考核问题，提出了许多有见地的见解。王符所处的时代，外戚、宦官专政，官员贪污腐败的现象极其严重。而选举之途为世家所操纵，官员的考核也同样落入其手，所谓的考核考绩，形同虚设。王符对此批判道：“今则不然，令长守相不思立功，贪残专恣，不奉法令，侵冤小民。州司不治，令远诣阙上书讼诉。尚书不以责三公，三公不以让州郡，州郡不以讨县邑，是

① （汉）王符著，（清）汪继培笺，彭铎校正：《潜夫论笺校正》卷2《思贤》，第78页。
② （汉）王符著，（清）汪继培笺，彭铎校正：《潜夫论笺校正》卷2《本政》，第90页。
③ （汉）王符著，（清）汪继培笺，彭铎校正：《潜夫论笺校正》卷2《明暗》，第56页。
④ （汉）王符著，（清）汪继培笺，彭铎校正：《潜夫论笺校正》卷3《忠贵》，第111页。
⑤ （汉）王符著，（清）汪继培笺，彭铎校正：《潜夫论笺校正》卷3《实贡》，第158页。

以凶恶狡猾易相冤也。侍中、博士谏议之官，或处位历年，终无进贤嫉恶拾遗补阙之语，而贬黜之忧。”[①]王符批判一些朝廷官员，不思进取，贪婪专横，以荼毒、欺凌百姓为能，结果使民间怨声载道。监察官员也毫无作为，不能进贤黜恶。王符认为是考功废弛和赏罚不明造成的这种结果，他说：“圣汉践祚，载祀四八，而犹未者，教不假而功不考，赏罚稽而赦赎数也。”[②]因此，他提出要对官员实行严格的考核才能判明贤愚，使吏治清明。他说：“夫剑不试则利钝暗，弓不试则劲挠诬，鹰不试则巧拙惑，马不试则良驽疑。”[③]他指出，检验一件器物是否合格的办法，就是要试用，不试不知其能否满足需要。为了避免在考核的过程中有所偏私，尽量做到公正公平，他提出在考核的过程中有两不能，即不能“任众”和不能“专己”。王符认为之所以不能“任众”是因为“一犬吠形，百犬吠声”[④]。何谓“一犬吠形，百犬吠声”？王符解释为“贵人之风指，胁以权势之嘱托，请谒阗门，礼赞辐辏”[⑤]，而正直士人“不损君以奉佞，不阿众以取容，不堕公以听私，不挠法以吐刚，其明能照奸，而义不比党”[⑥]，这也就是说当时占据权势之位的人未必是贤才，然而因其权势煊赫，必定有许多谄谀之人随声附和，导致考核结果失真。而真正的正直有能力的官员不屑于趋炎附势、自夸自耀，因此很容易被庸才所埋没。除了强调在考核过程中不能“任众”外，王符还提出了不能“专己”的观点。他在强调不能“专己”的观点时，举了纣王和赵高两个例子作说明。殷纣王烹杀九侯，赵高“指鹿为马”，都是独断专权的体现，而君主“专己”，则容易刚愎自用，以自己的喜好作为标准来考核官员，如此则谄媚之徒将得到重用，忠言逆耳的贤良方正将受到罢黜。因此，王符提出在人员的考核过程中要严防“专己”。

此外，面对当时功而不赏、过而不罚的现状，王符还提出了对官员要完善刑赏奖惩机制。他认为“国无常治，又无常乱，法令行则国治，法令弛则国乱”。王符极力推崇汉朝建立之初的奖惩方式，称赞汉宣帝能“明察其治，重其刑赏”[⑦]。他认为在对地方官员考核完毕以后，就要有功者赏，无功者罚，他说：“奸宄减少、户口增息者，赏赐金帛，爵至封侯。其耗乱无状者，皆衔刀沥血于市。”[⑧]官员如果

---

① （汉）王符著，（清）汪继培笺，彭铎校正：《潜夫论笺校正》卷2《考绩》，第68页。
② （汉）王符著，（清）汪继培笺，彭铎校正：《潜夫论笺校正》卷2《考绩》，第71页。
③ （汉）王符著，（清）汪继培笺，彭铎校正：《潜夫论笺校正》卷2《考绩》，第63页。
④ （汉）王符著，（清）汪继培笺，彭铎校正：《潜夫论笺校正》卷1《贤难》，第49页。
⑤ （汉）王符著，（清）汪继培笺，彭铎校正：《潜夫论笺校正》卷2《本政》，第93—94页。
⑥ （汉）王符著，（清）汪继培笺，彭铎校正：《潜夫论笺校正》卷2《潜叹》，第98页。
⑦ （汉）王符著，（清）汪继培笺，彭铎校正：《潜夫论笺校正》卷4《三式》，第207页。
⑧ （汉）王符著，（清）汪继培笺，彭铎校正：《潜夫论笺校正》卷4《三式》，第207页。

能够将所辖地区的犯罪率降低，人口增加，就应该给予一定的物质奖励，提升其爵位。相反，如果辖境内动荡不安，则要严惩不贷。他认为唯有严明赏罚，方能社会稳定、长治久安，正如他所说“赏罚者，诚治乱之枢机也”[①]。在赏罚方面，王符对多次赦免带来的恶劣后果进行了严肃的批判。他说：“今日贼良民之甚者，莫大于数赦。赦赎数，则恶人昌而善人伤矣。”[②]通常情况下，平民百姓因遵纪守法颁布的赦令与其关系不大。对于作奸犯科的惯犯，将会因赦令而存在侥幸心理。因而，赏罚思想中赦令的滥行，对国家百害无一利。为了有效避免社会越轨行为的出现，王符还提出了与一般儒家学者不同的观点——恢复肉刑。西汉时一般儒家士人认为，肉刑过于残忍，主张废除，汉文帝也因废除肉刑而受到儒家士人的赞赏，认为是仁政。《礼记·乐记》对于礼乐的描述为“乐者，天地之和也。礼者，天地之序也。和，故百物皆化；序，故群物皆别”[③]。王符虽然也认为以礼乐教化天下是儒家一贯的传统，但是儒家认为万物皆有其序列，只有维持好社会的各序列，社会才能稳健发展。为缓解东汉中后期社会的现实危机，需要实现礼法刑德的阴阳和合之治。王符提出了恢复肉刑，以使五刑有品，轻重有数。他从“天人合策”的角度论证了刑罚的形而上根据“天道”，认为用司法手段对犯罪的惩治不仅是恢复受损的人间秩序，同时也是恢复受损的自然秩序。在赏罚的过程中，王符提出了三条标准，即明、严、信。“明”即其所说的“赏罚之实，不以虚名”，赏罚要讲求真实性，不能错赏错罚。“严”则是指“隆重赏罚”，意即赏罚力度要足够撼动人心，“赏”要人心动，“罚”要人惧怕。“信”，就是要积极兑现赏罚的承诺，不能“言赏则不与，言罚则不行”[④]，使应赏者心寒，而应罚者心存侥幸。王符认为刑罚的作用在于除暴安良、“劝善止恶”。礼法的最高目标在于使社会太平。虽然他认为治乱世可用重刑，但他仍将刑罚定位为辅助德化，即所谓“尊德礼而卑刑罚”。

四、结　语

总之，针对东汉中后期皇权式微、外戚干政、宦官专政，社会风气萎靡，腐败乱象滋生等现象，王符以“潜夫”的身份，从匡救时弊出发，揭露了当时社会的各种问

① （汉）王符著，（清）汪继培笺，彭铎校正：《潜夫论笺校正》卷4《三式》，第207页。
② （汉）王符著，（清）汪继培笺，彭铎校正：《潜夫论笺校正》卷4《述赦》，第174页。
③ （清）孙希旦撰，沈啸寰、王星贤点校：《礼记集解》卷37《乐记》，北京：中华书局，1989年，第990页。
④ （汉）王符著，（清）汪继培笺，彭铎校正：《潜夫论笺校正》卷5《劝将》，第249页。

题，提出了一套以“道德修养”“伦理训导”“礼乐感化”等为内容的礼法结合的社会治理思想。其思想核心是在传统儒家仁政思想的基础上并结合时代需要进行了发挥并有所创造。王符提出君主在拥有治民权力的同时也有养民的责任，君主不仅需要以礼乐教化百姓，其自身也应加强道德修养。他对君主道德修养的提出具有一定的时代意义。同时，王符所提出的“民为国基，谷为民命”的民本思想，并贯穿于其富民、教民、法治理论当中，将“民为神本”上升到“民为国基”的高度之上，这是我国传统的民本思想发展到较为完善的新阶段的体现，在中国古代民本思想的发展脉络中占有重要的地位，有着承前启后的作用。

当然，王符提出的社会控制思想本意仍是为了维护社会稳定，促进社会发展，从而维护封建王朝的统治。虽然王符提出了他的对东汉中后期社会有针对性的控制思想，力图挽大厦之于将倾。但是，因受制于儒家思想较为严重的影响，他提出的社会控制思想的根本目的，仍是为了对封建君主专制统治进行维护。王符社会控制与整合思想的显著特点是对于社会控制思想的效果阐释较多，对于具体的可操作性的社会治理方式涉及仍然较少。虽然他也提出了君主有养民的责任，但是却始终未树立主体在民的观念，而是过度地将社会的发展稳定寄托于圣君贤相，希冀通过其对百姓的教化使其遵守既定的社会规范，从而暴乱不生，物阜民丰。然而，以统治者作为教化实施的主体，其教化的过程就成为统治者利用权力的过程。现实中许多君主所实行的教化标准恰恰与他本人所作所为相背离。对于不同为政风格的统治者而言，礼乐教化所实现的效果是截然不同的。因此，其过于重视礼乐教化的理想效果而忽视儒家礼法教化，显然在社会运行中存在着理想与现实的差距。这当然也是王符所处时代的思想家难以摆脱传统思想的影响和历史的局限所造成的。

国家演进、水德之运与处士横议

——秦帝国“事皆决于法”的三维探析

刘 力

重庆师范大学学报编辑部

公元前221年，秦最终吞并六合，开创了中国历史上第一个大一统专制中央集权帝国。这个被视之为“平定天下，海内为郡县，法令由一统，自上古以来未尝有，五帝所不及”[①]的大一统帝国，原本被其开创者给予厚望，“二世三世至于万世，传之无穷”[②]，然则，秦帝国最终“一夫作难而七庙堕”，二世而亡，“为天下笑”。[③]其后，在针对秦帝国短命而亡的分析与批判过程中，其结论多指向秦政“事皆决于法”的酷刑滥施、横征暴敛。然对秦帝国何以“事皆决于法”，却鲜少探讨。[④]细探之，秦帝国以“事皆决于法”为其施政原则，实则是由法家学说对秦发展历程中的重要影响、“五德终始”说崇奉下秦为“水德”的天命认知，以及政权遭受士人非议、六国残存势力倾覆的现实危机诸方面合力所催生的。

一、重法：诸侯卑秦至诸侯毕贺

秦在完成统一六合创建大一统帝国之前，僻居西隅，被关东之国“比于戎、翟”

① 《史记》卷6《秦始皇本纪》，北京：中华书局，1959年，第236页。

② 《史记》卷6《秦始皇本纪》，第236页。

③ （汉）贾谊撰，阎振益、钟夏校注：《新书校注》卷1《过秦上》，北京：中华书局，2000年，第3页。

④ 就笔者认知，目前学界鲜少就该主题进行专题性的学术探究。王绍东、张玉祥《五德终始学说中的水德与秦汉政治》（《中国社会科学院研究生院学报》2005年第4期）认为，秦朝暴政是对“水德”的改造，经过对水德的改造，秦始皇为统一后继续其严刑峻法、残忍暴虐的统治政策寻求到了理论依据。刘力在《秦朝“事皆决于法”的天命认知》（《中国社会科学报》2017年4月24日）一文虽然基于“阴阳五行说受青睐”“‘水德’之性要求严刑峻法”“‘水德’之性适应政治需要”方面略作提及，但限于报刊篇幅，也仅仅只是抛一砖而已。

而耻与之。造成这一认知，一方面在于时至战国，文化视域下的“夷夏之别”渐趋强烈；另一方面则是因秦重军功、尚耕战的法家文化的价值取向所致。然则，秦对于法家文化的情有独钟并非是源自本初，而是在其发展历程中的一种对比后的功利性择取，尤其是在借商鞅变法而助秦致强之后，始遂助长了其“崇法”的价值取向。

由东迁徙至西陲的嬴秦部族在经历跌宕起伏的漫长历程之后，至周孝王时，始受封“邑之秦”，以“附庸”而存，“号曰秦嬴”①，这成为嬴秦在西周治域下政治地位开始提高的标志。时至秦襄公七年（前 771 年）春，“西戎犬戎与申侯伐周，杀幽王郦山下。而秦襄公将兵救周”，且“以兵送周平王”东徙洛邑。为行褒奖，“平王封襄公为诸侯，赐之岐以西之地……与誓，封爵之”。②此成为秦真正建国之开端。自此，秦不仅进身诸侯，“具有了与东方各国平等交往的政治基础”③，同时也开始礼乐文化制度的创建及与关东诸侯国的交通往来，“襄公于是始国，与诸侯通使聘享之礼，乃用骝驹、黄牛、羝羊各三，祠上帝西畤”④。至穆公元年（前 659 年），秦“迎妇于晋”⑤；二十五年（前 635 年），周王（襄王）使人“告难于晋、秦”，“秦穆公将兵助晋文公入襄王”⑥。不仅如此，当戎王派使之秦，原本居西陲与戎狄杂居的秦甚或以诗书礼乐的代表自居，显耀于戎。“戎王使由余于秦……秦穆公示以宫室、积聚……穆公怪之，问曰：‘中国以诗书礼乐法度为政，然尚时乱，今戎夷无此，何以为治，不亦难乎？’”⑦此处，秦穆公无疑是深以诗书礼乐而自豪的。

秦在其早期阶段以诗书礼乐为尚，亦为考古发现佐证。1993 年甘肃礼县永兴乡大堡子山一带发现秦贵族和秦公两大墓葬区。经研究，初步确定为秦襄公夫妇或其子秦文公夫妇的陵墓，墓中除土鼎、簋等礼器外，有镈钟、甬钟等乐器。2006 年，在礼县圆顶山贵族墓发掘祭祀坑的过程中，除了发现人祭坑 4 座、灰坑 6 个外，还发掘了 1 座秦子乐器坑，出土了早期秦人精美绝伦的青铜编钟和石磬之类的打击乐器，有镈钟和甬钟共 11 件，石磬两套每套各 9 件。其中一组九件套的秦编钟，音色优美，造型精美绝伦，保存完好无损（现藏于礼县博物馆）。对此，学者认为，其时秦文化能突然达到这样高的水平，“除了全盘接受西周先进的文化以外，不可能作其他解释”⑧。即是说，秦在其早期崛起过程中，不仅政治上与周王室密切关联，而且

① 《史记》卷 5《秦本纪》，第 177 页。

② 《史记》卷 5《秦本纪》，第 179 页。

③ 雍际春：《秦早期历史研究》，北京：中国社会科学出版社，2017 年，第 243 页。

④ 《史记》卷 5《秦本纪》，第 179 页。

⑤ 《史记》卷 5《秦本纪》，第 185 页。

⑥ 《史记》卷 5《秦本纪》，第 190 页。

⑦ 《史记》卷 5《秦本纪》，第 192 页。

⑧ 林剑鸣：《秦史稿》，北京：中国人民大学出版社，1981 年，第 80 页。

在制度文化价值取向上亦是以诗书礼乐为尚的。更有学者认为，在商鞅变法前，“秦国的礼制文化建设基本上是以周礼为楷模的，而秦人对周礼的实际运用，在现实生活中已经相当普遍”①。

然则，随着时至战国，周王室日益式微，诸侯之间的兼并战争更趋激烈。至公元前361年，秦孝公继位，秦面临严峻的内外局势。在外，“河山以东强国六，与齐威、楚宣、魏惠、燕悼、韩哀、赵成侯并”②，淮泗之间，亦有“小国十余”，此外，尚有“楚、魏与秦接界。魏筑长城，自郑滨洛以北，有上郡。楚自汉中，南有巴、黔中”；在内，“往者厉、躁、简公、出子之不宁，国家内忧”。纵观其时格局，秦处于卑弱之境，“三晋攻夺我先君河西地，诸侯卑秦”。③为了让秦摆脱内忧外患，进而实现国富兵强，称雄于诸侯，秦孝公继位伊始即向天下求贤问计，“宾客群臣有能出奇计强秦者，吾且尊官，与之分土”④。在此背景之下，商鞅去魏西向至秦，向秦孝公进献“强国之术”。

商鞅的“强国之术”，核心在于以“耕战”为核心的变法。商鞅认为，其时秦所处时代，是“强国事兼并，弱国务力守”⑤。即是说，其时是一个凭“力”求生存、凭“力”获发展的时期，“周礼”已然不能适应现实所需，故商鞅主张用“法”更“礼”、用“法”生“力”、用“法”求“强”。面对诸侯倚强凌弱的兼并战争的现实格局，商鞅认为，周礼所强调的诗书礼乐不仅无益于富国强兵，且还会削弱国之实力，“国用诗、书、礼、乐、孝、弟、善、修治者，敌至必削国，不至必贫国。不用八者治，敌不敢至，虽至必却。兴兵而伐，必取，取必能有之，按兵而不攻，必富”⑥。作为意欲有所作为的统治者，应该深刻认识到其危害：

> 辩慧，乱之赞也。礼乐，淫佚之征也。慈仁，过之母也。任举，奸之鼠也。乱有赞则行，淫佚有征则用，过有母则生，奸有鼠则不止。八者有群，民胜其政；国无八者，政胜其民。民胜其政，国弱；政胜其民，兵强。故国有八者，上无以使守战，必削至亡；国无八者，上有以使守战，必兴至王。⑦

既然作为周礼主要内容的“礼乐”“慈仁”不仅不适应其时凭“力”胜的时

① 胥仕元：《秦国—秦朝统治中的礼治因素》，《学习与探索》2009年第3期。

② 《史记》卷5《秦本纪》，第202页。

③ 《史记》卷5《秦本纪》，第202页。

④ 《史记》卷5《秦本纪》，第202页。

⑤ 《商君书·开塞第七》，《诸子集成（五）》，北京：中华书局，2015年，第16页。

⑥ 《商君书·去强第四》，《诸子集成（五）》，第9页。

⑦ 《商君书·说民第五》，《诸子集成（五）》，第10页。

局，还会造成国家“淫佚”“必削至亡”，为了在其时以力为胜中获得生存乃至胜出，变法求得生存也就成为秦“以适于时”的应然抉择了，这是其所处时代之必然的抉择。

不仅如此，商鞅基于人性求利的特点，进一步阐释其重“法”。作为法家先驱，商鞅强调人作为生物的种属性，“民之性，饥而求食，劳而求佚，苦则索乐，辱则求荣，此民之情也”①。“民之于利也，若水于下也。”②人所具有的生物性进而决定人之“恶”与“务”：“羞辱劳苦者，民之所恶也；显荣佚乐者，民之所务也。”③为了获得功名利禄，民众往往不惜违背礼法，冒犯“所禁”，即便是“名辱而身危”，依然不止，“民之求利，失礼之法；求名，失性之常。奚以论其然也。今夫盗贼上犯君上之所禁，而下失臣子之礼，故名辱而身危，犹不止者，利也”④。究其根由，在于“名利之所凑，而则民道之”。诗书礼乐在“利”的面前被虚悬，唯有以“法”禁罚之。

正是基于诸侯纷争的现状及人性趋利的本性，商鞅主张“重法”。商鞅在秦变法之初，由于所变之法与传统礼制下统治阶层的既有利益相冲突，故不仅遭遇同僚反对，亦为百姓所不喜，“甘龙、杜挚等弗然，相与争之……百姓苦之”⑤。然随着其功效的显现，在内，“居三年，百姓便之”⑥。“行之十年，秦民大说，道不拾遗，山无盗贼，家给人足。民勇于公战，怯于私斗，乡邑大治。”⑦在外，秦由此“兵戈大强，诸侯畏惧”⑧，“秦无敌于天下，立威诸侯，功已成矣”⑨。由此，法家思想在秦逐渐深入人心，“于是法大用”⑩：

> 商君治秦，法令至行，公平无私，罚不讳强大，赏不私亲近，法及太子，黥劓其傅。期年之后，道不拾遗，民不妄取，兵戈大强，诸侯畏惧。⑪

商鞅的变法实现了秦孝公之愿——“强秦”，结束了“诸侯卑秦，丑莫大焉”的窘迫境况，甚或取得了“天子致伯”“诸侯毕贺”之荣耀，更为“秦统一中国奠定了基

① 《商君书•算地第六》，《诸子集成（五）》，第13页。
② 《商君书•君臣第二十三》，《诸子集成（五）》，第41页。
③ 《商君书•算地第六》，《诸子集成（五）》，第15页。
④ 《商君书•算地第六》，《诸子集成（五）》，第13页。
⑤ 《史记》卷5《秦本纪》，第203页。
⑥ 《史记》卷5《秦本纪》，第203页。
⑦ 《史记》卷68《商君列传》，第2231页。
⑧ 何建章注释：《战国策注释》卷3《秦策一》，北京：中华书局，2020年，第80页。
⑨ 何建章注释：《战国策注释》卷5《秦策三》，第223页。
⑩ 《史记》卷5《秦本纪》，第205页。
⑪ 何建章注释：《战国策注释》卷3《秦策一》，第80页。

础”[①]。由此，法家思想成为“秦国得以扫平其他六国的利器”[②]。故有学者认为，正是“自秦孝公始，法家思想即为秦国的意识形态”[③]。

在此后的一百余年时间里，秦不仅以耕战为国策，更奉法家学说为鹄的。这在湖北云梦睡虎地发现的秦简中可得一窥。到秦王嬴政，其更是成为法家思想的崇尚者和极力奉行者。《史记》载，韩非的文章传到秦国后，“秦王见《孤愤》《五蠹》之书，曰：‘嗟乎，寡人得见此人与之游，死不恨矣！’”[④]至公元前221年，秦国最终完成统一大业，创建中国历史上第一个大一统秦帝国之时，“事皆决于法”也就成为在位者基于秦国历史发展经验的应然择取。这是草创的秦帝国基于对自身历史发展进程中因“重法”而获得巨大成功这一抉择的认同，更是由秦因重“法”不仅一改诸侯卑秦的困境，而且最终还取得一统六合的伟业这一发展历程的承继。

二、“五德终始”下的“水德”之运

公元前221年，秦王嬴政最终完成了统一六合、创建帝国的伟业。作为中国历史上第一个中央集权的帝国，在完成武力统一之后，更为迫切的则是需要一套对以武力所建构起来的政权进行合法性论证的思想学说。该学说的功能当是要为既存的政权抑或政治秩序的合法性予以解释和论证。换言之，即以武力代周而起的秦帝国迫切需要一套论证、支持帝国统治合法性的信仰系统。因为“任何政权，若想进行有效与稳定的统治，绝不能只诉诸武力，而是要人民承认它的合法性”[⑤]。一如美国学者弗•杰姆逊所说：“没有任何一个统治阶级能够永远依靠暴力来维护其统治，虽然暴力在社会危机和动乱时刻完全是必需的。恰恰相反，统治阶级必须依靠人们某种形式的赞同，起码是某种形式的被动接受，因此庞大的统治阶级意识形态的基本功能就是去说服人们相信社会生活就应该是如此，相信变革是枉费心机，社会关系从来就是这样，等等。”[⑥]

观之其时的诸子学说，秦采用商鞅变法取得了巨大的成功，最终成就了帝国统一

---

① 徐进：《商鞅法治理论的缺失——再论法家思想与秦亡的关系》，《法学研究》1997年第6期。

② 徐进：《商鞅法治理论的缺失——再论法家思想与秦亡的关系》，《法学研究》1997年第6期。

③ 吴圣正：《法家思想的演变与秦王朝的兴亡》，《临沂师范学院学报》2009年第4期。

④ 《史记》卷63《老子韩非列传》，第2155页。

⑤ 林聪舜：《儒学与汉帝国意识形态》，上海：上海人民出版社，2017年，第46页。

⑥ ［美］弗•杰姆逊：《后现代主义与文化理论——杰姆逊教授讲演录》，唐小兵译，西安：陕西师范大学出版社，1986年，第209页。

的大业。但从层级上言之，秦所采用的由商鞅至韩非等一系的法家学说作为其经国驭民的理论都还只是一种“法术”。这里的“法”只能充当“治”的工具，“商鞅的法治就是实现他的富国强兵的一种治法，一种以富国强兵为选择根据的治法”，故“可以说，商鞅的法治理论就是功利主义的法律工具论”①，正是由于商鞅的“法治主义是全为运用农本主义与战利主义于政治上的一种手段”②，故其难以发挥大一统帝国所需要的信仰系统功效。一如学者所言，“商、韩为代表的法家学说不仅层级上难以承担秦帝国所期望的功效，就其思想所存在的‘工具性’‘狭隘性’等‘结构性缺失与偏倚’”③，也决定了法家学说难以充任国家学说，进而成为秦帝国所需要的政治意识形态。故无论是在层级上，抑或是学说的内在理论建构上，法家学说虽然可以助秦在由诸侯国向统一大帝国的进程中发挥难以匹敌的功效，但是却不能担任对于帝国政权合法性的论证。

作为先秦显学的儒学，虽然也显于其世，然其学说主张与秦帝国统治者的政治诉求相去甚远。自孔孟伊始，儒学之士无不以“祖述尧舜”为己任，以致“王道”为政治理想目标。就其内容而言，其所推崇倡导的“仁者，爱人”“克己复礼”不仅“迂远而阔于实际”；“王何必曰利”的“怀柔远人”的“仁政”主张更是被秦昭王视为“无益于人之国”（《荀子·儒效》）。此外，先秦的儒学更多地关注于人伦道德，其更为注重的是由“修身齐家”到“治国平天下”内在的发展路径。一如学者指出，先秦儒家主张的“王道主义并未同天道主义联系起来”，直至西汉“董仲舒创立‘天道儒家’，完成了天道的结合”④。故其时的儒学在信仰层级上也难以为凭“力”而胜的秦帝国服务。

要之，作为其时王道与霸道两大政治愿景理论指导思想的儒家与法家，一倡“道德”，一主“力”胜，二者均难以满足新生的秦帝国急需一套对其政权合法性予以信仰论证的需要。相较于其时儒、法多偏重于具体施政的主张与阐释，战国齐人邹衍所创设的 “为王朝立论”的“五德终始”说更能契合统治者所需。史载，齐人邹衍初“以儒术干世主，不用”，后“乃深观阴阳消息而作怪迂之变，《终始》《大圣》之篇十余万言”⑤。即是说，邹衍先是以儒家学说游说于诸侯“世主”而未被接受，也不为当

① 徐进：《商鞅法治理论的缺失——再论法家思想与秦亡的关系》，《法学研究》1997年第6期。

② 陈烈：《法家政治哲学》，上海：上海三联书店，2014年，第28页。

③ 李禹阶：《论商鞅、韩非的国家思想及“法”理念——兼论商、韩法家理论的结构性缺陷》，《暨南学报（哲学社会科学版）》2015年第1期。

④ ［日］春日井明：《中国古代的“气”和“鬼”》，转引自刘文瑞：《征服与反抗——略论秦王朝的区域文化冲突》，《文博》1990年第5期。

⑤ 《史记》卷74《孟子荀卿列传》，第2344页。

权者重用，遂调整路径，用“阴阳消息”“五德转移”来说明王朝之更替的原因和趋势。尤其是“五德之运”，聚焦王朝更迭，这不仅令其时的诸侯王公“惧然顾化”，邹衍本人也“以阴阳主运显于诸侯”，“适梁，惠王郊迎，执宾主之礼。适赵，平原君侧行撇席。如燕，昭王拥彗先驱，请列弟子之座而受业，筑碣石宫，身亲往师之”①。对于邹衍所获得的“游诸侯见尊礼如此”的待遇，司马迁在《史记》中一语中的地指出，其要则在于“作《主运》”②。

自殷周始，“君权神授”就成为政治权力来源以及合法性的最权威性解释。在此信仰之下，神格性的“天”借助祥瑞与灾异的降临来昭显对人间君王的认可赞许抑或警示甚至褫夺。“正是通过这种天人之间的感应和对话，既保证了君统治权威的实现，又对君的权力形成制约和监督。如果某一君王统治腐朽，天就会褫夺旧君的权力而授予新君。”③商周统治者宣传天命论，把上天看作有意志的人格神，自己是天之子。到战国后期，天命论衰落了，不能再把新朝代的兴起说成是天的意志。而邹衍所创设的“五德终始”说则承担起了对于新君和旧君之间更替嬗变的解释与对接，以及其间规律的揭示。“五德终始”说作为一套阐释系统和符号模型，其认为“新君”的兴起源于“旧君”德运衰微，“新君”因为据有克胜“旧君”的德运而获得政权。这一学说因为冠以“天”的名义，上承“天”的旨意，故这不仅让王公大人“惧然顾化”，且更能让普通民众崇信之。即是说，“五德终始”说恰好为“秦王朝向人们提供了信仰上的注释”④。

而考之秦的历史，其可谓深受阴阳五行说之影响。据庞朴先生考证，商人的龟卜文化已出现了以五方为基础的五行观念。⑤秦人一度作为商人的附庸，当是接受了商周文化中的阴阳、五行思想。商周的最高神，皆泛称为“帝”或“上帝”。将所祭之神以五行之色彩命名，始见于秦人。⑥《日书》约写作于战国晚期至秦始皇统治之际，其中保留了大量的五行相胜材料，说明五行思想已广泛深入秦人日常生活中。而观之成书于帝国前夕的《吕氏春秋》亦可得知。《吕氏春秋》成篇于秦帝国之前，为我们呈现出其时的另一思想面貌：“以阴阳统辖天地、昼夜、男女等自然现象，以及尊卑、动静、刚柔等抽象观念，把世界上的万物分列为阴性和阳性两类；以五行的木、火、土、金、水统辖时令、方向、神灵、音律、服色、食物、道德等等，乃至于王朝帝国

① 《史记》卷74《孟子荀卿列传》，第2345页。

② 《史记》卷74《孟子荀卿列传》，第2345页。

③ 宫欣旺：《论“五德终始说”的政治意识形态意蕴及其功能》，《中共银川市委党校学报》2007年第3期。

④ 赵潇：《论五德终始说在秦的作用和影响》，《齐鲁学刊》1994年第2期。

⑤ 庞朴：《阴阳五行探源》，《中国社会科学》1984年第3期。

⑥ 赵潇：《论五德终始说在秦的作用和影响》，《齐鲁学刊》1994年第2期。

的系统和制度。”[①]《吕氏春秋》呈现出的思想面貌所揭示出的其时社会民众的思想认知则是，“阴阳五行”是其时人的“信条”，是他们的思想行事的“核心。”即是说，秦人对于阴阳五行说的认可与接纳早在帝国之前就已经存在。[②]五德终始说“之所以被秦统治者吸收并采用，其思想根源在于秦文化中固有的阴阳、五行思想因素，它恰与秦的文化传统相吻合”[③]，所以“及秦帝而齐人奏之，故始皇采用之”[④]。

依照五德终始说的“五德相胜”，所推论的结果是秦帝国获“水德”，“始皇推终始五德之传，以为周得火德，秦代周德，从所不胜”[⑤]。秦为“水德”不仅为其变周（火德）而兴的历史现实所佐证，且早有祥瑞征兆，“昔秦文公出猎，获黑龙，此其水德之瑞”[⑥]。这符合“五德之运”所宣扬的“凡帝王者之将兴也，天必先见祥乎下民”[⑦]的祥瑞征兆。由此，被视为获得“水德”之运的秦帝国遂施行系列“水德”之政，行数端“水德”之制，“水气胜，故其色尚黑，其事则水”[⑧]。帝国的一切无不围绕其运行，甚至将抽象的说教具体化，以实实在在的社会生活中细小的行为细节来处处体现“水德”：

> 方今水德之始，改年始，朝贺皆自十月朔。衣服旄旌节旗皆上黑。数以六为纪，符、法冠皆六寸，而舆六尺，六尺为步，乘六马。更名河曰德水，以为水德之始。[⑨]
>
> 于是秦更名河曰“德水”，以冬十月为年首，色尚黑，度以六为名，音上大吕，事统上法。[⑩]

由上述所颁布的各项规制中可见，“水德”之性在秦帝国的社会政治生活中得以充分体现，同时，又借助秦为“水德”的认定与认知，不仅对于统一天下习俗风尚、价值取向能起到整齐划一的作用，更使得人们在对“黑色”的崇尚、迷恋“六”这一吉祥数的追述中体会到皇权的神圣性和帝国专制统治的合理性，进而认同于秦帝国的统

① 刘力：《简析秦汉三大信仰》，《重庆三峡学院学报》2004年第2期。
② 赵潇：《论五德终始说在秦的作用和影响》，《齐鲁学刊》1994年第2期。
③ 赵潇：《论五德终始说在秦的作用和影响》，《齐鲁学刊》1994年第2期。
④ 《汉书》卷25上《郊祀志上》，北京：中华书局，1962年，第1203页。
⑤ 《史记》卷6《秦始皇本纪》，第237页。
⑥ 《史记》卷28《封禅书》，第1366页。
⑦ 《吕氏春秋》卷13《应同》，《诸子集成（六）》，北京：中华书局，2015年，第126页。
⑧ 《吕氏春秋·有始览第一》，国学整理社编：《诸子集成（六）》，第127页。
⑨ 《史记》卷6《秦始皇本纪》，第237—238页。
⑩ 《汉书》卷25上《郊祀志上》，第1201页。

治。而其中尤为核心的则是依据“水德”之性所确定的“事皆决于法”“事统上法”的施政原则：

> 刚毅戾深，事皆决于法，刻削毋仁恩和义，然后合五德之数。于是急法，久者不赦。[①]

由“水德”之运到“水德”之性再到“事皆决于法”，这一内在逻辑的展开，是其时人们对于宇宙的认知模式与行事理念的一种呈现。因为“水阴，阴主刑杀，故上法”[②]，故当“水用事”，即施之政务人事，则“闭门闾，大搜索，断刑罚，执当罪”[③]。即是说，“事皆决于法”是由秦为“水德”这一上达天命的五德之运所决定的，换言之，秦被推定为“水德”之运为帝国“事皆决于法”的施政提供了一种哲学本体层面的天命依据。对于此，早有学者认知到，“有人认为，秦法之所以严酷，理论根源在于法家严刑峻法的主张，但人们普遍没有认识到对秦王朝行刑思想起内在决定作用的是阴阳五行学说，尤其是五行学说中的‘五德终始说’，而法家学说只不过对秦朝行刑思想起到外在的影响”，即是说，“秦朝刚毅戾深、刻削毋仁恩和义的行刑思想与水德是一种流和源的关系”。[④]更有学者指出，“如果说秦始皇称‘皇帝’有取‘皇’至高无上之义、取‘帝’德合天地之义，带有理性色彩，那么随后所制定的行政取向，完全出于对阴阳刑德学说的接受……秦行水德而取阴刑之意，推行刻薄寡恩之法政，则出于对阴阳刑德的信从”[⑤]。

自认为其功勋盖过三皇五帝的始皇帝，却如此崇信以“五德终始”为核心的阴阳五行说。究其根由，自有其作为一个新生的大帝国对天命授予的渴求与期待。

其一，作为一个曾经“僻在雍州”，遭关东之国“夷翟遇之”[⑥]的诸侯国，秦最终凭“力”完成了“统一六合”的伟业，较之于具有道德优越感的东方之国，让新生帝国获得来自于“天”的认可似乎显得尤为必需，即为秦帝国的合法性获得源自于“天”的思想信仰上无疑也更为迫切。既然“五德”之数代表的是天命与天意，因此秉承五德施政无疑是对天命的回应与遵循，则“合五德之数”而颁行的施政原则——“事皆决于法”无疑就具有了天意、天命的内涵。秦帝国“事皆决于法”的施政原则，

---

① 《史记》卷6《秦始皇本纪》，第238页。

② 《汉书》卷25上《郊祀志上》，第1201页“注释七”。

③ 苏舆撰，钟哲点校：《春秋繁露义证》卷13《治水五行》，北京：中华书局，1992年，第382页。

④ 张万军、赖世力：《阴阳五行学说对秦汉行刑思想的影响》，《内蒙古电大学刊》2010年第5期。

⑤ 曹胜高：《阴阳刑德与秦汉秩序认知的形成》，《古代文明》2017年第2期。

⑥ 《史记》卷5《秦本纪》，第202页。

无疑是希望在“合五德之数”的天命庇护下，“后世以计数，二世三世至于万世，传之无穷”[①]。

其二，秦统治者接受以“五德始终”说为核心的阴阳五行说，不仅是因为“五德终始”承载的是“天”的旨意，填补了帝国政权合法性所需要的神性论证，还在于“五德终始”说通过“德运”保障了秦帝国政权的不容挑战与不容觊觎。

作为一个起于西隅，为东方之国“戎狄”视之的政治体，而今骤然一统六合，创建亘古未有之大帝国、“仅仅依靠皇权和法律制度是很难令天下人心服的”。故在对帝国政权合法性的建构过程中，帝国不得不需要超越“法”与“力”之外的信仰学说来达此目的。面对于此，上达于“天”的“五德终始”说无疑是最佳选择，“因此不得不借助于五德终始说的神威，以向广大人民宣告，秦政权建立是顺应天意，是天神授予的……黑龙为符瑞”[②]。一定程度上言之，秦帝国统治者对于“五德终始”说的青睐无疑正是基于希望拥有“某种非人力所能安排的正统性色彩”，因为在这一色彩映衬下，“它使民众对于政权所带来的秩序，衍生的机构有着普遍的承认、尊重和忠诚”。[③]

不仅如此，既然“五德终始”说代表的是上天的旨意，故获天之“德运”者方可为人世之君王，旁者则不得觊觎、挑战既有的王权。即是说，当“德运”尚未受天之旨意而转移时，则既有的“德运”拥有者则享有天然的合法性，奉此“德运”的天子以及其政权也就天然地享有合法性，这无疑是对于既有政权秩序的一种有效维护。“‘五德终始说’可以对意欲取代现存政权的挑战者有限制的作用。”[④]这或许是帝国统治者对于“五德终始”说厚爱有加的深层要素。

其三，“合五德之数”为秦帝国统治者以法家为尚的价值喜好提供了源自于“天”的理论依据。

秦自商鞅变法后，一直奉行法家学说。至秦王嬴政，更是对之推崇有加。随着秦帝国的建立以及秦享“水德”之运的推定与确立，秦统治者崇奉法家学说更由此获得了本体层级的论证。“一方面致使秦始皇更加自觉和坚决地推行急法刻削的方针，另一方面，也为秦始皇滥施刑罚、鱼肉百姓提供了借口和理论依据。”[⑤]一如学者所指出，“秦王朝施政缘法以治，但其统治思想却并不是单纯的法家思想，阴阳家的五德终始理论，不论对于秦王朝还是秦始皇，都起到了相对于法家思想来说更重要的作用，它所

---

① 《史记》卷6《秦始皇本纪》，第236页。

② 汤其领：《秦汉五德终始初探》，《史学月刊》1995年第1期。

③ 宫欣旺：《论“五德终始说”的政治意识形态意蕴及其功能》，《中共银川市委党校学报》2007年第3期。

④ 宫欣旺：《论“五德终始说”的政治意识形态意蕴及其功能》，《中共银川市委党校学报》2007年第3期。

⑤ 汤其领：《秦汉五德终始初探》，《史学月刊》1995年第1期。

提供给秦始皇的理论自信，成为其严刑重罚、暴虐无度的心理依恃”①。“水德”之性支持的严刑峻法，正好与秦人崇尚法家的价值取向相吻合，为秦王朝急法刻削的施政提供了源于本体层面的理论根据，还使得原本只是作为一种“治”之“术”的法家学说与宇宙、天命相关联，获得了一种上达宇宙本体的地位，同时也为帝国最高统治者的崇奉爱好提供了天命依据。“五德终始”说下的“秦为水德”为帝国统治者构筑出如此多方面的契合，其能够为在位者所青睐也就无足为怪了。

三、六国旧贵的复仇与处士横议的现实危机

公元前221年，秦建立了中国历史上第一个大一统的中央集权帝国。“平定天下，海内为郡县，法令由一统，自上古以来未尝有，五帝所不及。”②帝国创建之初，在位者基于社会安定出发，采取了系列措施，一方面诸如设置博士，以延揽各家人才；另一方面“收天下兵，聚之咸阳，销以为钟鐻”，“徙天下豪富于咸阳十二万户”③，以削弱反抗势力。然而，尽管如此，中国历史上第一个大一统政权——秦帝国始终处于一种现实的危机之中。

秦帝国政权首要面对的即是被其在军事上征服的关东六国民众及旧贵族的仇视甚或反抗。迄战国以来，东方六国均视秦为虎狼之国，“弃礼义而上首功之国”④，“三晋大夫皆不便秦，而在阿、甄之间者百数。……鄢、郢大夫不欲为秦，而在城南下者百数”⑤。究其根由，在于关东诸国，如“韩、魏父子兄弟接踵而死于秦者将十世矣。本国残，社稷坏，宗庙毁……父子老弱系脰束手为群虏者相及于路”⑥。

家仇国恨的情绪使得关东之地成为秦帝国暗滔汹涌之所在。“二十九年，始皇东游。至阳武博狼沙中，为盗所惊。求弗得，乃令天下大索十日。”⑦其所记载的即是在始皇帝出巡路上遭遇韩国贵族张良策划的刺杀行为。虽然终因刺客铁椎误中副车，始皇帝躲过一劫，但此举反映了六国旧贵族对秦帝国政权的态度。元代陈孚《博浪沙》：“一击中车胆气豪，祖龙社稷已动摇。如何十二金人外，犹有民间铁未

① 乔松林：《秦亡于法家说质疑》，《史学月刊》2013年第6期。
② 《史记》卷6《秦始皇本纪》，第236页。
③ 《史记》卷6《秦始皇本纪》，第239页。
④ 《史记》卷83《鲁仲连邹阳列传》，第2461页。
⑤ 《史记》卷46《田敬仲完世家》。
⑥ 《史记》卷78《春申君列传》，第2391页。
⑦ 《史记》卷6《秦始皇本纪》，第249页。

销。”[①]此外，始皇帝在其称帝即位之后，即不断东巡。终其称帝后的五次出巡，其中四次即是选择东巡。对于始皇帝何以热衷于东巡，学界观点纷呈。然其中最为核心的一点即是基于政治的考量，一方面在于其时以齐为代表，尚拥有强大的贵族势力，具有反秦实力。[②]《史记•高祖本纪》载："秦始皇帝常曰‘东南有天子气’，于是因东游以厌之。”[③]这在一定程度上可以解读为军事上被征服的关东六国心有不甘，复国之志依旧此起彼伏，这也就引发了始皇帝的不断东巡，以期宣扬秦德，同时威慑之。

秦帝国的政权危机除了来自在军事上被其所征服的关东六国外，同样还来自于在先秦时期与秦政权有着广泛合作的士人群体对于新生政权与体制的非议乃至挑战。

首要的则是在于新生政权体制上郡县或分封上的分歧。随着秦大一统帝国的建立，秦实行郡县制取代西周分封制。在秦而言，这一方面是其自身历史发展的延续。早在战国诸侯纷争的时候，秦还是作为一个诸侯国时期就已经实行之。“年十三岁，庄襄王死，政代立为秦王。当是之时，秦地已并巴、蜀、汉中，越宛有郢，置南郡矣；北收上郡以东，有河东、太原、上党郡；东至荥阳，灭二周，置三川郡。”[④]另一方面，实行郡县制是秦基于现实功效的理性选择。郡县制下的官吏由皇帝直接任命，对皇帝负责，官吏与皇帝之间首先和主要的是君臣关系。相对于分封制，其更能有效保障最高统治者意志的贯彻与执行，故对于专制集权的秦帝国而言，这无疑是自然的逻辑的选择。所以，对“郡县制”与“分封制”的不同择取，背后实质上隐含着不同的价值观差异，“主张郡县制就是拥护中央集权的君主专制主义，主张分封制则有拥护宗法制度下的一定程度上的贵族民主制的意味”[⑤]。然则，以儒生为代表的士人作为西周宗法礼乐文化的承载者，却对承载着礼乐文化的分封制更为青睐。故帝国之初，作为儒生的丞相王绾就进言：“诸侯初破，燕、齐、荆地远，不为置王，毋以填之。请立诸子，唯上幸许。”[⑥]而“始皇下其议于群臣，群臣皆以为便”[⑦]的现象则说明持这一主张的普遍性。与之相反，作为法家代表的廷尉李斯则主张郡县制“甚足易制”，是“安宁之术”。而最终始皇帝的“廷尉议是”则明确表明了其作为最高统治者的择取意向。然则，始皇帝“廷尉议

① 黄宛峰：《从东巡看秦始皇对统治思想的探索》，《南都学坛》1995年第4期。

② 张华松：《试探秦始皇东巡的原因与动机》，《东岳论丛》2002年第1期。

③ 《史记》卷8《高祖本纪》，第348页。

④ 《史记》卷6《秦始皇本纪》，第223页。

⑤ 李祥俊：《秦汉价值观变迁史论稿》，北京：中国社会科学出版社，2017年，第11页。

⑥ 《史记》卷6《秦始皇本纪》，第238—239页。

⑦ 《史记》卷6《秦始皇本纪》，第239页。

是”的表态并没有让儒生士人就此止步。当仆射周青臣进颂“以诸侯为郡县，人人自安乐，无战争之患，传之万世”时，博士淳于越驳斥其为“面谀以重陛下之过，非忠臣”，这一将政见分歧演化为政治道德的评判，被李斯视为是对既有政权的非议，是对皇权“主势”的削弱，“今天下已定……诸生不师今而学古，以非当世，惑乱黔首……如此弗禁，则主势降乎上，党与成乎下”，故主张“禁之便”。①由此，“以法为教”“以吏为师”遂得以制度化确立。

如果说郡县与分封之争还属于统治阶层内部不同政见的分歧，而其后，对象征帝国合法性的“封禅”，以及最高统治者始皇帝的讥议，则无疑是对帝国最高“政治权威”的挑战。

史载，始皇帝“即帝位三年，东巡郡县，祠驺峄山，颂秦功业。于是征从齐鲁之儒生博士七十人，至乎泰山下”②，欲议封禅望祭山川之事。然而，儒生对封禅之礼人言人殊，最终因“繁琐”“乖异”“难施用”而受“绌”，“不得与用于封事之礼”。儒生则以“讥之”回应“既绌”，“始皇之上泰山，中阪遇暴风雨……诸儒生既绌……闻始皇遇风雨，则讥之”。③儒生的讥议，于统治者而视，无疑是对秦帝国政权合法性的质疑。《五经通义》云：“易姓而王，致太平，必封泰山，禅梁父，(荷)[何]？天命以为王，使理群生，告太平于天，报群神之功。”④故行“封禅”，在统治者而言，不仅是一个国家的宗教祭祀活动，更是国家政权合法性的政治昭告，“自古受命帝王，曷尝不封禅？”⑤儒生对始皇帝“封禅”的“讥之”，也就成为对帝国政治威权合法性的“讥之”。对此，清人胡秉虔说，“此焚坑之祸所自起也”⑥。

除了对于帝国政权进行非议外，方术士人还对首开大一统伟业的秦帝国最高统治者予以道德品评乃至非议。

在帝国统一大业的推进过程中，其时还是秦王的始皇对于大梁人尉缭表现了相当的礼遇，不仅“从其计”，还“衣服食饮与缭同”，可谓“亢礼”。然则，尉缭的回应却是：

秦王为人，蜂准，长目，挚鸟膺，豺声，少恩而虎狼心，居约易出人下，得

① 《史记》卷6《秦始皇本纪》，第254—255页。

② 《史记》卷28《封禅书》，第1366页。

③ 《史记》卷28《封禅书》，第1367页。

④ 《史记》卷28《封禅书》，第1355页。

⑤ 《史记》卷28《封禅书》，第1355页。

⑥ （清）胡秉虔：《西京博士考》，转引自朱国伟：《略论周、淳之争的缘起——也谈焚书坑儒发生的原因》，《北京大学学报（国内访问学者、进修教师论文专刊）》，2000年。

志亦轻食人。我布衣，然见我常身自下我。诚使秦王得志于天下，天下皆为虏矣。不可与久游。[①]

为求长生，始皇帝对于方术之士不仅施与重金，更是有求必应。然侯生、卢生却通过对始皇帝“为人”的非议为自己“求仙药”失败开脱：

始皇为人，天性刚戾自用，起诸侯，并天下，意得欲从，以为自古莫及己。专任狱吏，狱吏得亲幸。博士虽七十人，特备员弗用。丞相诸大臣皆受成事，倚辨于上。上乐以刑杀为威，天下畏罪持禄，莫敢尽忠。上不闻过而日骄，下慑伏谩欺以取容。秦法，不得兼方不验，辄死。然候星气者至三百人，皆良士，畏忌讳谀，不敢端言其过。天下之事无小大皆决于上，上至以衡石量书，日夜有呈，不中呈不得休息。贪于权势至如此，未可为求仙药。[②]

不仅如此，始皇三十二年（前 215 年）之际，燕人卢生因入海求仙不得而还，遂以鬼神事，奏录图书，曰“亡秦者胡也”[③]。为破此谶，始皇帝“乃使将军蒙恬发兵三十万人北击胡，略取河南地”[④]。

其后，更有黔首或刻其石曰“始皇帝死而地分”，有人持璧遮使者因言之曰“今年祖龙死”[⑤]系列诅咒，使得始皇“不乐”“默然”[⑥]。这些来自儒生、方士的“品评”“讥议”抑或是黔首的诅咒，揭示出帝国政权所面临的另一种危机，即对于帝国政治合法性的认可的思想危机。一定程度上言之，这类危机较之于关东六国因国破家亡而滋生的复仇危机更为潜藏，也更具破坏性。

正是鉴于上述来自于政权统治内外的军事、政治、思想甚至是最高统治者人身安全的现实的危机迫使帝国统治者采取专制手段以巩固军事上的胜利成果，进而稳定帝国的政治统治。故秦王朝在历经思想文化融合尝试失败后旋即将秦的法治原则迅速而明白无误地宣告于天下，“事皆决于法”。一定程度上言之，“焚书坑儒”即是秦帝国最终确定“事皆决于法”的统治方针的一种宣告与实践。[⑦]

要之，作为中国历史上第一个创建大一统中央集权帝国的秦政权而言，其“事皆

① 《史记》卷6《秦始皇本纪》，第230页。
② 《史记》卷6《秦始皇本纪》，第258页。
③ 《史记》卷6《秦始皇本纪》，第252页。
④ 《史记》卷6《秦始皇本纪》，第252页。
⑤ 《史记》卷6《秦始皇本纪》，第259页。
⑥ 《史记》卷6《秦始皇本纪》，第259页。
⑦ 刘力：《“悉召天下文学方术士”至“焚书坑儒”》，《武汉大学学报（人文科学版）》2015年第3期。

决于法”施政方针的确定，除了秦起家于西戎之所固有的习性使然，一方面源自于其由“重法”而使得诸侯由“卑秦”而致“毕贺”，乃至于最终“一统六合”的自身发展历程的历史经验的择取，另一方面也是“秦为水德”的天命认知的结果。秦始皇是邹衍“五德终始”说的第一个实践者，秦帝国是第一个秉持“五德”之运而施政的王朝。此后，依照五行相克的次序推演国运，就成了秦汉时代政治家和理论家共同的政治思维模式。“故自秦推五胜以水德自名，自汉以来，有国者未始不由于此说。”[①]而最核心的也是最关乎实际的则是新生的帝国政权所面临的来自于内、外的现实政治危机，正是多种因素的融合，最终让秦帝国确立了“事皆决于法”的施政理念。

① （宋）欧阳修：《正统论》（上），李逸安点校：《欧阳修全集》卷16，北京：中华书局，2001年，第269页。

秦简牍所见秦代吏民的休假*

杨　勇
湖南大学岳麓书院

秦代的休假制度，传世文献失载。过去学者们在研究汉代休假制度时，基于汉承秦制的基本认识，虽有意识地将相关制度上溯至秦代或进行秦汉对比，但囿于史料不足，研究并未展开。[①]《岳麓书院藏秦简》中有部分律令涉及秦代吏卒休假，有学者已对其所反映的秦代休假制度作了初步解读[②]，但相关研究仍有待进一步深入。此外，秦简牍中的《质日》类文献及行政文书也能部分反映出秦代吏民休假的具体规定及其运作实态，从中亦可窥见秦代吏民的生活与日常。以下就秦简牍所见秦代吏民的休假情况略作讨论，以求教于学界。

一、丧　假

秦汉重视孝道，为此制定了丧假，在制度和法律层面规定和保证了吏民所享有的

---

* 基金项目：国家社科基金重大项目（批准号：18ZDA021），此外，本文还受到中央高校基本业务费的资助。

① 关于汉代休假制度的研究已有丰富成果。根据学界研究，汉代已有周假、节假、事假、病假、丧假、赐假等六种。有学者根据出土材料对汉代高级官吏和中下级官吏在休假上的异同作了补充，还有部分学者注意到了边塞戍卒的休假情况，将休假的对象扩大到了吏卒，进一步深化了汉代休假制度研究。参见宋杰：《汉代官吏的休假制度》，《北京师院学报（社会科学版）》1986年第3期，第64页；［日］大庭脩：《秦汉法制史研究》，徐世虹等译，上海：中西书局，2017年，第400—414页；刑义田：《汉代边塞军队的给假、休沐与功劳制——读〈居延新简〉札记之二》，李学勤主编：《简帛研究》第1辑，北京：法律出版社，1993年，第192—205页；时晓红：《秦汉时期官吏休沐告宁制度考略》，《东岳论丛》1996年第4期，第93—94页；廖伯源：《秦汉史论丛》，台北：五南图书出版公司，2003年，第305—361页；蔡万进：《尹湾汉简〈元延二年日记〉所反映的汉代吏休制度》，《中国史研究》2003年第2期，第71—72页；宋杰：《〈元延二年日记〉所反映的汉代郡吏生活》，《社会科学战线》2003年第3期，第108—113页；范志军：《从出土汉简看戍边吏卒及服徭役者的丧礼》，《中原文物》2008年第3期，第96—98页；周海燕：《从休假制度看汉代官吏的家庭关系》，《中州学刊》2016年第3期，第115—116页。

② 程博丽：《秦汉时期吏卒归宁制度新探》，《湖南大学学报（社会科学版）》2017 年第5期，第20—25页；朱锦程：《秦制新探》，湖南大学 2017年博士学位论文，第57—61页。

丧假权。休丧假称作取宁或丧告。《汉书·高帝纪上》引李斐注："休谒之名，吉曰告，凶曰宁。"[①]尹湾汉简中"宁"又称"丧告"，《元延二年日记》"十二月十五日"条有"壬寅，宿临沂传舍，丧告"[②]，"丧告"即取宁，也就是休丧假。

相比于其他可以提前规划或准备的事假，丧假不能预知。临丧而告假往往是当值或徭使在外的官吏获得丧假的基本途径。向官府报告，并根据亲等获得相应时日，当是秦吏获得丧假的必要手续。秦律令确认了官吏休丧假的权利，同时也对吏员的服丧范围、期限作了较为明确的规定。《岳麓书院藏秦简（伍）》：

> 令曰：吏父母死，已葬（葬），一月；子、同产，旬五日；泰父母及父母同产死，已葬（葬），五日之官。官去家五百里以上，父母妻死（简1884）[③]

令文是对官吏丧假的具体规定。根据令文，吏在父母、子、同产、泰父母及父母同产死后均享有时间不等的丧假，这是对官吏享有取宁权的法律规定。其中值得注意的地方有四。第一，官吏服丧的对象。主要包括直系亲属中的父母、子、泰父母，旁系亲属中的同产、父母同产。相对于五服制度中庞大、复杂的亲属关系，令文所规定的亲属关系则简略得多，间接反映出秦代的家庭结构和亲属范围。第二，服丧时间。根据文例，"一月""旬五日"后均省略了"之官"二字，"旬五日"前也省略了"已葬"二字。如此，则官吏丧假从已葬之后开始计算，丧毕仍要返回原署，操办丧事的时间不计算在丧假之内。朱锦程认为之官的时长也包含在丧假之内，"五日之官"即葬后五日内返回官署。[④]此说恐不确。后文有关于官吏去家五百里如何行丧假的规定，则前文当是针对官吏去家五百里以内而言。岳麓秦简0349规定，戍卒丧假后之官日行七十里，以及"居室卅日外往来"的规定，往返时长不包括在丧假之内。[⑤]岳麓秦简1903：官吏归休时"诸吏毋乘车者，日行八十里，之官行五十里"[⑥]，官吏丧假后之官似以日行五十里至七十里之间为度[⑦]，以七十里计，五日之行尚不足四百里。官吏去家五百里，五日不足以之官。据此，简文中的一月、旬五日、五日均应为官吏实际居家服丧之时长，往返时耗尚不包括在内。第三，丧假分为三等，时长的确定以亲等

① 《汉书》卷1上《高帝纪上》，北京：中华书局，1962年，第6页。

② 连云港市博物馆等编：《尹湾汉墓简牍》，北京：中华书局，1997年，第142页。

③ 陈松长主编：《岳麓书院藏秦简（伍）》，上海：上海辞书出版社，2017年，第196页。

④ 朱锦程：《秦制新探》，湖南大学2017年博士学位论文，第60页。

⑤ 陈松长主编：《岳麓书院藏秦简（肆）》，上海：上海辞书出版社，2015年，第160页。

⑥ 陈松长主编：《岳麓书院藏秦简（伍）》，第112页。

⑦ 王勇认为，日行八十里可能是秦吏徭使最通常的出行标准。然徭使属公务，休假之官似不必照此行速。参见王勇：《里耶秦简所见秦代地方官吏的徭使》，《社会科学》2019年第5期，第158页。

为依据。父母之丧，丧假最长，达一个月，而且父丧、母丧所给丧假期限相同。子以及同产兄弟死后，吏有十五日丧假。祖父母及父母之兄弟死后，吏有五日丧假。这种时限之隆杀即是当时服等的一种反映。如然，秦代的服等，以及根据服等所制定的服丧时限与儒家所倡导的丧服制度有着明显的差别。张家山汉简二年律令《置后律》有“父母及妻不幸死者已葬卅日，子、同产、大父母、父母之同产十五日之官”的规定[①]，已将秦时丧假三等简化合并为二等。第四，远地为官者在丧假上有所优待。官吏去家五百里以内丧假的对象不包括妻子，五百里以上增加了妻子的丧假，属于对远地为官者的优恤。惜其后的简文尚未找到，具体规定无从得知。

官吏徭使时也可休丧假，但徭使对官吏休丧假有重要影响。上引令文当是对居衙署的吏员行丧假的一般规定，然秦代官吏徭使颇为常见，丧事不可预知，在外徭使者也会遇到突如其来的丧事而需取宁。徭使时官吏取宁的程序及丧假范围、期限均与居吏有所区别，对此秦律令也有较为明确的规定。

> 令曰：郡及中县官吏千石下繇（徭）傳（使），有事它县官而行，闻其父母死，过咸阳者，自言□□□☐（简 1150）
>
> 已，复之有事所，其归而已籧（葬）者，令居家五日，亦之有事所。其不过咸阳者，自言过所县官，县官听书（简 1690）[②]

简 1150 末尾虽有三字残泐，但从简的形制、内容及文意上看，可与简 1690 系连。根据令文，郡及中县官吏千石及以下，有事徭使他县，遇有父母之丧，经过咸阳时要向咸阳的某机构告丧假，丧事毕还需到“有事所”继续徭使；如徭使时不经过咸阳，则要向“过所县官”告丧假。考虑到路途遥远等因素，令文还规定未能参与葬礼的徭使者，仍要给丧假五日，假毕再继续徭使。“已，复之有事所”似指徭使的官吏参加了葬礼，在葬礼完成后即要返回“有事所”继续徭使。由此可知，郡及中县官吏徭使他县官时，遇父母之丧的丧假则没有休足三十日，秦律的这种规定似有“夺情”之嫌。另外，官吏徭使时休丧假的范围则大大缩小，前述居吏行丧假的对象包括父母、子、泰父母、同产、父母同产，而徭使时行丧对象仅限于父母。

秦代非官吏群体也享有丧假。秦律令在给予官吏丧假的同时也规定黔首、戍卒、居赀赎债者等人遇有丧事，官府需将之遣归葬，但取宁的具体规定因身份差别而有所不同。丧事处理完毕仍要归署，补足相应时日。岳麓秦简《戍律》有如下规定：

---

① 张家山二四七号汉墓竹简整理小组编著：《张家山汉墓竹简［二四七号墓］（释文修订本）》，北京：文物出版社，2006年，第60页。

② 陈松长主编：《岳麓书院藏秦简（伍）》，第196—197页。

·戍律曰：戍者月更。君子守官四旬以上为除戍一更∟。遣戍，同居毋并行。不从律，赀二甲。戍在署，父母、妻死，（简 1299）遣归葬。告县，县令拾日∟。繇（徭）发，亲父母、泰父母、妻、子死，遣归葬。已葬，辄聂（蹑）以平其繇（徭）。（简 1238）[①]

根据《戍律》，官府对戍在署和徭使在外两种情况下的戍卒均要“遣归葬”，使之归家处理丧事，也就在制度层面确立了戍卒所享有的取宁权。但戍重于徭，戍在署和徭使在外时取宁的对象有所差别。戍卒在署，官府遣归葬的情况仅限父母、妻子丧亡，而徭使在外时亲父母、泰父母、妻、子丧亡，官府均要遣归葬，其亲属范围要大得多。可见，在丧假方面，官府对戍在署者的管理要比对徭使者更为严格。无论是戍在署者还是徭使在外者，归家处理丧事所耗费的时间均需补回。简文中的“拾日”，整理者指出“或作‘给日’”[②]，又《亡律》简 2080 有“拾逋事”，整理者指出“拾”通“给”，“拾逋事”指罪人完成其逋逃的徭役[③]。所以不论是“拾日”还是“给日”，都含有补足相应时日之意。“蹑以平其徭”也是指到时候需要补回欠缺的徭役。[④]秦代因疾病、处理丧事、核验等事项所耽误的时日均需补回的做法已成通例，这也说明官府对于上述事项均会给假。岳麓秦简 1225：“而舍之，缺其更，以书谢于将吏，其疾病有瘳、已葬、劾已而遣往拾日于署，为书以告将吏，所［将］。”简 J46：“疾病有瘳、已葬、劾已而敢弗遣拾日，赀尉、尉史、士吏主者各二甲，丞、令、令史各一甲。”[⑤]“拾日于署”即是归署补役，戍卒或徭役者因事归来，官长不令其拾日还会受到相应责罚。

戍卒、居赀赎债者以及冗佐史、均人史等基层小吏等在平常服役时两岁一归休，居家三十日，遇有丧事可获得三十日的丧假。岳麓秦简中有如下规定：

□律曰：冗募群戍卒及居赀赎责（债）戍者及冗佐史、均人史，皆二岁一归，取衣用，居家卅日，其□□□（简 0914）以归宁，居室卅日外往来，初行，日八十里，之署，日行七十里。当归取衣用，贫，毋（无）以归者，贷日，令庸以逋。（简 0349）[⑥]

睡虎地 77 号汉墓所出文帝前元《十年质日》中，墓主越人之父于四月乙未去世，

① 陈松长主编：《岳麓书院藏秦简（肆）》，第 129 页。
② 陈松长主编：《岳麓书院藏秦简（肆）》，第 170 页。
③ 陈松长主编：《岳麓书院藏秦简（肆）》，第 80 页。
④ 陈伟：《岳麓书院秦简〈徭律〉的几个问题》，《文物》2014 年第 9 期，第 84 页。
⑤ 陈松长主编：《岳麓书院藏秦简（肆）》，第 129—130 页。
⑥ 陈松长主编：《岳麓书院藏秦简（肆）》，第 160 页。

越人于戊戌日徭使归来，次日“己亥归宁”。所以，归宁即是休丧假。与归休时的“居家卅日”相比较，此处的“居室卅日外往来”特别规定路途往来之时日不包括在其丧假的三十日之内。因此，上述群体也能切实享受到三十日丧假。本条律文中群戍卒的丧假可长达三十日，而上文中的戍在署者只能享受最高十日的丧假，二者虽同为戍卒，但因所从事具体事务不同，在丧假上也存在较大差别。简文对行丧假者的往还速度作了具体规定，“初行，日八十里”当指奔丧时的日行速度，“之署，日行七十里”当是丧假期满行丧假者回署时的日行速度，去疾归缓，是秦时休假的通例。

总的来说，秦律令在法律层面确认了官吏、戍卒、居赀赎债者等群体均享有取宁的权利。官吏的丧假从已葬之后起算，丧假的制定以亲等为依据，秦律令将居官远近作为丧假的考虑因素之一。官吏徭使时虽也能休丧假，但徭使影响了丧假的时长和取丧的范围。非官吏群体中的戍卒、冗募等在休丧假时也不是整齐划一，而是要视其身份、所从事具体事务而定。戍卒及徭使者丧事毕后仍归原署补足所耗时日。秦律令中规定的吏民休假时日，是实在的居家服丧之时长，往返路途所耗之时日不包括在内。总之，秦律令对丧假既有根据亲等作出的一般性规定，又根据取宁者的身份及实际情况对其丧假作了灵活的调整。

二、归　休

汉代已经建立了完备的吏休制度，文献中常称作“洗沐”“休沐”“归休”等。秦律令规定，秦代官吏在工作满一定期限后，可归家休息，称作“归休”。上引岳麓秦简0914即规定冗佐史、均人史等基层官吏两岁一归，居家三十日。这属于常休。官吏临事可以告假，称作告归。《史记·李斯列传》载“三川守李由告归咸阳”，《汉书·高帝纪上》载“高祖尝告归之田”。[①]这属于事假。事假不同于常休。秦代对官吏归休作了制度性安排，对官吏归休的频率、时长、交通方式及行走的最低里程数作了细致规定。岳麓秦简：

> [•] 令曰：吏岁归休卌日，险道日行八十里，易〈易〉道百里。诸吏毋乘车者，日行八十里，之官行五十里。吏告当行及择（释）（简1903）归居家，皆不用此令。　·卒令丙五十一（简1905）[②]

① 《史记》卷87《李斯列传》，北京：中华书局，1959年，第2547页；《汉书》卷1上《高帝纪上》，北京：中华书局，1962年，第5页。

② 陈松长主编：《岳麓书院藏秦简（伍）》，第112页。

•田律曰：吏归休、有县官吏（事）乘乘马及县官乘马过县，欲贷刍稾、禾、粟、米及买菽者，县以朔日（简 1284）[①]

由上可知：其一，官吏施行年休，每岁归休四十日，约相当于每十日休一日，类似于旬休，只不过是将平时的归休合并到一起进行休假。归休时可乘乘车、乘马。其二，岁休可能与官员异地为官有关。后文规定官吏归休时日行里程数为最低日行八十里，并根据道路情况及是否有乘车有所不同。如果是在本县之内为官，路途较短，不需要有如此细致的规定。因此，岁休可能是针对异地为官的官吏。其三，“之官”指归休者返回原官署。整理者认为是“回官署”；沈刚认为是与归休两不相干之事，理解为到官府办事；王勇认为是新官赴任。[②]我们认为，整理者意见似可从。上引简 0349 中规定冗募等取宁时“初行，日八十里，之署，日行七十里”，“之署”指返回原官署，并非是到官署办事，也不会是到新的官署去。两相比照，此处简文中的“之官”也应该是归休者返回原官署。其四，四十日似包含往返时长。上引简 0349 中明确规定“居室卅日外往来”，往返路途所耗费的时间不包含在丧假里面，本简没有类似的简文，官吏路途往返的时间似包含在此内。如官吏离家千里以上，即便按照日行百里的速度计算，往返至少需时二十日，约占归休四十日的一半以上。如无乘马，去程需十二日半，返程需二十日，合计三十二日半，超过 80%以上的时间耗费于路途，实际居家不足八日。其五，归休不同于“告”。“吏告当行”应是吏告归家，告归时的时长、日行速度等另有规定。告归时日是否从归休四十日内扣除，尚不确定。

秦律令还规定了官吏归休时的道路选择。官吏归休时行走于庄道，庄道败绝不可行时可走水路，陆路先于水路。岳麓秦简 0548：“徒不致令。• 议：吏徒以县官事往来繇（徭）使及吏归休、徙官，当行庄道，庄道败绝不通者，令行水道，水道异”[③]，庄道与水道对言，庄道似应指平坦的陆路，或即官道。

在地方日常行政中，能见到地方官吏归休的记录，但细节仍较为模糊。里耶秦简 9-1886：

① 原释文在“吏归休”后标有逗号，陈伟改为顿号。“有县官吏”之“吏”，陈伟读作“事”，可从。参见陈松长主编：《岳麓书院藏秦简（肆）》，第 104 页；陈伟：《岳麓秦简四校商（一）》，简帛网，2016 年 3 月 27 日，http://www.bsm.org.cn/show_article.php?id=2503。

② 陈松长主编：《岳麓书院藏秦简（伍）》，第 112 页；沈刚：《徭使与秦帝国统治：以简牍资料为中心的探讨》，《社会科学》2019 年第 5 期，第 146 页；王勇：《里耶秦简所见秦代地方官吏的徭使》，《社会科学》2019 年第 5 期，第 158 页。

③ 陈松长主编：《岳麓书院藏秦简（柒）》，上海：上海辞书出版社，2022 年。

☐戌朔朔日，仓守就敢☐ Ⅰ

☐□咸胗唐归休☐Ⅱ

☐□□续食，迁陵今☐Ⅲ

☐之。☐Ⅳ9-1886

☐=日，迁陵守丞兹☐ 9-1886 背[①]

简文虽残，大意仍可知。仓守就向迁陵县汇报吏唐归休[②]，其中的“续食”涉及官吏归休途中的食宿供给，其沿途的食宿很可能与官吏徭使时一样，由国家负责。里耶秦简 9-3328 有“☐归休”之文[③]，也是指迁陵县某官吏的归家休息。里耶秦简 9-1886 中的续食，以及上引简 1884 简文均提示存在异地为官的官吏归休的情况。里耶秦简 8-1469：

少内守谢，士五（伍），朐忍成都归休☐ 8-1469[④]

谢为人名，其身份为士伍，家居朐忍县成都里。朐忍属巴郡，谢出任洞庭郡迁陵县的少内守一职，属异地为官，其归休正是异地任职的官员的归家休息。由此可见，秦迁陵县这样僻远的新地，确有部分官吏进行了归休。其归休是否完全遵照律令的规定，尚不清楚。

秦简《质日》是秦地方官吏工作与生活的记录，真实地反映了秦吏休假状况。《岳麓书院藏秦简（壹）》收有秦始皇二十七年、三十四年、三十五年官吏的质日情况，周家台秦墓出土有《三十四年质日》[⑤]，从中可得出如下认识：

第一，非异地为官者年休，归休时间短，全年归休似不超过五日。《二十七年质日》质日者于四月“己卯归休”，甲申视事，休沐五日，此外再无归休。岳麓秦简《三十四年质日》右史腾归休一次，仅二日。[⑥]周家台秦简《三十四年质日》质日者归休

① 陈伟主编，鲁家亮、何有祖、凡国栋撰著：《里耶秦简牍校释（第二卷）》，武汉：武汉大学出版社，2018年，第385—386页。

② 《校释二》疑咸胗为里名，唐为人名。然咸、胗、唐皆可为人名。参见陈伟主编，鲁家亮、何有祖、凡国栋撰著：《里耶秦简牍校释（第二卷）》，第386页。

③ 陈伟主编，鲁家亮、何有祖、凡国栋撰著：《里耶秦简牍校释（第二卷）》，第570页。

④ 陈伟主编，鲁家亮、何有祖、凡国栋撰著：《里耶秦简牍校释（第一卷）》，武汉：武汉大学出版社，2012年，第334页。

⑤ 陈松长主编：《岳麓书院藏秦简（一—三）释文修订本》，上海：上海辞书出版社，2018年，第3—30页；陈伟主编，李天虹、刘国胜等撰著：《秦简牍合集·释文注释修订本（叁）》，武汉：武汉大学出版社，2016年，第182—190页。下引秦始皇二十七年、三十四年、三十五年官吏的质日情况均出自以上二书，不再另行出注。

⑥ 三十四年十月戊戌、己亥二日，腾不在署，庚子腾视事，似当年腾尚另有一次归休。但十月紧承上年末，腾此次不在署二日或为上年归休未来之故。亦或别有他故。暂存疑。

一次，共五日。[①]上述归休者每年归休一次，归休最长者五日，远低于归休四十日的规定。因此，这些归休者当不是异地为官者。换言之，非异地为官者也施行年休，最长不过五日。岳麓秦简《迁吏令》有“[不]视事毋过五日，过五日，赀二甲”的规定。[②]不视事超过五日会受到赀罚，《质日》简中休沐不过五日当与此有关。目前尚不确定是全年累计休沐不超过五日还是每次休沐不超过五日，但以全年累计休沐不超过五日可能性较大，因为秦简《质日》中地方官吏全年均只休沐一次，一次性休沐五日者全年再无其他休沐。

第二，地方官吏繇使前、后会安排归休，但尚未形成定制。归休既见于繇使前，也见于繇使后，也有在繇使前后均无归休的情况。《二十七年质日》中质日者于视事次日“乙酉夕行”外出繇使，繇使前归休五日，繇使归来未见归休。繇使始于四月乙酉，最早结束于五月辛酉，历时已经超三十七日，最远到达州陵，这是一次历时月余的长途繇使。而质日者在九月“癸亥之鄢具事”，次日“甲子之起室”，这样的短途繇使前后均未有归休。由此可知，质日者四月己卯日归休很可能是为了长途繇使前的准备而作的短时性归休，属临时性休沐。岳麓秦简中也有将归休安排在繇使之后的情况。《三十四年质日》右史腾于十月丁巳外出繇使，十一月己卯日归，十二月戊戌腾归休，庚子日腾视事，这次归休距腾繇使归来已有十八日，很难说是因繇使而安排的归休。该年腾虽有其他繇使，却再无归休。《三十五年质日》显示，质日者于该年三月外出繇使，五月归来，历时数月，该年质日中均未见有归休的记载。周家台秦简《三十四年质日》质日者曾两次长途繇使，繇使前后均未曾归休。

第三，尚不存在节令休吏。上引周家台秦简《三十四年质日》质日者于嘉平期间归休五日，应是正常归休，不属于节令归休。理由有三：其一，在该质日者休沐期间的乙丑日，史但被拘系，说明官府仍在正常办公；其二，其他《质日》中，有关于嘉平日期的记载，但未见嘉平期间休吏的情况；其三，里耶秦牍9-1081+9-1414记载，官方于嘉平时举行饮酒活动[③]，似也未休吏。汉代有日至休吏的制度，但秦简《质日》及官文书中不见记载。

里耶秦简也显示，当时基层官吏常长时间居官，归休的机会较少。异地为官者的休沐

---

① 周家台秦简《三十四年质日》有“正月丁卯嘉平视事”的记载，嘉平即腊日，是年终进行祭祀等的重要节令。该年嘉平为十二月辛酉日，按干支推算，距丁卯日有六日。但周家台秦简《三十四年质日》、岳麓秦简《三十四年质日》均以乙丑为十二月晦，丁卯为正月朔，丙寅日不见于历表。也就是说按照当时的历表推算，质日者实际只休沐五日。

② 陈松长主编：《岳麓书院藏秦简（伍）》，第188页。

③ 陈伟主编，鲁家亮、何有祖、凡国栋撰著：《里耶秦简牍校释（第二卷）》，第251页。

应是严格按照岁休制度在执行，这意味着这些异地为吏者在平时应没有休沐的机会。简牍材料也显示，异地为官者除了病休等特殊情况外，在相当长的时期内基本无休。

> 冗佐八岁上造阳陵西就曰駋，廿五年二月辛巳初视事上衍。
> Ⅰ病署所二日。Ⅱ·凡尽九月不视事二日，·定视事二百一十一日。Ⅲ8-1450
> 廿九年后九月辛未Ⅰ行计，即有论上衍。卅年Ⅱ
> □不视事，未来。Ⅲ8-1450背[①]

駋为阳陵人[②]，以秦始皇二十五年（前222年）二月辛巳日视事上衍，上衍属洞庭，駋属于异地为官者。期间，駋病署所二日，不视事。“凡尽九月不视事二日”当指的就是“病署所二日”，后文又提到核定的駋视事时长为二百一十一日，即《校释》所指出的从二月辛巳至九月底，扣除生病二日，駋实际视事二百一十一日。[③]也就是说在这一时段内，駋只因病休二日，其他时间均在视事。根据秦律令，异地为官者的休假方式为岁休，意味着在正式归休之前不会安排相关的休假，駋长达二百一十一日的连续视事可能正是秦律令所规定的岁休制度在基层得到实施的反映。

三、病假、婚假与农假

秦代官吏享有病假，己病可归家治病，父母病可归家探病。岳麓秦简记载官吏可归家治病：“丞相议：吏归治病及有它物故，免，不复之官者，令其吏舍人、仆［庸］行▨”[④]吏归家治病即是病休。从现有材料来看，官吏单次病休时长似乎是以病愈为度。岳麓秦简1882、1881所载《迁吏令》曰：“……病笃不能视事，材（裁）令治病，父母病笃，归旬。”[⑤]官吏因病重不能视事时，官府要令其治病，治病的时长简文没有交代，当是以病愈为度。父母病重时，官吏可归家探病，侍奉汤药，时长可达十日之久。然秦律令也规定了官吏年度病休总数及累积时长。岳麓秦简1865：“以上及唯（虽）不盈三，一岁病不视事盈三月以上者，皆免……”[⑥]该简简首完整，可与其

① 陈伟主编，鲁家亮、何有祖、凡国栋撰著：《里耶秦简牍校释（第一卷）》，第329页。

② 阳陵地望有不同说法，一般认为在陕西或河南境内，非洞庭属县。相关意见参见陈伟主编，鲁家亮、何有祖、凡国栋撰著：《里耶秦简牍校释（第一卷）》，第329页。

③ 陈伟主编，鲁家亮、何有祖、凡国栋撰著：《里耶秦简牍校释（第一卷）》，第329页。

④ 陈松长主编：《岳麓书院藏秦简（肆）》，第200页。

⑤ 陈松长主编：《岳麓书院藏秦简（伍）》，第190—191页。

⑥ 陈松长主编：《岳麓书院藏秦简（伍）》，第190页。

他简系连，根据文意“以上”前似当为“三”，与后文“不盈三”相对照，指年度病休的总数在三次以内，官吏全年的病休时长累积超过三月则被罢免。汉代有赐告制度，《汉书·高帝纪上》颜师古注引孟康曰：“病满三月当免，天子优赐其告，使得带印绶将官属归家治病。”[①]汉代赐告制度中的时限以三月为度，或源于此。

官吏病休在实际运作中也得到了执行。前引木牍8-1450记载，駋“病署所二日”，在计算駋的视事时长时将这二日排除在外，说明这二日应该被算作病休。駋属于异地为官者，病休期间未离署，所以简文称之为“病署所”。岳麓秦简《三十四年质日》，质日者于四月“丁未羸”，自觉身体不适，四日后“壬子病”，五月“丙寅视事”，从壬子日到丙寅日，共十四日，这也是质日者的病休时长。[②]

秦官吏还享有婚假，时长为十日，于娶妻当年休毕，但要算入告假的限额之内。岳麓秦简1882：“□□□言，县官□书告，为吏官、丞、尉以告已尽而取（娶）妻，许归十日，𧸘以为后岁告……”[③]“告”当是告归。秦代官吏可以告归，其时长不超过一月。睡虎地秦简《仓律》：“月食者已致禀而公使有传食，及告归尽月不来者，止其后朔食，而以其来日致其食，有秩吏不止。”[④]告归当是请告归家，月食者和有秩吏都是秦代基层官吏，这些人在某些情况下可以请告归家，蔡万进已据此指出秦时下级官吏的请“告”休假日期不超过一月。[⑤]“告已尽”即是当年三十日的告假限额已使用完毕。如“告已尽”而后娶妻，则十日婚假要并入下一年的“告”的限额之内。实则婚假是秦代告归的内容之一。

黔首、戍卒、刑徒、居赀赎债者等群体在疾病时也能病休，病不能自食者，官府可贷食。岳麓秦简0793：“[史]各一盾。黔首及司寇、隐官、榦官人居赀赎责（债）或病及雨不作，不能自食者，贷食，以平贾（价）贾，令”[⑥]，官府允许上述群体在疾病时获得一定程度的病休。徒隶远作，路上发病可病休，也可病愈后再行。岳麓秦简1177+C10-3-10、1155：“……其病及遇水雨不行者，自言到居所县，县令狱史诊病者令、丞前，病有瘳自言瘳所县，县移其诊牒及病有瘳、雨留日数，告其县官，县官以从事诊之，不病，故☑”[⑦]官府对徒隶管理严格，徒隶要向官府报告病况，官府要派人诊验，并将因病所停留日数报告给作所县官。作徒簿用于统计作徒的出工情况，秦迁

① 《汉书》卷1上《高帝纪上》，第6页。

② 陈松长主编：《岳麓书院藏秦简（一一三）释文修订本》，第26页。

③ 陈松长主编：《岳麓书院藏秦简（伍）》，第190页。

④ 睡虎地秦墓竹简整理小组编：《睡虎地秦墓竹简》，北京：文物出版社，1990年，第31页。

⑤ 蔡万进：《尹湾汉简〈元延二年日记〉所反映的汉代吏休制度》，《中国史研究》2003年第2期，第75页。

⑥ 陈松长主编：《岳麓书院藏秦简（肆）》，第154页。

⑦ 陈松长主编：《岳麓书院藏秦简（伍）》，第206页。

陵县作徒簿中多见作徒病休的记录。如里耶秦牍 8-1280 为秦始皇二十八年（前 219 年）九月丙寅日貳春乡守畸所上徒簿，其日有徒十三人病。[①]木牍 8-1340 为迁陵县某乡守吾所上作徒簿，其中有白粲一人病。[②]木牍 8-1812 记载有三十五人病，可能也属作徒。[③]

秦设有农假。秦以耕战立国，十分重视农业生产，秦律令规定，官府要维护农时，役使劳力时，要避开农忙时节。对长期居作者，秦律也规定，在农忙时要给予农假，使其归田治农。睡虎地秦简《司空律》："居赀赎责（债）者归田农，种时、治苗时各二旬。"整理小组指出，田农即农作。[④]岳麓秦简 1423、1306 的记载更为详细："……居赀赎责（债）拾日坐罪入以作官府及当戍故徼有故而作居（简 1423）县者归田农，穜时、治苗时、耨（获）时各二旬。（简 1306）"[⑤]穜时即播种时，治苗时即除草时[⑥]，获时即收获时，是农业生产中三个重要的时段。相较于睡虎地秦简《司空律》的规定，岳麓秦简中归田农者不再局限于居赀赎债者，而是扩大到作官府者及因故不成故徼而作居县者等等，归田农的农时节点也增加了收获时节。岳麓秦简 1423、1306 可能是比睡虎地秦简《司空律》稍晚的律令，按此律令相关群体一年可获得三次，共计六十日的农假，时长相当可观。

四、余　论

由上可知，秦代已经有了丧假、归休、病休、婚假、农假等休假名目，内容颇为丰富。其中归休、婚假为官吏群体所享，农假为作官府者及有故作居县者所享，而丧假、病休则吏民通用。秦律令关于官吏的归休、吏民的病休等已在日常行政中有所反映。对徭使者、黔首、戍卒、居赀赎债者、作居县者等群体而言，其本身需要以为官府服务一定期限来免除相应劳役或债务，给予上述群体的丧假、病休、农假等事假只是事急从权，事情处理完毕后仍需补足所耗费的时日，以满足相应的时限。官吏的丧假、病休、婚假等似乎没有"拾日"的要求，其归休则属于福利性休假。因此，即便同为事假，其对官吏和非官吏群体的意义并非一致。

从秦简《质日》以及里耶秦简的相关记录来看，秦地方官吏有的享有了年休，但有的全年无休。总的来说，秦地方官吏不但归休机会较少，而且归休时间不长，长时

① 陈伟主编，鲁家亮、何有祖、凡国栋撰著：《里耶秦简牍校释（第一卷）》，第305页。
② 陈伟主编，鲁家亮、何有祖、凡国栋撰著：《里耶秦简牍校释（第一卷）》，第313页。
③ 陈伟主编，鲁家亮、何有祖、凡国栋撰著：《里耶秦简牍校释（第一卷）》，第394页。
④ 睡虎地秦墓竹简整理小组编：《睡虎地秦墓竹简》，第53页。
⑤ 陈松长主编：《岳麓书院藏秦简（肆）》，第159页。
⑥ 李强：《秦简"归田农"与战国时期的农业生产管理制度》，《中国农史》2015年第6期，第46—52页。

段的连续视事可能是一般基层官吏的生活常态。究其原因，可能与工作实际需要有关。秦代地方官吏的徭使十分频繁，在外徭使的时间也较长，导致现吏不足，严重时甚至影响到了基层行政的日常运转。如里耶秦简牍 8-197 记载，迁陵县在秦始皇三十四年时出现因“居吏少，不足以给事”的现象[①]，这样无论是在外徭使者还是居吏都无法按时归休。里耶秦简 7-67+9-631《迁陵吏志》记载，迁陵县在某个统计时间段内有吏员一百零一人，缺吏十五人，见吏五十一人，徭使者三十五人[②]，见吏只占所有吏员总数的 50%左右。也就是说在该统计期间内，迁陵县有一半左右的官吏不在岗，或外出徭使，或吏职空缺。个别职位的见吏甚至只有三分之一左右。如校长六人，四人缺；长吏三人，二人缺。大量官吏缺岗除了造成官署事务的积压而增加现吏的负担，也会导致现吏居署期满而无人替代的情况，前引里耶秦简木牍 8-197 便有“至今未得其代”之文。这样的现象长期持续都会影响到基层官吏的正常休假。

正因为县官事多，徭使频繁，官吏、冗募群戍卒、黔首等群体长期不得归，导致上述群体存在谎报亲属死亡、疾病以求归家等违背伦常和律令的情形存在。岳麓秦简 1668、1665、1660：“令曰：吏及宦者、群官官署、冗募群戍卒及黔首繇（徭）使、有县官事，未得归，其父母、泰父母不死而谩吏曰死以求归者，完以为城旦；其妻子及同产、亲父母之同产不死而谩吏曰死及父母不病而［谩吏］曰病以求归，皆䙴（迁）之。•令辛”[③]谩吏，即欺瞒官吏，谩吏的原因是徭使、有县官事不得归。可以想见，徭使、有县官事当对上述群体的生活带来相当负担，按照律令规定的常休似已不可能，不得已而通过谎报亲属死、病等非常手段而取得非常态化的归假。

通过对秦代关于吏民休假规定及其运作实态的分析，可知为官府服务的吏民休闲颇少，大体长期处于紧张、劳累的生活状态之中。这种状态在汉代得到了改善。如尹湾汉简《元延二年日记》显示，汉代地方官吏一年中享有的休假远多于秦吏，官员徭使归来会安排休沐，在岁时节点比如日至日也会安排吏休。居延汉简记载汉代边关吏卒每十日休一天，且不能被克扣。[④]睡虎地 77 号汉墓所出文帝前元《十年质日》中，墓主越人该年归休三次，共计十六日。其中十一月归休二次，一次属于徭使前的治行，另一次属于徭使后的归休。是年四月，越人还丧告六日。[⑤]在归休次数及实际归休日数上均远超秦吏。汉代吏卒休假情况的改善，当与汉朝吸取秦亡的教训，调整统治策略密切相关。

---

① 陈伟主编，鲁家亮、何有祖、凡国栋撰著：《里耶秦简牍校释（第一卷）》，第 109 页。

② 陈伟主编，鲁家亮、何有祖、凡国栋撰著：《里耶秦简牍校释（第二卷）》，第 167—168 页。

③ 陈松长主编：《岳麓书院藏秦简（伍）》，第 193 页。

④ 连云港市博物馆等编：《尹湾汉墓简牍》，第 138—144 页；蔡万进：《尹湾汉简〈元延二年日记〉所反映的汉代吏休制度》，《中国史研究》2003 年第 2 期，第 71—77 页。

⑤ 蔡丹、陈伟、熊北生：《睡虎地汉简中的质日简册》，《文物》2018 年第 3 期，第 54—64 页。

从走马楼西汉简“纵火”简看汉代长沙国火政问题*

罗启龙　马　莉

贵州大学历史与民族文化学院；重庆师范大学历史与社会学院

火政即指古时政府设立的用火与防火制度。据现有甲骨卜辞来看，殷商时期火政已然成形，入周以后，该制度日渐完善。随着阴阳五行说的产生与火崇拜的演进，战国秦汉时火政趋于精细、复杂。关于此话题，学界已有一定的讨论，但囿于史料所阙，对于秦汉时期的相关研究未成系统，只是在一些官制或民俗研究中对相关问题有所涉及。①而长沙走马楼西汉简和其他出土简牍的陆续公布，为我们进一步了解秦汉时期的火政提供了珍贵材料。故此，笔者不揣谫陋，对此问题试作蠡测。不当之处，谨请方家指正。

一、走马楼西汉简所见“纵火”释义

虽然关于汉代用火的政策在文献中已有案可稽，但走马楼西汉简里出现的几处“纵火”简为我们进一步深入了解相关政策的具体细则提供了契机。为便于讨论，兹辑录如下：

---

* 基金项目：2018年出土文献与中国古代文明研究协同创新中心博士创新资助项目“秦汉生态环境若干问题研究——以出土简牍为中心”（CTWX2018BS013）、2018年度湖南省哲学社会科学基金青年项目“秦汉时期生态资源变迁问题研究”（18YBQ021）、国家社科基金重大项目“长沙走马楼西汉简的整理与研究”（17ZDA181）。

① 倪根金：《周代火政述略》，《灾害学》1989年第1期；裘锡圭：《寒食与改火——介子推焚死传说研究》，《中国文化》1990年第1期；何浩：《祝融、火正与火师》，《求索》1992年第3期；卜风贤：《周秦两汉时期农业灾害致灾原因初探》，《农业考古》2002年第1期；李采芹：《中国历朝火灾考略》，上海：上海科学技术出版社，2010年；张小稳：《改火、更火、出火及其融合》，《社会科学战线》2015年第9期。

（1）七年正月戊寅朔戊子库啬夫繇行丞事告尉谓南乡不智（知）何人，非从火时擅纵火焬燔梅材茭草书到 益 关 吏卒徒 求（0138）

（2）九年三月丁丑朔癸未临湘令寅谓南乡告尉别治长赖醴陵敢告寿陵
西山主不智何人非纵（1076）
火时擅纵火焬燔梅材茭草不智何人亡满卅日不得
出驾论命不智何人耐为隶臣得出有 后 请（？）☐（0181）

（3）谨求捕不智何人非从火时擅从火者亡满卅日不
得谒报敢言之（0192）

（4）七年三月丁丑朔癸未尉史充国敢言之狱书曰不智何人非从火时擅
从火焬燔梅材茭草书到益关吏徒求捕亡满卅日不得报今（0194）

（5）☐何人非纵火时擅纵（0451）

对简文中“纵火”所谓何事，学界尚有不同见解。龙岗秦简见有“殹（也），纵火而□☐（71·3）”，张金光先生认为“纵火”或与火耕有涉[①]，陈伟先生认为其指行猎时放火[②]。从文献记载来看，“纵火”的目的亦主要为此两种情况。施行火耕需要良好的灌溉条件，据文献所载，时人往往通过自然雨水或以大型水利工程为依托。然而据《礼记·月令》载：“季夏之月……是月也，土润溽暑。大雨时行，烧薙行水，利以杀草，如以热汤。”郑玄注：“薙谓迫地芟草也。此谓欲稼莱地，先薙其草，草干烧之，至此月大雨流，水潦畜于其中，则草死不复生，而地美可稼也。《薙人》‘掌杀草’职，曰‘夏日至而薙之’，又曰‘如欲其化也，则以水火变之’。”[③]此类火耕方法需要将所烧杂草浸于水中，使之腐烂，成为肥料，并依靠季夏之月多雨，使之变为肥田。这一方法对时节要求严苛，且行之于西汉时期，如《淮南子·时则训》即载有：“季夏之月……是月也，树木方盛，勿敢斩伐。不可以合诸侯，起土功，动众兴兵，必有天殃。土润溽暑，大雨时行，利以杀草粪田畴，以肥土疆。”[④]上引简文的纵火时间为正月至三月，显然不符合火耕条件。且火耕耗时较长，于政府禁止纵火时间内进行较难实现。据此，简文中“纵火”应与行猎有关。

《礼记·郊特牲》云：“季春出火，为焚也。然后简其车赋，而历其卒伍，而君亲誓社，以习军旅，左之右之，坐之起之，以观其习变也。……天子适四方，先柴。”郑

① 张金光：《秦制研究》，上海：上海古籍出版社，2004年，第82页。

② 陈伟主编，李天虹、刘国胜等撰著：《秦简牍合集·释文注释修订本（叁）》，武汉：武汉大学出版社，2016年，第48页。

③ 李学勤主编，《十三经注疏》整理委员会整理：《十三经注疏·礼记正义》卷16《月令》，北京：北京大学出版社，1999年，第513页。

④ 何宁：《淮南子集释》卷5《时则训》，北京：中华书局，1998年，第405、409—410页。

注："谓焚莱也，凡出火，以火出，建辰之月，火始出。简、历谓算具陈列之也，君亲誓社，誓吏士以习军旅。既而遂田，以祭社也。言祭社，则此是仲春之礼也。仲春以火田，田止弊火，然后献禽，至季春火出，而民乃用火。今云季春出火，乃誓社，记者误也。"孔颖达疏："为焚者，谓焚烧除治宿草。"[①]依文意，西周时统治者需于仲春"出火"活动时，进行"火田"。所谓"出火"，实时人于春耕、秋收时进行的庆典活动。[②]此时"火田"除演习军旅的目的外，更具有劝导民众开荒种地的意图。且田猎所获之物，均用于社祭，以祈祷农事丰收。此即说明当时的火田与殷商时期相似，为行猎与开辟农田同时进行的一种活动。[③]上引孔颖达疏即是言此。春季进行火耕，除政治与宗教因素外，可能与相关地区水利便利有一定关联。另从《周礼》所见秋官司烜氏"中春，以木铎修火禁于国中"、天官宫正"春秋以木铎修火禁"[④]等相关执掌，结合《礼记·王制》："草木零落，然后入山林，昆虫未蛰，不以火田"[⑤]，西周时田猎火禁应设于仲春时、季秋内火之后与昆虫蛰伏之前等时段，而春季出火之后，仍许"民乃用火"，此处"用火"应指田猎与垦荒两种含义。

然而从走马楼西汉简的内容来看，三月季春纵火已为非法。时间在其后的敦煌悬泉置《四时月令诏条》亦见有相关内容的记载："毋焚山林·谓烧山林田猎，伤害禽兽□虫草木……［正］月尽……"整理小组认为正前应有从字，毋焚山林应从正月始，尽于八月。[⑥]降及西汉时，火禁政策与《礼记·月令》所载仅仲春月"毋竭川泽，毋漉陂池，毋焚山林"[⑦]相比发生较大变化，春夏时纵火均受禁止。

另据学者研究，秦汉时民众春夏季狩猎仍受许可。[⑧]枚乘《梁王菟园赋》、扬雄《蜀都赋》等则分别描写有汉代邯郸与蜀地贵族在春夏时行猎的内容。[⑨]张衡《南都赋》中更载"群士"于三月初三时行猎。从地域分布来看，汉代的贵族的狩猎亦盛行于春夏时。据上所述，可以反映出两点内容：其一，西汉时一改季春"火田"这类竭泽而渔的狩猎与垦荒方式，应当是经济发展与环境破坏严重的表现；其二，至迟至春秋时的"出火"仪式尚具有原始天人合一的思想内涵，属于殷商时期的火历遗俗。但

① 李学勤主编，《十三经注疏》整理委员会整理：《十三经注疏·礼记正义》卷25《郊特牲》，第793—794页。

② 关于此，庞朴与张小稳先生均有详细讨论，此不赘述。参看庞朴：《火历钩沉——一个遗失已久的古历之发现》，《中国文化》1989年创刊号；张小稳：《改火、更火、出火及其融合》，《社会科学战线》2015年第9期。

③ 孟世凯：《殷商时代田猎活动的性质与作用》，《历史研究》1990年第4期。

④（清）孙诒让撰，王文锦、陈玉霞点校：《周礼正义》，北京：中华书局，1987年，第2913、223页。

⑤ 李学勤主编，《十三经注疏》整理委员会整理：《十三经注疏·礼记正义》卷12《王制》，第373页。

⑥ 中国文物研究所、甘肃省文物考古研究所编：《敦煌悬泉月令诏条》，北京：中华书局，2001年，第5、19页。

⑦ 李学勤主编，《十三经注疏》整理委员会整理：《十三经注疏·礼记正义》卷16《月令》，第477页。

⑧ 王勇：《秦汉渔采狩猎与农耕经济的关系》，《中国社会经济史研究》2013年第4期。

⑨（汉）枚乘：《梁王菟园赋》，费振刚、胡双宝、宗明华辑校：《全汉赋》，北京：北京大学出版社，1993年，第29—30页；（汉）扬雄：《蜀都赋》，费振刚、胡双宝、宗明华辑校：《全汉赋》，第162—163页。

随着西汉武帝时《太初历》的施行，该习俗很可能已为“改火”等习俗所融合替代，时人完全以生物生长规律进行狩猎活动。[1]上已述及，《淮南子·时则训》所载汉代的火耕可能也常于季夏时进行，因此冬季进行纵火田猎可能也意味着“火田”与农耕逐渐分割。如《汉书·长沙王传》载：“子剌王建德嗣，宣帝时坐猎纵火燔民九十六家，杀二人，又以县官事怨内史，教人诬告以弃市罪，削八县，罢中尉官。”[2]即为一证。而简中“火时”是否仅指行猎时间，则需进一步探明。

二、走马楼西汉简所见“纵火”时令及相关问题

前揭敦煌悬泉置《四时月令诏条》整理者注云，毋焚山林应从正月始，尽于八月，即仲秋时开火禁。然而前引《礼记·王制》：“草木零落，然后入山林，昆虫未蛰，不以火田”，十月冬季为蛰虫备藏时。《淮南子·主术训》中亦见有相同记载。[3]则可知该时令在汉代亦被继承。另从《续汉书·礼仪志》引《魏书》云：“汉承秦制，三时不讲，唯十月车驾幸长安水南门，会五营士，为八阵进退，名曰乘之”[4]推断，有汉一代，官方田猎应亦遵循“昆虫蛰伏”的时令。而秋季田猎，可能并非常制。这也说明，走马楼简中“纵火时”如指田猎时间，应为十至十二月。

值得注意的是，简（1）（2）（4）均载焬燔“梅材”“茭草”。梅亦见于里耶秦简，为杏属灌木植被。[5]茭草则为饲料，属政府刍稿税收之一。上揭走马楼简均言“非纵火时纵火”而非严禁纵火，可知在一段时间内，纵火焚烧梅材与茭草在长沙国内应受许可。据此，笔者认为简文中的“时”应与二者的焚烧时间存在极大关系。关于何时焚烧茭地，传世文献所载均语焉不详。居延简中见有“七月辛巳卒□二人，一人守茭，一人除陈茭地”的记载，王子今先生认为“除陈茭地”为清理伐茭之后的土地，且该地应不会再作为茭地了。[6]如按上揭走马楼简所载，火烧茭草可能是“除陈茭地”的方式。但居延为汉代屯戍之地，其与长沙国的气候环境差异极大，耕作方式亦

---

① 庞朴先生研究认为，上古至殷商时，人们依据大火星（天蝎座的第一星，α星，又为二十八星宿中心宿中的第二颗星）的运行规律制定历法——火历。时人以大火星东出时进行春耕，西入时进行秋收，而这两个节点在后世逐渐发展出出火与内火两种庆典活动。参看庞朴：《火历钩沉——一个遗失已久的古历之发现》，《中国文化》1989年创刊号。

② 《汉书》卷53《景十三王传》，北京：中华书局，1962年，第2427页。

③ 何宁：《淮南子集释》卷9《主术训》，第687页。

④ 《后汉书》志五《礼仪志》，北京：中华书局，1965年，第3124页。

⑤ 陈伟主编，何有祖、鲁家亮、凡国栋撰著：《里耶秦简牍校释（第一卷）》，武汉：武汉大学出版社，2012年，第375页。

⑥ 王子今：《秦汉名物丛考》，北京：东方出版社，2016年，第110页。

不相同。因此，以火除陈茭地的目的可能未必与农耕有关。另一方面，西北居延地区通常将所用剩余的茭进行交易，作为政府“稍入钱”以缓解资金压力。[①]这也说明茭本身具有很高的经济价值。而走马楼西汉简中亦见有相似的记载：

输七年同里□□六石□……□□百卌六石三钧十斤
毋刍茭以钱六千六百七十五□钱九千五百卅九予庙厨啬夫援约为（0859）

其与居延地区“茭”的买卖所不同的是，当地政府尚缺乏刍茭，需要大量钱购买。这也从侧面说明，长沙国地区如需将除茭地用作其他途径，也应当是在伐茭之后。关于伐茭的时间，王子今先生认为主要集中于每年三月与六至九月。但其所依据的“甲渠官绥和二年三月省□部卒治大司农茭名”是否指伐茭，笔者认为尚值得商榷。《齐民要术·养羊》引崔寔“七月七日刈蒭茭”；同卷另载“种大豆一顷，杂谷并草留之，不须锄治。八九月中，刈作青茭”，“凡秋刈草，非直为羊然，大凡悉皆倍胜”。[②]如文意，茭的种植方式不同，伐茭时间亦有不同，但均以秋季为最佳采伐时间。故此，以火烧茭草的时间应当在七至九月间，而王子今先生所述的“除陈茭地”亦在“七月辛巳”（E.P.T49：10）。[③]综上所述，走马楼西汉简中“纵火时”应为六月至十二月，但不同季度用火人员、用途与地点均有很大差异。[④]

① 郭浩：《秦汉时期现金管理刍议——以岳麓秦简、居延汉简“稍入钱”为例》，《中国社会经济史研究》2013年第3期。

② （北魏）贾思勰著，石声汉校释：《齐民要术今释》，北京：中华书局，2009年，第554页。

③ 甘肃省文物考古研究所等编：《居延新简》，北京：文物出版社，1990年，第144页。

④ 此处需要说明的是，睡虎地秦墓竹简《田律》中载：“春二月，毋敢伐材木山林及雍（壅）隄水不〈泉〉。夏月，毋敢夜草为灰。”虽然学界对“夜”字理解尚聚讼纷纭，但其所指为火耕则为赵平安等多数学者所认可。另张家山汉简《田律》中亦见有相似记载：“禁诸民吏徒隶，春夏毋敢伐材木山林，及进〈壅〉堤水泉，燔草为灰。”可知春夏时毋烧草为灰在秦汉时似为通例。但其意如为禁止火耕，则与上引《礼记·月令》与《淮南子·时则训》于季夏之月火耕相矛盾。关于此，敦煌悬泉月令诏条整理小组认为，火耕水耨，不应在季夏之月。如“火耕于季夏行之”，又明令禁止，是断农生计也。 然而据《齐民要术·水稻》载：“凡稼泽，夏，以水殄草，而芟夷之。”可知如种稻田，以水淹草需在夏日。其后引郑玄之说：“将以泽地位稼者，必于夏六月之时，大雨时行，以水病绝草之后生者；至秋，水涸，芟之。明年乃稼。”汉代火耕时节应如《礼记·月令》所载，行于季夏时，整理小组之说不确。换言之，烧草为灰很可能与火耕无涉。关于其具体含义，《礼记·月令》载有：“毋烧灰，毋暴布。”孙希旦考曰：“《考工记》湅帛者用栏灰渥淳之，蜃灰涹之，沃而盝之，昼暴诸日，夜宿诸井。湅布之法，盖亦如此。是月阳气大盛，不可烧灰湅布，暴之日中，恐脆伤其布也。”今从孙氏说。参看陈伟主编，彭浩、刘乐贤等撰著：《秦简牍合集·释文注释修订本（壹）》，武汉：武汉大学出版社，2016年，第42—43页；赵平安：《也谈睡虎地秦简“夜草为灰”》，《中原文化研究》2018年第6期；张家山二四七号汉墓竹简整理小组编著：《张家山汉墓竹简［二四七号汉墓］（释文修订本）》，北京：文物出版社，2006年，第42页；中国文物研究所、甘肃省文物考古研究所编：《敦煌悬泉月令诏条》，第23—24页；（北魏）贾思勰著，石声汉校释：《齐民要术今释》，第161—162页；李学勤主编，《十三经注疏》整理委员会整理：《十三经注疏·礼记正义》卷16《月令》，第504页。

除此之外，“改火”与“更火”之俗虽然未必与简中“纵火时”有关，但其在长沙国内应亦有严格的时间规定。关于“更火”与“改火”的内涵演变，张小稳先生已作过详细探讨，兹不赘述。[①]远古时，已有改火习俗，于一年之中设固定时间举行。据《管子》所载，至春秋时，改火已被纳入春令，成为重要的习俗活动：“教民樵室钻燧……天子之春令也”；“当春三月，萩室熯造，钻燧易火”。[②]至汉代这一习俗仍然延续，但施行时间却有更易，据《居延汉简》所载：

（1）御史大夫吉昧死言：丞相相上大常昌书言大史丞定言，元康五年五月二日壬子日夏至，宜寝兵，大官抒井、更水火、进鸣鸡。谒以闻，布当用者。·臣谨案：比原泉御者、水衡抒大官御井，中二千石、二千石令官各抒。别火（10·27）

（2）官先夏至一日，以除燧取火，授中二千石、二千石官在长安、云阳者，其民皆受，以日至易故火。庚戌寝兵不听事，尽甲寅五日。臣请布，臣昧死以闻。（5.10）[③]

简文为汉宣帝元康五年（前 61 年）申请将改火易至夏至的奏疏，其与前引《管子》“教民樵室钻燧”的方式不同，改由官方负责，改火时间应为夏季。关于“更火”，《逸周书·月令》载：“春取榆柳之火，夏取枣杏之火，季夏取桑柘之火，秋取柞楢之火，冬取槐檀之火。”[④]点明四时五改火，然而据张小稳先生研究认为，更火之俗或为时人将改火配属五行的一种理论，于现实中未能落实。[⑤]但值得注意的是，《天水放马滩秦简》中“伐木忌”条下载：“春三月甲乙不可伐大榆东方，父母死”“夏三月丙丁不可伐大棘（枣）南［方］，长男死”“戊己不可伐大桑中央，长女死之”。[⑥]（乙一二九贰—乙一三一贰）不同时节内，严禁采伐某一特定树种，且相似的伐木禁忌亦见于睡虎地秦简《木日》篇：“木忌，甲乙榆、丙丁枣、戊己桑、庚辛李、壬辰le（漆）。”[⑦]简文中五木与天干的对应关系与《放马滩秦简》相同。而随州孔家坡汉简《日书》“伐木日”条下亦记载：“甲子、乙丑伐榆，父死；庚辛伐桑，妻死；丙寅、丁卯、己巳伐

① 张小稳：《改火、更火、出火及其融合》，《社会科学战线》2015年第9期。

② 黎翔凤撰，梁运华整理：《管子校注》，北京：中华书局，2004年，第 1017、1529页。

③ 谢桂华、李均明、朱国炤：《居延汉简释文合校》，北京：文物出版社，1987年，第8、16页。

④ 黄怀信、张懋镕、田旭东撰，李学勤审定：《逸周书汇校集注》卷6《月令》，上海：上海古籍出版社，1995年，第658页。

⑤ 张小稳：《改火、更火、出火及其融合》，《社会科学战线》2015年第9期。

⑥ 孙占宇：《天水放马滩秦简集释》，兰州：甘肃文化出版社，2013年，第155页。

⑦ 睡虎地秦墓竹简整理小组编：《睡虎地秦墓竹简》，北京：文物出版社，1990年，第235页。

枣，□母死；壬癸伐□□少子死。”陈炫玮认为“壬癸”所伐应为“漆木”。[①]如按陈氏之说，则该《日书》所载伐木时间与《放马滩秦简》所见相异，但树木种类却是一致的。说明此类伐木禁忌在不同地域之间具有一致性，应为当时社会广泛遵从的风俗。而上载木种榆、枣、桑均为先秦时“更火”所用的木种，虽然简文所载与《逸周书·月令》并不完全相合，但因与干支相配，很可能“李”与“漆”亦具有五行属性。换言之，如伐木禁忌与“更火”存在联系，则后者实际执行时间与所用木料并不完全按文献所载。

三、走马楼西汉简中“纵火”时令管理及汉代火官

据《周礼》等文献记载，周代时已设置专职管理用火的职官。除了前述秋官司烜氏、天官宫正管理国中、军旅、宫廷等地区的火禁外，亦载有司爟“掌行火之政令，四时变国火，以救时疾”[②]，掌握四时更火及焚莱火田等。火官制度已具雏形。降及秦汉，中央至地方官员的设立已发生极大变化。随着走马楼西汉简等出土文献的公布，为我们管窥这一时期火官的建置提供了珍贵的资料。

上已述及，前揭简文中的“纵火时”应包含田猎、火耕与“除陈茇地”三方面的时令，而“更火”与“改火”等民俗宗教活动亦有严格的时令限定。这些时令，应当分由相关官员管理。

首先，关于田猎。前文已述，周代春季时有大蒐礼，以火田狩猎，以达到检阅军旅与开辟农田的目的。然而至秦汉时期，皇室及王侯狩猎多于苑囿中进行，且王侯狩猎亦有诸多礼制限定。此外，检阅军旅的田猎制度在汉代亦改由冬季“校猎”时举行，而汉代个别火田情况也与农耕无关。这也说明，当时官方火田已不成制度，应并未设有专员管理。但对于农耕较为落后地区，狩猎仍为当地重要生活物资来源，而这种活动亦有可能伴随着纵火。据《史记·田叔列传》载：任安任武功县亭长时“邑中人民俱出猎，任安常为人分麋鹿雉兔，部署老小当壮剧易处，众人皆喜，曰：‘无伤也，任少卿分别平，有智略。’明日复合会，会者数百人”[③]。按文意，地方百姓大规模狩猎时，需由官吏亭长带领。故此，百姓火田及相关时令应当亦由此类官吏管理。

---

① 陈炫玮：《孔家坡汉简日书研究》，（台湾）清华大学历史研究所2007年硕士学位论文，第27页。

② （清）孙诒让撰，王文锦、陈玉霞点校：《周礼正义》，第2396页。

③ 《史记》卷104《田叔列传》，北京：中华书局，2014年，第3363页。

其次，火耕的管理者。汉代农官设立纷繁复杂，前人已有颇多研究。据《史记·平准书》载：“江南火耕水耨，令饥民得流就食江淮间。”[①]汉代经济落后处仍用火耕。前已述及，火耕常于一年季夏时进行，县中公田当设有官吏负责相关事宜。居延简中见有大量“都田啬夫”的记载，汉郡国官印封泥亦见有“都田”[②]。王勇先生认为，“都田”或为署印，都田啬夫为该署衙长官，属于中央派至县内的农官，其职掌为管理全县公田。[③]其说当是。此外，尹湾汉简《东海郡属吏设置簿》与《敦煌悬泉汉简》中分别见有“劝田史”与“劝农史”（Ⅱ0114：294）[④]，二者名异实同，均为郡下秩次较低的属吏，诸曹统领，负责劝课农桑，或参与管理百姓火耕水耨。

复次，关于居延简中的“除陈茭地”，王子今先生认为，居延汉简里见有大量“大司农茭”与“大农茭”的记载，其所指为“茭草”生长的土地无论开垦与否，均“属大司农所辖，也就是属大司农所属的农都尉或田官所辖”[⑤]。然而汉代西北地区为政府建设军屯与民屯之所，当地农官设置与内地大不相同。大司农为管理中央政府财政的首要机构，其在内地诸郡国主掌“钱谷”收支状况。而武帝时期由大司农派驻各地的部丞，也仅用于“调阴阳，均有无，补不足”[⑥]，并未参与实际生产。故此，长沙国内的茭地很可能部分仍由上述农官管理，其余则以刍稿税向民众征收。据上揭走马楼西汉简（1）与（2），所载均为县廷所向尉下达的指令文书，可知茭地纵火时间应由县廷设定，具体细则或由其下乡部管理。

最后，据《汉书·百官公卿表上》载：“典客，秦官，掌诸归义蛮夷，有丞。景帝中六年更名大行令，武帝太初元年更名大鸿胪。属官有行人、译官、别火三令丞及郡邸长丞。武帝太初元年更名行人为大行令，初置别火。”如淳曰：“《汉仪注》别火，狱令官，主治改火之事。”[⑦]可知武帝时初设火官，隶属于大鸿胪，此或为汉代“改火”之俗上升为制度之滥觞。又现有封泥“载国大行”[⑧]，文献未见有载，陈直先生考证其或与“戴侯胜”有关[⑨]，今从其说。即侯国类同中央，设有大行，掌管境内少数民族。值得注意的是，上引居延汉简（5.10）（10·27）两条简阐明了自皇帝批准“改

① 《史记》卷30《平准书》，第1733页。

② 吴幼潜编：《封泥汇编》，上海：上海古籍书店，1964年，第65页。

③ 王勇：《秦汉地方农官建置考述》，《中国农史》2008年第3期。

④ 连云港市博物馆等编：《尹湾汉墓简牍》，北京：中华书局，1997年，第101页；胡平生、张德芳：《敦煌悬泉汉简释粹》，上海：上海古籍出版社，2001年，第92页。

⑤ 王子今：《汉代河西的“茭”——汉代植被史考察札记》，《甘肃社会科学》2004年第5期。

⑥ 王利器校注：《盐铁论校注》卷3《轻重》，北京：中华书局，1992年，第180页。

⑦ 《汉书》卷19上《百官公卿表上》，第730页。

⑧ 周明泰：《再续封泥考略》，台北：艺术印书馆，1982年，第102页。

⑨ 陈直：《汉书新证》，天津：天津人民出版社，1979年，第70页。

火”日期变更后，相关政令的传递与执行过程。该政令“明确了诏书按顺序向下级传达的情形，而且明确了诏书自发出至张掖郡边疆的时间”[①]。且需在夏至前一天取火，并在夏至日授予长安与云阳的各级官府与百姓。此即说明改火仪式并非由中央政府象征举行，而是全国郡县层级于改火日同时进行。故此，笔者推测郡国内应当设有与郡“大行”同级职官，以执行中央改火政令。[②]

① ［日］大庭脩：《秦汉法制史研究》，林剑鸣等译，上海：上海人民出版社，1991年，第200—201页。

② 除上述纵火的管理外，防火亦属于火政的重要方面。关于此，刘太祥先生已从法律角度作过详细可靠的阐述，本文不再探讨。但需要说明的是，出土西汉印章见有“属𢈪左尉”，当为属国官吏，𢈪为存放刍稿之处，其与内地𢈪仓的管理制度不同，相关防火之责应亦由武官担任，而非令史与官啬夫。参看刘太祥：《简牍所见秦汉社会治安行政管理制度》，《南都学坛（人文社会科学学报）》2018年第5期；罗福颐主编，故宫博物院研究室玺印组编：《秦汉南北朝官印征存》，北京：文物出版社，1987年，第10页。

简牍所见秦代“为不善”罪*

——兼述秦代的法律与伦常秩序

齐继伟
中国社会科学院古代史研究所

先秦至秦汉以来的传世文献中有不少关于“为不善”的记载，以往未曾引起太多关注。“为不善”是一种法律术语还是习用语，其概念及源流如何，有待发掘、考证。《岳麓书院藏秦简（伍）》（以下称“岳麓伍”）中有一组关于“为不善”的秦令，所录为当时实用之法令条文，可补史载所缺。本文以此法令条文为基础，结合传世文献及睡虎地秦简《封诊式》中的相关案例，试对“为不善”的性质、范围、源流作一考证，揭示其罪名沿革与变化，并进一步考察“为不善”与后世“十恶”之异同、转化关系，概述其立法特点，并在此基础上，着重对秦代的法律与伦常关系略陈浅见，以此就教于学界。①

---

* 基金项目：国家社会科学基金青年项目“出土律令与秦代官吏管理制度研究”（21CZS013）。

① 相关研究见梁启超：《先秦政治思想史》，天津：天津古籍出版社，2003年；杨鸿烈：《中国法律思想史》，上海：商务印书馆，1937年；瞿同祖：《中国法律与中国社会》，北京：商务印书馆，2010年；梁治平：《寻求自然秩序中的和谐——中国传统法律文化研究》，上海：上海人民出版社，1991年；王晓波：《先秦法家思想史论》，台北：联经出版社，1991年；陆建华：《商鞅礼学思想研究》，《孔子研究》2004年第4期；马小红：《礼与法——法的历史连接》，北京：北京大学出版社，2004年；杨振红：《从出土秦汉律看中国古代的“礼”“法”观念及其法律体现——中国古代法律之儒家化说商兑》，《中国史研究》2010年第4期；于振波：《秦汉法律与社会》，长沙：湖南人民出版社，2010年；马作武：《先秦法律思想史》，北京：中华书局，2015年；马腾：《儒法合流与中国传统法思想阐释》，北京：法律出版社，2016年；武树臣：《法家法律文化通论》，北京：商务印书馆，2017年；［日］仁井田陞：《中国社会的法和伦理》，弘文堂书房，1954年；［日］大塚伴鹿：《法家思想源流》，东京：三信图书，1980年，等等。

一、出土与传世文献中的“为不善”

“岳麓伍”中收录有这样一条秦令，内容如下：

> 009-011：☑［言及］坐与私邑私家为不善，若为为不善以有罪者，尽输其收妻子、奴婢材官、左材官，令[①]，（1110）终身作远穷山，毋得去。议：诸隶臣、城旦、城旦司寇、鬼薪坐此物以有罪当收者，其妻子虽隶（1109）臣妾、城旦、城旦司寇、舂、白粲殹（也），皆轮〈输〉材官、左材官作，如令。·九（1022）

该令涉及秦代“为不善”的坐收问题。私邑私家，整理者注：私邑，犹封邑，私人的领地……私家，泛指私人家室，与王朝公家相对。[②]《公羊传·昭公五年》“不以私邑累公邑也”，何休《解诂》云：“公邑，君邑也；私邑，臣邑也。”[③]春秋战国时期，天子、诸侯称“君”，其辖地称“公邑”或“君邑”，卿大夫称“臣”，其封地称“私邑”或“臣邑”，说明“坐与私邑私家为不善”应在秦统一前业已立法。《论语》载“佛肸以中牟畔”，子路问孔子曰“亲于其身为不善者，君子不入也”（王闿运注：“谓篡弑之君”）[④]，《战国策·齐策》云“安平君之与王也，君臣无礼而上下无别，且其志欲为不善”[⑤]，可知“为不善”的概念或可追述至春秋晚期。

令文中的“为不善”还见于传世文献，其中，“不善”一词作为“善”的对立概念，可表达多种含义，如指“恶人”“缺点”“不良”“不好”“干坏事”“不擅长”等等。但是，秦代既然将“为不善”以立法的形式用于法律条令中，“为不善”之概念应有其专指，需重新检讨。而管见所及，“为不善”一词明确有罪名义项的例子见于：

> 1. 佛肸召，子欲往。子路曰：“昔者由也闻诸夫子曰：‘亲于其身为不善[⑥]者，君子不入也。’佛肸以中牟畔，子之往也，如之何？”（《论语·阳货》）
>
> 2. 貂勃使楚，楚王受而觞之，数日不反。九人之属相与语于王曰：“夫一人

---

① 简1110“左材官作”，陈伟先生据图版改释为“左材官，令”。详见陈伟：《岳麓书院藏秦简［伍］校读》，简帛网，http://www.bsm.org.cn/show_article.php?id=3000。

② 陈松长主编：《岳麓书院藏秦简（伍）》，上海：上海辞书出版社，2017年，第41—42、73页。

③（汉）何休解诂，（唐）徐彦疏：《春秋公羊传注疏》卷22，（清）阮元校刻：《十三经注疏》，北京：中华书局，2009年，第277页。

④（清）王闿运：《论语训·春秋公羊传笺》，长沙：岳麓书社，2009年，第121页。

⑤ 何建章注释：《战国策注释》，北京：中华书局，2019年，第505页。

⑥ 本文中“____”的地方为“为不善”的具体罪名。

身而牵留万乘者，岂不以据势也哉？且安平君之与王也，君臣无礼而上下无别。且其志欲为不善。内（牧）[收]百姓，循抚其心，振穷补不足，布德于民，外怀戎、翟，天下之贤士，阴结诸侯之雄俊豪英，其志欲有为也，愿王之察之。"（《战国策·齐策》）

3. 魏有老儒而不善济阳君，客有与老儒私怨者，因攻老儒杀之，以德于济阳君曰："臣为其不善君也，故为君杀之。"济阳君因不察而赏之。（一曰……"齐使老儒掘药于马梨之山，名掘药也，实间君之国，君杀之，是将以济阳君抵罪于齐矣。臣请刺之"。）（《韩非子·内储说下》）

4. 吕产欲为不善，丞相陈平与太尉周勃谋夺吕产等军。《史记·孝文本纪》

5. [七]年，禄为赵王，国除。追尊康侯为昭王。禄以赵王谋为不善，大臣诛禄，遂灭吕。（《史记·惠景间侯者年表》）

6. 又言柴唐子为不善，足以戒……（邓展注："淮南传棘蒲侯柴武太子柴奇与士伍开章谋反。"）（《汉书·贾山传》）

7. 褚先生曰：臣为郎时，闻之于宫殿中老郎吏好事者称道之也。窃以为令梁孝王怨望，欲为不善者，事从中生……（《史记·梁孝王世家》）

8. 王顿首膝行对曰："今者，晁错天子用事臣，变更高皇帝法令，侵夺诸侯地。卬等以为不义，恐其败乱天下，七国发兵，且以诛错。今闻错已诛，卬等谨已罢兵归。"将军曰："王苟以错为不善，何不以闻？及未有诏虎符，擅发兵击义国。以此观之，意非徒欲诛错也。"（《汉书·吴王刘濞传》）

9. 元帝初元元年，珠厓又反，发兵击之。诸县更叛，连年不定……夫一隅为不善，费尚如此，况于劳师远攻，亡士毋功乎！求之往古则不合，施之当今又不便。（《汉书·贾捐之传》）

10.（翟）方进劾（王）立："怀奸邪，乱朝政，欲倾误要主上，狡猾不道，请下狱。"上曰："红阳侯，朕之舅，不忍致法，遣就国。"于是方进复奏立党友曰："立素行积为不善，众人所共知。邪臣自结，附托为党，庶几立与政事，欲获其利。今立斥逐就国，所交结尤著者，不宜备大臣，为郡守。"（《汉书·翟方进传》）

11. 王之将吏，群居穴处之徒，人人抵掌，欲为不善之计。（《后汉书·隗嚣列传》）

12. 会五月龙祠，因白单于，言薁鞬日逐夙来欲为不善，若不诛，且乱国。（《后汉书·南匈奴列传》）[①]

① 以上史料皆见于诸子及正史文献，为避免行文繁冗，在此不再赘注。

如上所陈，除材料3、材料8、材料10外，“为不善”的案例均涉及反、逆、叛罪。故结合文例及秦简“为不善”的记载，可以初步判断，“为不善”确应作为一项专有名词被用于法律及史书记载中，并非是一个泛指概念，其与先秦诸子及经传中一部分作为“善”的对立概念而出现的“不善”，有一定的区别。据此，简1110下文的“若为为不善以有罪者”，整理者注：“此处两个‘为’可整理作‘为（伪）为’或‘为为（伪）’。”考虑到“为不善”是一项专有名词，我们赞同整理者的第一种意见，也就是“为为不善”应读作“伪为不善”。《说文》：“伪，诈也。”段注：“诈者，欺也……经传多假‘为’为‘伪’。”①《礼记·曾子问》：“昔者齐桓公亟举兵，作伪主以行，及反，藏诸祖庙。”郑玄注：“伪犹假也。”②故这里的“为（伪）为不善”当指“假为不善”，与“真为不善”相对。那么，何为“假为不善”？如所周知，封建时期为臣之道在于忠心不二，如果稍有怨愤，萌心二志，口出欲反之言，但无实际行动者，亦被视为大罪。此律之设，或是针对有恶言犯法，但无真实谋反之状的行为，其目的在于消除一切可能危及统治之隐患。如《三国志·蜀书》载：

> 初，仪为先主尚书，琬为尚书郎，后虽俱为丞相参军长史，仪每从行，当其劳剧，自惟年宦先琬，才能逾之，于是怨愤形于声色，叹咤之音发于五内。时人畏其言语不节，莫敢从也，惟后军师费祎往慰省之。仪对祎恨望，前后云云，又语祎曰：“往者丞相亡没之际，吾若举军以就魏氏，处世宁当落度如此邪！令人追悔不可复及。”祎密表其言。十三年，废仪为民，徙汉嘉郡。③

汉嘉原名青衣，光武帝改置，秦汉时期谋反等重罪从坐者多迁徙至此。又《新唐书·刑法志》载：“帝（太宗）因录囚为之动容，曰：‘反逆有二：兴师动众一也，恶言犯法二也。轻重固异，而钧谓之反，连坐皆死，岂定法耶？’……于是令：反逆者，祖孙与兄弟缘坐，皆配没；恶言犯法者，<u>兄弟配流而已</u>。”④另，唐律《贼盗律》规定：“诸口陈欲反之言，心无真实之计，而无状可寻者，<u>流二千里</u>。”《疏议》曰：“有人实无谋危之计，口出欲反之言，勘无实状可寻，妄为狂悖之语者，流二千里。”⑤据此，秦令“伪为不善”可能正是对应“杨仪”及唐律“口陈欲反之言，心无真实之计”的情况，说明“恶言犯法”的相关规定在秦至汉唐间始终得以延续，唐律《贼盗

① （汉）许慎撰，（清）段玉裁注：《说文解字注》，上海：上海古籍出版社，1988年，第379页。
② （清）孙希旦撰，沈啸寰、王星贤点校：《礼记集解》，北京：中华书局，1989年，第522页。
③ 《三国志》卷40《蜀书十》，北京：中华书局，1982年，第1005页。
④ 《新唐书》卷56，北京：中华书局，1975年，第1409—1410页。
⑤ （唐）长孙无忌等撰，刘俊文点校：《唐律疏议》，北京：中华书局，1983年，第325页。

律》中的这一条令最远可以追溯至此。

该令后半部分涉及刑徒犯此罪，其妻子即便为刑徒，仍要输作材官、左材官，并终身不得遣返。众所周知，秦有“收孥之法”“一人有罪，并其室家”，但汉初《二年律令·收律》规定“奴有罪，毋收其妻子为奴婢者”[①]，李均明先生认为，由于奴婢是主人财产的一部分，无独立人格，其妻子儿女固然也是主人的财产，故奴婢有罪，不连坐其妻子儿女。[②]而刑徒作为官府的无偿劳力，已丧失人身自由，一定程度与官奴无异。推测，秦代可能也有“刑徒有罪，毋收其妻子为刑徒者”的相关规定。另据大庭脩先生关于秦汉律令中“具”“议”用语的考察[③]，可知秦汉新令的制定存在“其议为令”的模式，即廷尉、丞相等大臣遵照诏命议定令文，如《汉书·景帝纪》：“秋七月，诏曰：‘吏受所监临，以饮食免，重；受财物，贱买贵卖，论轻。廷尉与丞相更议著令。’”师古曰：“帝以为当时律条吏受所监临赂遗饮食，即坐免官爵，于法太重，而受所监临财物及贱买贵卖者，论决太轻，故令更议改之。”[④]而简1109中也有“议”的用语，显示该令可能同样属于“更议著令”的情况，也就是说，正因为相关立法与“妻子为刑徒是否应收系”的规定有冲突，故令其“议”。“议”的结果是：如果当事人所犯“坐此物以有罪当收者”，其妻子即便为刑徒，仍“输材官、左材官作，如令”。从侧面说明“为不善”确系重罪，秦法针对此类犯罪的连坐非常严苛。

综上，秦代“为不善”一词被用于法律条令中，是一类罪名的总称，其与传世文献中一部分作为“善”的对立概念而使用的“为不善”，含义不同。“为不善”罪的起源很早，当在秦统一之前业已立法。秦简中的这条令文涉及“与私邑私家为不善”及“伪为不善”罪的坐收问题，是对以前已有“为不善”法令的进一步补充。

二、“为不善”罪的范围

前已述及，“为不善”罪虽然多涉及政治上的反、逆、叛罪，但是否仅此范围，尚需进一步的论证。为方便起见，我们参考正史及经传、诸子中与当事人或事件有关的记述，将“为不善”罪的罪状列表，详见表1所示：

① 彭浩、陈伟、[日]工藤元男主编：《二年律令与奏谳书——张家山二四七号汉墓出土法律文献释读》，上海：上海古籍出版社，2007年，第161页。

② 李均明：《张家山汉简〈收律〉与家族连坐》，收入氏著《简牍法制论稿》，桂林：广西师范大学出版，2011年，第166页。

③ [日]大庭脩：《秦汉法制史研究》，徐世虹等译，上海：中西书局，2017年，第156—159页。

④ 《汉书》卷5《景帝纪》，北京：中华书局，1962年，第140页。

表1 传世文献所见“为不善”的罪状

序号	时期	当事人	罪状	出处
1	春秋晋	佛肸	率中牟畔	《论语·阳货》
2	战国齐	田单	内牧百姓，外怀戎翟，阴结诸侯，志欲有为	《战国策·齐策》
3	战国魏	老儒	间君之国	《韩非子·内储说》
4	西汉	吕禄	欲危刘氏而自立	《史记·高祖功臣侯者年表》
5	西汉	吕产	欲危刘氏而自立	《史记·孝文本纪》等
6	西汉	柴奇	谋反	《汉书·贾山传》
7	西汉	梁孝王	僭位，谋畔逆，阴使人刺杀袁盎及他议臣	《史记·梁孝王世家》
8	西汉	晁错	为不义，败乱天下（胶西王刘卬语）	《汉书·吴王刘濞传》
9	西汉	珠厓叛民	反畔	《汉书·贾捐之传》
10	西汉	王立	怀奸邪，乱朝政，欲倾误要主上，狡猾不道	《汉书·翟方进传》
11	东汉	/	“人人抵掌，欲为不善之计”	《后汉书·隗嚣列传》
12	东汉	薁鞬日逐王	若不诛，且乱国	《后汉书·南匈奴列传》

诚如前述，“为不善”之一即“谋反”。材料6“柴唐子为不善”，邓展注：“《淮南传》棘蒲侯柴武太子柴奇与士伍开章谋反。”《史记·淮南衡山列传》载“（淮南王）令男子但等七十人与棘蒲侯柴武太子奇谋，以辇车四十乘反谷口，令人使闽越、匈奴”①，事觉后，淮南王被判弃市，但文帝不忍致法，赦其死罪，令大臣论议如法。张苍等大臣认为，应“处（淮南王）蜀郡严道邛邮，遣其子母从居，县为筑盖家室，皆廪食给薪菜盐豉炊食器席蓐”，《索隐》曰：“严道，蜀郡之县也。县有蛮夷曰道。严道有邛莱山，有邮置，故曰‘严道邛邮’也。”②邛莱（崃）山，位于今横断山脉最东缘，《华阳国志》载其“岩阻峻回，曲折乃至。山上凝冰夏结，冬则剧寒，王阳行部至此而退者也”③，可谓穷山恶水。这与秦令“令终身作远穷山，毋得去”可以对应。此外，史载商君、李斯、赵高、陈豨、卢绾、韩信、黥布、彭越等皆以谋反罪死，《汉书·彭越传》：“上使使掩捕梁王，囚之洛阳。有司治反形已具，请论如法。上赦以为庶人，徙蜀青衣。”④青衣原属古青衣羌国，位于今四川雅安至乐山青衣江流域，同属边远巴蜀之地。以上谋反者，或罪死，或迁远边郡，均与秦令中的相关处罚对应。

① 《史记》卷118《淮南衡山列传》，北京：中华书局，1959年，第3076页。

② 《史记》卷118《淮南衡山列传》，第3079页。另，《太平寰宇记》云：“秦灭楚，徙严（庄）王之族以实其地，故曰严道。”秦灭六国至汉初，严道作为罪人流放地，应当有抑制叛乱的考虑。此外，岳麓秦简有见“从人”简，“从人”指合纵反秦的旧六国人，秦法对其处罚是“巴县盐多人……已输其完城旦舂洞庭，洞庭守处难亡所苦作，谨将司，令终身毋得免赦”，可与“令终身作远穷山，毋得去”的处罚相参看。关于“从人”的最新论著，详见杨振红：《秦“从人”简与战国秦汉时期的“合从”》，《文史哲》2020年第3期。

③ 《后汉书》卷86《南蛮西南夷列传》李贤注，北京：中华书局，1965年，第2855页。

④ 《汉书》卷34《彭越传》，第1880页。

“为不善”之二指“谋叛”。唐律“叛”指“背国从伪”，《疏议》曰：“有人谋背本朝，将投蕃国，或欲翻城从伪，或欲以地外奔，即如莒牟夷以牟娄来奔，公山弗扰以费叛之类。”[①]材料1“佛肸召，子欲往”，子路借用孔子的话劝谏说“亲于其身为不善者，君子不入也”，这里“为不善”即前文的“以中牟畔”。牟夷为莒国大夫，昭公五年，率牟娄、防兹二邑投奔鲁国；公山弗扰为鲁国季桓子家臣，后据费邑背叛季氏；佛肸为晋卿赵鞅家臣，但投靠了范氏、中行氏。春秋战国时期，列国实行采邑制度，“背国从伪”的情况多有发生，以上情况皆是背叛其国君。

“为不善”之三指“谋大逆”。材料4和材料5吕禄、吕产“为不善”的罪状是“欲危刘氏而自立”，《史记・孝文本纪》载：“间者诸吕用事擅权，谋为大逆，欲以危刘氏宗庙，赖将相列侯宗室大臣诛之，皆伏其辜。”[②]可知“为不善”确含“谋大逆”。秦汉时期“谋大逆”的罪名包含三项：一指谋反，如《史记・淮南衡山列传》“淮南王安甚大逆无道，谋反明白，当伏诛”[③]；二是祝诅上，《汉书・息夫躬传》“躬母圣，坐祠灶祝诅上，大逆不道。圣弃市，妻充汉与家属徙合浦”[④]；三是故意毁坏宗庙及御物，《汉书・吴王濞传》“卬等又重逆无道，烧宗庙，卤御物，朕甚痛之”[⑤]。以上罪行皆涉及危害皇帝、社稷及宗庙，《汉书・景帝纪》如淳注曰：“（汉）律，大逆不道，父母妻子同产皆弃市。”[⑥]另据“妻充汉与家属徙合浦”，合浦位于今广西壮族自治区南端，北部湾东北岸，说明犯“大逆”罪而连坐者，也可减死徙边。

“为不善”之四指“乱国”“乱朝政”。材料8胶西王刘卬认为，晁错“为不善”的理由是“变更高皇帝法令，侵夺诸侯地，卬等以为不义，恐其败乱天下”，并将晁错视为“贼臣”[⑦]以讨伐之。《周礼・秋官・士师》曰：“二曰邦贼。”郑玄注：“为逆乱者。”[⑧]结合材料12薁鞬日逐王“为不善”的罪状是“密遣汉人郭衡奉匈奴地图”“诣西河太守求内附”，史载“两骨都侯颇觉其意，会五月龙祠，因白单于，言薁鞬日逐夙来欲为不善，若不诛，且乱国”。可知这里的“为不善”均指那些对国家、人民及统治秩序造成严重危害的行为。此外，材料10翟方进劾奏红阳侯王立“为不善”的理由是

① （唐）长孙无忌等撰，刘俊文点校：《唐律疏议》，第8页。

② 《史记》卷10《孝文本纪》，第417页。

③ 《史记》卷118《淮南衡山列传》，第3094页。

④ 《汉书》卷45《息夫躬传》，第2187页。

⑤ 《汉书》卷35《吴王濞传》，第1915页。

⑥ 《汉书》卷5《景帝纪》，第142页。

⑦ 《史记》卷52《齐悼惠王世家》：“齐孝王十一年，吴王濞、楚王戊反，兴兵西，告诸侯曰‘将诛汉贼臣晁错以安宗庙’。”《史记》卷106《吴王濞列传》：“盎对曰：吴楚相遗书，曰‘高帝王子弟各有分地，今贼臣晁错擅适过诸侯，削夺之地’。”

⑧ （清）孙诒让撰，王文锦，陈玉霞点校：《周礼正义》卷67，北京：中华书局，2015年，第3360页。

“怀奸邪，乱朝政，欲倾误要主上，狡猾不道”，同样涉及对朝政秩序的破坏，要言之，“为不善”当指有意败乱国家政治及统治秩序的重大恶行。

“为不善”之五指“来为间”，另外，可能还包括“以城邑反”“降敌”“匿奸”等罪名。材料3老儒“为不善”的罪状是“间君之国”。秦汉时期，有“道故塞徼外蛮夷来为间”以及“从诸侯来为间”等罪，其中，“故塞徼”为“故塞”“故徼”的合称，指秦帝国境内旧有的塞徼。[①]里耶秦简《更名方》：“边塞曰故塞，毋塞者曰故徼。”[②]岳麓伍：

1908：·数人共捕道故塞徼外蛮夷来为间及来盗略人∟、以城邑反及舍者若诇告，皆共其赏∟。欲相移，许之。

1615：·告道故塞徼外蛮夷来为间及来盗略人∟、以城邑反及舍者，令、丞必身听其告辤（辞），善求请（情），毋令史[③]

张家山汉简《二年律令·贼律》：

☐［从诸侯］来诱及为间者，磔。亡之［诸侯］☐[④]

汉初“从诸侯来为间”被处以“磔”刑，“道故塞徼外蛮夷来为间”如何处置，尚无直接材料，但从岳麓简1908、1615判断，秦律对“道故塞徼外蛮夷来为间”“来盗略人”“以城邑反”“舍匿”行为有特别的规定，其中，“舍”的对象指“以城邑反者”，属于“匿奸”行为。秦律将上述四种罪行一并提到，其罪名性质以及刑罚特征当有一定的相似性。张家山汉简《二年律令·贼律》规定：

以城邑亭障反，降诸侯，及守乘城亭障，诸侯人来攻盗，不坚守而弃去之，若降之，及谋反者，皆要（腰）斩。其父、母、妻子、同产，无少长皆弃市。其坐谋反者，能偏（徧）捕，若先告吏，皆除坐者罪。[⑤]

---

① 邹水杰先生指出，“故塞徼外蛮夷”是指原昭襄王长城之外的匈奴与戎羌等少数民族，这些区域在秦始皇三十三年前并非秦属之地，睡虎地秦简中称该区域的少数民族政权为“外臣邦”。详见邹水杰：《秦代属邦与民族地区的郡县化》，《历史研究》2020年第2期。

② 陈伟主编，何有祖、鲁家亮、凡国栋撰著：《里耶秦简牍校释（第一卷）》，武汉：武汉大学出版社，2012年，第157页。

③ 陈松长主编：《岳麓书院藏秦简（伍）》，第128页。

④ 陈苏镇先生据《奏谳书》案例3指出，“来诱及为间者磔”前缺“从诸侯”，“亡之”后当缺“诸侯”。详见陈苏镇：《汉初王国制度考述》，《中国史研究》2004年第3期。

⑤ 彭浩、陈伟、［日］工藤元男主编：《二年律令与奏谳书——张家山二四七号汉墓出土法律文献释读》，第88页。

以上提到的“以城邑亭障反”“降诸侯”“谋反”“不坚守而弃去之”“降之”等情况皆腰斩，父母、妻子、同产，无少长皆弃市。[①]杨振红先生指出，由于吕后元年废除了夷三族罪，因此，本人腰斩、父母妻子同产皆弃市是当时最重的刑罚。[②]以上表明，汉初“以城邑亭障反”“降诸侯”“谋反”等罪刑相当，又《史记·商君列传》云：“不告奸者腰斩，告奸者与斩敌首同赏，匿奸者与降敌同罚。”《索隐》：“案律，降敌者诛其身，没其家，今匿奸者，言当与之同罚也。”[③]因此，若将上述罪名的关系逐一归纳，可知“道故塞徼外蛮夷来为间”“匿奸”可能与“以城邑反”“降诸侯”类似，罪行上均危害国家安全，很可能也是被处以“腰斩”的刑罚。现已知“谋反”“来为间”均为“为不善”，由此推测，“匿奸”“降敌”（“降诸侯”“谋入蛮夷”等）可能也在“为不善”的范围。

值得注意的是，以上“为不善”均涉及对君权及其统治秩序的侵犯，正如上述谋反、谋叛、谋大逆、乱国、乱朝政、间君之国、匿奸、降诸侯等诸罪即是，体现出封建君臣关系和等级秩序。而秦令“为不善”前有“坐与私邑私家”这样的限定语，立法者似乎也有意将“为不善”限定在君臣、家国关系的范围，以规范其在此处的确切含义。但同时说明，“为不善”似乎还涉及其他方面的犯罪。《易·坤文言》曰：“积善之家必有余庆，积不善之家必有余殃。臣弑其君，子弑其父，非一朝一夕之故，其所由来者渐矣。”[④]又《孝经·五刑章》：“五刑之属三千，而罪莫大于不孝。要君者无上，非圣人无法，非孝者无亲，此大乱之道也。”[⑤]表明封建时代家庭内部的犯上作乱如同弑君篡逆一样，同样罪大恶极，因此，疑“为不善”罪可能还涉及侵犯家庭内部等级秩序的恶行。关于这一点，睡虎地秦简《封诊式·䙴子》爰书中有相关例证：

> 17.爰书：某里士五（伍）甲告曰：“谒鋈亲子同里士五（伍）丙足，䙴（迁）蜀边县，令终身毋得去䙴（迁）所。敢告。”告灋（废）丘主：士五（伍）咸阳才（在）某里曰丙，坐父甲谒鋈其足，䙴（迁）蜀边县，令终身毋得去䙴（迁）所。论之，䙴（迁）丙如甲告，以律包。今鋈丙足，令吏徒将传及恒书一封诣，令史可受代吏徒，以县次传诣成都，成都上恒书大（太）守处，以律食。灋

① 《汉书·景武昭宣元成功臣表》载：“亲阳侯月氏，（元朔）五年，坐谋反入匈奴，要（腰）斩”，又“承父侯续相如，延和四年四月癸亥，坐贼杀军吏，谋入蛮夷，祝诅上，要（腰）斩”。《汉书》卷17《景武昭宣元成功臣表》，第642、662页。

② 杨振红：《从〈二年律令〉的性质看汉代法典的编纂修订与律令关系》，《中国史研究》2005年第4期。

③ 《史记》卷68《商君列传》，第2230页。

④ （唐）孔颖达：《周易正义》，（清）阮元校刻：《十三经注疏》，第33页。

⑤ （宋）邢昺注疏：《孝经注疏》卷6，（清）阮元校刻：《十三经注疏》，第42页。

（废）丘已传，为报。敢告主。①

本案处罚项“令终身毋得去署所”除了与“为不善”所处分的“令终身作远穷山，毋得去”相似外，“署丙如甲告，以律包”的规定与“尽输其收妻子、奴婢材官、左材官作”有相似之处。秦律中的“包”为缘坐术语，这里的“以律包”指依法命其家属同往。上述“署子”爰书中虽然没有明言“丙”的罪行，但结合岳麓简“为不善”的判罚，士五甲告其子士五丙的理由很可能是丙对甲有“为不善”的行为。现已知秦汉时期家庭内部的侵害行为有“贼杀”“牧杀”“殴詈”“不孝”“禽兽行”等。张家山汉简《二年律令·贼律》：

子贼杀伤父母，奴婢贼杀伤主、主父母妻子，皆枭其首市。子牧杀父母，殴詈泰父母、父母、叚（假）大母、主母、后母，及父母告子不孝，皆弃市。其子有罪当城旦舂、鬼薪白粲以上，及为人奴婢者，父母告不孝，勿听。年七十以上告子不孝，必三环之。三环之各不同日而尚告，乃听之。教人不孝，黥为城旦舂。贼杀伤父母，牧杀父母，欧（殴）詈父母，父母告子不孝，其妻子为收者，皆锢，令毋得以爵偿、免除及赎。②

以上律文主要涉及四种行为，“子贼杀”“子牧杀”“子殴詈”“告子不孝”，徐世虹先生指出，前三种行为罪名内涵清楚，事有专指，而不孝则数罪集合，事无专指。考秦汉不孝罪涉及谋反令父坐死、告父、与大母争尊、以母为妻、不供养行丧服、居丧生子、毁憎后母等行为，徐氏认为汉初的不孝罪不包括牧杀、殴詈父母。③其说可从。唐律中，子贼杀、殴祖父母、父母入“恶逆”；詈祖父母、父母则为“不孝”。“贼杀”“牧杀”的罪行程度显然高于“不孝”。前引《孝经·五刑章》云“五刑之属三千，而罪莫大于不孝。要君者无上，非圣人无法，非孝者无亲，此大乱之道也”，故在此观念影响之下，历来法律对于“不孝”及其以上罪行严惩不贷。张家山汉简《奏谳书》：“教人不孝，次不孝之律。不孝者弃市。弃市之次，黥为城旦舂。”④与上述汉律相吻合。

另外，家庭内部的奸罪也是严重侵犯封建等级与伦常秩序的一种恶行。秦汉时期

① 陈伟主编，彭浩等撰著：《秦简牍合集·释文注释修订本（壹）》，武汉：武汉大学出版社，2016年，第282页。

② 彭浩、陈伟、［日］工藤元男主编：《二年律令与奏谳书——张家山二四七号汉墓出土法律文献释读》，第103—105页。

③ 徐世虹：《秦汉简牍中的不孝罪诉讼》，《华东政法学院学报》2006年第3期。

④ 彭浩、陈伟、［日］工藤元男主编：《二年律令与奏谳书——张家山二四七号汉墓出土法律文献释读》，第374页。

称“禽兽行”，唐律则称“内乱”，《司马法·仁本篇》云：“外内乱、禽兽行则灭之。”[①]《汉书·燕王刘泽传》：“定国与父康王姬奸，生子男一人。夺弟妻为姬。与子女三人奸……下公卿，皆议曰：‘定国禽兽行，乱人伦，逆天道，当诛。’”[②]睡虎地秦简《法律答问》：

> 同母异父相与奸，可（何）论？弃市。[③]

张家山汉简《二年律令·杂律》：

> 同产相与奸，若取（娶）以为妻，及所取（娶）皆弃市。[④]

秦汉时期对于家庭内部的伦常秩序非常重视，血缘关系越近，或等级差异越大，其间的奸罪后果也越严重，在这一点上，汉唐律令并无不同。《汉书·宣帝纪》：“（地节四年）十二月，清河王年有罪，废迁房陵。”《诸侯王表》云：“坐与同产妹奸。”[⑤]可见，家庭内部的奸罪，即便可以减死，仍要迁远边郡。

以上“子贼杀”“子牧杀”“子殴詈”祖父母、父母及不孝、禽兽行等均可能构成“䙴子”的理由。值得一提的是，与前述皇帝对宗室及大臣所犯“为不善”的定罪予以减免相似，睡虎地秦简《告子》及《䙴子》爰书中，并没有说明“子”的具体罪名，而是直接据家长的请求处以相应的刑罚。据此可知，无论是“谒杀”还是“鋈足”及“䙴”，秦律同样给予了家长对家庭内部人员处罚的判决权，就《䙴子》爰书来看，处罚结果一定程度上可能受家长主观意志的影响，这一点与前者具有相通性。[⑥]

综上所述，“为不善”罪可能还包含家庭内部的“贼杀”“牧杀”“殴詈”“不孝”“禽兽行”等恶行。以上“为不善”罪的范围均是据案例罪状及刑罚特点做出的判断，这些罪名的共同特征在于，均涉及侵犯皇权、父权为代表的封建伦常秩序，所犯皆重大恶行。需要说明的是，“为不善”是否还涉及侵犯一般社会伦理秩序的严重犯罪，目前暂无实证，但秦汉时期有“不道”罪，《汉书·翟方进传》如淳注：“律，杀不辜一家三人为不道。”[⑦]《汉书·宣帝纪》：“（甘露）四年夏，广川王海阳有罪，废迁房

① 王震：《司马法集释》，北京：中华书局，2018年，第42页。
② 《汉书》卷35《燕王刘泽传》，第1903页。
③ 陈伟主编，彭浩等撰著：《秦简牍合集·释文注释修订本（壹）》，第248页。
④ 彭浩、陈伟、[日]工藤元男主编：《二年律令与奏谳书——张家山二四七号汉墓出土法律文献释读》，第166页。
⑤ 《汉书》卷14《诸侯王表》，第409页。
⑥ 徐世虹：《秦汉简牍中的不孝罪诉讼》，《华东政法学院学报》2006年第3期。
⑦ 《汉书》卷84《翟方进传》，第3416页。

陵”[1]，《景十三王传》云“又与从弟调等谋杀一家三人，已杀”[2]；又《汉纪·孝宣帝纪》云“（本始四年）秋，广川王去有罪，废迁上庸，自杀”[3]，《景十三王传》云“议者皆以为去悖虐，听后昭信谗言，燔烧亨煮，生割剥人，距师之谏，杀其父子。凡杀无辜十六人，至一家母子三人，逆节绝理。其十五人在赦前，大恶仍重，当伏显戮以示众”[4]。从上述罪名性质以及徙边的处罚特征判断，“为不善”似乎还包括此类重大恶行的犯罪，有待进一步的验证。

三、“为不善”罪的演变

先秦诸子与经传中“善”与“不善”作为一组对立的概念，《论语》孔子曰：“择其善者而从之，其不善者而改之。”[5]“善”与“不善”本属于“礼”的伦理范畴。我们将上述“为不善”的范围加以概括，无论是政治上的反、逆、叛罪，抑或是家庭内部的“贼杀”“牧杀”“不孝”“禽兽行”等罪名，均属于严重破坏统治秩序以及伦理纲常的重大恶行，据此考察，后世的“十恶”罪当与其有一定的渊源。

（一）“为不善”与“十恶”的关联

首先，从罪名上看，“恶”与“不善”的含义一致。《玉篇》：“恶，不善也。”[6]又《资治通鉴·魏纪》云：“夫蜀已破亡，遗民震恐，不足与共图事；中国将士各自思归，不肯与同也。会（钟会）若作恶，只自灭族耳。”胡三省注：“作，为也。恶，不善也。作恶，作乱也，所为不善也。”[7]均是将“恶”与“不善”对应解释。

其次，“为不善”与“十恶”的范围部分相合。唐律“十恶”：一曰谋反，二曰谋大逆，三曰谋叛，四曰恶逆，五曰不道，六曰大不敬，七曰不孝，八曰不睦，九曰不义，十曰内乱。《唐律·名例律》：“五刑之中，十恶尤切，亏损名教，毁裂冠冕，特标篇首，以为明诫。其数甚恶者，事类有十，故称‘十恶’。”[8]其中，“谋反”“谋大逆”

① 《汉书》卷8《宣帝纪》，第272页。
② 《汉书》卷53《景十三王传》，第2433页。
③ （汉）荀悦著，张烈点校：《汉纪》卷17《孝宣皇帝纪》，北京：中华书局，2002年，第300页。
④ 《汉书》卷53《景十三王传》，第2432页。
⑤ 程树德撰，程俊英、蒋见元点校：《论语集释》，北京：中华书局，1990年，第482页。
⑥ （梁）顾野王：《大广益会玉篇》，北京：中华书局，1987年，第40页。
⑦ （宋）司马光编著，（元）胡三省音注：《资治通鉴》卷78《魏纪》，北京：中华书局，1956年，第2479页。
⑧ （唐）长孙无忌等撰，刘俊文点校：《唐律疏议》，第6页。

"谋叛"等同样是"为不善"的内容，秦汉"不义""不道""大不敬"是否属于"为不善"，目前虽然暂时缺乏材料的实证，但材料8、材料10的罪状中均提到"不义"和"不道"两项罪名。此外，秦时嫪毐发动叛乱，《史记·秦始皇本纪》载："自今以来，操国事不道如嫪毐、不韦者籍其门，视此。"[①]现已知秦代"操国事不道如嫪毐"实指叛乱，而叛乱显然系"为不善"。又材料7梁孝王"欲为不善"的罪状之一是"阴使人刺杀袁盎及他议臣十余人"，按《后汉书·蔡邕列传下》"于是下邕、质于洛阳狱，劾以仇怨奉公，议害大臣，大不敬，弃市"[②]，可知"谋害大臣"罪至"大不敬，弃市"，可能同属于"为不善"。故综上言之，"为不善"与"十恶"在内容上部分重合。

最后，"为不善"与"十恶"在刑罚特征和处罚特例上也有相似之处。如唐律"十恶"罪，主犯及缘坐者绝大多数被判死刑和流刑，前引"为不善"的案例，犯者见于车裂、腰斩、磔、弃市等死刑，因家属连坐或因赦免而减死者，均徙远边郡，这和唐律中相关处罚的形式基本一致。此外，列于十恶之犯罪，唐律规定：①不准议请减；②会赦犹除名；③亲属听告；④决死不待时，决前一覆奏；⑤于配处从户口例（终身不得返籍，非特诏不得从归）；⑥常赦所不原。[③]而"为不善"一类的犯罪，考诸史料见于如下特征：

（1）贼杀伤父母，牧杀父母，欧（殴）詈父母，父母告子不孝，其妻子为收者，皆锢，令毋得以爵偿、免除及赎。（《二年律令·贼律》）

（2）子杀伤、殴詈、牧杀父母，父母告子不孝；及奴婢杀伤、殴、投（殳）杀主、主子父母，及告杀，其奴婢及子亡已命而自出者，不得为自出。（岳麓肆1980+2086）

（3）杀伤大父母、父母，及奴婢杀伤主、主父母妻子，自告者皆不得减。（《二年律令·告律》）

（4）躬母圣，坐祠灶祝诅上，大逆不道。圣弃市，妻充汉与家属徙合浦，躬同族亲属素所厚者，皆免废锢（《息夫躬传》）

（5）自今，子首匿父母，妻匿夫，孙匿大父母，皆勿坐；其父母匿子，夫匿妻，大父母匿孙，罪殊死，皆上请，廷尉以闻。（《汉书·宣帝纪》）

---

① 《史记》卷6《秦始皇本纪》，第231页。
② 《后汉书》卷60下《蔡邕列传下》，第2002页。
③ 参见刘俊文所作"十恶罪名一览表"。刘俊文笺解：《唐律疏议笺解》，北京：中华书局，1996年，第98—103页。

（6）诸有罪当迁输蜀巴及恒迁所者，罪已决，当传而欲有告及行有告，县官皆勿听而亟传诣迁轮〈输〉所，勿留。（岳麓伍 1123+0966）

（7）罪非殊死，须立秋案验。（《汉书·章帝纪》）

（8）令终身作远穷山，毋得去。（岳麓伍 1110+1109）

（9）于是下邕、质于洛阳狱，劾以仇怨奉公，议害大臣，大不敬，弃市……有诏减死一等，与家属髡钳徙朔方，不得以赦令除。（《汉书·蔡邕传》）

其中，材料（1）显示不得以爵偿、免除及赎；（2）不得为自出；（3）自告者皆不得减罪；（4）缘坐者如果有官职则免官、永不叙用；（5）若殊死之罪则其亲属之间仍听告请；（6）有罪迁蜀及永久迁蜀者，亟传诣迁输所，勿留；（7）殊死之罪不必立秋按验；（8）迁者终身不得离开迁所；（9）不得以赦令（常赦）除。以上皆可以与唐律相关规定对应。

综上，无论是罪名、内容，还是刑罚、处罚特例，秦汉“为不善”与后世“十恶”之间均有着密切关联。唐代“十恶”源自北齐的“重罪十条”，现已知秦汉已有“不道”“不孝”“谋反”“谋大逆”“谋叛”“大不敬”“禽兽行”（内乱）等罪名，北齐“重罪十条”以及唐代“十恶”必然是在其基础上的重新编订。以往受材料的限制，我们对秦汉时期的这类罪名的总称没有太多认识，现在看来，早至先秦时期的法律中已有上述罪名之总称的法律术语，“为不善”的立法起源很早，后世的“重罪十条”及“十恶”之立法显然与其有一定的承续关系，这对唐律“十恶”的溯源有着重要的参考价值。

（二）“为不善”与“十恶”的区别

薛允升《唐明律合编》指出，“昔人立法，各有所本，唐律古奥难读之处，大抵多从汉律而来”[①]。仁井田陞在《唐律的通则性规定及其来源》中亦指出，唐律有关于犯罪的成立及其刑事责任的通则性规定，其来源是相当古老的。[②]然而，汉唐间隔数百年，法律既有承续，也有发展，与“为不善”中的分类罪名相比，唐律“十恶”与秦汉“为不善”之间仍有不少差异。对此，简要论之：

第一，现已知秦代已有“为不善”的总概罪名，明确入律，但“为不善”是否如唐律“十恶”有明确限定的范围，暂不得知。据现有材料来看，秦汉“为不善”较唐

① （清）薛允升编：《唐明律合编（影印本）》，北京：中国书店，2010年，第15页。

② [日] 仁井田陞：《唐律的通则性规定及其来源》，收入刘俊文主编，姚荣涛、徐世虹译：《日本学者研究中国史论著选译》（第8卷），北京：中华书局，1992年，第106页。

律“十恶”的范围广。唐律明确十恶之名，指出十恶性质的严重及命名的缘由，说明罪名的起源及其在立法上的发展。因此，从内容上来说，“十恶”较之“为不善”更为精准。

第二，“十恶”所辖分类罪名的概念较“为不善”更为明确。秦汉时期“不孝”“不道”“大不敬”的含义比较宽泛，唐律则相对明确其含义。如前引秦汉“不孝”罪涉及谋反令父坐死、告父、与大母争尊、以母为妻、不供养行丧服、居丧生子、毁憎后母等行为，其含义远比唐律“不孝”的范围广。关于“不道”罪，《汉书·陈汤传》：“不道无正法，以所犯剧易为罪，臣下（丞）[承]用失其中，故移狱廷尉，无比者先以闻，所以正刑罚，重人命也。”[①]《史记·酷吏列传》：“狱久者至更数赦十有余岁而相告言，大抵尽诋以不道以上。”[②]说明秦汉法律中“不道”罪并没有明确不法行为及相应的处罚。此外，考诸史料，秦汉“大不敬”的含义，同样不够严密。《晋书·刑法志》引张斐《律注表》“亏礼废节，谓之不敬”，而史书所载汉代“大不敬”还涉及“漏泄省中语”“刺探尚书事”“诬枉”“议害大臣”“非所宜言”等，内容也远超“亏礼废节”的范围。

第三，唐律“十恶”中部分罪名的概念与秦汉时期相比发生了变化。以“恶逆”为例，张斐《律注表》：“陵上僭贵谓之恶逆。”如《后汉书·梁竦传》：“后诸窦闻之，恐梁氏得志，终为己害，建初八年，遂谮杀二贵人，而陷竦等以恶逆。诏使汉阳太守郑据传考竦罪，死狱中，家属复徙九真。”[③]又《后汉书·宦者列传》：“故中常侍长乐太仆江京、黄门令刘安、钩盾令陈达与故车骑将军阎显兄弟谋议恶逆，倾乱天下。”[④]而唐律“恶逆”则指子孙对祖父母、父母等犯殴杀的罪行，与汉代相比，内涵有一定的差异。

综上所述，秦律“为不善”与唐律“十恶”既有联系，又有区别。秦至汉唐法律经历数百年的演变，个别律令的含义及内容虽然发生了一些变化，但整体上，前后法律之立法精神和原则是一致的，即均围绕伦常关系以及礼的标准，尝试将礼与刑紧密扣合，有一定的承续关系。如果说汉律“引经决狱”；魏律引“八议”之礼入于律；晋律“峻礼教之防，准五服以制罪”；北齐律合礼教精神入“重罪十条”；唐律则“一准乎礼”，那么，后者必然都是在前者基础上的进一步发展。汉初在“过秦”思想的影响下，对于秦“纯任法术”大加鞭挞，进而忽略了秦法对道德及伦常

① 《汉书》卷70《陈汤传》，第3026页。

② 《史记》卷122《酷吏列传》，第3153页。

③ 《后汉书》卷34《梁统列传》，第1172页。

④ 《后汉书》卷78《宦者列传》，第2516页。

秩序的维护，以至于后世普遍认为，中国古代法律中的伦常观念是汉代法律经历儒家化的结果。这一观念有一定的局限性。[①]进言之，秦代法律与伦常秩序的问题，当重新引起重视。

四、秦代法律与伦常秩序

“为不善”最初作为一个道德伦理概念被引入到法律条令中，体现出“礼”与“法”的紧密关系。先秦时期，礼作为规范人们日常行为的准则，与“刑”“法”“律”的关系十分密切，程树德《九朝律考》中有关于礼法的精辟论说。其曰：

> 三代皆以礼治，孔子所谓殷因于夏礼，周因于殷礼，是也。《周礼》一书，先儒虽未有定说，而先王遗意，大略可见。其时八议八成之法，三宥三赦之制，胥纳之于礼之中，初未有礼与律之分也。周室凌夷，诸侯各自立制，刑书刑鼎，纷然并起。李悝始集诸国刑典，著《法经》六篇，然犹未以律为名也。商鞅传《法经》，改法为律，律之名，盖自秦始。汉沿秦制，顾其时去古未远，礼与律之别，犹不甚严。《礼乐志》叔孙通所撰礼仪与律同录藏于理官。《说文》引汉律祠宗庙丹书告。《和帝纪》注引汉律春曰朝秋曰请，是可证朝觐宗庙之仪，吉凶丧祭之典，后世以之入礼者，而汉时则多属律也。[②]

三代皆以“礼治”，所谓“礼者为异”，礼的核心是维护尊卑贵贱的等级差别，孔子曰“君君，臣臣，父父，子子”[③]，是欲恢复西周的礼乐制度，肯定宗法等级秩序。然而，春秋以后“礼崩乐坏”，礼制的崩溃使得社会处于混乱，刑罚逐渐兴起，且在“禁邪”“止奸”方面具有特殊的功能，非礼乐教化可以替代。故荀子提出“礼义生而制法度”“法者，治之端也”“隆礼至法则国有常”[④]，认为礼是指导立法的根本原则，法是维护礼治的重要手段，只有二者兼备，国家才能长治久安。瞿同祖先生曾指出，荀子（前313 年—前238 年）生于战国末世，处法治主义抬头，强秦统一前夕，

① 杨振红先生最早对这一观念提出商兑，详见杨振红《从出土秦汉律看中国古代的“礼”“法”观念及其法律体现——中国古代法律之儒家化说商兑》，《中国史研究》2010年第4期。

② 程树德：《九朝律考》，北京：中华书局，1963年，第11页。

③ 程树德撰，程俊英、蒋见元点校：《论语集释》，北京：中华书局，1990年，第855页。

④ （清）王先谦撰，沈啸寰、王星贤点校：《荀子集解》，北京：中华书局，1988年，第438、230、238页。

其思想如此，时代背景或不无关系。[①]而韩非、李斯均师从荀卿，其思想源于荀子之迹象者颇多。“商鞅传《法经》，改法为律”后，秦律在韩非、李斯等法家的主导下，继续得到修订和补充，史载“明法度，定律令，皆以始皇起”[②]，故秦律援礼入法，不足为怪。如《韩非子·忠孝》：

臣之所闻曰：“臣事君，子事父，妻事夫，三者顺则天下治，三者逆则天下乱。此天下之常道也，明王贤臣而弗易也。”则人主虽不肖，臣不敢侵也。[③]

可见，法家同样强调“臣对君”“子对父”“妻对夫”的服从关系，“所谓忠臣不危其君，孝子不非其亲”，维护政治等级和伦常秩序是法家政治实践的重要内容，这方面与儒家是相通的。《汉书·艺文志》载“法家者流，盖出于理官，信赏必罚，以辅礼制”[④]，认为法家的“赏罚”与“礼”相辅相成。《史记·礼书》曰：“至秦有天下，悉内六国礼仪，采择其善，虽不合圣制，其尊君抑臣，朝廷济济，依古以来。”[⑤]显示出秦代“一断于法”的同时，对于礼乐制度的施行并不废止。秦始皇《泰山刻石》曰“男女礼顺，慎遵职事”[⑥]，《琅琊刻石》“以明人事，合同父子。圣智仁义，显白道理”[⑦]，《会稽刻石》载“饰省宣义，有子而嫁，倍死不贞。防隔内外，禁止淫泆，男女絜诚。夫为寄豭，杀之无罪，男秉义程。妻为逃嫁，子不得母，咸化廉清”[⑧]，均反映出秦代对于礼的维护和重视。睡虎地秦简《语书》曰：

古者，民各有乡俗，其所利及好恶不同，或不便于民，害于邦。是以圣王作为灋（法）度，以矫端民心，去其邪避（辟），除其恶俗。灋（法）律未足，民多诈巧，故后有间令下者。凡灋（法）律令者，以教道（导）民，去其淫避（僻），除其恶俗，而使之之于为善殹（也）。[⑨]

① 瞿同祖：《中国法律与中国社会》，北京：商务印书馆，2010年，第358页。此外，梁启超在《先秦政治思想史》中亦指出：“荀子生战国末，时法家已成立，思想之互为影响者不少，故荀子所谓礼，与当时法家所谓法者，其性质实极相逼近。”参见梁启超《先秦政治思想史》，天津：天津古籍出版社，2003年，第117页。

② 《史记》卷87《李斯列传》，第2546—2547页。

③ （清）王先慎撰，钟哲点校：《韩非子集解》，北京：中华书局，1998年，第466页。另外，有学者指出：三纲之说不见于先秦儒家的典籍，《韩非子·忠孝》篇的这则材料，可能是汉儒三纲之说的先导。张岱年：《中国人的人文精神》，贵阳：贵州人民出版社，2018年，第81页。

④ 《汉书》卷30《艺文志》，第1736页。

⑤ 《史记》卷23《礼书》，第1159页。

⑥ 《史记》卷6《秦始皇本纪》，第243页。

⑦ 《史记》卷6《秦始皇本纪》，第245页。

⑧ 《史记》卷6《秦始皇本纪》，第262页。

⑨ 陈伟主编，彭浩等撰著：《秦简牍合集·释文注释修订本（壹）》，第29页。

其中指出，圣王之所以作法度，目的在于去邪辟，除恶俗。法律除了发挥维护良好社会秩序的作用外，还在于导民向善、移风易俗。实际上，法家正是将“礼教”纳于法律的规章制度下，在“一断于法”的同时，一方面做到“禁邪”“止奸”，另一方面起到教化的功效。云梦睡虎地秦简《为吏之道》：

为人君则鬼（惠），为人臣则忠；为人父则兹（慈），为人子则孝；能审行此，无官不治，无志不彻（彻），为人上则明，为人下则圣。君鬼（惠）臣忠，父兹（慈）子孝，政之本殹（也）。志彻（彻）官治，上明下圣，治之纪殹（也）。①

秦代统治者认为“父慈子孝，政之本也”，要求官吏“除害兴利，慈爱万姓”，抚恤“孤寡穷困，老弱独转”者。以上思想均在秦律中得到落实，如岳麓秦简《徭律》规定“敖童当行粟而寡子独与老父老母，居老如免老，若独与瘩（癃）病母居者，皆勿行”②，《奔敬（警）律》亦规定“黔首老弱及瘩（癃）病，不可令奔敬（警）者，牒书署其故，勿予符”③，即体现出秦律对老弱以及废疾者的关怀。

此外，秦律注重维护家长的权威，《法律答问》规定，老人控告子女不孝，要立即拘捕子女，不必经历三次还复的过程。除了“公室告”外，子女告父母，法律一律不接受，而且要治告者之罪。如《法律答问》：

免老告人以为不孝，谒杀，当三环之不？不当环，亟执勿失。

“子告父母，臣妾告主，非公室告，勿听。”·可（何）谓“非公室告”？·主擅杀、刑、髡其子、臣妾，是谓“非公室告”，勿听。而行告，告者辠（罪）。辠（罪）已行，它人有（又）袭其告告之，亦不当听。④

另外，殴詈老人这样的恶行，要受法律的严厉制裁，乡部啬夫以及里典、伍人知而弗告（或弗捕），同样受罚。岳麓秦简所见秦令规定：

0178:·自今以来，有殴詈其父母者，辄捕以律论。典智（知）弗告，迁；乡部啬夫知弗捕论，赀二甲。⑤

① 陈伟主编，彭浩等撰著：《秦简牍合集·释文注释修订本（壹）》，第306页。

② 关于“居老”一词的含义，详见凌文超《四川渠县城坝遗址J9汉代户口简考释——兼论课役身分“老”的形成与演变》，《出土文献》第14辑，上海：上海古籍出版社，2019年，第339页。

③ 陈松长主编：《岳麓书院藏秦简（肆）》，上海：上海辞书出版社，2015年，第127页。

④ 陈伟主编，彭浩等撰著：《秦简牍合集·释文注释修订本（壹）》，第220、222页。

⑤ 陈松长主编：《岳麓书院藏秦简（陆）》，上海：上海辞书出版社，2020年，第148页。

1604：［自］今以来，殴泰父母，弃市，奊訽詈之，黥为城旦舂。殴主母，黥为城旦舂，奊訽詈之，完为城旦舂。殴威公，完为

1598：［舂，奊］訽詈之，耐为隶妾⌊。奴外妻如妇。殴兄、姊、叚（假）母⌊，耐为隶臣妾，奊訽詈之，赎黥。同居、典、伍弗告，乡啬夫[①]

除了通过刑罚对伦理秩序约束外，秦律还进一步落实礼教在社会治理中所发挥的效用，现已知，战国时期形成的依靠三老实施基层社会教化的措施在秦代得以延续，《史记·陈涉世家》记载陈胜起义时曾寻求“三老、豪杰”的支持，说明秦代民间社区也设三老，职责是“掌教化”。除此之外，《管子·小匡》载：“有居处为义好学，聪明质仁，慈孝于父母，长弟闻于乡里者，有则以告。有而不以告，谓之蔽贤，其罪五。”[②]岳麓秦简中亦有见相关秦令规定：

1165：·黔首或事父母孝，事兄姊忠敬，亲弟（悌）兹（慈）爱，居邑里长老**衛**（率）黔首为善，有如此者，牒书☑

1189+C4-1-9：□别之，**衛**（率）之千户毋过上一人，上之必谨以实，当上弗上，不当上而上□□☑[③]

“长老”乃“年高德劭”者的尊称，秦代表彰忠孝、慈爱的个人及家庭，每年将其人选上报，并予以表彰（或擢用），这些在汉人记录的秦史中几乎是看不到的。再结合秦始皇曾表彰巴寡妇清为贞妇，为其筑女怀清台，无不反映出秦代法律对于家族伦常秩序的维护和重视。

综上，伦常秩序并非儒家的专利，法家同样重视对伦理纲常的维护，并在法律制度中加以落实。秦代“为不善”与后世“十恶”的犯罪有一共同特点，即皆属于严重违背礼经，丧失以忠君、孝亲、崇仁、尊义为核心之封建道德，破坏以君臣、父子、夫妇为三纲之封建伦常行为。[④]秦代将“为不善”纳入法律的范围，并严加禁止，表明秦律对于维护封建伦理道德的高度重视。正如杨振红先生所指出的，“秦汉律所蕴含的家族主义和等级观念从其建立伊始就已经存在，而非法律儒家化的结果。礼与法从

① 陈松长主编：《岳麓书院藏秦简（伍）》，上海：上海辞书出版社，2017年，第135—136页。

② 黎翔凤撰，梁运华整理：《管子校注》，北京：中华书局，2004年，第416页。

③ 陈松长主编：《岳麓书院藏秦简（伍）》，第134页。

④ 刘俊文笺解：《唐律疏义笺解》，第88页。

来不是对立的关系，对立的只是儒法两家的社会主张”[①]。这一看法是十分准确的。秦代将“为不善”一词用作法律术语，对于直接危害统治秩序的反、逆、叛罪，以及间接危害统治根基的不孝、不道、禽兽行等罪着重惩罚，统治者表彰忠孝、慈爱的个人与家庭，对于“老弱独转”者加以照顾，这些不但印证了秦刻石上的主张，而且在现今出土的秦代律令中获得证实。顾炎武在《日知录》中说：“秦之任刑虽过，而其坊民正俗之意，固未始异于三王也。汉兴以来，承用秦法以至今日者多矣，世之儒者言及于秦，即以为亡国之法，亦未之深考乎？”[②]正是对后人一味以秦法为“亡国之法”的认识提出的很好质疑。

① 杨振红：《从出土秦汉律看中国古代的“礼”“法”观念及其法律体现——中国古代法律之儒家化说商兑》，《中国史研究》2010年第4期。

② （清）顾炎武著，黄汝成集释，栾保群、吕宗力校点：《日知录集释》（中），上海：上海古籍出版社，2006年，第752页。

博士生论坛

性别考古学视角下的巫山大溪遗址墓葬分析

秦 畅
重庆师范大学历史与社会学院

性别是人类的基本属性，影响着人类的行为方式。然而我们在研究中很容易将其简单化。为了了解古代社会，我们无法忽略性别问题的存在与复杂性。性别问题的复杂在于，它不是对人口的简单统计和分类，它涉及古人对性别问题的观念、生物学性别与民族学性别的差异、性别与身份认同的关系、性别与社会复杂化的关系等方方面面，对其进行专门研究是十分必要的。以性别视角进行研究，正是为了防止分析过程中受既有观念影响而先入为主。21 世纪，随着我国与西方考古学的交流不断加深，我国的性别考古学也开始进入探索阶段。在各种史前性别研究中，墓葬始终是性别研究材料的直接来源。

在大溪文化的各个遗址中，墓葬人骨保存较好且进行过人骨性别鉴定并公布了资料的遗址并不多，仅有大溪遗址有较丰富的性别鉴定资料可供研究。大溪遗址是大溪文化中最西边的一个遗址，其时代为大溪文化中、晚期，即公元前 4000—前 3300 年之间。针对大溪遗址的发掘共有 8 次，共发现大溪文化墓葬 400 余座。①其中，1958—1959 年的第一、二次发掘共清理墓葬 74 座，人骨保存完好，但这批墓葬资料已经丢失；1975—1976 年的第三次发掘公布墓葬资料 133 座，完成性别鉴定的墓葬 91 座②（以下涉及的大溪遗址墓葬材料皆出于此报告，不再另注标识）。1994 年的第四次发掘共清理墓葬 3 座③；2000 年的第五次发掘共清理墓葬近 200 座④，但未

① 白九江：《巴渝古文化——大溪遗址与大溪文化》，《红岩春秋》2013 年第 3 期。

② 范桂杰、胡昌钰：《巫山大溪遗址第三次发掘》，《考古学报》1981 年第 4 期。

③ 中国社会科学院考古研究所长江三峡工作队：《巫山县大溪新石器时代至清代遗址》，中国考古学会编：《中国考古学年鉴 1995》，北京：文物出版社，1997 年，第 215 页。

④ 白九江、郑云峰、立山：《亡村故事——发现巫山大溪遗址》，《文明》2008 年第 5 期。

见墓葬资料公布。所以，大溪遗址的墓葬发现虽然丰富，但可用以分析的墓葬只有第三次发掘的 91 座。

已有研究者对大溪遗址的墓葬进行过性别分析，如王建华、曹静的《大溪遗址单人墓葬人口自然结构及相关问题研究》[①]、丁汇宇的《略论大溪文化墓葬反映的社会形态》[②]等文从性别、年龄、葬式、随葬品等方面对大溪遗址人口进行统计，分析相关问题；黄秀蓉的《论大溪墓葬与史前土家族区域社会性别关系》[③]对大溪遗址男女葬式、随葬品、年龄进行分类统计，讨论大溪遗址中的劳动分工、社会性质、两性气质、两性社会地位等问题，都得出了大溪遗址从两性无明显社会分工到两性社会分工差异变大的结论。但是，普通的统计方法无法形成判断葬式、随葬品与性别差异相关性的标准的界定。所以，以下将以随葬品反映墓主生前生产生活情况这个预设为前提，利用卡方检验、费希尔检验、二项式分布检验等概率统计法对大溪遗址第三次发掘清理的墓葬进行性别相关性的检验。

一、定量分析方法简述

概率统计的定量分析方法，通俗地说就是要先作一个假设，比如随葬品 A 与性别无关，随后要模拟无数次抽样实验来证明这个假设是错的，除非抽样结果中，能推翻这个假设的概率过低，我们才能认定这个假设是接近真实的。概率统计在医学中有广泛的运用，已经过实践的检验。对考古学而言，考古研究在通过材料考察局部而推论社会整体的过程中存在较多不确定性，而概率统计接纳不确定性。另外，概率统计拥有定量标准，它不是普通百分比、平均数计算的直接观察，这一特性符合性别考古学防止思维误区的初衷。

1. 卡方和费希尔检验法

卡方检验或称 x^2 检验（chi-square test），是定量分析中常用的一种检测相关性的假设检验方法，主要用于研究两组（或多组）样本率或构成比之间的差别，两变量间有无关联性以及频数分布的拟合优度。[④]其在医学、社会学中有较为广泛的运用。在考古学

① 王建华、曹静：《大溪遗址单人墓葬人口自然结构及相关问题研究》，山东大学文化遗产研究院编：《东方考古》（第 11 集），北京：科学出版社，2014 年，第 274—283 页。

② 丁汇宇：《略论大溪文化墓葬反映的社会形态》，《三峡论坛》2014 年第 1 期。

③ 黄秀蓉：《论大溪墓葬与史前土家族区域社会性别关系》，《西南大学学报（社会科学版）》2011 年第 2 期。

④ 杨树勤主编：《卫生统计学》，北京：人民卫生出版社，1993 年，第 76 页。

中，如利用于 GIS 检测某遗址群内某种遗址现象与周围某种环境的相关性。我们也可将其利用于随葬品与墓主社会身份的相关性检测上，利用成组资料的表对材料进行整理，例如，讨论以墓葬群中随葬品 S 是否与墓主性别相关，依据以下几个步骤进行：

（1）作出不相关假设：H_0 随葬品 S 与墓主性别无关。

（2）设 a、b 分别表示有随葬品 S 组的男性数与女性数；c、d 分别表示无随葬品 S 组的男性数与女性数。设 T 为四个项目期望频数，即 H_0 的理论数。卡方 x^2 检验公式为

$$x^2=\frac{(a-T_a)^2}{T_a}+\frac{(b-T_b)^2}{T_b}+\frac{(c-T_c)^2}{T_c}+\frac{(d-T_d)^2}{T_d}=\frac{(ad-bc)^2n}{(a+b)(c+d)(a+c)(b+d)}$$

（3）以通行的卡方值表中 $x^2=3.84$ 对应的 P 值（P 值指错误拒绝 H_0 的概率，也就是说 H_0 为真，但错误地将其否定的概率）0.05 为基准，当 $x^2<3.84$ 时，$P>0.05$，则无法拒绝 H_0，即随葬品 S 与墓主性别无关；当 $x^2\geqslant 3.84$ 时，$P\leqslant 0.05$，则应拒绝 H_0，即随葬品 S 与墓主性别相关。

（4）当总样本数 $n<40$ 或超过 1/4 的理论数 $T<5$ 时，宜使用费希尔精确检验法。

费希尔精确检验是基于超几何分布的显著性检验法，某些遗址发掘出的可辨性别的 n 座墓葬中，$n<40$ 时，适合使用费希尔精确检验法对性别与随葬品种类的相关度进行考察，步骤如下：

（1）作出不相关假设：H_0 随葬品 S 与墓主性别无关。

（2）计算 p 值，p 值是用于判定检验结果的参数。其公式为

$$p=\frac{\left(\dfrac{a+b}{a}\right)\left(\dfrac{c+d}{c}\right)}{\left(\dfrac{n}{a+c}\right)}=\frac{\left(\dfrac{a+b}{b}\right)\left(\dfrac{c+d}{d}\right)}{\left(\dfrac{n}{b+d}\right)}=\frac{(a+b)!(c+d)!(a+c)!(b+d)!}{a!\ \ b!\ \ c!\ \ d!\ \ n!}$$

（3）一般情况下，当 $0.05\geqslant p>0.01$ 时，具有定量意义；而 $0.01\geqslant p\geqslant 0.001$ 时，具较高定量意义，原假设 H_0 为假的可能性高，即随葬品 S 与性别有关；当 $p>0.05$ 时，无显著性意义，原假设 H_0 无法拒绝，即随葬品 S 与性别无关。

卡方检验计算过程较为复杂，需要利用 SPSS 软件进行计算。

2. 二项式分布假设检验

二项式分布检验用于 n 次成功或失败的实验中，成功次数的离散概率。陈建立、陈铁梅、贾昌明先生曾利用此方法对中国新石器时代的性别分工作过研究。①

① 陈建立、陈铁梅、贾昌明：《从随葬工具的性别关联探讨中国新石器时代的性别分工》，《南方文物》2013 年第 2 期。

首先，作出不相关假设：H_0随葬品S与墓主性别无关。其次，在随葬品S与墓主性别无关这个假设的前提下，利用二项式分布公式，计算随葬品S在男女墓葬的分布中出现次数的累计概率$\hat{p}$。例如，随葬品S在男性墓葬中出现m次，在女性墓葬中出现n次，当m大于n时，计算随葬品S在女性墓葬中出现小于或等于n次的累计概率$\hat{p}$。如若样本数量过小，如只有1的情况，不作判断。

最后，设定一个显著性水平a的标准，这里采取a=0.15的标准以放松对原假设的保护。将概率$\hat{p}$与a对比，当$\hat{p}>a$时，则接受H_0，则S可判断为男女共用；当$\hat{p}<a$时，则否定原假设H_0，S与性别相关；$\hat{p}$值位于0.15—0.2之间，不作判断。计算过程较为复杂，可利用Excel表格的BINOMDIST函数进行计算。

二、大溪遗址葬式的性别相关性分析

在大溪遗址发现的400余座墓葬中，仅第三次发掘的91座墓葬资料较为丰富且经过了性别鉴定，可以用于定量分析。原发掘报告中将这91座墓葬分为早、晚两个阶段。以资料较为丰富、延续时间较长的大溪文化中的关庙山类型文化为依照，第三次发掘报告中的早期相当于大溪文化中期，晚期相当于大溪文化晚期。

屈肢葬是大溪文化中较为独特的一种葬式，而屈肢葬是否与性别相关呢？这批墓葬中，大溪文化中期男性墓葬21座，女性墓葬27座；大溪文化晚期男性墓葬13座，女性墓葬30座。其中，大溪文化中期可判断葬式的38座墓葬中，男性屈肢葬11座，直肢葬3座；女性屈肢葬14座，直肢葬10座。大溪遗址大溪文化中期屈肢葬的占比为65.8%。男性屈肢葬占可判断葬式的男性墓葬的比例为78.6%，女性屈肢葬比例为58.3%。大溪文化晚期可判断葬式的40座墓葬中，男性屈肢葬1座，直肢葬11座；女性屈肢葬5座，直肢葬23座。大溪遗址大溪文化晚期屈肢葬的占比为15%。男性屈肢葬占可判断葬式的男性墓葬的比例为8.3%，女性屈肢葬比例为17.9%。作出不相关假设：H_0屈肢葬与墓主性别无关。得出表1：

表1 大溪遗址大溪文化墓葬葬式性别分布表 单位：座

葬式	男性墓主	女性墓主	合计
屈肢葬（中期）	a=11	b=14	25
非屈肢葬（中期）	c=3	d=10	13
屈肢葬（晚期）	a=1	b=5	6
非屈肢葬（晚期）	c=11	d=23	34

代入卡方公式得出表2及表3的计算结果：

表 2 大溪遗址大溪文化中期墓葬葬式的性别卡方检验结果

	值	自由度	渐进显著性	精确显著性
皮尔逊卡方	1.609	1	0.205	0.294
连续性修正	0.836	1	0.361	
费希尔精确检验				0.294

表 3 大溪遗址大溪文化晚期墓葬葬式性别卡方检验结果

	值	自由度	渐进显著性	精确显著性
皮尔逊卡方	0.598	1	0.440	0.648
连续性修正	0.084	1	0.772	
费希尔精确检验				0.648

表 2 中，由于该统计中 n=38<40，则使用费希尔精确检验。p=0.294>0.05，则无显著性意义。原假设 H_0 无法被拒绝，即大溪遗址的大溪文化中期墓葬中，是否为屈肢葬与墓主性别无关。表 3 中，由于该统计中 n=40，男性屈肢葬和女性屈肢葬的数据≤5，超过四分之一的理论数<5，应参考费希尔精确检验得出的数值。p=0.648>0.05，无显著性意义，原假设 H_0 无法被拒绝，即大溪遗址的大溪文化晚期墓葬中，是否为屈肢葬与墓主性别无关。

屈肢葬是大溪遗址中较为典型的葬式，对其研究有助于理清史前葬式发展脉络。通过葬式的性别研究，也可以窥探性别相关的史前社会面貌。从以上数据可看出，大溪遗址屈肢葬占比从大溪文化中期的 65.8%降至晚期的 15%。参考周围其他大溪、屈家岭文化墓葬，中堡岛遗址、杨家湾遗址中同时期或稍晚的墓葬基本为直肢葬。可见屈肢葬呈式微趋势。

区分性别后，男性屈肢葬比例从 78.6%降至 8.3%，女性屈肢葬比例从 58.3%降至 17.9%，皆呈下降趋势，且男性屈肢葬占比下降幅度更大，定性研究中容易因此认定女性地位高于男性。但这与统计检验得出的结论相悖，量化检验结果表明，无论大溪遗址的大溪文化中期还是晚期，葬式都与性别无关，即当时社会在葬式问题上，对男女是一视同仁的。

三、大溪遗址墓葬随葬品的性别相关性分析

1. 随葬品多寡与性别相关性分析

大溪遗址墓葬中共出土随葬品 508 件，包括生活用具、生产工具、装饰品和动物骨骸。其中，大溪文化中期 48 座墓出土随葬品 160 件；晚期 43 座墓出土随葬品 348

件，随葬品数量明显增多。中期男女墓主的随葬品数量无明显性别差异，所以仅对晚期墓葬随葬品数量与性别的相关性作检验。设 10 件随葬品以下为随葬品少，10 件随葬品以上为随葬品多，则晚期墓葬随葬品分布情况如表 4：

表 4 大溪遗址大溪文化晚期墓葬随葬品多寡性别分布表 单位：座

随葬品多寡	男性墓主	女性墓主	合计
随葬品少	*a*=9	*b*=23	32
随葬品多	*c*=4	*d*=7	11
合计	13	30	*n*=43

表 4 中，随葬品多的男性墓葬比例为 30.77%，随葬品多的女性墓葬比例为 23.33%。作不相关假设：H_0 随葬品多寡与墓主性别无关。代入卡方公式得出表 5：

表 5 大溪遗址大溪文化晚期墓葬随葬品数量多少性别卡方检验表

	值	自由度	渐进显著性	精确显著性
皮尔逊卡方	0.263	1	0.608	0.709
连续性修正	0.018	1	0.894	
费希尔精确检验				0.709

表 5 中，n>40，一个理论数<5，应参考连续校正卡方值。即 x^2=0.018，p=0.894>0.05，无显著性意义，原假设 H_0 无法被拒绝，随葬品多寡与性别无关。即从宏观看，当时社会在对待随葬品多寡问题时，始终是男女平等的。以下将细分至随葬品种类与性别的相关性检测。

2. 随葬品种类与性别相关性分析

大溪遗址随葬品种类可分为生活用具、生产工具、装饰品、动物骨骸四类。其中，生活用具从中期的 9 件陡然增加到晚期的 130 件，反映了社会生活水平的进步，那么，生活水平的进步是否伴随着性别的差异？这需要从不同器物的性别分布上着手讨论。生活用具、生产工具和装饰品是探究性别差异在生活、劳动和审美中体现的材料。其中陶器在中期的墓葬中数量太少，不适合分析，因此，应重点分析劳动工具和装饰品的性别分布。以下计算过程与前文一致，所以具体过程省略。得出表 6：

表 6 大溪遗址大溪文化墓葬随葬品与性别相关性卡方统计表 单位：座

中期					晚期				
	男性	女性	总计	*p* 值		男性	女性	总计	*p* 值
有劳动工具	*a*=5	*b*=8	13	*p*=0.653>0.05	有劳动工具	*a*=9	*b*=14	23	*p*=0.173>0.05
无劳动工具	*c*=16	*d*=19	35		无劳动工具	*c*=4	*d*=16	20	
有装饰品	*a*=5	*b*=15	20	*p*=0.027<0.05	有装饰品	*a*=10	*b*=15	25	*p*=0.100>0.05
无装饰品	*c*=16	*d*=12	28		无装饰品	*c*=3	*d*=15	18	

通过表 6，我们可以分析出，无论中期还是晚期，社会对是否从事劳动生产的观念无性别差异。但是，在装饰品中，大溪遗址的大溪文化中期 $p=0.027<0.05$，墓葬中有无装饰品与墓主性别相关，即社会对是否随葬装饰品的观念存在着一定的性别差异，女性更倾向于使用装饰品。而到了大溪遗址大溪文化晚期，墓葬中有无装饰品与性别不再相关。

随葬品种类在一定程度上反映了墓主生前的身份与生活情况。我们发现，大溪遗址中，是否随葬劳动工具与墓主性别无关，如果随葬品是墓主生前所使用过的物品，那么在大溪遗址遗存所反映的社会文化中无论男女皆从事劳动。而在装饰品方面，中期墓葬中是否随葬装饰品确与男女性别有一定的关系，且装饰品与女性的关系更大。但是到了晚期，这种与性别的关系消失了。那么，男女是否存在劳动分工，以及装饰品的种类是否存在男女差异？这种差异所反映的社会身份是怎样的？这就需要利用二项式分布检验的方法寻找性别指示物。

3. 随葬品中的性别指示物

寻找性别指示物可以探究大溪遗址遗存所反映的男女社会身份。大溪文化中期的 48 座墓葬中，男性墓葬 21 座，女性墓葬 27 座。作出不相关假设：H_0 随葬品 S 与墓主性别无关。则与性别无关的随葬品出现于男性墓葬的概率 $p=21/(21+27)=0.4375$，与性别无关的随葬品出现于女性墓葬的概率 $q=27/(21+27)=0.5625$。利用 BINOMDIST 函数计算得出表 7：

表 7　大溪遗址大溪文化中期不同随葬品的性别分布表　　单位：座

器物类别	数量（21:27）		累计概率	性别属性	器物类别	数量（21:27）		累计概率	性别属性
	男性墓葬	女性墓葬				男性墓葬	女性墓葬		
石锛	14	2	0.000	男性为主	骨锥/骨针	7	38	0.000	女性为主
石斧	22	12	0.011	男性为主	兽牙	2	4	0.467	男女共用
纺轮	0	2	0.316	男女共用	非玉玦耳饰	3	10	0.109	女性为主
凿	6	1	0.015	男性为主	玉玦	0	6	0.032	女性为主
石球	1	1		不作判断	含玉玦耳饰	3	16	0.010	女性为主
骨匕/骨刀	1	0		不作判断	鱼	1	0		不作判断
钵	0	2	0.316	男女共用	豆	1	2	0.593	男女共用

假定随葬品为墓主生前使用过的物品，那么通过表 7 我们可以看出，在大溪遗址大溪文化中期的社会生活中，男女皆从事劳动。其中石锛、石斧、凿主要为男性使用，骨锥/骨针主要为女性使用。在装饰品方面，男女皆使用装饰品，但在装饰品中，耳饰主要为女性使用，且玉玦更具有女性指示性。

大水田遗址中出土过大溪文化时期的女性雕塑，可作为对大溪文化社会观察的另一个视角。该雕塑“腿上抬与胳膊相接。身体各部位刻划清晰，女性生殖器官明显夸张”[①]。这实际上是新石器时代典型的希拉那吉形象，希拉那吉是一种生殖崇拜的象征符号，象征生命的“给予与维持”[②]。结合生殖崇拜在大溪文化中存在的事实再看大溪遗址大溪文化中期女性在劳动分工和审美需求方面的突出性，我们可以承认，大溪遗址的大溪文化中期，女性具有一定的特殊身份。

大溪文化晚期的 43 座墓葬中，男性墓葬 13 座，女性墓葬 30 座。作出不相关假设：H_0 随葬品 S 与墓主性别无关。则在 H_0 成立的前提下，与性别无关的随葬品出现于男性墓葬的概率 p=13/43=0.3023，与性别无关的随葬品出现于女性墓葬的概率 q=30/43=0.6977。计算结果如表 8 所示：

表 8　大溪遗址大溪文化晚期不同随葬品的性别分布表　　单位：座

器物类别	数量（13:30）		累计概率	性别属性	器物类别	数量（13:30）		累计概率	性别属性
	男性墓葬	女性墓葬				男性墓葬	女性墓葬		
石锛	6	16	0.485	男女共用	镯	5	11	0.652	男女共用
石斧	19	15	0.971	男女共用	珠	0	3	0.340	男女共用
石铲	1	1		不作判断	玉璜	3	11	0.348	男女共用
纺轮	0	3	0.340	男女共用	非玉玦耳饰	3	7	0.643	男女共用
凿	2	1	0.219	男女共用	玉玦	2	8	0.377	男女共用
骨锥/骨针	38	7	0.000	男性为主	含玉玦耳饰	5	15	0.408	男女共用
骨矛	2	0	0.091	男性为主	牙饰	2	0	0.091	男性为主
蚌镰	1	3	0.648	男女共用	兽牙	7	7	0.097	男性为主
杵	1	2	0.781	男女共用	野猪牙	4	0	0.008	男性为主
钵	1	6	0.325	男女共用	鱼	2	6	0.546	男女共用
釜	2	5	0.642	男女共用	盆	0	5	0.165	不作判断
碗	1	4	0.523	男女共用	盘	6	4	0.049	男性为主
罐	11	14	0.953	男女共用	豆	10	8	0.022	男性为主
瓶	0	2	0.487	男女共用	杯	2	15	0.075	女性为主

假定随葬品为墓主生前使用过的物品，那么通过表 8 我们可以看出，在大溪遗址大溪文化晚期的社会生活中，男女皆从事劳动，且分工并不明显。其中，锥、矛、兽牙、野猪牙的男性指示性更强，说明这个时期，男性更多从事狩猎和猎物加工方面的

① 代玉彪、白九江：《重庆市巫山县大水田遗址大溪文化遗存发掘简报》，《考古》2017 年第 1 期。

② ［美］马丽娅·金芭塔丝：《女神文明：前父权制欧洲的宗教》，叶舒宪译，《湘潭大学学报（哲学社会科学版）》2007 年第 2 期。

工作。在装饰品方面，装饰品的种类与男女性别的相关性不大，而对于生活用品的种类，釜、碗、钵、罐、瓶为男女共用，盘、豆等食物盛具更有男性倾向，将此现象与男性的狩猎倾向结合来看，男性似乎在食物获取和使用方面占据优势；液体盛具——杯更具女性倾向，而瓶、盆这两种盛具虽然定量分析结果未能显示出性别倾向，但这两种器物仅出于女性墓葬而不见于男性墓葬。杯、盆、瓶这三种液体盛具似乎暗示着女性与水的联系。那么，我们将与水相关的生活生产用具单独予以二项式分布假设检验（表 9）：女性与水具有较明显的相关性。

表 9　大溪遗址大溪文化晚期与水相关随葬品的性别分布表　　单位：座

器物类别（与水相关的生产生活随葬品）	数量		累计概率	性别属性
	男性墓葬	女性墓葬		
鱼+蚌镰+盆+瓶+杯	5	31	0.020＜0.05	女性为主
鱼+蚌镰+盆+瓶+杯+釜、钵、碗	9	46	0.015＜0.05	女性为主

通过以上分析，大溪遗址所反映的性别相关的社会面貌已经大体浮现。在大溪文化中期，男女的社会地位并无太大差别，皆从事劳动生产，包括从事木材、兽皮、兽骨的加工；石锛、石斧、石凿更具男性指示性，说明男性更偏向于木材加工和工具制造；骨锥/骨针更具女性指示性，说明女性更偏向于兽皮加工等轻加工工作，大溪文化中期的分工能看出一定的倾向性，但总体上这个时期的劳动分工更多基于自身适应情况的选择。装饰品特别是耳饰有更明显的女性指示性，说明这个时期女性有更多的审美需求。劳动分工和装饰品的女性指示性似乎体现了一定的母系社会倾向性，但女性倾向的随葬品男性也并非不使用，所以也并非绝对的母系社会。到了大溪文化晚期，该遗址所反映的社会面貌有了较大的变化。首先是更明显的随葬品多寡的分层现象，随葬品多的有 30 余件，且随葬各种生活用具，随葬品少的则空无一物。但是通过定量检验，随葬品多寡与性别无关。在这种分层下，体力劳动中男女的分工更加模糊了。锥、矛、野猪牙、食物盛具更具男性指示性，男性似乎更倾向于狩猎、食物使用等相关事项，而女性与水的联系紧密，暗示着女性更多在水源附近活动。这个时期，装饰品也不具有大溪文化中期那种较为鲜明的性别指示性了，男女对装饰品有着同样的需求。

四、结　语

经过定量检验，大溪遗址从大溪文化中期到大溪文化晚期始终是男女较为平等的，在这个前提下，社会分层伴随着劳动分工、审美需求上性别模糊性的加深。这种变化进一步说明了社会生活面貌的变化。相对来说，中期的社会较为平等，劳动分工、审美需要有更多的基于自身适应情况的选择。男性倾向于木材加工和工具制造等需要一定体力的劳动，女性更倾向于轻体力劳动并有更多的装饰品需求，且是玉玦的占有者。而结合大水田遗址出土的大溪文化时期生殖崇拜雕塑，可以承认大溪文化中期女性具有一定的特殊身份，其社会偏向于母系社会。

晚期的随葬品分层现象明显，但随葬品多寡与性别并无相关性。生产类的劳动中，性别模糊性增强，男女基本从事同样的劳动，但男性更多地从事狩猎、猎物加工，并主导食物的使用。且此时男性对装饰品的需求也比中期增加了许多，男性在社会生活中的地位更加突出了。女性与男性从事同样的体力劳动，但女性不再和大溪文化中期一样，是兽皮加工的主导者，女性更多的则是在水源附近活动。女性也已不再是玉玦等装饰品的主导者。

大溪遗址从大溪文化中期到大溪文化晚期社会面貌的变化说明了大溪史前社会无法简单地用男权社会、女权社会来形容，某些活动从中期的性别差异到晚期的性别模糊也说明了社会的性别观念也并非一个从男女无别到男女有别的线性发展过程。人类社会是复杂的系统，存在着涨落与过程。

但是，需要说明的是，本文使用的分析方法是以性别为焦点的单变量统计，探索的是两两分类变量间的关系，无法考虑可能参与构建个人身份的多种因素。所以在社会的层面讨论，严谨地说，其分析结果还无法用作最终结论。而利用多元统计进行的多变量分析可以用来描述遗物类型之间的关系网，揭示的模式可以与其他因素进行比较，可能会发现比以前更复杂更多样的社会身份，从数据集中发掘出潜在的关联。多元统计方法的探索应用将是今后研究工作的重点方向。

北碚温泉寺碑刻整理与保护研究*

李慕晓　张芷莹

重庆师范大学历史与社会学院；重庆市北碚区博物馆

“碑刻是古人重要的记事载体，是不可再生的宝贵历史文化遗产，承载着丰富的文明与文化信息，是中国传统文化的重要组成部分。”①在中国，碑刻起源很早，在社会生活中运用很广，有证经补史的作用，自古以来就受到学界的关注。温泉寺建寺悠久，曾受历代帝王封赐，是川渝地区拥有重要影响的佛教寺院和保存较完整的古建筑群，具有较高的历史与文化价值。寺内碑刻文化遗产主要保存于石刻园碑亭和碑亭后照壁，碑亭嵌碑 20 面，后照壁嵌碑 6 面。碑记 16 篇，内容涉及寺院修补、功德记录、峡江风景等，承载了丰富的艺术与历史文化信息。当前，温泉寺相关的研究主要集中在寺庙的建筑和园林之上，对其碑刻内容的整理与释读甚少，研究几乎未开展。现存碑刻缺乏有效的保护措施，多数已经风化损毁、文字漫漶不清。经过历代的沧桑变迁，寺内碑刻文化遗产成为地方历史和社会发展重要的历史见证，为当地佛教传播、地方历史研究提供了参考。因此，本文就北碚温泉寺碑刻文化遗产进行整理与识读，梳理碑刻的内容，同时对碑刻的保护现状进行探讨，并提出切实有效的建议，以期促进碑刻文化遗产的保护，为地方历史研究作出一定贡献。

一、北碚温泉寺概况

温泉寺位于重庆市北碚区北温泉公园内，有关圣、接引、大佛、观音四大殿，自

* 基金项目：2021 年重庆社会科学规划培育项目“明清巴渝传统村落及其民居信仰文化空间研究”（2021PY11）、2022 年重庆市研究生科研创新项目“巴渝传统村落的信仰文化空间体系及分异特征研究”（CYB22266）。

① 胡亮：《碑刻文献的文化艺术价值与保护策略》，《黄冈职业技术学院学报》2021 年第 4 期。

下而上、纵向布置，前临嘉陵江、后靠缙云山，前低后高、前小后大，有台阶、通道和小桥将四大殿连接贯通，占地面积 1986.68 平方米，建筑面积 807.6 平方米。该寺始建于南北朝刘宋景平元年（423 年），由祖师慈应和尚创建，一同创建的还有缙云寺。此时，温泉寺为缙云寺的下院。宋真宗景德四年（1007 年），被敕命为“崇胜禅院”。[①]后寺院被毁。明宣德七年（1432 年），真金和尚重建庙宇，塑如来、罗汉像等。明正统八年（1443 年），永灯、永刚和尚复建天王殿，扩建温泉寺，历经修缮，始成规模。[②]清康熙五十三年（1714 年），将大佛殿换梁、换柱等，修缮一新。清乾隆四十七年（1782 年），塑关圣帝像，建关圣殿。清同治二年（1863 年），香延和尚建观音殿；后将观音殿换成铁瓦石柱，故又名铁瓦殿。1927 年，卢作孚在此地创建嘉陵江温泉公园。1940 年，隆树和尚将温泉寺契约交给太虚法师作为汉藏教理院院产，由缙云寺统一管理。著名教育家陶行知先生曾在温泉寺创办“育才学校”。抗战期间，社会名流郭沫若、马寅初、田汉、老舍、冰心、白杨等曾在北泉小住，并游览寺院。1946 年，此地正式命名为北温泉公园，温泉寺作为公园重要的历史文化遗产延续至今。

温泉寺现存主体建筑为四重殿宇，即关圣殿、接引殿、大佛殿、观音殿，均系木结构。关圣殿即温泉寺山门殿，门前有一对石狮，为悬山顶，一楼一底，高 6 米，阔 12.1 米，进深 7 米。接引殿又名天王殿，占地面积 176 平方米，面阔 16.2 米，进深 10.3 米，通高 10 米，为重檐歇山顶，抬梁式梁架。大佛殿又称大雄宝殿，位于温泉寺中心，占地面积 282 平方米，为四大殿中高度最高、进深最长者。重檐歇山琉璃瓦顶，抬梁式梁架，八架椽屋，面阔 5 间，宽 19.5 米，进深 2 间约 10 米，通高 12 米。观音殿占地面积 242 平方米，殿中大梁刻“前朝甲辰年开山”，砖木结构，单檐歇山顶，与左、右厢房花好楼、益寿楼相接。面阔 5 间 22 米，进深 4 间 10.6 米，高 8 米。其左侧花好楼建于 1931 年，两楼一底，右侧益寿楼与之对称，穿斗式木板壁，现作禅房。益寿楼、花好楼与观音殿组成倒“凹”形。除此之外，寺内尚存宋朝摩崖石刻罗汉像残躯、明清石刻和盘龙塔等珍贵历史文化遗产。

二、温泉寺碑刻文化遗产的整理与识读

在温泉寺的历代变迁和修缮过程之中，曾经建造了大量的碑刻，现仍有一些得以保留，这些碑刻文化遗产是研究温泉寺所蕴含的人文历史以及当时社会风尚的重要实

① 郑敬东等：《重庆古文化资源研究》，重庆：重庆出版社，2014 年，第 204 页。

② 陈桥驿主编：《中国都城辞典》，南昌：江西教育出版社，1999 年，第 1022 页。

物资料。从碑刻数量上看，明清时期最多，民国次之；从碑刻内容上看，有诗歌散文碑、记事碑以及歌颂碑。碑刻主要分布于石刻园碑亭以及碑亭后照壁，现将碑刻内容识读如下（见图1—图15）。

图1　卢雍游温泉寺诗碑

图2　合阳八景诗碑

图3　刘大谟诗碑

明正德十三年（1518年）、十四年（1519年）卢雍游温泉寺诗（现存于碑亭前壁左侧，见图1）：

戊寅九月廿五日，雨中泊温汤寺。

云山独上会江楼，又下巴渝欲送秋。江上波涛小三峡，灯前风雨一孤舟。温泉见说能除疢，浊酒沽来亦解愁。野鸟有情俱水宿，夜深清梦绕沧州。

己卯新正二日重经温泉。

峡里汤池别贮春，四时和气日熏人。鱼游百沸仍依藻，火厝重泉不待薪。病骨浴余应勿药，征衣振后已无尘。再来幸不遭风雨，我与名山有夙因。

巡按四川监察御史苏州卢雍师邵题。

明正德十四年卢雍《合阳八景诗》（现存于碑亭前壁右侧，见图2）：

正德己卯元日作。

《东津渔火》：东津漠漠烟水平，菰蒲掩映千点明。夜半风声波浪涌，星斗错乱鱼龙惊。《涪江晚渡》：□郭清江烟霭横，行人南岸□□□。天寒日落归途远，又点中流风浪生。《金沙落雁》：沙碛江心射日黄，西风吹雁落云行。黄金虽贵不可宝，沙向江头觅稻粱。《三佛滩鸣》：□□□□□□□，□□□□□□□。□□□□□□□，□□□□□□□。《瑞映春风》：山中嘉瑞昔曾闻，山上东风荡瑞氛。巴蜀连年苦征馈，愿看木叶再成文。《濮岩夜月》：竹净松寒桂影长，空休俯定月华凉。幽岩静夜虚生日，岩上人传佛放光。《鱼城烟雨》：悬崖三面阻江湍，古堞摧颓烟雨寒。磐石可能容我坐，绿蓑青笠弄长竿。《石龟晴雪》：正换玄衣更好看，岂应毛宝放江干。千年皓鹤来为伴，藏亦从知不畏寒。

巡按四川监察御史姑苏卢雍师邵题。立石崇圣寺。

明嘉靖二十年（1541年）刘大谟诗（现存于碑亭后壁左侧中部，见图3）：

温泉寺（二首）

绝壁摩青汉，温泉喷碧空。客来除旧染，人道有神功。佛国波罗岸，禅林证悟笼。移舟长啸去，雾雨正溟蒙。（此旧作）

温泉留胜迹，一线转层空。净洗尘寰苦，难名佛国功。江河趋渤海，日月跳樊笼。回首十年事，浑如烟雾蒙。（此重来次韵）

泛江喜雨（二首）

春晚辞重庆，沿江景物嘉。峰峦堪入画，松竹可移家。忽落千山雨，还鸣万井蛙。村翁□年久，却□说随车。

艋棹逢今雨，开编捡旧题。温汤曾洗濯，红泪昔攀□。感悦流光逝，彷徨歧路迷。春日得□临，聊以慰烝黎。

嘉靖辛丑春东阜刘大谟识。

图 4　朱孟震诗碑

图 5　万年碑记碑

图 6　费尚伊诗碑

明万历三年（1575 年）朱孟震《题温泉寺壁》（现存于碑亭后壁左侧下部，见图 4）：

山如翔凤瞰江滣，灵腋中涵太古春。永日暂分禅榻午，十年初浣客衣尘。清池见说鱼依藻，曲迳时闻鸟唤人。多少疮痍怜未洗，可能掬取散天津。

督学陈公惠教□篇□□□，清溪诸子敬次一首。

白下摅诗意气同，返随郁□故交穷。春生泉線浮□碧，□借花枝掩迳红。修禊旧传□代记，运行重见郢人风。路归□□浑堪尽，何限行□马首东。

万历乙亥春仲朔□□□□□□□。

明崇祯十三年（1640年）刘远鹏《万年碑记》（现存于碑亭后壁右侧，见图5）：

碑记何记？温泉寺之灯也。曷记乎？寺无灯而有灯，则记之；灯无常而有常，则记之。曷云乎？有常也，集众檀之力而有田，三石田之岁久而有灯，田不竭，则灯不灭也，故曰万年也。万年多乎哉？曰不也。以恒河沙劫视之，一刹那顷耳。然则灯时灭乎？曰不也。真灯不灭，不灭矣，奚万年也？灯有真乎？曰有，以喻法也。是故心曰心灯，慧曰慧灯，传曰传灯也。

盖尝寨而涉崇圣之丘矣，其山则翼翼乎苍翠欲滴，环削如龛也。其水则淙淙乎潆如活玉，煖若采汤也。其绀宇高骞，犹然唐之遗构，见幽深贮，实出英庙之钦颁也。其流风遗韵，文人墨士，则有江学士之屐齿，想见一代儒宗也。而独未闻有云门石霜之侣栖息其间，嗟乎，其微矣。微而振之，不在乎有田无田之间也。虽然亦各言其灯也，田以出灯，灯以供佛，繇此以至于万年，皆两衲子聚之功，诸檀越布金之德也。何以助之？不闻迦毗罗国之贫女乎？乞一钱以燃一灯，佛敕毗岚风吹之，而不能灭也，然灯而作如是观也，虽繇万年以至于恒河沙劫，可也。

居士作碑记，竟而说偈曰：

如是我闻，贫女供佛。一灯孤燃，风吹不灭。以何因缘，而不能灭？当知是灯，出贫女故。然灭在心，非关灯故。我游温泉，而爱其胜。叹无名德，然慧灯者。是故当知，灯非有二。佛灯不灭，心灯亦然。峡雨阴阴，峡云森森。卓锡空林，畴慰我心。

崇祯庚辰岁正月日，邑人拙修居士刘远鹏撰。

翰林院编修江鼎镇，大同里奖善，郭兴远，同缘甘氏，三装大佛三尊，买田三斗。

监军道丘志充（施银五十两）。何龙图、庞守谦、蒙添文、黄正启、丁正节、钱启渝、张馈金、黄氏么、刘氏大等。

明费尚伊诗（现存于碑亭右侧，见图6）：

过云门山，张养晦年丈治具见邀，时□赍捧北上。斜阳古寺翠微边，折简逢君思更偏。双屐□□灵谷色，一尊还傍大罗天。得留白马种千□，客怅青骊赋几篇。咫尺江干仍有住，名□也结宰官缘。费尚伊。

图 7　朱世恩诗碑

图 8　换柱碑记碑

图 9　重修温泉寺神像碑记碑

清康熙六十一年（1722 年）朱世恩五言纪游诗（现存于碑亭左侧，见图 7）：

停桡登古刹，直上翠微顶。此中有温泉，曲磴双池并。梵宇迥且深，烟云绕层阴。石碣苔藓封，断文杳难寻。泉声响碧落，清流闻素琴。游人竞沐浴，咸曰去疮疢。我疑修炼者，丹灶火未泯。仙源不可攀，碌碌尘世间。一时万虑绝，顿忘孤舟还。康熙六十一年岁次壬寅□□□□□朱世恩，钱塘□□。

雍正十三年（1735 年）合州信善印正芳《换柱碑记》（现存于碑亭右侧，见图 8）：

合州永清里一甲信善印正芳，发心换柱。

尝谓功成者不忍其毁，补旧者足以当新。故补偏救敝，卒为成功者之所永赖也。兹吾照温泉寺其形势系峨嵋脉派，自元明至今难，屡加修补，未足称盛。厥后，有僧德胜，来自楚南，苦行修补其上下殿宇，左右廊房，皆焕然一改观矣，然后知地以人胜者，良不诬也。无如中殿，未久，而井口一柱，忽遭蚁毁，僧因前功浩大，恐遭摧折，于是叩化合州居士印正芳，发心补柱一根，遂捐资贰拾贰两，以结一柱之缘。虽曰朽木难成大厦，而大厦实撑于一木，犹不敢希一篑之功，而一柱亦足当一篑，故功成告竣，请记于予已，因为序，以志不朽云。

换柱匠人谢奇芳。住持僧洪宣。

渝江戴翊伦沐手题。雍正拾三年春王正月望七日穀旦立。

雍正十三年《重修温泉寺神像碑记》（现存于碑亭左侧，见图9）：

善施福著。

重修温泉寺神像碑记。

天下之理，骛虚不如征实，循名因乎立相。相者，实之奇也。如来妙义不落言诠，立有相宗与无相宗者，钧未能窥其藩，故见诃于达摩而终归妄见也。顾其道为学佛者言之，而非以通俗世之人，识趣惛浊如入大瀛海，展转沉迷，莫由自拔。所幸几希之性，犹能见相生心，作恭敬想，又其上者，发向善心，此象设之教所由相沿而盛也。天王卫法，等彼干城，三官并尊，各有专司，罗汉得辟之果，是迦文高弟也。温泉寺旧有其相，久而颓堕，余过而叹之，因命工重塑，一时威仪遹新，勇猛闲静，各具神通，嗣自今瞻礼有严，赞叹不辍，且将有因下乘，而得无上甚深妙义者，未可知也。因记装塑始末，笔之于碑，若云因缘希有，或者幸徼福荫，则固未敢任矣。

祥七甲信善李伯鼎，室人陈氏偕男宗梅，室杨氏等。

皇清雍正拾叁年孟夏月朔榖旦。住持僧弘宣立石，匠李恭生。

图10 捐金绘像碑记碑

图11 募众复装关圣帝君金身油漆殿宇碑记碑

图 12　补修温泉寺碑记碑

乾隆四十九年（1784 年）温泉寺捐金绘像碑记（现存于碑亭前壁左侧，见图10）：

□□□兴，凡有功于名教者，则祀之；凡有利于民生者，则祀之。夷考三圣，一则义勇忠良正气壮乾坤之色，一则文章忠□□□□□月之光，一则护国佑民神通标山川之绩，是皆大有功于名教，有利于民生者也。□等卜胜于温泉寺之前殿，捐金绘像，爰妥□□□以享以祀，昭示来兹，使百世之下，知我三圣天笃岳降，其生也，则赫赫厥声；其逝也，则濯濯厥灵。谨序。

大清乾隆四十九年甲辰岁仲夏月上浣吉旦。

清嘉庆郭永盛《募众复装关圣帝君金身油漆殿宇碑记》（现存于碑亭前壁右侧，见图11）：

青峰郭永盛撰。

募众复装关圣帝君金身油漆殿宇碑记。

温泉之有帝也，创自乾隆壬寅觉慧和尚之□□□二十余载矣，昨因金身暗淡，美髯寥落，僧欲有为，苦力不及，徒抱恨者。

久之，适钦命贵州古州镇大都督永公来御河干，巡及兹土，目睹圣容，不禁慨然曰：“此非汉关帝君子哉，胡为寡色若斯也？夫以帝之挺生汉季也，功盖三分，名震寰宇。志春秋，而上承千载道脉；讨魏吴，而下立万古纲常。虽庸人孺子，莫不知其超前轶后也。而竟听其塞秽若此，无乃亵甚。又况自汉而后，代显英灵，历朝以来，隆颁祀典，帝之圣神文武，凛凛犹生，是乌可以不修？”

于是，庄严其身，修龛一座，题其额曰“忠信仁义”。旋嘱僧曰：“圣躬整肃，庙貌不可不辉煌也，尔其图之。”僧曰唯唯，爰募众善，共助分金，不数日而气象一新焉。

於戏！不有永公，谁为之倡？不有众善，谁为之和？是倡之之功固懋，而和之之力亦未可少也。

清道光三年（1823 年）雷甘淳《补修温泉寺碑记》（现存于碑亭后壁右侧，见图12）：

从来作于前者贵述于后，创于始者宜成于终。苟前有作，而后无以述，虽有大猷，亦弗彰也。始有创，而终无所成，即有宏规，将盛而弗传也。

渝州嘉陵江右有温泉寺，锁九峰□岭，萃三峡之中流，固称巴蜀之名山焉。旧建伽蓝，赐名崇圣，历有年代矣，而禅宫梵宇，造于大明成化之时，重修于我圣朝康熙之初，鸟革翚飞，轮奂昭然，第历时既久，不无圮毁之伤，越岁已多，难免倾覆，而后有沙门大方者，道行高迈，演教此地，梵呗齐宣，缁流皆至，毅然以振兴自任，命匠浚导沟渠，修缉两廊，惜有志未逮，而中下殿宇未能辉煌，遂圆寂西归矣。使为之久者，不志而述之成之，将代远年湮荒落，可胜言哉？

而方公门下最后至僧常洞，祝楚于此□载，旋派住澄江镇，谨应酬，绝冗费，铢积寸累，艰苦备尝，迄今澄江寺次第培补，昭然在目。况温泉乃祖席所关，独倾覆败如此，能不目击惨伤乎？

故于道光二年初夏，将澄江寺交徒管理，仍复回山，商筹大众，补修中下殿堂两边垣墙，上承师志，欲祈檀越，募化众□，叠次耗费，善缘难结，是以常住捐费，常泰、常洞各倾私囊，备办工料，共勷其事，不惜数十年□累，以辉耀千万人之福。堂功将成，而乞序于余。余曰：是举也，诚可嘉矣，不私其有，能用□财，非自安苦行、扫八垢而皆空者，不能著此伟绩也，殆所谓善述善成光大前烈者欤？

朴庵雷甘淳撰。敦圃王德伦书。

常洞捐钱一百千文。镇江寺住持徒住实捐钱、嗣法比丘常泰捐钱陆拾陆千文。

大清道光三年岁次癸未三月，监院住福、监工住□。造饭住岸、帮工住□。运石炉鑅、运土炉□。

图 13　补修温泉寺佛殿记碑

图 14　内容不详碑

民国十七年（1928 年）李琼熙《补修温泉寺佛殿记》（现存于碑亭后壁左侧，见图 13）：

永垂不朽。

自合东南行，经沙溪庙入峡，其名曰牛鼻，谓其峡之岩有洞，类似牛鼻者。一转顾间，再入峡，其名曰温塘，因有□泉，性温极，严寒时，其泉如沸汤，用以沐浴，可疗癣疥之疾。峡之名，于是乎著。余往时经过其地，知其峡曰温塘，自舟中遥望，但见林木蓊蔚，风景幽绝，有古寺隆郁其中，意其必为天壤间所难的之丘壑。

今夏六月，卢君作孚为余言，已于温塘建公园矣。沿古寺之四周，峻险者令之平，低窪者促之起，亭、台、榭，无一不备。承当道诸君子剧金助美，已集数千金，惟以精确计算，寺中佛殿尚乏培修之资，非借助慈善家之有力者，难观厥成。余□曰，是非吴君瑞符出而襄赞，不为功。余与作孚君往谒瑞符，得其慨诺，果以热心、毅力，始终其事。瑞符自捐金一百元，兼外募数百元，并荷秦、曾、邓诸君乐捐劝募，易雍南光生督工经营，越时不过四月，寺中殿宇焕然一新，佛像金碧辉煌，一如初塑。语云：莫为之前，虽美弗彰，莫为后，虽盛弗传。

温塘公园，自初无有也，得作孚创建之，是善为之前者。佛殿培修，无人担任也，得瑞符经营之，是善为之后者。后之览者，能无由然兴感欤？遂书之，以为记云。

铜邑李琼熙宇甫撰。

江北年巳食牛自五养愚无为子书。

川康督办署顾问官劝募员：秦大猷、曾子元、吴宸久、周守先、贺熙臣。

督工员：易少安、邓少琴。

二十军五师司令部军法处长。

会计杨采之、伍锡宾。采买李桃村、万玉璋。

吴瑞符、辉惺齐、李琢章（各捐洋一百元）秦大猷（捐洋一百十四元）邓宝善（捐洋六十元）等。

民国十七年戊辰岁小阳月初旬日吉立。

内容不详碑（现存于碑亭后壁左侧上部，见图 14）。
清鲁世义《增修温泉寺序》（现存于碑亭后照壁，见图 15）：

昔人云："天下名山僧占多。"又云："一生好入名山游。"夫山何以名？非获高僧不名，非来贤人君子亦不名。如庐山惠远，金山佛印，非刘遗民、苏东坡与之交游，纵梅子熟时，木樨香处，又何以名哉？兹窃于温泉寺有感焉。

粤稽《县志》，昔大茆真人驱蟒立寺，宋元丰志公挂锡于此，宣德僧真全建寺塐像，僧永纲，徒祥海，协心共济，凡所缺略，一一增置，极其完美。《志》又云："创造莫得其详。"

第闻诸父老之口，虽然周敦颐之诗序、江朝宗之寺序，刘汉儒、范永銮、刘大谟、王采珍、冯时行、卢雝、孙宏辈，题咏载之甚详，（世）义今夏来谒，初见侍者十数人，不仅言语文字而会佛法者亦多，既而炉愫之师弟炉忻各寮谈心，知为退院僧，遍观阖院，凡残碑断碣，半皆漫漶，惟刘汉儒律诗、张鹏翮题额，其余间有存者，益信名山每占高僧，贤人君子亦或心杂而来，无眉攒而去者乎？

维时小行者曰：典座香廷大和尚，自同治七年春经始，八年秋落成，增修铁瓦殿。缘嘉庆十六年，大方师朝峨嵋，有志未逮，今继其志，列鸳鸯之序，明翡翠之光，丹楹刻桷，宝地珠林，是耶非耶？且财神殿山门牌坊，随地部署，各得其宜，大雄、天王、夫子、王爷各殿，丹青饰矣，金银开矣，谓之光明地，琉璃界也，亦固其所。

（世）义曰：然传之久而弥芳，某也额，某也联，某也诗，某也序，犹有名人之笔在，夫乃叹，好游名山，或白莲结社，或玉带镇门，先得我心，何其多也。

愕怅酒阑之后，复闻国初开山如安祖师，自贵州白云山命徒孙慧圆卓锡此地，又闻观音寺梁《记》，前朝照心创建，是古刹也。山无不名，僧无不高，一时之游览者何尝不附骥而名益彰？

义今走笔叙之，亦将有所兴慕焉。他若山川之奇险，树木之葱笼，泉塘之涤荡，前贤今人题记言之详矣，故不书。

凤麓鲁世义和卿甫撰。

民国《增修温泉寺记》残碑（现存于碑亭后照壁，见图 15）：

粤稽范文正公，读书长白山窖金修寺，给孤长者佈金说法，□光尊者施金塐像，三人中，或父子宰相，或证果成佛，虽未尝求报，究无不报，且无不美报，此七宝佈施之谓欤？延自恩师圣钦老和尚授记以来，主持本庙，时有志于大方祖师之铁瓦殿，幸连封善士，诸山大众，处处捐金而金诺焉，人人种玉而玉成焉，星霜两易，金碧交辉，卑者高之，狭者广之，缺者补之，举堂阖院，协心共济之，一弹指间，而楼台齐现矣。倘弗实记，何以后之视今，亦犹今之视昔耶。虽然财施固为善，而法施尤为善，延试所望于连封之文人，□□□□诸山之比丘上□。

《增修温泉寺捐银碑》残碑（现存于碑亭后照壁，见图 15）：

图 15　碑亭后照壁

年代不详，捐银人姓名与捐银各寺庙、宫宇名及商行名混列，如莲花寺、宝光寺、紫云宫、洪朝阳、王爷庙、文昌宫、大林寺、王必铨、王兴大、僧启发、梁仲奇、王兴储、甘达成、碑在寺、胡在安、禹王庙、大生恒、三元合、澄江船帮、江口力行、塔坪寺、种钱寺、古圣寺、禅岩寺、邓成坤、高阳庙、龙王庙、加福寺、吴月顺、龙车寺、谭仁术、歇马庙、静观寺、朝元寺、云峰寺、车山寺、甘邦义、帝王宫、万寿宫、天上宫、南华宫、郑廷才、惠民宫、毗卢寺等。

三、温泉寺碑刻文化遗产的保护现状

温泉寺现存碑刻文化遗产的数量虽然不多，但是具有重要的艺术与历史文化价值，其记载了明、清及民国时期温泉寺的捐赠、修缮相关事宜，是重要的史料参考；卢雍、刘大谟、刘远鹏等文人雅士也曾到访留碑，是增补地方历史和考证名人轶事的重要资料。同时，碑刻文化遗产作为重要且不可再生的文物资源，其保护工作的进展一直是值得探讨的议题。因此，针对当前的温泉寺碑刻文化遗产的保护现状进行探讨，分析当前保护工作中存在的问题，对后续保护工作的开展以及保护意识的提升有重要意义。

（一）当前保护现状探讨

碑刻一旦受到侵蚀和损毁，很难恢复如初，人为不合理的修缮也会导致碑刻的破坏，其属于石质文物，相较于木质、陶质、漆器等，更容易长久保留，因此碑刻的保护工作是不可逆的，是需要有人文关怀的。温泉寺的碑刻历经数百年的历史变迁，受到环境变化与自然、人为因素影响，当前的保护现状不容乐观。一是自然因素导致碑刻存在不同程度的损毁。如碑亭后照壁无任何保护措施，常年的风吹雨淋导致碑刻字迹不清、字迹模糊甚至字迹已经消失，影响正常的阅读与观瞻。二是人为因素导致碑刻被破坏。部分碑刻存在人为刻画的痕迹，如《补修温泉寺碑记》碑就有现代刻画的“把”字留在碑中央。三是不科学的修补方式导致碑刻损毁。如明代费尚伊诗碑后半段诗句被修复填补，与原有字迹大相径庭，反而使碑刻被破坏。《换柱碑记》碑也存在同样的问题。此外，部分碑刻还存在外力破坏、染色污染与水泥拼接涂抹等原因导致的损毁与破坏。

（二）当前保护工作中存在的问题

从温泉寺碑刻文化遗产的保护现状，可以看到当前保护工作的开展还存在一些问题。一是缺少专业人员进行勘察和保护。地方文物管理机构往往存在专业人员数量不足、技术能力有限等问题，负责温泉寺碑刻保护工作的北碚区文化和旅游发展委员会也不例外。二是缺乏专门的保护法规和有效的协作措施。温泉寺现由寺院僧人直接管理，重庆市北泉风景区管理处对温泉寺实行属地管理，重庆市北碚区民族宗教事务管理委员会负责监督温泉寺内宗教活动，重庆市北碚区文化和旅游发展委员会负责对温泉寺文物保护工作进行监督、指导并协同管理。寺内碑刻文化遗产的保护离不开各机构、部门和寺院的多方协作，也离不开“法”力的推动。三是研究与宣传工作不足，公众认知度有待提高。温泉寺所在地北温泉公园有温泉资源和国家级文物保护单位竹楼、柏林楼、数帆楼等历史文化遗产资源，关注度与参观度是不缺的，但是温泉寺的石刻园由于研究与宣传不足，公众的参观率很低，更不了解其文化及历史价值。此外，碑刻由于体积大、重量重、不便移动及保护资金需求高等，室内保存很难推进，室外保存技术要求高，保护工作开展难度较大。

四、温泉寺碑刻文化遗产的保护建议

目前，北碚温泉寺碑刻文化遗产的保护工作亟须加强，保护现状亟须改善，鉴于此，提出以下几点保护建议。

（一）打造专业团队开展科学保护

地方文物管理部门要构建专业的研究团队，吸纳有经验、有专业背景的人员加入，打造专业团队，开展区域内的文物保护工作。在专业人员的指导下，开展碑刻文化遗产的修复和保护工作。第一，借助物理和化学方法对碑刻进行全面的清洗工作，采用蒸馏水浸泡法、水淋雾化法、蒸汽清洗法与离子交换树脂清洗法，主要清洗灰尘污垢、杂草以及微生物等。[①]第二，要对碑刻字迹进行保色加固，防止风化侵蚀。第三，对断缺的碑刻进行粘接和修补。第四，做好碑刻的防水与封护，修缮寺内碑亭。此外，科学、专业的保护需要“对症下药”，针对温泉寺碑刻的问题进行专项研究，再开展修复与保护工作。

（二）开展数字化采集与保护工作

“数字化是保存文化遗产、降低数字时代失忆风险的重要方式。”[②]运用数字化技术对温泉寺碑刻进行数据采集与建档保存，可以“再现碑刻原貌，最大限度地实现碑刻资源的共享”[③]，也可以使其采集与保存更具规范性与长存性。第一，对温泉寺现存碑

① 刘一凡：《天龙山石窟及寺庙现存碑刻研究与保护》，山西大学2020年硕士学位论文。

② 冯惠玲：《数字记忆：文化记忆的数字宫殿》，《中国图书馆学报》2020年第3期。

③ 沈峥、王新、李大鹏：《云南少数民族文字碑刻数字化保护与利用探析》，《玉溪师范学院学报》2016年第5期。

刻文化遗产进行采集和整理，通过拍照和 3D 扫描录入信息，同时进行著录说明。第二，编制统一的数字化采集和录入格式，加强地方碑刻档案的数据库建设。第三，在数据库平台开发数字化技术对碑刻文字进行扫描识读，方便碑刻文献的查阅与研究。第四，“利用 MCMS 模块化技术搭建内容开放平台……提供给公众进行检索利用”[①]，加强北碚区乃至重庆市碑刻文化遗产的开放程度，实现信息共享与开发利用。

（三）运用新媒体技术扩大传播圈层

新媒体技术的发展与运用可以加强碑刻文化的宣传力度，拓展传播渠道，提高大众的认知度，是温泉寺碑刻文化遗产宣传的助力。微信公众号、微博、抖音、快手、哔哩哔哩、小红书等新媒体平台的发展为碑刻文化遗产的普及与传播提供了可能性。一方面，新媒体技术突破了地域的限制，使传播的圈层得以扩大。官方开展宣传的同时，大量普通的群众也可以提出问题，参与话题讨论，甚至成为传播的主体。另一方面，新媒体技术的即时互动性使传播的速度和效率大大增加，突破线上线下的限制，可以让更多的受众实地参观温泉寺的碑刻，实现线上引流到线下。

五、结　语

温泉寺碑刻文化遗产是北碚区独具特色的文化记忆，是地方历史和社会发展的重要见证，具有重要的艺术与历史文化价值。由于自然、人为因素影响和不科学的修补方式，加之“法”力不足、监管协作乏力、专业人士缺乏等原因，温泉寺碑刻的侵蚀和损毁程度很可能会进一步加深。因此，亟须将现存碑刻进行整理与识读，并积极开展保护工作。通过打造专业团队开展科学保护、开展数字化采集与保护工作，以及运用新媒体技术扩大传播圈层，可以更好地保护与传承温泉寺碑刻文化遗产，为弘扬地方历史文化具有积极意义，对中国碑刻文化遗产的保护起到促进作用。

① 张文馨等：《社会记忆视域下数字红色文化遗产资源的建构与开发》，《北京档案》2021 年第 6 期。